大运河图志

高元杰 著

世界图书出版公司
西安 北京 上海 广州

图书在版编目（CIP）数据

大运河图志 / 高元杰著 . —西安 : 世界图书出版西安有限公司，2023.1
ISBN 978-7-5192-9003-0

Ⅰ. ①大… Ⅱ. ①高… Ⅲ. ①大运河—历史—中国—图集 Ⅳ. ① K928.42-64

中国版本图书馆 CIP 数据核字（2022）第 170297 号

大运河图志
DAYUNHE TUZHI

著　　者　高元杰
策　　划　薛春民
责任编辑　孙　蓉
书籍设计　設⁺张洪海

出版发行　世界图书出版西安有限公司
地　　址　西安市锦业路都市之门 C 座
邮　　编　710065
电　　话　029-87233647（市场部）029-87234767（总编室）
网　　址　http://www.wpcxa.com
邮　　箱　xast@wpcxa.com
经　　销　新华书店

印　　刷　陕西龙山海天艺术印务有限公司
开　　本　787mm × 1092mm　1/16
印　　张　24.5
字　　数　400 千字
版　　次　2023 年 1 月第 1 版
印　　次　2023 年 1 月第 1 次印刷
国际书号　ISBN 978-7-5192-9003-0
定　　价　128.00 元

我们应该怎样理解运河史？

现在运河史、运河文化都是研究热点，相关著作硕果累累。既有运河开发的通史性论著，如姚汉源《京杭运河史》、陈璧显《中国大运河史》、嵇果煌《中国三千年运河史》和陈桥驿《中国运河开发史》等，对大运河开凿、整治、发展的历史细节做了详尽的勾勒；也有运河文化的专题论著，如安作璋《中国运河文化史》、李泉《山东运河文化研究》、姜师立《中国大运河文化》等，对大运河区域的各种文化现象都进行了分门别类的探讨。

但纷繁信息过目后，掩卷而思，却很难对大运河形成一个清晰系统的印象。置身于种种运河文化的冲击中，却难以辨清它们跟运河到底存在怎样的关联。这样一来，运河在中国古代国家兴衰中的历史地位，或者说运河对于中国古代国家发展的重要性，就不能真真切切地认识了。我们该怎么看中国运河史？怎么从纷繁的信息中理出一条清晰的线索？笔者不揣谫陋，试就此做些努力。

有人说，“一部运河史，就是半部中华文明史”[①]，这并无夸张。该怎样理解这句话呢？笔者认为不能单就运河自身谈运河，要将她与中华民族的发展历程结合起来，观察她是怎么被需求，又是怎么发挥作用的，才能更深刻地理解她的意义和价值。我们在谈论她和世界其他著名运河时，总是强调她是世界上里程最长、开凿最早、规模最大的，而对于巴拿马、苏伊士运河，则会感慨她们仅仅以一二百公里的长度，就缩短了上万公里的航程，两相比较，多少有点愧不如人的羞涩。还有一些学者对中国大运河的主要功能——漕运的必要性提出质疑[②]，在很

① 吴欣：《一部运河史，半部中华文明史》，《大众日报》2021 年 1 月 12 日。

② 倪玉平：《清代漕粮海运与社会变迁》，上海书店出版社，2005 年，第 490、493 页；杨卓翰：《清代漕运必要性探析》，《阴山学刊》2017 年第 5 期。

大程度上消解了开凿运河的意义。那么，中国大运河到底价值何在？她与巴拿马等运河相比又有怎样的特殊之处？我们需要从她的生命历程和价值取向上来寻找答案。

序一

高元杰博士对运河史情有独钟，在硕士生阶段就开始发表相关习作，学位论文洋洋洒洒写了 10 多万字。他在南开大学攻读博士学位期间加入环境史研究团队，继续探研运河历史变迁。作为他多年的学术对话者，我对其即将推出这本《大运河图志》并不感到惊讶：十年集腋成裘，自然顺理成章。作为除其本人和责任编辑之外的第一个读者，我仍然为之欣喜。

根据个人有限的涉猎，我知海内外专门论说大运河的书籍已经出版了数百种，与之关涉的学术专著可排满许多书架，再出一本在内容和形式上均能有所标新立异的运河史，殊为不易。元杰这本新作，博采众长，自画格局，别立意趣，透出了不少新的气息，可以看出是用心设计和认真完成的作品。该书题名“图志”，自是意在以图说史、以史解图，在读者愈来愈青睐“具像历史”的“读图时代”（一味追求“吸睛”是否可能导致阅读浅表化和思想简单化？尚需思虑、探究），这非什么显著创新。但元杰为之付出的努力是值得肯定的，他多方搜求并自学多种软件，汇集、改绘和制作了大量示意图、名家绘画和老旧照片，将它们错落有致地配置在叙事论说之间，映照到问题，显示出品味，还增添了美感，以“图文并茂”“相得益彰”称之，应非过誉之词。多年前我曾探讨中古华北内河航运与军事活动的关系和唐代漕运网络中的环境问题，由于不会制图，常陷叙事重赘、指画不明的尬境，今见元杰绘制的那许多示意明确的示意图（或许未必都很准确），知其毕业以后犹愿遵从我的建议——即“环境史家要不断学习、无界学习和终身学习”，并且已然青胜于蓝，我感到由衷高兴。

作为职业历史学者，我拜读一部新著，自是更加看重其学术内涵和水平，包括视阈眼界、问题关怀和思想见地，以及叙事的严谨性和论说的圆融性，而非其形式和外观的美感。其实，元杰博士命为作序，我曾暗中担心过：关于这个已有大量论著的选题，还能做出什么新鲜花样？提供何种新颖见解？几天拜读下来，我终是放下了疑虑。若不过分苛责一位“青葱学人”的处女之作，该书还是颇有亮点的，感觉其视野广阔，夹叙夹议，层次清晰，多维叙说了大运河这项人与自然共同塑造、众多因素交相作用的巨大工程。阐述了大运河作为古代中国无比重要的经济命脉、文化通道和生态网络，在数千年逐渐连接、贯通和重塑的历史过程中，不断生衍和强化的文明功能，持续承载和流淌的生命故事，乃至利弊互生、充满纠葛的生态问题，较好呈现了大运河诉说的人类系统与自然系统双向塑造的宏大历史，相信读者从中能够更多地了解她的伟大历史意义和丰富内涵，进而更好地认识古今中国社会—经济—自然复合生态系统逐步生成、不断形塑和协同演化的悠久历程。因此，该书虽然吸纳和整合了众多前贤的思想观点，但也包含着作者个人的故事构思与问题见解，虽是一个大众读本，并不缺乏学术含量。

“我们应该怎样理解大运河”是本书的主题关怀。很荣幸元杰博士在积极呼应我们尝试提出的“生命史学”理念，尝试书写一部大运河的生命史，从中华民族的生命历程和山海河湖的生态变迁来理解、评说大运河，这应是运河史研究的一个新指向。在我看来，只要承认凿筑建造乃是人类天赋的禀性，是文明进步的标志和生态变迁的表征，我们就有充分理由因为万里长城、千里运河这些举世闻名的伟大工程而深感自豪。如果说万里长城据山险而防御，曾是中原农耕民族生命护卫系统的大院墙；那么大运河循水道而贯通，应是古老中华帝国生命支撑系统的主动脉。它们的故事构成中华民族漫长历史生命画卷最富华彩的章节。并且，正如人们为了栖居生活而不断建屋宇、造宅院，而建造完成的屋宇、宅院又重塑人们的栖居生活，古代国家、社会为加强区域政治、经济、文化整合和控制，不断凿沟渠、浚河道、通江海，形成了连接五大水系的京杭大运河，几乎重塑了近半个中国的水道网络，而此网络之于中华民族生存发展的巨大历史影响，自唐朝以来一直是利弊评说纷纷、功过褒贬不一。毋庸置疑，她在许多方面和层面显著改变了历史发展的情态和轨迹，甚至协助重塑了古代中国的政治、经济和文化区块、版图。单就国家层面来看，其关键作用在于因应政治中心与经济中心，进而与文化中心错位格局的形成和发展。元杰博士很是关注这些重大问题，并且做了有益的探讨，希望他在下一部著作中将有更加全面、深刻的精彩论说。

是为序，以识期许。

王利华

2022 年 8 月 29 日，于空如斋

序二

元杰君近作《大运河图志》，付梓之际，得先睹为快。聊书数语，以志感佩。

如果从春秋末年吴国开挖邗沟算起的话，中国运河也有了两千多年的历史。这两千多年中，几乎每个时代都曾开挖疏通河道、修建通运工程、建立完善漕运管理制度，留下了大量的历史文献及丰富的文化遗存。就文献说，八十大本的《中国大运河历史文献集成》（中国国家图书馆出版社，2014）也只是收录了集合成册的部分内容；绵延上千公里、包括58处遗产点和27段运河河道的“中国大运河世界文化遗产”（2014年获准列入“世界文化遗产”名录），也只是选取了有代表性的文化遗存；至于说运河的影响，更遍及区域社会的各个方面。近年来人们浓缩历史文献、文化遗存等诸多资料，编写出多种运河史、运河志及运河文化史，这些著作卷帙浩繁，欲了解其梗概，非短时间所能完成；且多属学术著作，可供研究者使用，不便于民众阅读。用通俗生动的语言，采取图文并茂的形式，向广大民众传播有关中国运河的历史知识，实属当务之急。

由于社会评价及职称评聘等方面的原因，目前学术界普遍存在重视学术著作、忽视通俗读物的倾向。在某些人看来，研究性著作、论文是衡量一个人学术水准的标尺。至于通俗读物，只能说明著作者的文字水平及写作能力，与学术水准并不相干。这种思想认知，严重影响了研究人员撰写通俗读物的精力投入，尤其是青年学者。我们亟应杜绝对通俗读物的偏见，一种好的通俗读物，通俗只是外在形式，学术水准乃内在精髓。以通俗的语言，讲清楚深奥的学术问题；以喜闻乐见的形式，讲述人们不易明白的道理；避开枯燥说教，寓结论于生动活泼的叙事之中。这样的著作，不仅嘉惠于学术界，而且受众面广博，即便是文化水平不高的人们也能够读懂它。学术著作，愈是专精，读者面愈窄；通俗读物愈是生动活泼，读者面愈广。从这种意义上讲，通俗读物的社会效益绝不逊于学术著作。

写作通俗读物，并不是一件容易的事情。首先，作者对于写作内容要有全面深刻的认识，胸有成竹，才能提炼出最重要、最生动的内容。只是打外围，跑野马，不能展示内容精要，最后形成貌似生动却没有多大意义的拼盘。这样的作品有哗众取宠的效果，但却不能予人真知，我们应该把它们逐出通俗读物行列。其次，通俗读物有特殊的写作要求，它一般不作理论上的定义、结论，而是寓定义、结论于叙事之中，这就是司马迁开创的“寓论断于序事”（顾炎武《日知录》卷二六）的写作方法。将这种近似于文学的笔法运用于历史著作之中，既可避免诘屈聱牙的结论与生动活泼的史事叙述之间的隔膜，又可以给读者充分的理解想像空间。这种叙写历史的方法，如今在研究性著作论文中已不多见，而通俗历史读物则可将其发扬光大。再次，通俗读物不同于学术著作的显著特点是语言生动、形象活泼。如今的青年学者，“小学”功夫普遍欠缺，书面语言表达能力薄弱，许多人的论文，逻辑混乱，文理不通，病句满篇，语言啰嗦别扭，难以卒读。这样的学人，虽然写过不少论文著作，但于通俗读物却只能望而却步。用生动通俗的语言，表述科学严谨的历史事实，对青年学者来说，是不容易做到的事情，也是应极力提倡的事情。

元杰君学识广博，论述考证，颇具功力，硕士博士论文均获好评，论文著作多得学界嘉许。学术论著写作之余，于通俗读物亦颇用心，在年轻学者中，实为难得。且立意新颖，取裁得当，既有细节之叙述，又可见中国运河之全貌，字斟句酌，语言生动。至于全书之内容，读者见仁见智，自可阅读领略。

李泉
于聊城大学运河学研究院

目录

第五章 稳定的代价：生态与财政的巨大成本

第六章 运河的新生

第一章
从水运网的补充到主干：大运河的生命史

运河的诞生是为了弥补或优化自然水网的不足，所以大部分运河都是很短的一段，中国古代早期的邗沟、菏水、白沟等运河，现代西方的伊利运河、伏尔加—顿河运河都是如此。目前的论著在讨论中国早期运河时，往往就运河而论运河，没有把运河放在整个自然水网中进行讨论，结果就显得东一段、西一段，给人很零碎、较初级的感觉。实际上，运河弥补和优化自然水网的一部分，她跟自然水网是个统一的整体。自然水网发达就无须耗费巨大力气开凿运河，自然水网衰败就只能不断扩大运河规模来补充，所以运河发展的客观因素是自然水网的演变。

运河的作用在沟通自然水网之后才能显著地体现出来。这可以分为两个方面：一是运输效率，一是覆盖范围。首先，在没有汽车、火车、飞机的古代，运输只有船载、车载、扛驮等方式，毫无疑问船载是最高效的运输方式。尤其是在粮草、木材、盐铁等笨重物资的运输上，水运拥有陆运无可比拟的优势。换句话说，就是陆运的消耗实在是惊人的。日本学者寺田隆信援引李吉托霍夫·尤恩所说，中国的陆路交通费用高于水上交通的二十至三十倍[①]。而且这个费用还会随着运输距离的加长而不断加剧，《史记·平津侯主父列传》载，秦击匈奴时“使天下飞刍挽粟，起于黄（今山东龙口）、腄（今山东烟台市福山区）、琅邪（今山东青岛市黄岛区）负海之郡，转输北河（今河套平原地区），率三十钟而致一石”。《史记·平准书》记述汉武帝时通西南夷道工程之艰巨：“作者数万人，千里负担馈粮，率十余钟致一石”。裴骃《集解》“《汉书音义》曰‘钟六石四斗’”。

① 寺田隆信：《山西商人研究》，张正明译，山西人民出版社，1986，第42页。

那么从胶东转输3000里外的河套，192石而致1石，只有0.52%的粮草能够抵达目的地，超过99%的粟米消耗在运输途中；汉武帝从西南转输1000多里，最多只有1.56%的粮草抵达目的地，途中消耗也在98%以上。

这种繁重的长途运输主要使用人力牵挽的车辆，效率的低下逼迫统治者动用大量的徭役。《淮南子·人间训》记载“（秦始皇）发卒五十万，使蒙公、杨翁子将，筑修城，西属流沙，北击辽水，东结朝鲜，中国内郡挽车而饷之。”《盐铁论·未通》记载男子“五十已上至六十，与子孙服挽输，并给徭役”，男丁不足，甚至“丁女转输”，役者“苦不聊生，自经于道路，死者相望”（《史记·平津侯主父列传》）。“天下苦秦久矣”，繁重的徭役是秦帝国骤然崩塌的根源之一。我们很难想象，如果没有便利的水运网络体系，一切都靠陆路运输的话，庞大的古代中华帝国怎么来维持？

其次，运河的作用是能够扩大自然水网的覆盖范围。开凿运河既能弥补自然水网在长期演变中淹涸缺失的部分，也能跨越流域分水岭的阻隔，连接起不同的流域，形成一个更大的水网。这个水网的尽头，就是帝国军队远征的前进基地，是帝国能够有效掌控的疆域界限。秦开灵渠，沟通长江水网和珠江水网，又有邗沟、鸿沟、菏水沟通黄河水网和长江水网，让帝国的水运网能够从关中延伸到岭南，从而使岭南地区始终置于大一统帝国版图之内。而北方、西方边境，长城以北、大漠以西、高原之上则无法完成水运网的覆盖，中原粮饷无法持续有效地输送，当地生态环境又不能通过大规模农业生产来满足消耗，所以总是得而失、失而得，无法形成稳固的控制。

运河的价值是要将其放置在自然水网中才能体现的，而随着历史气候演变和人类活动的影响，运河在自然水网中的地位和作用也在不断提升，从一开始的补充者发展成为后来的主干。造成这一变化的因素有很多，首先是自然水网自身的破坏。在进行本章的讨论之前需要说明的是，由于南北方气候、水文条件的不同，淮河水网、长江水网、珠江水网以及连接她们的运河——邗沟、灵渠都十分稳定，全部的变数几乎都出现在黄河身上，黄河在南起淮河、北至海河的广大平原范围内的泛滥改道是影响中国古代水网和运河演变的主要因素。因此本章的讨论也以黄淮海平原水网为中心。

第一节

上古时期河湖环境与水运网络

中华文明诞生于考古学上的新石器时代（从距今1万年前开始，结束时间从距今5000多年至2000多年不等），在地质学上与全新世大暖期相对应。这个时代，气候温暖湿润，并多次发生大规模海侵事件，华北平原的地貌和生态与今天迥然不同。著名考古学家张光直先生指出："在温度最高的时期，华北东部平原高度突降的部分被海水淹没，其他的部分则成为沼泽；山东实质上成了孤岛，水和沼泽将其与华北西部高原隔开；黄河在如今的豫中地区流入东海；沿海平原和沼泽以及黄河中游流域被森林所覆盖。"① 徐中舒先生也说："黄河下游和淮河地区，本来是内海，后来由于上流泥沙的淤塞，成了低湿之地，就是后来的兖州一带地区……《禹贡》说河北以南，河南以东，泰山以西以及淮河一带，有着许多大湖泽，这都是内海还未完全淤塞的现象。……这些大的湖泽，都处在仰韶文化和龙山文化的地区之间，也就是说，把这两种文化隔离起来。……《禹贡》云：'济河惟兖州'，这块地方，原来是内海，后来逐渐淤塞成了薮泽地带，成了低地，最后成了肥美的冲积平原。在这个冲积平原之间，形成了两条大河，一是黄河的下游，一是济水。这说明兖州原来是内海中的孤岛。"②

在距今约7500年到2500年的全新世中期，华北平原土地逐渐涸出，早先生活在山麓丘陵地带的原始居民们，也不断地追逐着新涸出的土地，向平原地

① 张光直：《古代中国考古学》，印群译，三联书店，2013，第65页。

② 徐中舒：《徐中舒先秦讲义》，徐亮工整理，天津古籍出版社，2008，第16—17页。

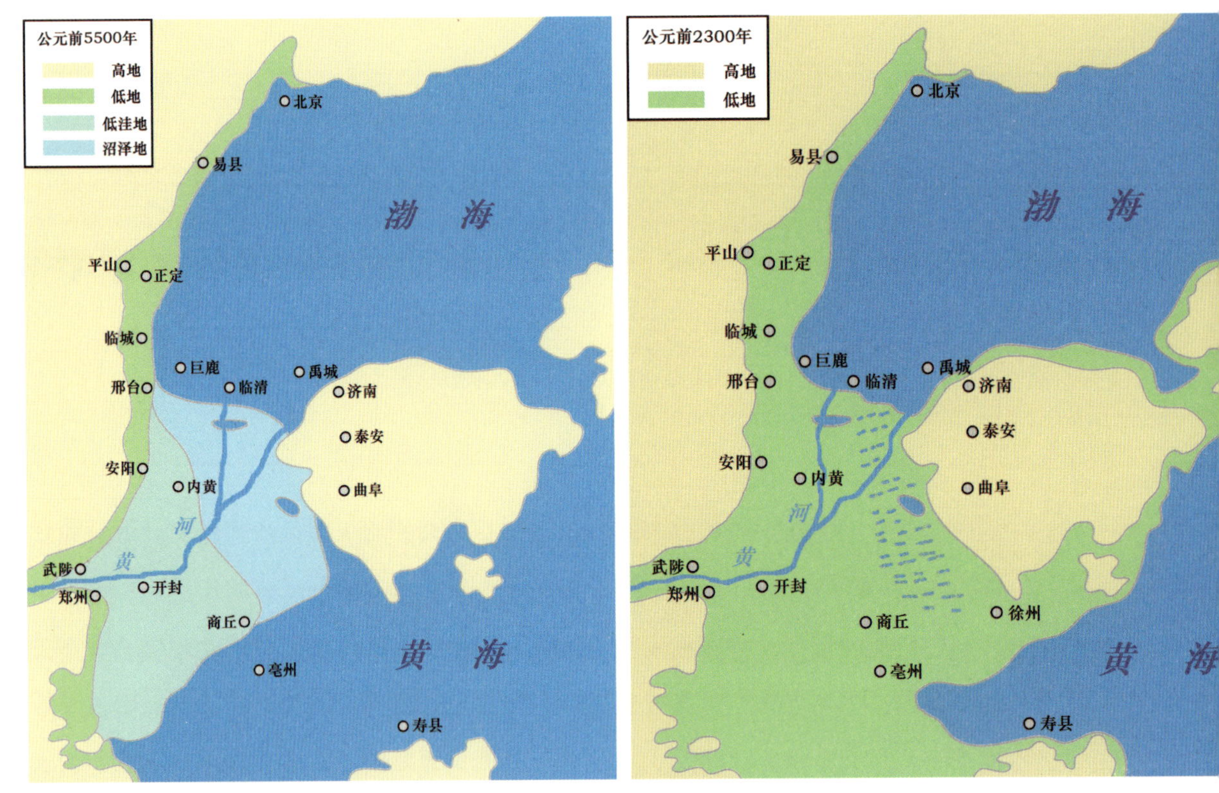

图 1-1-1 华北平原形成示意图★

区迁徙。规模巨大的古老湖泊，如古白洋淀、古大陆泽、古大野泽等，虽然在黄河泥沙的作用下开始收缩解体，但仍然是一片河湖纵横、星罗棋布的景象，黄河、济水等穿行其间，形成密布的水网。著名历史地理学家史念海认为："太行山和泰山之间的华北平原，远古时代还有一个特点，也是和现在迥然不同的。现在这个地区只有若干大大小小河流流过，可是远古时期这里却是一个湖泊区域。……以这个地区和现在江淮之间相较，或不至于过分逊色。"①邹逸麟先生也说："先秦西汉时代，华北大平原的湖沼十分发育，分布很广，可以说是星罗棋布，

★据张光直著《古代中国考古学》（生活·读书·新知三联书店 2013 年版）第 68、70 页图"华北平原的形成"改绘。

①史念海：《由地理的因素试探远古时期黄河流域文化最为发达的原因》，载中国地理学会历史地理专业委员会编《历史地理》第 3 辑，上海人民出版社，1983，第 7—8 页。

与今天的景观有很大的差异。”[①]李修松：“夏商周三代时期，黄河流域河流、湖泊、沼泽众多，水面宽广。……特别是今黄淮海大平原，当时川流纵横，水泽星罗棋布，自西向东分布着三大湖沼带。其中有的湖泊纵横数十百里，浩瀚汪洋。至于淮河以南乃至长江流域更是水乡泽国。”[②]

河湖纵横、水网密布的生态环境给水运的发展提供了得天独厚的条件。仰韶文化时期、龙山文化时期大量的遗迹不仅密集地分布在古黄河的中游岸边，从三门峡、孟津、武陟、汲县、淇县一直到安阳一带都绵延不断，还密集地分布在黄河的支流如渭水、洛水、泾水、济水、汶水、泗水两岸，可以看到，先民们会优先选择黄河及其支流的岸边作为生活和居住的地点。史念海先生认为，既然在河岸水旁，就可能利用河水从事相互交往，尤其是黄河与渭水、济水相互衔接，构成远古时代东西交通的主轴线。《易经·系辞》记载：“黄帝刳木为舟，剡木为楫，舟楫之利，以济不通，致远以利天下。”说明五帝时先民们就广泛利用黄河流域优越的水网进行航运活动。

安阳殷墟甲骨文中留下了殷商时丰富的舟船和帆的文字记载，当时的木船已经在大小、形态上出现许多种类，具有不同的功能了。商代商业发达，长途水运贸易十分盛行，上海博物馆藏“殷饕纹鼎”上铸了一个人挑着许多贝，站立在船上，另一个人坐在后面划桨，显示出通过黄河航运去做买卖的生动形象。[③]1931 年，殷墟第四次发掘出土大量的龟甲，还有很多大鲸鱼的鱼骨，这是

① 邹逸麟：《历史时期华北大平原湖沼变迁述略》，载中国地理学会历史地理专业委员会编《历史地理》第 5 辑，上海人民出版社，1987，第 27 页。

② 李修松：《先秦史探研》，安徽大学出版社，2006，第 3 页。

③ 卢嘉锡、路甬祥主编《中国古代科学史纲》，河北科学技术出版社，1998，第 652—653 页。

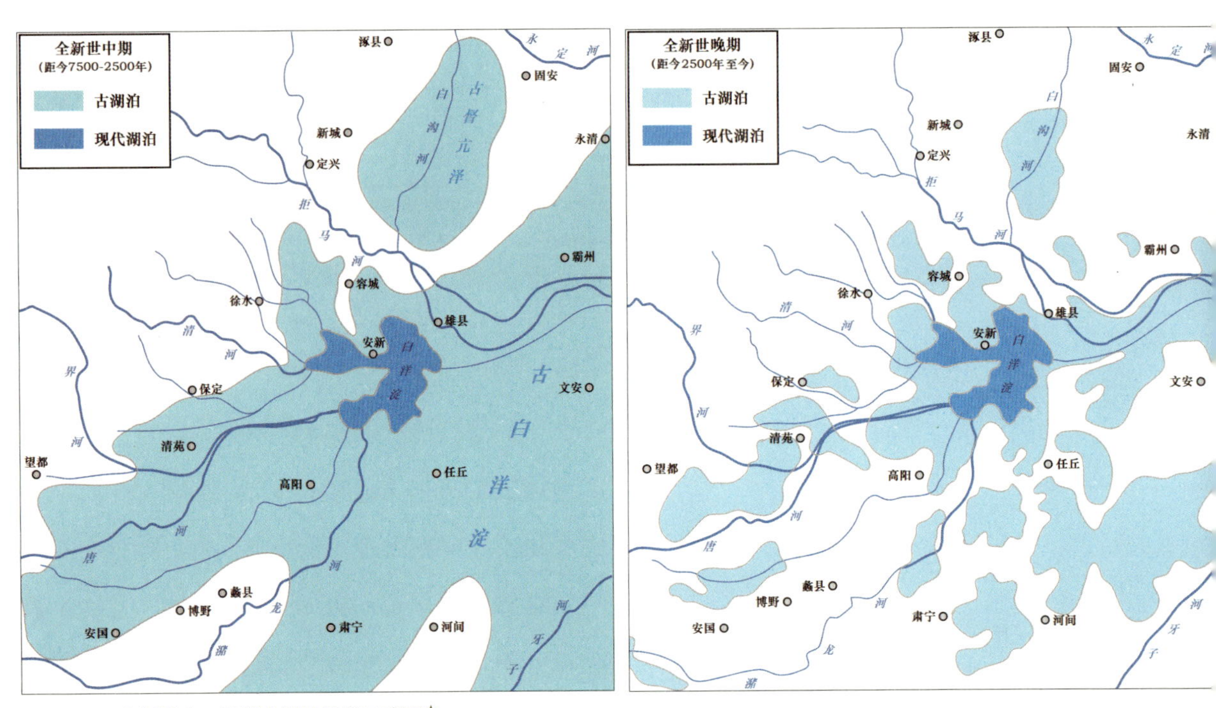

图 1-1-2 全新世中、晚期白洋淀盈缩示意图★

用大船到海上去捕获，然后通过水路运输到殷墟的，说明商代舟船已经有了可观的长途载物能力。

商代青铜器原料锡矿主要产于长江中游和如今华南、云南一带，铜主要产于长江流域。著名考古学家李济先生指出："小屯时代的殷民族，能采南国之金，制西方之矛，捕东海之鲸，游猎于大河南北，俨然为一方之雄。"[①] 说明了殷商时期黄河流域与其他地区交通之盛，出于环境背景和出行成本的考虑，我们认为这主要便是水运。殷墟卜辞中有"毕得舟"和"毕不其来舟"的记载，"毕不其来舟"是在卜问是否用舟船运贡品来，说明当时很多贡品都是通过水运运到安阳的。

对于上古时代的水运网络，最早的记载是《尚书 · 禹贡》，

★据王会昌《一万年来白洋淀的扩张与收缩》（《地理研究》1983 年第 3 期）第 13 页"一万年来白洋淀的兴起、扩张与收缩"改绘。左图为全新世中期极度扩张的白洋淀，右图为全新世晚期解体收缩的白洋淀。

① 李济：《安阳最近发掘报告及六次工作之总估计》，《安阳发掘报告》1933 年第 4 期。

图 1-1-3　1931 年殷墟出土鲸鱼肩胛骨场景★

详述了天下九州的贡赋及水运路径。很多学者认为《禹贡》描述的水运交通网仅仅是战国时期人们对天下统一后的设想和规划，张兴照则认为："搁置成书年代的争议，我们或许无法否认的是，《禹贡·九州》章对贡纳水路的宏大格局与具体走向的描绘背后，隐含着三代久已存在且不断发展的水上交通的大规模与大气象。"[①] 我们同意张氏的观点，上古三代基于华北平原水文环境的优越，在比较原始的造船技术和管理制度下，依然能够充分开展水运。

《禹贡·九州》记载，大禹治水成功后，划天下为九州，每州都有自己的水道，州与州之间也有水道互通，最后总归到华北平原西部的冀州。

> 冀州，……夹右碣石入于河。
>
> 济、河惟兖州，……浮于济、漯，达于河。
>
> 海、岱惟青州，……浮于汶，达于济。
>
> 海、岱及淮惟徐州，……浮于淮、泗，达于河（菏）。
>
> 淮、海惟扬州，……沿于江、海，达于淮、泗。

首先是都城所在的冀州，利用的水运通道是黄河。夏商周时期，黄河北流，常走"山经河"和"禹贡河"河道，这两条河道中"山经河"更为古老，沿着太行山东麓平行北流，过大陆泽后，在今河北省深州市分出"禹贡河"，二河东流至天津附近入

★引自汉字文明传承传播与教育研究中心、郑州大学编《甲骨春秋——纪念甲骨文发现一百二十周年》（商务印书馆 2019 年版）第 25 页。

① 张兴照：《水上交通与商代文明》，《中国社会科学》2013 年第 6 期，第 187、188 页。

图 1-1-4 《禹贡》九州示意图*

渤海。春秋战国时，黄河常走“汉志河”，于今河北省黄骅市入海，河道虽向东南方向摆动，但仍能串联起河北平原上发源于太行山的诸多河流，成为河北平原的水运主干。

在黄河以南，形成了以济水、菏水为中心的水运网络。九州中位于东方和东南方的兖、青、徐、扬四州即可通过这个水运体系连接黄河，到达都城所在的冀州。如兖州通过济水和漯水到达黄河；青州可借用兖州的河道，经由汶水入济水，再入黄河；徐州经由淮水、泗水，进入菏水、济水，再入黄河；扬州则是经由长江、大海到达淮水，再由徐州、兖州的水道，抵达冀州。

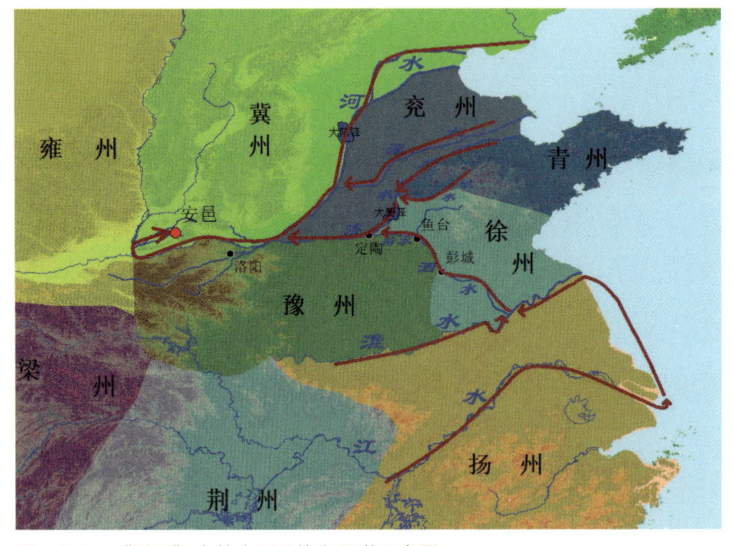

图 1-1-5 《禹贡》中的水运网络和贡道示意图

★据程光裕、徐圣谟主编《中国历史地图》（台北中国文化大学出版部 1980 年版）第 4 页图改绘。

第二节

水网改良与修补：运河的出现

（一）吴越与长江以南运河的建设

与北方黄河流域相比，地处长江中下游的楚、蜀、吴、越等国气候更加温暖湿润，河湖水网更加密集。尤其是地处江南的吴国，地势低洼，拥有吴淞江、东江、娄江等水网和古太湖、古芙蓉湖、古淀泖湖、古阳澄湖和古菱湖等广大湖群，号为三江五湖，是名副其实的水乡泽国。

因此，作为一个以舟立国的方国，无论是保卫本土，还是向外开拓地盘，吴国都必须借助大量舟船作为主要的交通运输工具。吴人“以船为车，以楫为马”，他们的进步与扩张必须有水道伴随，但自然水网往往有迂曲不便之处，这时候就需要开浚运河来加以完善了。纵贯吴国发展和征伐史，我们能看到这同样是一部运河开凿史。

1. 泰伯渎

吴国最早的运河（很可能也是中国最早的运河）可能是泰伯渎。泰伯是商代后期中原周部落首领周太王（古公亶父）的长子，他为了顺从父亲想要传位给弟弟季历（姬昌之父）的意愿，就和二弟仲雍假借为父采药，率领部分族人向东南迁徙到了江南无锡的梅里一带，并在此建立国家，号称“句吴”。相传泰伯在无锡梅里建国后，开凿了一条中国最早的运河，其路线以梅里为中心，西北通无锡，东南通苏州蠡湖。

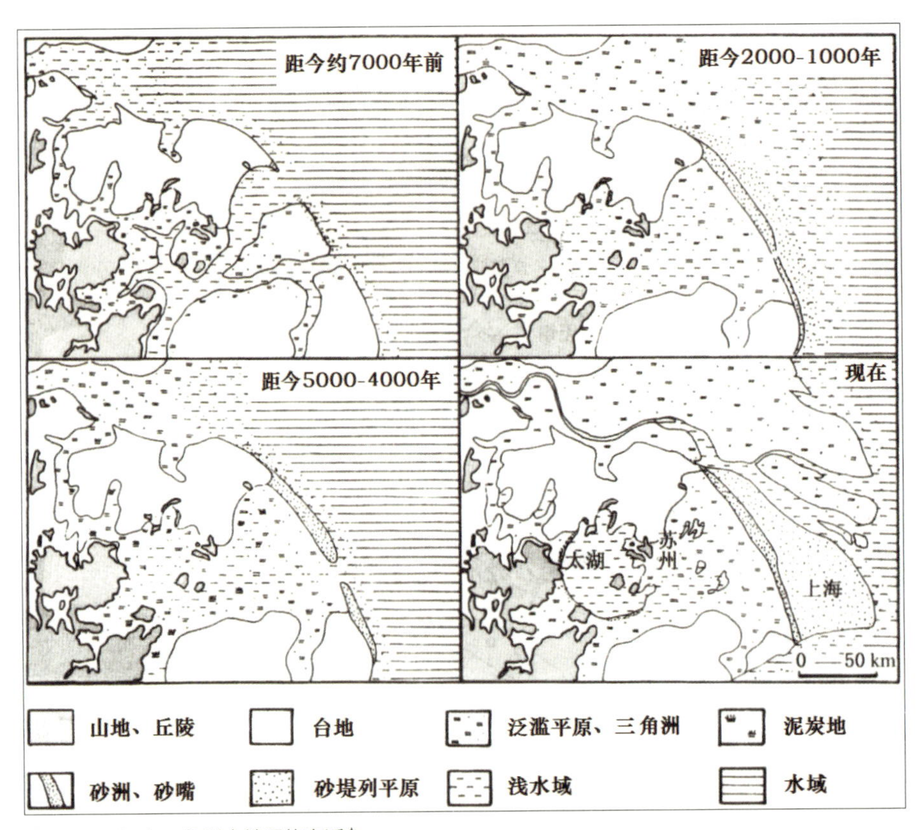

图 1-2-1 江南三角洲古地理的变迁★

图 1-2-2 吴泰伯塑像

★引自（日）梅津正伦著，邹怡译《中国江南三角洲地貌的形成》，载《历史地理》第 27 辑（上海人民出版社 2013 年版）第 384 页。

泰伯渎开凿的目的很可能是沟通无锡北面的古芙蓉湖和苏州北面的古阳澄湖、古淀泖湖群。相传大禹治水“三江既入，震泽底定”，太湖、阳澄、淀泖诸湖之水可由三江入海，无锡惠山东麓经梅里到长江海口的带状高地和沙丘、沙堤成为阻隔南北的小流域分水岭。泰伯渎的开凿便沟通了无锡南北的湖群。

2. 吴古故水道

春秋时期，在泰伯渎的基础上，吴国开凿了吴古故水道（简称吴故水道）。《越绝书·吴地传》记载：“吴古故水道，出平门，上郭池，入渎，出巢湖（亦作漕湖），上历地，过梅亭，入杨湖，出渔浦，入大江，奏广陵。”

平门为苏州北门，巢湖即蠡湖，梅亭即梅里东亭一带，杨湖即无锡、常州间阳湖，渔浦即江阴利港，大江即长江。由此可知，吴故水道南起苏州，中间利用蠡湖经梅里到无锡的泰伯渎，北至江阴入长江。或者说吴故水道是由泰伯渎向南北分别延伸到苏州和江阴而成。

吴故水道的开凿时代，历史上并无明确记载。但从吴故水道的功能来看，它的开凿当与吴国由无锡梅里迁都姑苏吴城有密切关系。吴国迁都的准备工作始自

图 1-2-3　苏州平门

吴王寿梦，寿梦时吴国势力渐强，与越国矛盾加剧，寿梦为战胜越国，需要一个新的南下的战略要地。苏州一带当全吴之中，依山临水，绾毂太湖尾闾三江水道，交通便利，四通八达，正符合吴国南进与越国争霸的需要。吴王寿梦时于今苏州平门西北筑城，为迁都做准备。寿梦死后，吴王诸樊正式迁都苏州吴城。

迁都后，新都吴城与旧都梅里之间的交通便极为重要，沟通两都之间的吴故水道应该就是在这样的背景下开凿的。吴王阖闾即位后，因寿梦所筑新城狭小，便于阖闾元年（前 514）命伍子胥修筑周长近 40 里的大城，俗称阖闾城。吴故水道梅里至苏州段应该完成于迁都的过程中。阖闾九年（前 506），吴军在孙武、伍子胥的率领下大破楚国，克楚都郢。《吴越春秋》记载“诸将既从还楚，因更名阊门曰破楚门，复谋伐齐”，为伐齐做准备，必须沟通北上长江的水道，吴故水道梅里至江阴段应即此准备工作。

3. 古江南河

现在一般认为邗沟是中国最早的运河，但邗沟的这个最早是需要加限定词的，即有确切纪年的大型人工运河。我们相信，在邗沟之前已经有过许多运河了，但它们并未有幸像邗沟一样，因为与大规模军事行动等关系密切而载诸史册。

吴王阖闾时，预谋北伐齐国，为此将泰伯渎北延到江阴长江。齐景公听说后十分害怕，“齐子使女为质于吴，吴王因为太子波聘齐女”（《吴越春秋》），将女儿嫁给了吴国太子波，阖闾就没有再继续伐齐。等到吴王夫差降服越国后，北上伐齐、称霸中原又重新提上日程。为了便于行军和后勤运输，夫差很可能对吴古故水道北段进行了调整，形成了古江南河。

著名历史学家田余庆先生在《运河访古》中指出，古江南河“其南段和中段水源充足，土层深厚，地势平坦，开河较易，当在春秋末年。江南运河的关键部分是北段，即今丹阳至镇江一段，这一段运河，我推测也是吴王夫差时初开，或者吴

图 1-2-4 吴王夫差矛

王就山间自然河道，部分地修治利用。吴王过江争霸中原，很注意利用水路。他既然能开通邗沟于江淮之间，又能从海上攻齐，也当有可能于自己的后方尽量利用水道以通长江，从而构成这段运河的雏形。”①

为什么不走原先的江阴利港入长江，而要改道镇江京口呢？这就要说到长江入海口的历史变迁了。长江在扬州以东摆脱宁镇山脉和仪征丘陵的束缚后，就进入了一望无际的平原地带（主要在北岸，南岸丹阳、江阴一带仍有丘陵阻挡），江水、海水交汇，一下子变得开阔起来。历史地理学家指出，五六千年前的大海侵使长江河口退到了镇江、扬州一带，镇江、扬州以下成为海湾，以上才具有江型。②而且在历史早期，长江喇叭形河口的潮汐作用特别显著，由东海汹涌而来的海潮，经开阔的海湾乍入河湾，就在江口扬州（秦时为广陵县治）附近形成汹涌澎湃的涌潮现象，即历史上著名的“广陵涛”。③

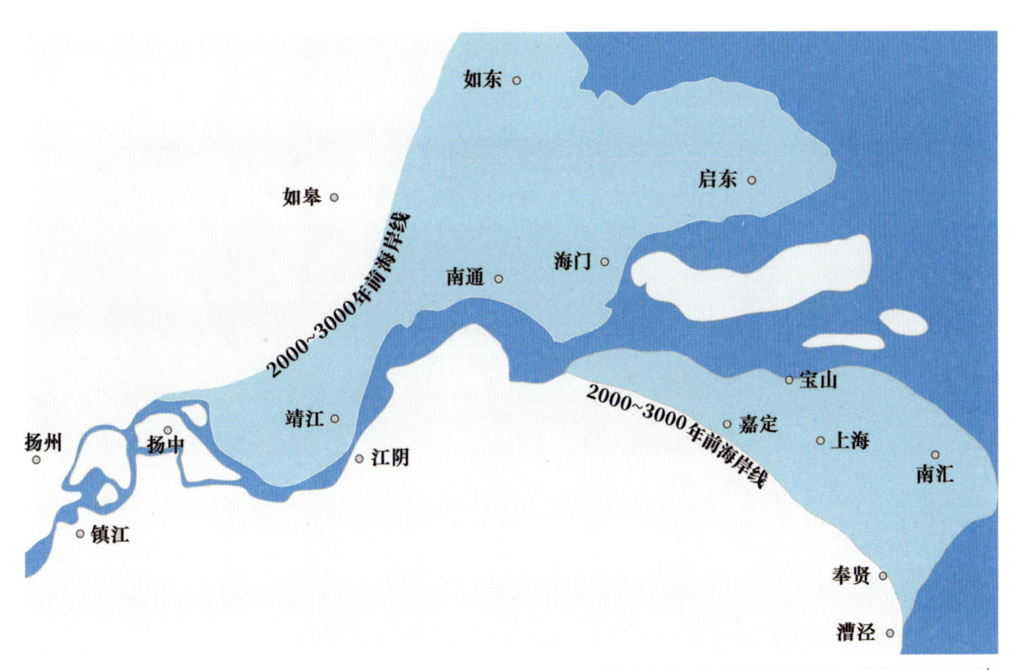

图 1-2-5　先秦时期长江口、海岸线示意图★

★据恽兴才编著《图说长江河口演变》（海洋出版社 2010 年版）第 9 页图“2000~3000 年来长江河口变迁过程（据陈吉余等）”改绘。

① 唐宋运河考察队：《运河访古》，上海人民出版社，1986，前言第 2 页。

② 王育民：《中国历史地理概论上》，人民教育出版社，1985，第 183 页。

③ 同②，第 184 页。

如果仍由吴古故水道至江阴过长江的话，就必须横渡百里海湾，或者逆流百里至扬州上岸，风涛涌潮异常凶险。因此，吴王夫差很有必要避开这百里的江海涌涛，出古芙蓉湖后改向西北开河，经今武进、丹阳，至镇江京口入长江，渡过长江，就是邗城所在的扬州了。夫差时期的古江南河南起苏州，北至镇江，已经非常接近后世的江南运河了。得益于江南地区优越的水文环境，这些运河能够长期使用，在漫长的时光中，局部河段不断演变，逐渐成为我们今天所见到的江南运河。

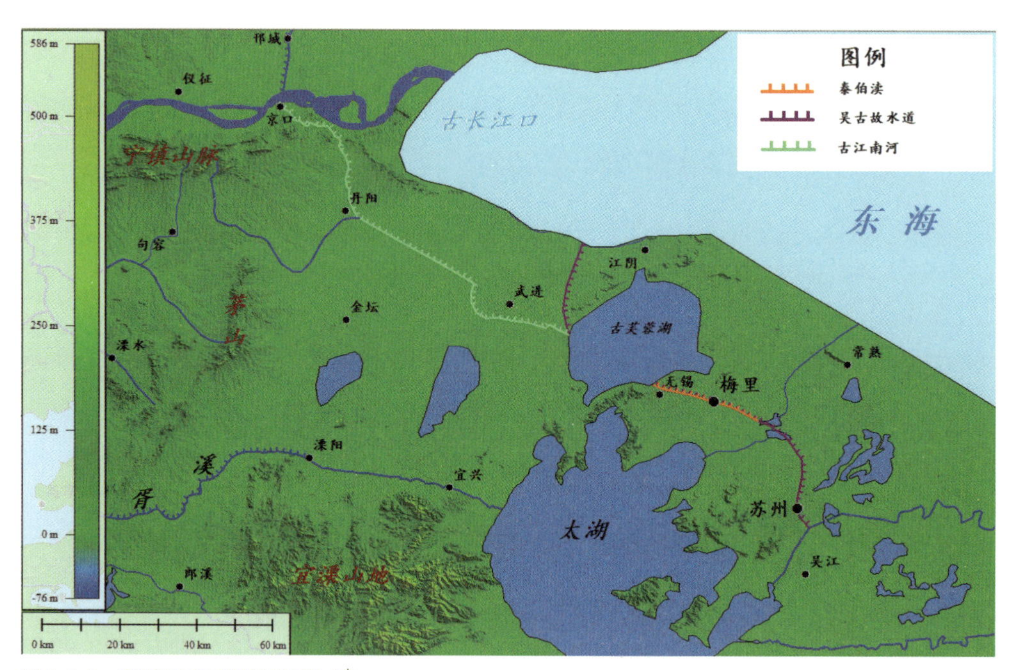

图 1-2-6 商周吴国江南运河的形成★

4. 百尺渎

在开挖古江南河北上伐齐之前，吴国还开凿了沟通吴城（今苏州）与钱塘江的百尺渎（又称百尺浦），作为南下攻越的快速通道。

《越绝书》记载："吴古故从由拳辟塞，度会夷，奏山阴。辟塞者，吴备候塞也。……百尺渎，奏江，吴以达粮。"

"吴"指吴国国都（今苏州），"江"指钱塘江，"吴古故"指吴古故水道，"由拳"在今嘉兴（秦于嘉兴南设由拳县），"辟

★ 吴古故水道包括泰伯渎，古江南河包括吴古故水道的中段和南段。

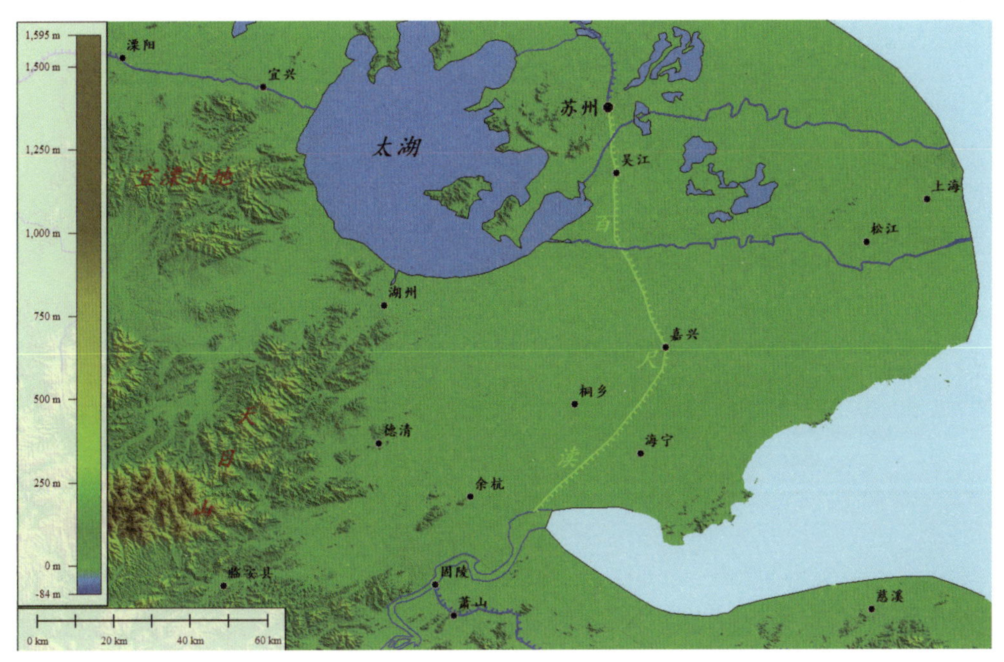

图 1-2-7　春秋末年百尺渎示意图

塞”也在嘉兴，“会夷”指会稽海（即杭州湾），“山阴”即今绍兴。因此百尺渎是北起苏州，经嘉兴至钱塘江的一条运道。据专家考证，其具体路线是从苏州北接吴古故水道，南经吴江、平望、嘉兴、崇德，在今海宁市南盐官镇西南入钱塘江。

百尺渎很可能开凿于吴王阖闾时代。史载，阖闾十九年（前 496）越王勾践即位，吴王阖闾想趁越国政局未稳，发兵攻越。双方即在槜李（今嘉兴）展开决战，史称“槜李之战”。结果吴军大败，阖闾受创身亡。百尺渎可能就是开凿于这一时期。两年后，吴王夫差在夫椒之战中打败勾践，越国降吴，勾践被迫入臣于吴。此后越国向吴国进贡的粮食、木材等物资，大多是通过百尺渎运送的。[①] 后来，经过近二十年的卧薪尝胆、休养生息，越王勾践于夫差二十年（前 476），“兴师伐吴，吴与越战于槜李，吴师大败”（《吴越春秋》）。三年后（前 473），勾践再次兴师伐吴，一举灭亡吴国。这些军事行动都是经由百尺渎展开的。

① 徐吉军：《杭州运河史话》，杭州出版社，2013，第 16 页。

图 1-2-8 卧薪尝胆的勾践

5. 山阴故水道

先秦时期的越国是一个不亚于吴国的水乡泽国，东汉《越绝书》描述越地“西则迫江，东则薄海，水属苍天，下不知所止。交错相过，波涛浚流，沈而复起，因复相还。浩浩之水，朝夕既有时，动作若惊骇，声音若雷霆。”北魏郦道元在《水经注》中称古越地为“万流所凑，涛湖泛决，触地成川，支津交渠”。这种地理环境使越人天然地依赖于水，“水行而山处，以船为车，以楫为马，往若飘风，去则难从”（《越绝书》）。因此，越人的生产、生活、军事等活动必须依赖于水运。

虽然越地河湖密布，但由于南高北低的自然地势，从会稽山和四明山流下的山水，都是由南向北流贯这片沼泽平原的，为了形成一个整体的水运网络，就需要从东西向上将这些自然河道串联起来，承担这一责任的就是山阴故水道。

《越绝书》记载：“山阴故水道，出东郭，从郡阳春亭，去县五十里。”据考证，这条“山阴故水道”在越王勾践时代已经成型，它西起山阴东郭水门，东经今上虞东关镇的炼塘，至东小江口汇入曹娥江，后来又东接姚江，是一条全程约一百公里的人工水道。

图 1-2-9　1926 年的绍兴东郭水门*

《越绝书》中记载的山阴故水道西至山阴城，那么在山阴城以西是否还有运河呢？《中国运河开发史》写到，“越国的造船业十分发达，所建船只较多用于军事，使用范围大都在山会平原西部及钱塘江固陵一带，因之，此地必有一主航道与固陵相通，并沟通四通八达的航线。”[①] 而且，“作为军事要地，西部水陆交通和舟楫基地应为越国重点掌握和控制之中，设置建设标准应该高于东部地区。”[②] 因此，此书中的“春秋越国山会平原水系航运图”，以山阴城为界，将山阴故水道分别标识为西故水道和东故水道。

总之，山阴故水道东起炼塘，西到山阴城东郭门，经山阴城南缘河道以西，沿今柯岩、湖塘一带至西小江，再至固陵，贯通了山会平原东西地区，并与东、西两小江相通，连接吴国及海上航道，又与平原南北向诸河连通，在古越地河湖水网中发挥了主干串联作用。

*引自绍兴市水城办、绍兴市档案局编《图说绍兴水城》（西泠印社出版社 2018 年版）第 5 页。

① 陈桥驿主编《中国运河开发史》，中华书局，2008，第 455 页。

② 同上，第 456 页。

图 1-2-10 春秋越国山阴故水道示意图

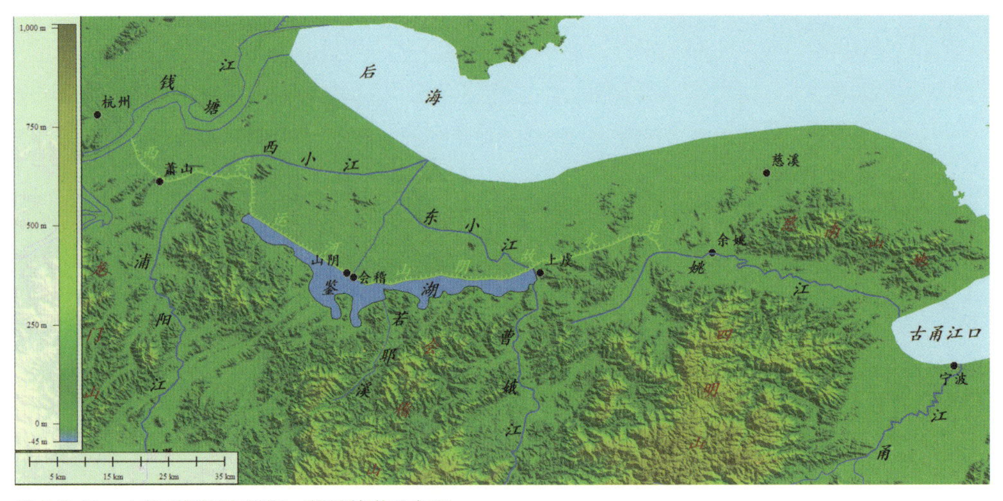

图 1-2-11 六朝时期西兴运河、鉴湖航道示意图

汉顺帝永和五年（140），会稽郡太守马臻在原有的山阴故水道基础上筑坝建堤，纳三十六源之水，兴建了鉴湖。鉴湖的南界是稽北丘陵，北界是沿山阴故水道修筑的湖堤，东至今上虞蒿坝附近，西至今绍兴市钱清镇夏履江东缘，总长达 56.5 公里。鉴湖建成后，水位抬高和设施的完善使此一线航运条件更为优越。鉴湖初创至晋代，山会地区的人工运河主航线即为鉴湖；晋代至唐宋，西线（山阴县）的航线渐为西兴运河所取代，而东线（会稽县）仍为鉴湖航线并延承到现代。

6. 胥溪

除了古江南河、百尺渎等京杭大运河的前身外，吴国在江南地区还开凿有胥浦、胥溪等运河，其中胥溪沟通了太湖流域和古丹阳湖流域，是一条重要的地区性运河。

图 1-2-12　鉴湖中的绍兴古纤道

胥溪又称堰渎、胥河，是吴王阖闾九年（前 506），吴国为了与楚国争霸，令伍子胥开凿的一条运河。胥溪的开凿是为了避开古长江海口和南京镇江风涛漂溺之险。胥溪运河通过开凿茅山与宜溧山地之间的高阜，连接了古丹阳湖和太湖，这样吴国水军从都城姑苏（今苏州）出发，就能通过胥溪到达今芜湖一带长江，直面楚国边境，大大缩短了航程，减轻了航运风险和运输费用。胥溪开成后，伍子胥、孙武率吴军伐楚，五战五捷，攻破楚都郢城，掘楚平王墓，鞭尸三百，以报父兄之仇，天下震动。

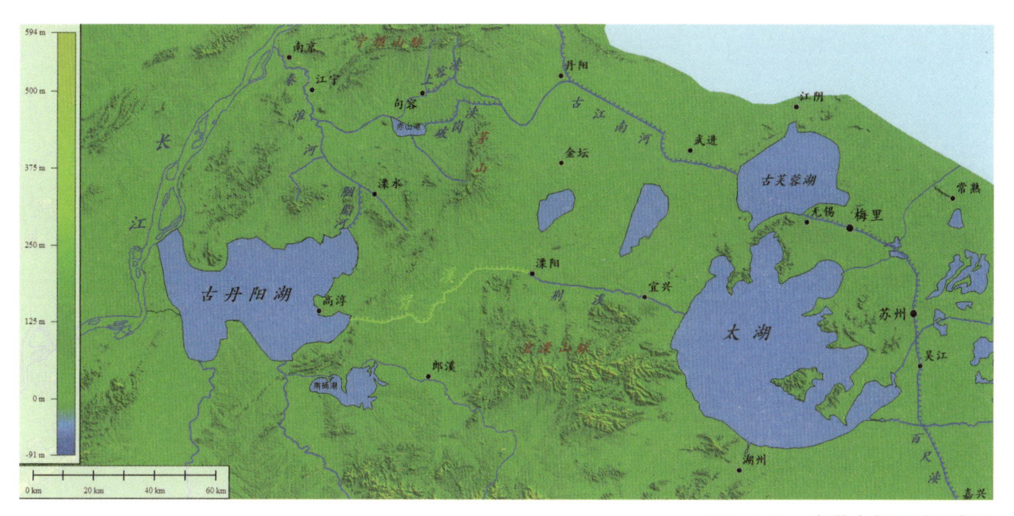

图 1-2-13　春秋末年胥溪示意图

三国时期，孙权于黄龙元年（229）自京口（今镇江）迁都建业（今南京），以便攻略长江中游荆楚一带。当时东吴的主要经济区仍在太湖流域，因此需要打通太湖与秦淮河的交通。当年伍子胥所开的胥溪对于建业来说已经颇为迂曲，不够便捷。为此，孙权于赤乌八年（245）派校尉陈勋在茅山和宁镇山脉之间的分水岗地上开凿了一条名叫破岗渎的运河，该运河西通秦淮河水系，东连洛阳河至江南运河，为南京与太湖流域和镇江提供了便捷的交通渠道，促进了南京一带的开发。南朝梁时，又在破岗渎以北，借助句容河和洛阳河，另开了一条上容渎。但上容渎水源匮乏又淤塞严重，在陈武帝时期就被废弃了。隋朝灭陈后，建康（今南京）不再作为都城，破岗渎漕运作用随之丧失，也逐渐被废弃了。

图 1-2-14 三国孙吴破岗渎、上容渎和明初胭脂河示意图

明初定都南京，为了使浙江和苏南太湖流域的漕粮运输免遭长江逆流风涛之险，朱元璋重新疏浚了胥溪，又开凿了胭脂河。胭脂河虽然不长，但是要经过溧水南部的山岗，这些山岗由砂岩、砾岩和页岩组成，十分坚硬，工程难度极大。洪武二十六年（1393），崇山侯李新受命凿河，调动周边六郡数万民工采用“火烧水激”的传统手法，“穷日夜凿之”，在付出了“役而死者万人”的沉重代价后，于第二年开成了深三十余米、宽十余米的胭脂河。胭脂河沟通了秦淮河、水阳江两个水系，解决了明初漕运的困难，也为商贾民旅带来了便利。

图 1-2-15　南京溧水胭脂河

（二）吴魏与长江以北运河的建设

夫差时吴国以舟为车，以楫为马，不但建立了江南运河的雏形，而且对长江、黄河间运河的开辟也做出了极大的贡献。

1. 邗沟

我们追随吴王夫差北上争霸的脚步，俯瞰他对于长江以北运河建设的贡献。在降服越国之后，夫差不听伍子胥的劝阻，执意北上与齐晋争霸。他首先对阖闾时代的吴古故水道北段加以改造，使运河能够直达长江入海口附近的京口。又于夫差十年（前 486）在京口对岸筑邗城（在今扬州市），并利用渌洋湖、樊良湖、博芝湖、射阳湖等湖泊开凿运河，至末口入淮河，这就是中国历史上最早的有确切纪年的大型跨流域人工运河——邗沟。

吴夫差十年，秋天吴国开通邗沟，冬天即派出使者到鲁国，要求鲁国出兵共同攻打齐国。第二年（前 485）春天，吴国、鲁国、邾国、郯国四国联军攻打到了齐国的南部边境。联军的强大压力引起了齐国内部的激变，齐国人杀死了国君齐悼公，向联军发出了讣告。齐国的变故打乱了夫差的战略部署，第一次伐齐之战结束。秋天，没有达到战略目的的夫差并不甘心，又派使者到鲁国，要求鲁国派兵一起讨伐齐国。第三年（前 484）夏天，吴军通过邗沟、泗水与鲁军会合，并在五月底深入齐国境内，与齐军在艾陵（今莱芜东北）对峙。五月二十七日，双方在艾陵展开决战，在这次战争中夫差首次设立了预备队，并在战斗最焦灼时投入，从而取得大胜。艾陵之战，吴军俘获了齐军五员大将、战车八百辆，斩首三千。艾陵之战的胜利，使吴国威震天下，为夫差称霸打下了基础，为了进一步确定霸权，夫差的下一个目标是西进中原，与晋国争霸。

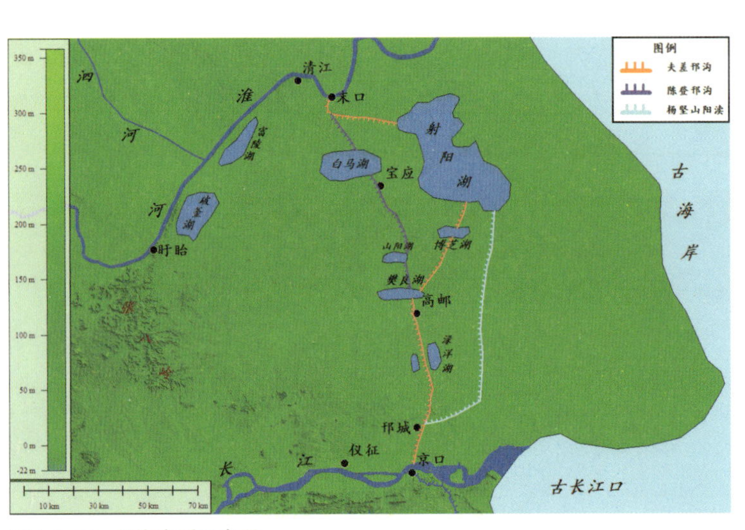

图 1-2-16 邗沟变迁示意图

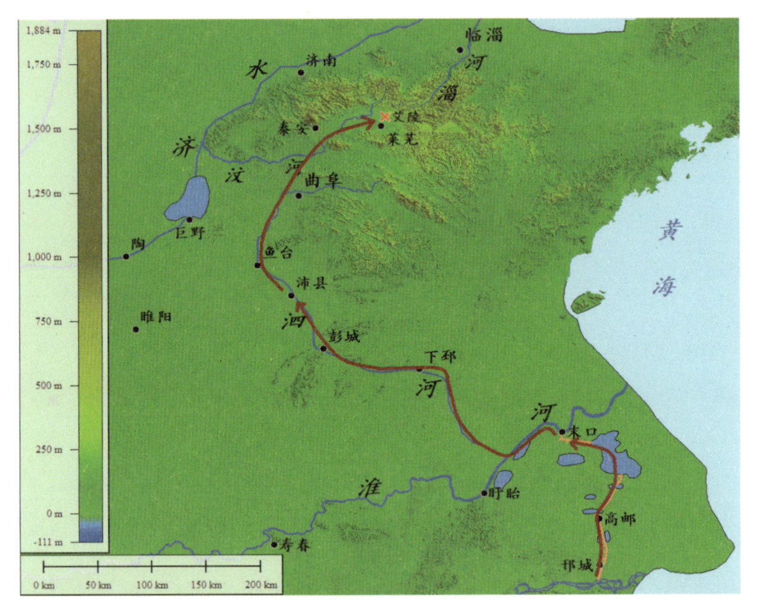

图 1-2-17 夫差伐齐进军路线示意图

2. 菏水

吴王夫差在艾陵大败齐军，势力大张，为确定最终的霸业，坚定了西进中原的决心。为了这次政治军事行动，夫差又在今山东济宁、菏泽地区疏浚了沟通泗水和济水的菏水。

《国语·吴语》记载："吴王夫差既杀申胥，不稔于岁，乃起师北征。阙为深沟，通于商、鲁之间，北属之沂，西属之济，以会晋公午于黄池。"

申胥即伍子胥，他坚决反对夫差北上伐齐之举，认为吴国首先应该解决的是背后的心腹大患——越国。他经常劝告夫差说"得志于齐，犹获石田也，无所用之。越不为沼，吴其泯矣。"（《通志》）意为，征服了齐国，就好比得到了一块全是石头的田，一点用处也没有，而不灭掉越国并让越国沦为沼泽，那吴国就一定会被越国灭掉。然而夫差在越国的顺从和吹捧下丧失了对越国的戒心，一心想着北上与齐晋争霸，伍子胥对此十分失望，在吴国第二次伐齐之前出使齐国时，将儿子留在了齐国，使其避免遭受未来吴国的亡国之祸。夫差十二年（前

图 1-2-18　嘉兴伍相祠

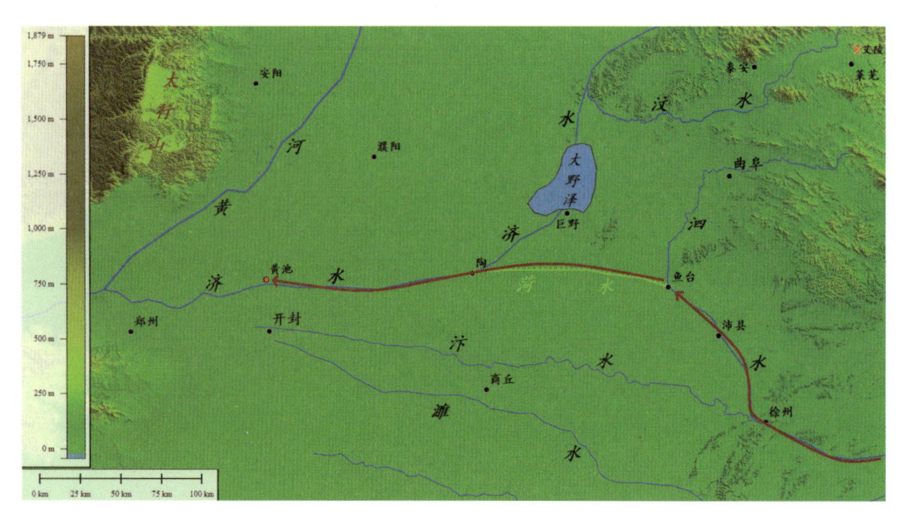

图 1-2-19 菏水与夫差黄池之会进军路线示意图

484）夫差伐齐获胜归国后，就有大臣指责伍子胥私通敌国，夫差一怒之下赐死了伍子胥。

赐死伍子胥后第二年（前 483），庄稼还没有成熟的时候，夫差就举倾国之兵北上，大概是在冬季到达今山东南部的鱼台一带，发现三代时中原地区的重要水道——菏水已经因为水少而淤塞不通。夫差遂重新对菏水进行疏浚，沟通了泗水和济水。夫差十四年（前 482）夏，夫差与周王室代表单平公、晋国国君晋定公、鲁国国君鲁哀公等在济水北岸的黄池（今河南封丘境内）会盟，《公羊传》记载说“吴在是，则天下诸侯莫敢不至也。”可谓威震天下。菏水的湮塞，表明上古时期依托于河湖的发达水运网已经开始因为农业开发而遭到侵害，这也成为人工运河出现的契机，或者说人工运河出现的作用是恢复残缺的水运网络。

菏水可谓先秦时期天下水运之枢纽，它南接泗水、沂水，入淮水，由邗沟而通长江，由长江而西上荆楚、南下江东；它西连济水，由济水东北可入海，亦可转淄水至齐都临淄；由济水西上可入黄河，东北至燕赵之地，西北至秦晋之国，鸿沟开凿后还可以南达淮楚。因此，位于济水与菏水分流处的陶（秦置定陶县）被视为天下之中，倚仗着四通八达的水运优势，成为先秦时期最负盛名的商业都会。范蠡在帮助勾践成就霸业后急流勇退，“止于陶，以为此天下之中，交易有无之路通，为生可以致富矣，于是自谓陶朱公。”（《通志》）到西汉初期，菏水、济水仍是水运枢纽，《史记·货殖列传》说陶乃一都会也，汉高祖刘邦也选择定陶作为自己的称帝之所。

3. 鸿沟与鸿沟水系

除了菏水，先秦时期还出现了另一个著名运河工程——鸿沟。关于鸿沟的形成，大多数学者皆以《史记·河渠书》所载，定鸿沟作为运河的开凿时间是在战国时期。但也有学者持不同意见，著名史学家岑仲勉先生通过对水系变迁规律的把握，提出“鸿沟是上古自然的遗迹”。[1]张兴照也认为：“从黄河历史上经常夺淮的史实，不难想象出现一条遗留的黄河分流水道是很正常的。鸿沟正是往古时期联通河淮的水路，其作为运河出现不过是后世对其的疏浚而已。战国中期魏惠王迁都大梁后开凿鸿沟的说法是不准确的。……《水经注·河水五》所谓‘大禹塞荥泽，开之以通淮、泗’，或有真实的史影。有这样一条自然的河道，夏商时代对其疏通以发展水运是可能的。”[2]笔者也认为鸿沟是上古自然遗迹的说法是可信的。不过，这条水道应该淤塞得较早，因此与菏水相比，它在战国以前的史料

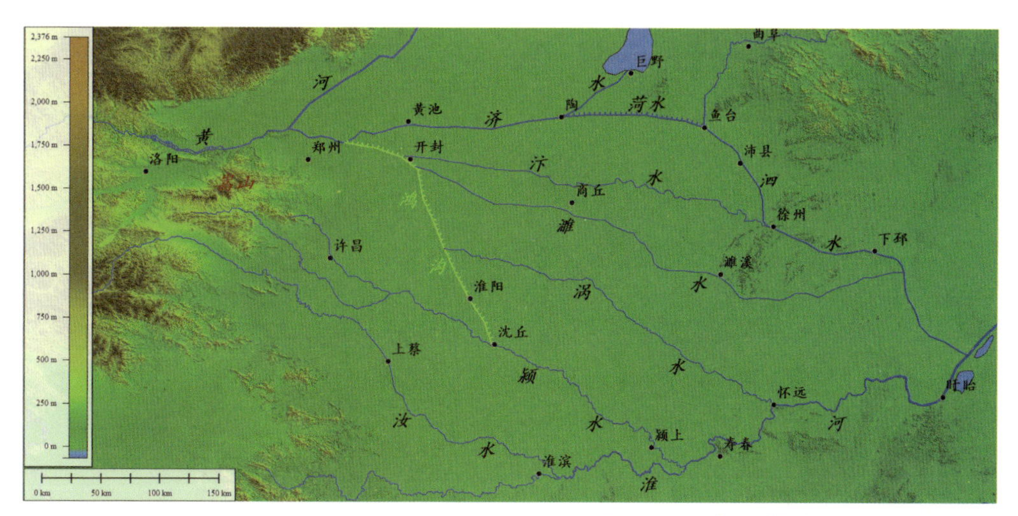

图 1-2-20　战国时期鸿沟与鸿沟水系示意图

① 岑仲勉：《黄河变迁史》，中华书局，2004，第 182—183 页。

② 张兴照：《水上交通与商代文明》，《中国社会科学》2013 年第 6 期，第 193 页。

中出现较少，在《禹贡·九州》的水运网中也没有提及。

魏惠王十年（前360），魏国重新疏浚了这处遗迹，并得名鸿沟。[1]鸿沟从敖山（今广武山，在荥阳市东北）东北的荥口引黄河水为源，与济水混流，向东流经荥泽北，再向东南流与济水分流，流至圃田泽后，再向东流至开封，然后折而南下入颍河。鸿沟的突出特点是连接了黄河和淮河之间的众多河流，如济水、汴水、睢水、涡水、颍水等，间接连通菏水、泗水、汶水、沂水、沭水、淮水等，形成一张宏大的水运网，让整个黄淮之间四通八达，这个水运网即为鸿沟水系。《史记·河渠书》云："荥阳下引河东南为鸿沟，以通宋、郑、陈、蔡、曹、卫，与济、汝、淮、泗会。"诸渠"皆可行舟，有余则用溉，百姓飨其利。"（《汉书》）鸿沟的开凿，极大地促进了魏国的水运经济，"粟粮漕庾，不下十万"（《战国策》），增强了魏国国力，使之成为战国初期的霸主，魏都大梁（今开封）也发展成为商业重镇。

①《战国策》："苏子（苏秦）为赵合纵，说魏王（魏襄王）曰：大王之地，南有鸿沟。"

第三节

黄河南摆与平原水运网的破坏和重建

在春秋战国时期吴国、越国、魏国等国家的努力下，兴起了中国运河开发的第一个高潮期，古江南河、百尺渎、山阴故水道、邗沟、菏水、鸿沟等运河不断出现，极大地完善了上古时期中国水运交通网。这些运河建成后，南自浙东，北达幽燕，东自海滨，西至关中，都能一路畅达。

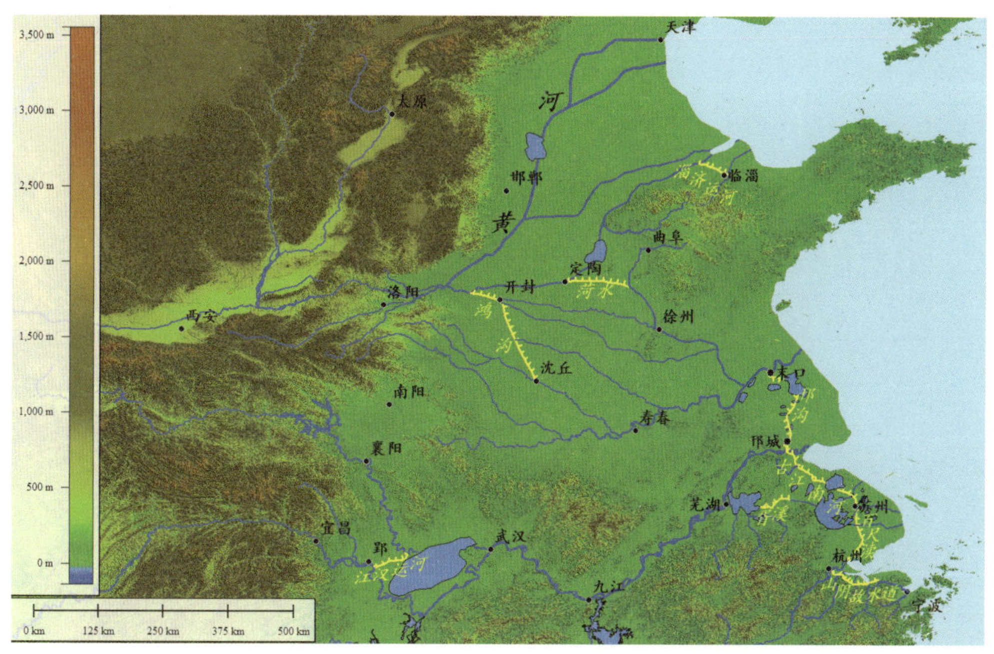

图 1-3-1　先秦时期中国运河和水运网示意图

从以上示意图可知，由邗沟、古江南河、百尺渎和山阴故水道等运河构成的，连通淮河、长江、钱塘江和甬江的南方运河，已经跟今天的京杭大运河南方段、浙东运河路线十分相近。实际上，有赖于南方地区丰富的水资源和较为稳定的水文环境，历史上南方运河的变动并不剧烈，即便后世一些稍大的改道（如邗沟）也是在原本河道基础上进行的优化。本书对于这些变动不大的优化调整不再赘述。与南方运河的稳定构成鲜明对比的是北方运河的剧烈变迁，这也是秦汉以后中国运河变迁的主要内容。影响北方运河变迁的主要因素是黄河的变迁，每当黄河决口改道，其洪涛所至势必摧残运道，运河只得一避再避，一部运河变迁史在很大程度上就是一部避黄行运史。

（一）黄河与先秦华北平原水网

先秦时期，黄河中上游地区植被良好，水土流失较轻，黄河泥沙含量较低，下游河道较为稳定，是很好的航运通道。先秦时黄河出郑州西北广武山（又名三皇山）之后即沿着太行山东麓东北流，沿途接纳大量发源于太行山区的河流，呈不对称的羽毛状水系。这时的黄河能够起到很好的串联作用，在河北平原水网中发挥着主干的作用。通过济水、鸿沟、菏水和邗沟，将北方的河北平原水网与中原、南方的水网连接在了一起。

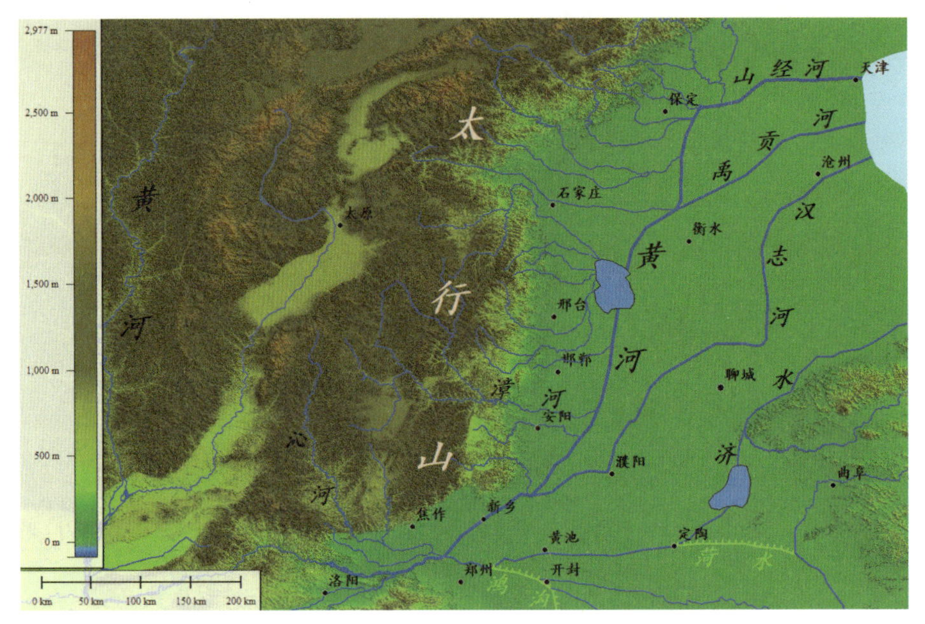

图 1-3-2 先秦时期黄河沟通太行山诸河示意图

图 1-3-3　南太行山河流

（二）黄河南摆与华北水网的残破

这个完美的水运网络在西汉时期遭到破坏，其原因是对黄河中上游地区，尤其是对黄土高原和关中平原的高度开发导致森林植被破坏，水土流失加重，黄河泥沙含量剧增，其结果是黄河不断决溢改道。黄河决溢改道的趋势是自西向东、自北而南，呈顺时针方向摆动。从最初的“山经河”，到“禹贡河”，再到后来的“汉志河”，黄河逐渐离开太行山麓和河北平原，逐渐逼近山东平原和济水、菏水。

汉武帝以后，济水、菏水及其沿线的定陶、巨野等开始受到黄河决溢的威胁。汉武帝元光三年（前 132）黄河在瓠子（在今濮阳西南）决口，黄水经鄄城、郓城，“东南注巨野，通于淮、泗”（《汉书》），导致“吾山（东阿鱼山）平兮巨野溢”（《水经注》），溢而四出，冲积济水和菏水，泛滥长达二十三年。直到元封二年（前 109），汉武帝亲临瓠子治河，才堵住决口。但没过多久，黄河又常在山东西部、北部泛滥决溢，济水、菏水以及鸿沟水系中的汴水等都遭到侵害。《后汉书·王景传》云“后汴渠东侵，日月弥广，而水门故处，皆在河中，兖、豫百姓怨叹”，又云“河决积久，日月侵毁，济渠所漂数十许

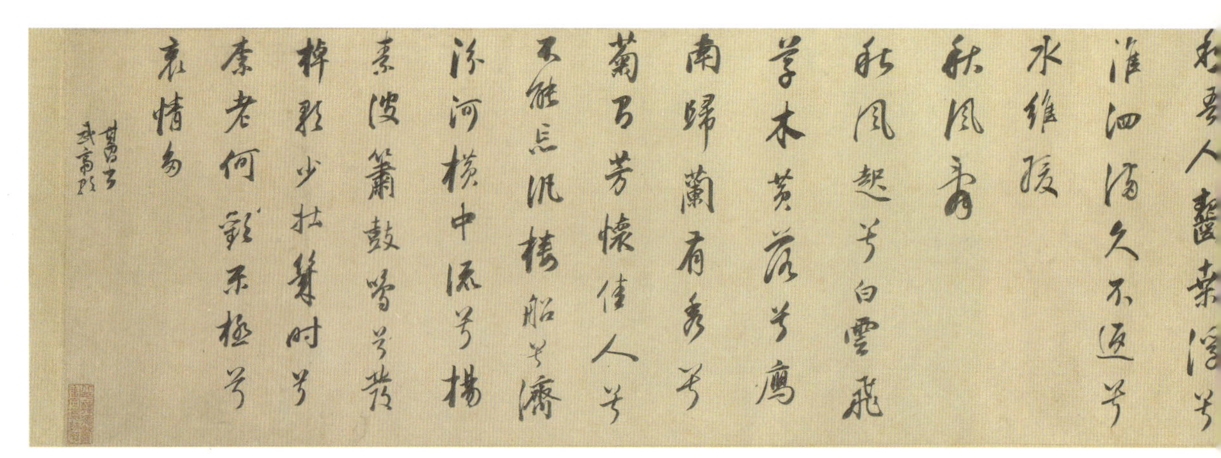

图 1-3-4 《武帝歌卷》（董其昌行书，故宫博物院藏）

县”。直到东汉永平十二年（69）光武帝派遣王景治河后，黄河才进入长时间的安稳期。

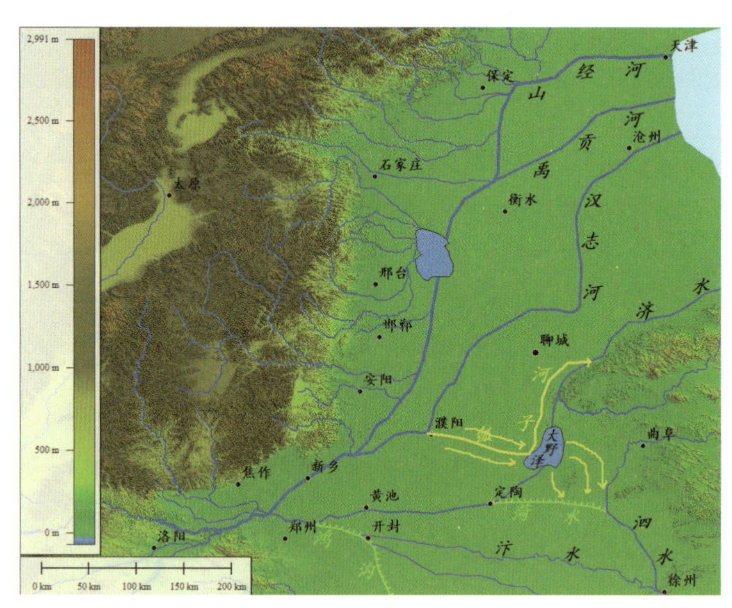

图 1-3-5 瓠子决口示意图

从最早的“随西山（太行山）下东北去”（《资治通鉴》），到东汉王景治河后下游全在今山东境内，黄河的决溢改道带来两个后果：一是鲁西豫东平原上的水运枢纽——济、菏二水遭到严重侵害；二是改道后河北平原失去串联各河湖的水运主干。这两个后果全面破坏了上古时期水运网络的完整性。

1. 济、菏二水遭到严重侵害

黄河的长期泛滥，使得济水、菏水、濮水诸河频遭黄河侵害，逐渐淤积断流。因为鸿沟、汴渠位置更加靠南、靠西，受到黄河泛滥侵害较轻，可以较好地

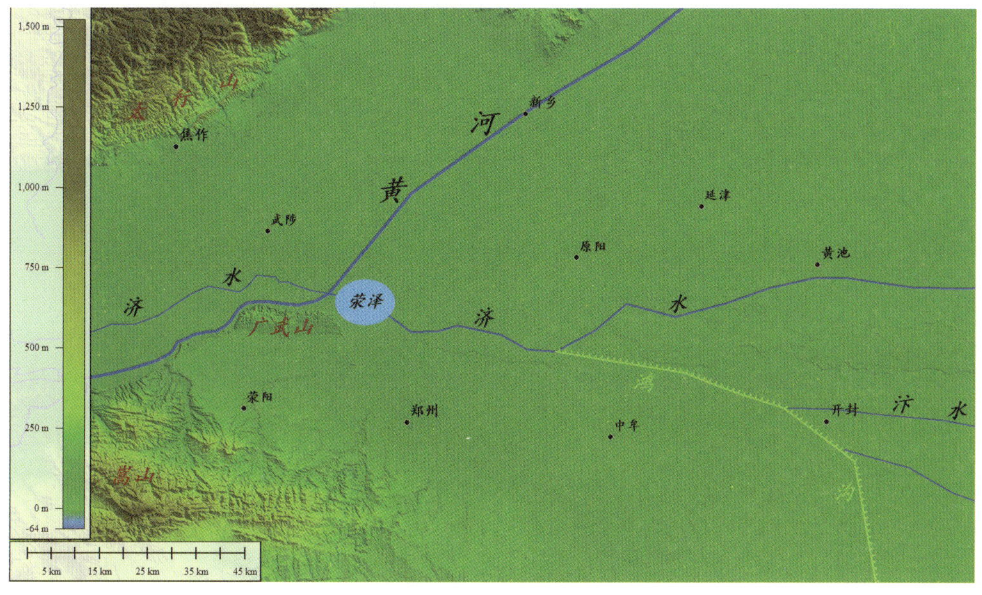

图 1-3-6　黄河、济水、鸿沟、汴水关系示意图

恢复和利用。因此王景治河时，尽力恢复鸿沟和汴渠，[①] 但没有对处于黄河泛滥核心区的济水、菏水进行维护，这在一定程度上放任了济水、菏水的淤塞，使得中原水运枢纽避开黄患，向西南郑州、开封、商丘、许昌和周口一带偏移。

史念海先生指出，鸿沟与其说是引用的黄河的水流，还不如说利用济水的

---

① 《后汉书·王景传》记载“永平十二年，议修汴渠，乃引见（王）景，问以理水形便。”又“以尝修浚仪（指浚仪渠，鸿沟的一段），功业有成。”

水流更为明白些，也就是说济水是黄河的一条岔流，鸿沟又是济水在中牟县西北分出的岔流，鸿沟水量的大小与济水下游成此消彼长的关系。济水受淤后，政府更加重视鸿沟水系，尤其是其中汴水的建设维护，这就使得济水下游分得的水量日益减少，加速了其断流的进程。西晋司马彪《续汉书·郡国志》说王莽时大旱，济水遂枯绝，这是济水断流的首次记载，此后断断续续通塞不常。《水经注疏》引《国都城记》说："自复通汴渠以来，旧济遂绝，今济阴定陶城南，唯有济堤及枯河而已，皆无水。"这时济水和菏水就完全淤塞断流了。

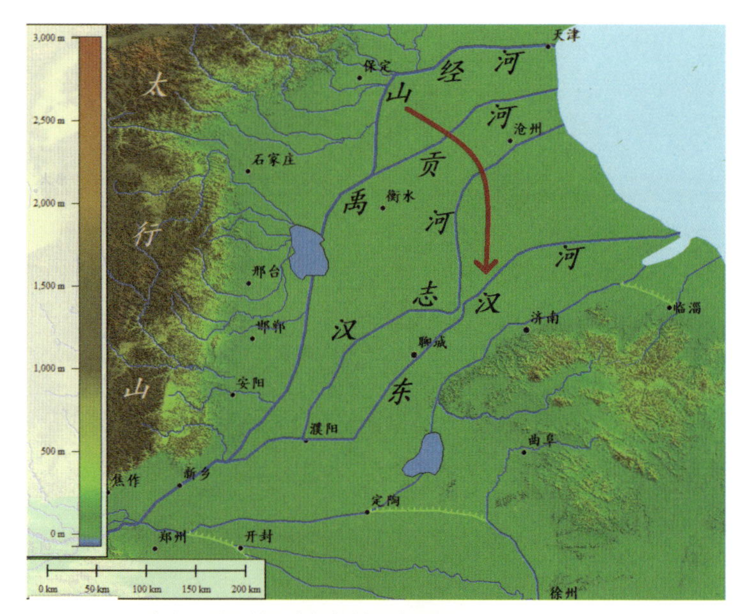

图 1-3-7 上古秦汉时期黄河南摆趋势示意图

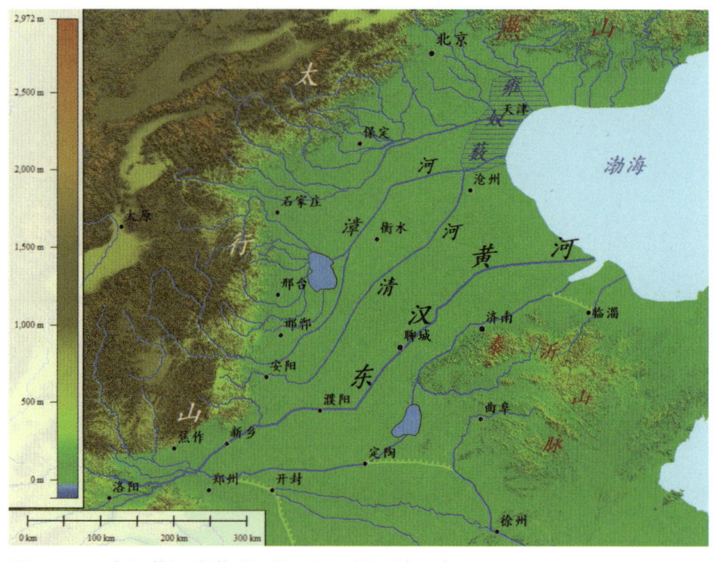

图 1-3-8 东汉黄河改道后河北平原河湖形势示意图

2. 黄河南摆后河北平原诸河失去串联

汉明帝永平十三年（70），经著名水利专家王景治理疏导，黄河有了一条稳定的河道。这条河道位于今黄河河道北侧，由今河南荥阳向东北，经今新乡市东、滑县、浚县，北转向东，经今河南濮阳市南、山东莘县东、高唐县东，至今山东高青县东北的古代千乘海口入海，是为东汉河。

这次泛滥改道，不但影响了济水、菏水通塞，而且彻底改变了华北平原北部的河湖网络。此前黄河走“山经河”“禹贡河”，甚至“汉志河”时，都能够串联起大量发源于太行山脉的河流，到达华北平原北部的天津、沧州一带。王景治河改走东汉河后，黄河往东南方向摆动，下游全在今山东省境内，却不能再连接太行山诸河，北达华北平原北部地区了。

（三）魏晋南北朝时期华北水网的重建

1. 连通太行山诸河

汉末群雄并起，华北平原成为军阀们征战的主要战场之一。东汉献帝建安五年（200），曹操与袁绍的争斗进入白热化阶段，该年十月，曹操在官渡之战中大败袁绍。不久袁绍病死，两个儿子袁谭和袁尚内讧争权，曹操开始掌握北征的主动权。北征袁氏产生了巨大的后勤运输压力，这就迫切要求重新将太行山诸河联络起来。

首先，曹操恢复了鸿沟水系。官渡之战后，曹操在建安七年（202）疏浚了睢阳渠。《资治通鉴》载：“浚仪县（今河南开封市）属陈留郡，睢水于此县首受浪荡渠（即鸿沟）水，东过睢阳县（今河南商丘市），故谓之睢阳渠。”据此可知，睢阳渠起自开封鸿沟，经杞县、宁陵、睢阳等地，连通睢河，至江苏宿迁东南注入泗水。睢阳渠的治理，部分地恢复了残破的鸿沟水系，使其沟通黄河，与淮、泗要道的睢水又得以畅通。这样来自睢阳（今河南商丘）、谯郡（今安徽亳州）一带的粮草就能通过睢阳渠源源不断地运送到曹操北征的前进基地——官渡，然后经过鸿沟、济水转黄河，支持曹操北征。

睢阳渠建成的第二年（203）春天，曹操首先攻下了黄河北侧的黎阳，然后兵围袁氏政权政治中心邺城。由于邺城久攻不下，曹军后勤不继，只得撤兵。鉴于此，撤兵后仅半年，曹操就下令开凿白沟，以便后勤运输。白沟工程包括两项内容：一是开挖白沟，二是修建枋头堰。其目的是拦截淇水，不让淇水向南流入黄河（东汉河），而是让它转而东流，从开凿好的白沟汇入清水。这样曹军辎重就能通过白沟，输送到清水的支流洹水上，到达离邺城很近的安阳一带。借助白沟水运，曹操很快就在建安九年（204）夺取了邺城。袁绍的儿子袁尚逃到了辽西地

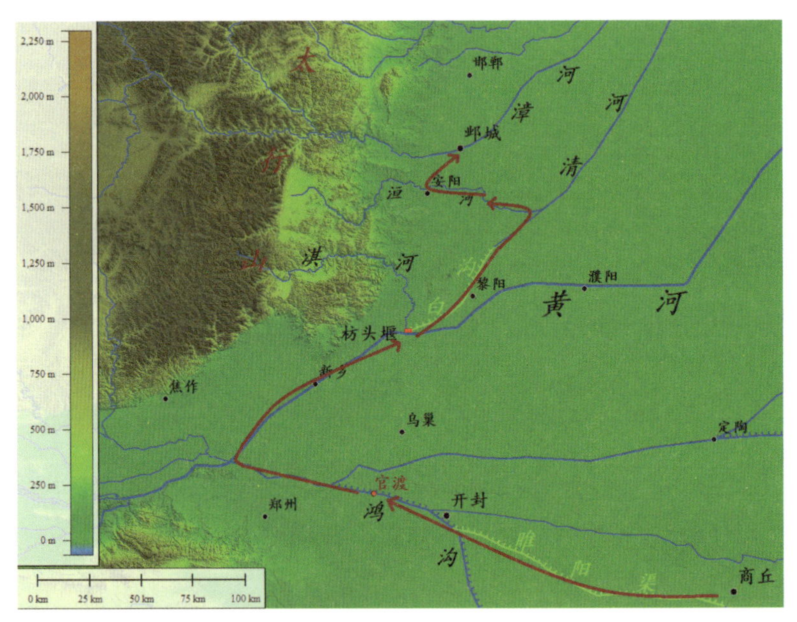

图 1-3-9 曹操进攻袁绍路线示意图

区的乌丸（乌桓）蹋顿单于那里，仍然对曹操构成威胁。

为了继续北征，彻底消除袁氏威胁，曹操于次年（205）又开凿了两条运河，即平虏渠和泉州渠。之所以开凿平虏渠和泉州渠，是因为曹操兵船自白沟入清水，顺河北下到沧州入漳水后，河道就折向东方，于黄骅附近入海，兵船无法再继续北行了。好在沧州以北天津一带，自古地势低洼，号为“九河下梢”，可资利用的河湖很多。于是曹操就从清水与漳水的交汇口继续往北开渠，纵穿雍奴薮，接纳滹沱河、巨马河等水，由今天津入海（即今海河河道），是为平虏渠。又从今天津继续往北开渠，串联雍奴薮中的小湖，在宝坻附近入鲍丘河（鲍丘河上游今称潮河，下游入蓟运河）。因该渠渠首位于泉州县（在今天津市武清区西南城上村），故名泉州渠。

平虏渠和泉州渠建成后，华北平原中部的物资可通过睢阳渠、黄河、白沟、清水、平虏渠、泉州渠运至宝坻。这里距离辽西乌桓的盘踞地柳城（今辽宁朝阳县）还有一千余里，为此曹操在建安十一年（206）继续开渠东进。宝坻与滦县（东汉时为海阳县）之间地势低洼，燕山山脉南流诸水汇聚于此，也有众多的湖泊沼泽。曹操利用这些河流湖沼，从泉州渠与鲍丘水、沟水的交汇处——沟口向东开渠，于今河北省滦南县、乐亭县一带注入濡水（即今滦河），是为新河。兵

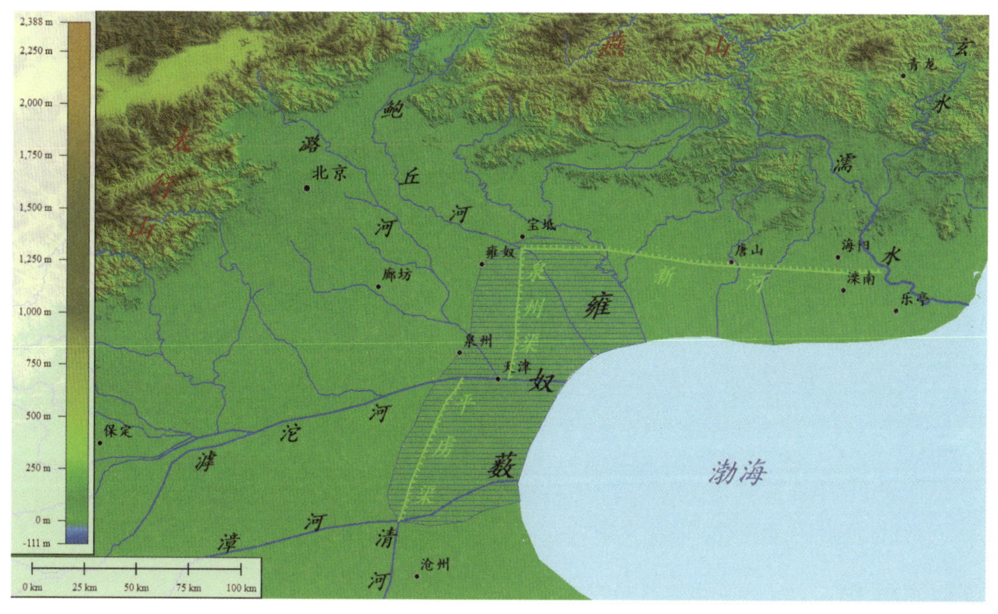

图 1-3-10　平虏渠、泉州渠、新河示意图

船由濡水北上，入其支流玄水（今青龙河），至今河北青龙县一带，就距离柳城的大凌河流域很近了。次年（207）八月，曹军与乌桓军在白狼山（今大阳山，在今辽宁省喀喇沁左翼蒙古族自治县）决战，张辽阵斩蹋顿单于，遂平乌桓。九月，曹操由新河班师而回，路过碣石山（今河北昌黎县西北仙台山），留下了脍炙人口的千古名篇《观沧海》。

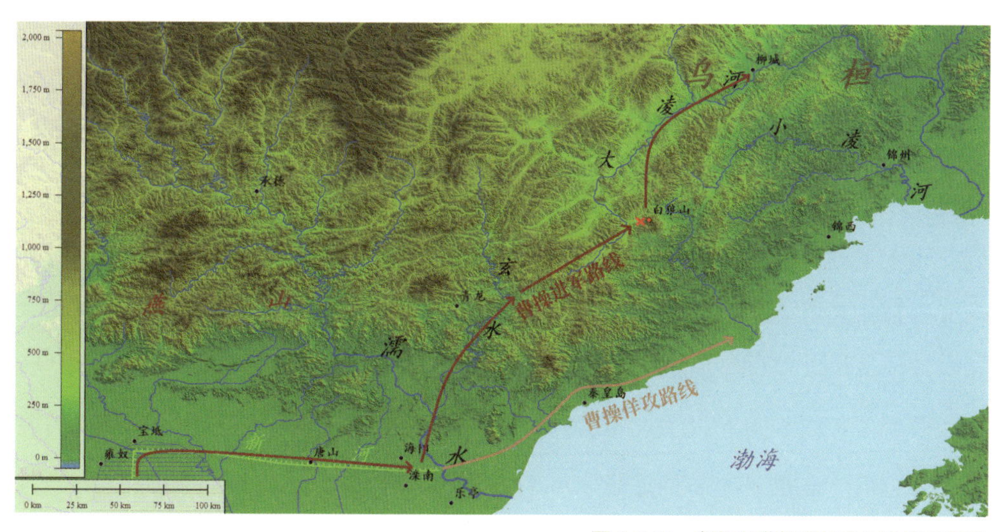

图 1-3-11　新河与曹操东征乌桓路线示意图

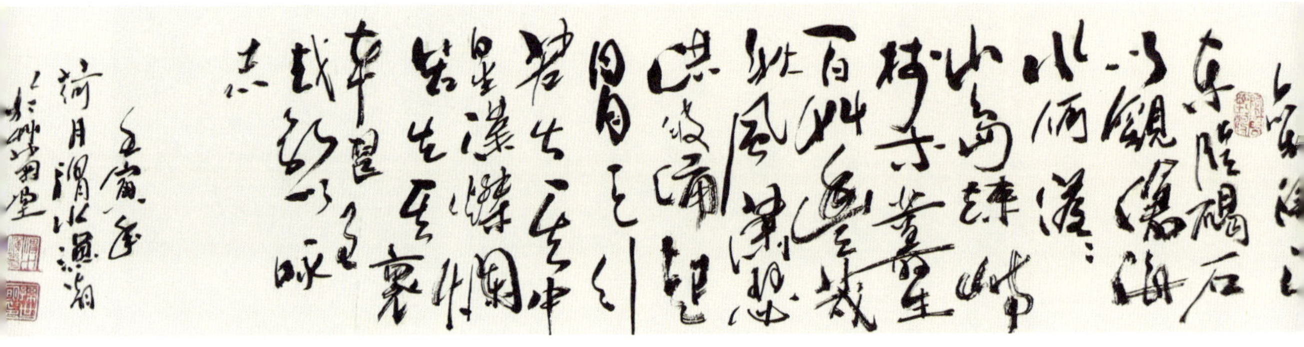
图 1-3-12 《观沧海》书法作品

在平定北方的袁氏、乌桓之后，华北平原中北部地区成为曹操的大后方，为了发展经济、增强实力，曹操又开凿了利漕渠，完善了华北水运网络。利漕渠起于斥章县（在今河北曲周县东南）南的漳水，东南流至馆陶西南入清水，在漳水和清水接近的地方将两河沟通。此后，魏明帝太和年间（227—232），白马王曹彪开白马渠。白马渠在今饶阳西南，上承滹沱水，下接漳水。

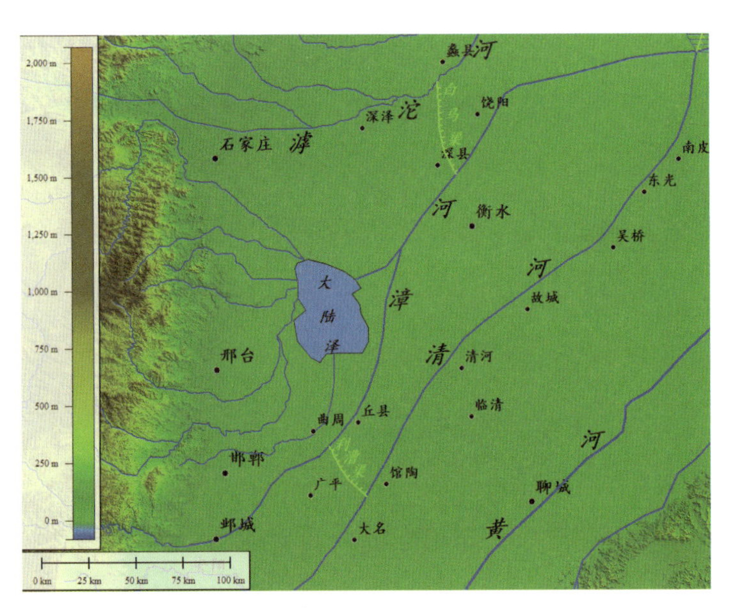

图 1-3-13 利漕渠、白马渠示意图

利漕渠、白马渠的开凿，将清河、漳河和滹沱河连接起来，从而在清河以西形成了一条纵贯河北平原中部的水路交通线。这条水路与白沟、清河运道东西并列，大大地便利了河北平原的水运交通。实际上，曹魏集团通过一系列运河，在河北平原沟通的水网体系，与上古先秦黄河北流时期的路线极为相似，因此在一定程度上可将其视为对上古河北地区水网的恢复和完善。

曹魏集团在河北平原的一系列运河建设，恢复了黄河北流（山经河、禹贡河）时期的水运网络，而且这些河流不像黄河那样含沙量高、难以控制，因而其中的一些河段能够长期维持利用。比如东晋十六国时期，后赵定都邺城，曹魏集

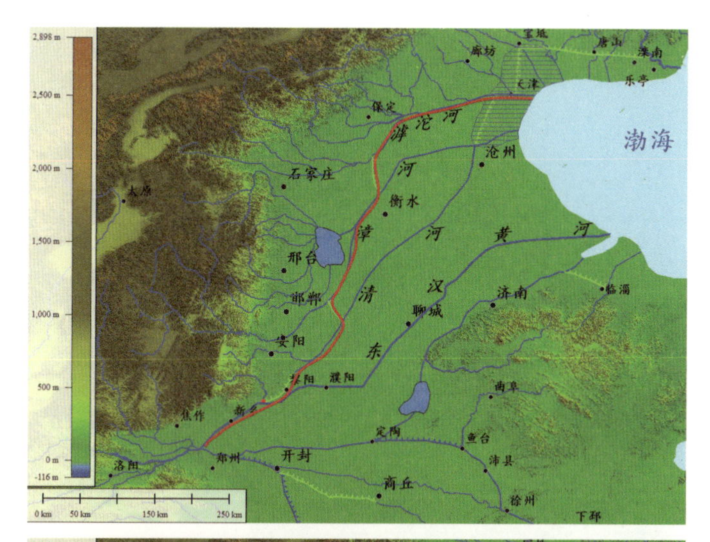

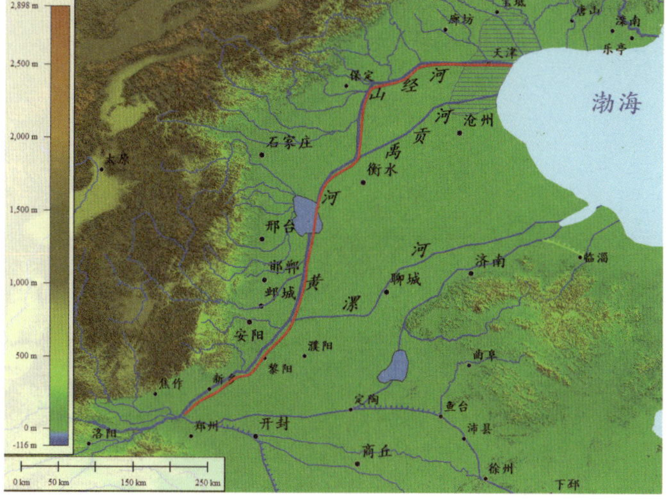

图 1-3-14　曹魏河北平原运河水网与先秦山经河对比图

团经营而成的水运体系为其所用。后赵在军事征伐上大量制造和运用舟船，如后赵建武六年（340）石虎为了讨伐昌黎“以船三百艘，运谷三十万斛诣高句丽”（《通志》），为讨伐前燕慕容皝，“令司、冀、青、徐、幽、并、雍兼复之家，五丁取三，四丁取二，合邺城旧军满五十万，具船万艘，自河通海，运谷豆千一百万斛于安乐城，以备征军之调。”（《晋书》）安乐城在今河北省乐亭县东北二十里，正是曹操所开新渠的终点附近，因此石虎的舟船部队肯定会利用曹魏集团开浚的一系列运河及其构成的水运体系。刘宋元嘉七年（430），为防御到彦之北伐军，北魏方面“乃诏冀、定、相三州造船三千艘，简幽州以南戍兵集河上以备之。”（《魏书》）从冀州、定州、相州、幽州到黄河，正是河北平原水网经行之地，可知此时仍能有效使用。后来这些河流渠道，尤其是清河被隋炀帝利用，成为隋唐时期永济渠的重要组成部分，宋元时期改称御河，明代以后改称卫河（卫运河），连续使用时间长达一千六百余年。

2. 恢复鸿沟水系

魏晋南北朝时期，存在着长期的南北对峙，对峙线基本上在淮河流域附近。这一方面导致中国南北方长途航运受阻，另一方面，为了保障前线需求，南北方各政权都时常疏浚河道，运输军需粮草。

曹魏时期在河北平原上的运河建设，恢复了黄河东徙以后华北平原北部的水运网络。随后，为了征伐长江下游的吴国，他们又着手恢复黄河以南的鸿沟水系。魏文帝曹丕黄初元年（220），豫州刺史贾逵自鸿沟庞官陂（今河南西华县东北）引水，沿着鸿沟故道西侧开渠，东南行直达颍水，全长二百余里，名为贾侯渠。五年后，黄初六年（225），魏文帝曹丕又在召陵（今河南漯河偃城区）开凿了讨虏渠，引汝水入颍水，增益颍水的航运能力，以便南下淮水征讨吴国。魏正始二年（241），邓艾开通广漕渠，实际上是对贾侯渠的一次疏浚。当时，汴水已有局部淤阻，邓艾建议对汴水进行全面整理，使全河可以通行舟楫。

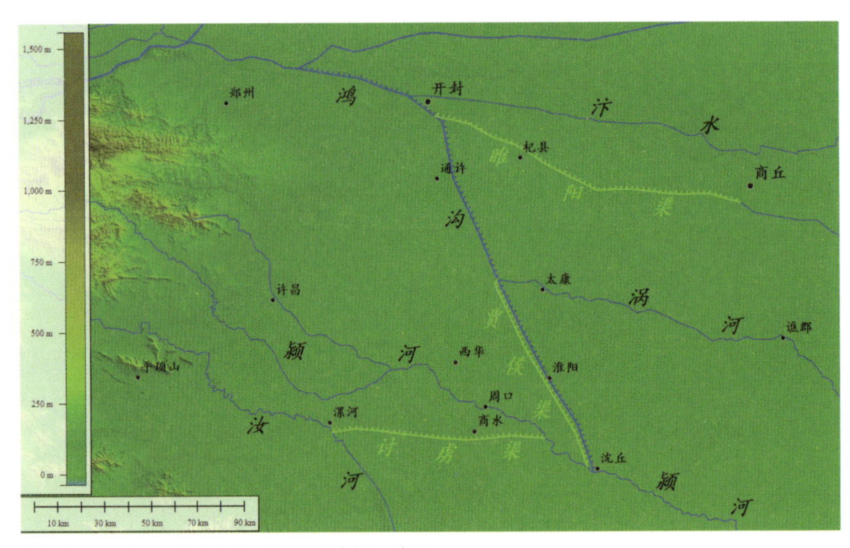

图 1-3-15 贾侯渠（广漕渠）、讨虏渠示意图

这次鸿沟水系的恢复没有持续很长时间，西晋末年，中原地区先后遭受八王之乱、永嘉之乱，随后五胡南下，战乱不休，鸿沟水系再次遭到破坏，逐渐荒废。

东晋永和十年（354），桓温第一次北伐，疏浚了鸿沟水系。“勒舟师以逼许、洛，以谯（今安徽亳州）、梁（今河南开封）水道既通，请徐、豫兵乘淮、泗入河”《晋书》。舟师由谯、梁，进逼许、洛，肯定是疏浚利用的鸿沟水系中的汴水。但此后桓温第二次和第三次北伐时，没有再利用这条水道，而是在济州一带开渠沟通泗水和汶、济二水，可能当时汴水已经浅涩不通，如太和四年（369）第三次北伐时，《资治通鉴》言“大司马温自兖州伐燕，郗超曰：‘道远，汴水又浅，恐漕运不通。’温不从。六月辛丑，温至金乡，天旱，水道绝。”

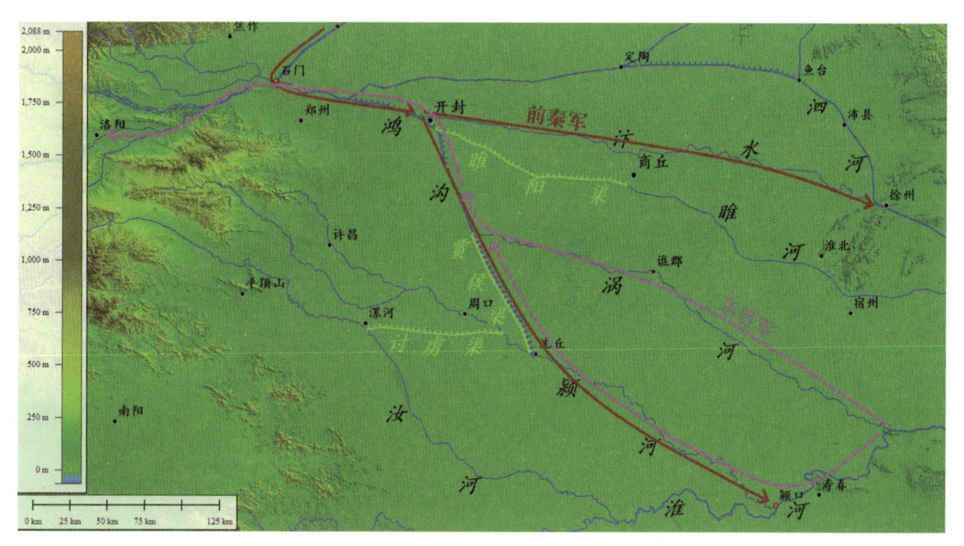

图 1-3-16　前秦、东晋淝水之战行军路线示意图

前秦建元十九年（383），苻坚南下伐晋，“戎卒六十余万，骑二十七万”（《晋书》），兵马粮草众多，为了减轻损耗，他对鸿沟水系进行了疏浚。苻坚的进军路线有二：一是彭城“幽、冀之众至于彭城”（《晋书》），二是石门到颍口“运漕万艘，自河入石门（在今河南荥阳），达于汝、颍”（《晋书》）。彭城一路可能是通过疏浚汴水，也可能是疏浚桓温北伐时开凿的洸水或桓公沟。颍口一路则是通过疏浚鸿沟到达的，《资治通鉴》称苻融率领达到颍口的军队就有三十万之多，可见疏浚后鸿沟水系的通航能力相当可观。淝水决战后，东晋军乘胜追击前秦军，“以（谢）玄为前锋都督，率冠军将军桓石虔，径造涡、颍，经略旧都”（《晋书》），也是经由鸿沟水系反攻的。

刘宋义熙十二年（416）刘裕北伐时，曾派沈林子、刘遵考领水军出石门，自汴入河，说明此时汴水尚可行船。灭后秦后，义熙十三年（417）“十二月庚子，（刘）裕发长安，自洛入河，开汴渠而归。”（《资治通鉴》）此时当是冬春水小，因此需要疏浚才能航行。到北魏时，孝文帝有从汴水讨伐南朝的计划，他说“朕欲从此通渠于洛，南伐之日，何容不从此入洛，从洛入河，从河入汴，以至于淮？”“自迁都之后……又议修汴、蔡二渠，以通边运，公私赖焉。”（《魏书》）后来孝明帝正光年间（520—525），发起过疏浚运渠的讨论，“鸿沟之引宋卫，史牒具存；讨虏之通幽冀，古迹备在”“东路诸州皆先通水运，今年租调，悉用

图 1-3-17 淝水之战古战场

舟楫”“若此请蒙遂，必须沟洫通流，即求开兴修筑。或先以开治，或古迹仍在，旧事可因，用功差易。此冬闲月，令疏通咸讫，比春水之时，使运漕无滞。”（《魏书》）但这次大规模疏浚并没有完成。

3. 沟通泗汶、泗济

鸿沟水系，包括颍水、汴水在内经常淤阻，而且北朝政权还能通过控制石门引水口，阻止南朝北伐军利用。如桓温第三次北伐时，命袁真、赵悦进军谯、梁一带，夺取石门，打通汴渠，结果袁真等一直无法夺得石门，导致粮道不通，东晋大军食尽，不得不焚烧舟船，弃辎重铠仗，自陆道奔还。因此东晋南朝的北伐，更多的是从泗水打通泗汶或泗济水道以北上。

东晋永和十二年（356），桓温第二次北伐，令荀羡率军溯泗河北上追击前燕慕容兰，追击到高平（在今邹城市西南），由于菏水已不通，荀羡只得“自光水引汶通渠”（《晋书》）。“光水”即洸水，是汶水在今堽城坝附近分出的一条行洪岔道，荀羡通过疏浚洸水，连通了泗水和汶水，这样他的舟师就能从泗水经洸水入汶河，入巨野泽再出济水，到黄河北岸的东阿征讨慕容兰。三年后（359），晋将诸葛攸也利用了这条运河，《宋书·五行志》云：“十月，北中郎将郗昙帅万余人出高平，经略河、兖，又遣将军诸葛悠（攸）以舟军入河，败绩。”这条运道日后渐趋废弃，直到蒙古宪宗七年（1257），济宁州倅毕辅国重新疏浚洸河，引汶水由洸河经济宁入泗河，这条运道重新成为京杭大运河的重要河段（任城至高平段）和引水渠（堽城坝至任城段）。

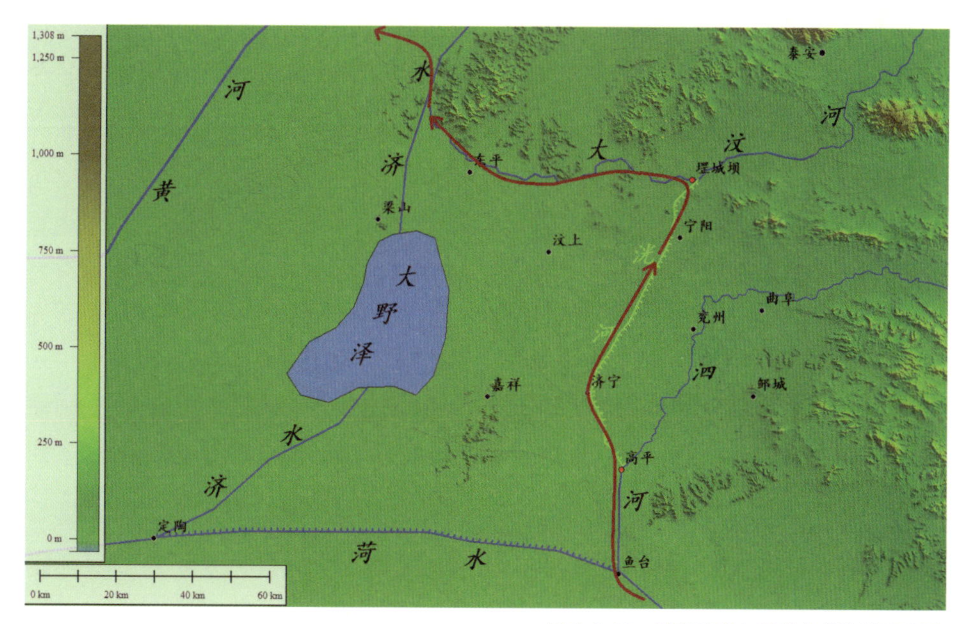

图 1-3-18　洸河运道与荀羡北伐路线示意图

太和四年（369），桓温第三次北伐，这时荀羡、诸葛攸开辟的洸河运道已经因为亢旱而水道不通，桓温只得一边疏浚洸河运道，一边开凿新航道，他“使（毛）穆之监凿巨野百余里，引汶会于济川”（《晋书》），这条运渠被称为“桓公渎”或“桓公沟”。桓公沟可分为两段，从方与（在今鱼台县西）到巨野泽东南的薛训渚（在今嘉祥县萌山下）利用的是巨野泽南流的旧河道，从薛训渚往北，经任城之西、郓城之东至梁山东南洪口则是新开的河道。桓公沟的开凿沟通了泗水和济水，实现了舟师北上的目的。

桓公沟开凿后，时通时断，每当北朝南侵或者南朝北伐时，需要重新疏浚建设才能通航。前秦建元十九年（383）苻坚南下伐晋时彭城一路很可能就利用了桓

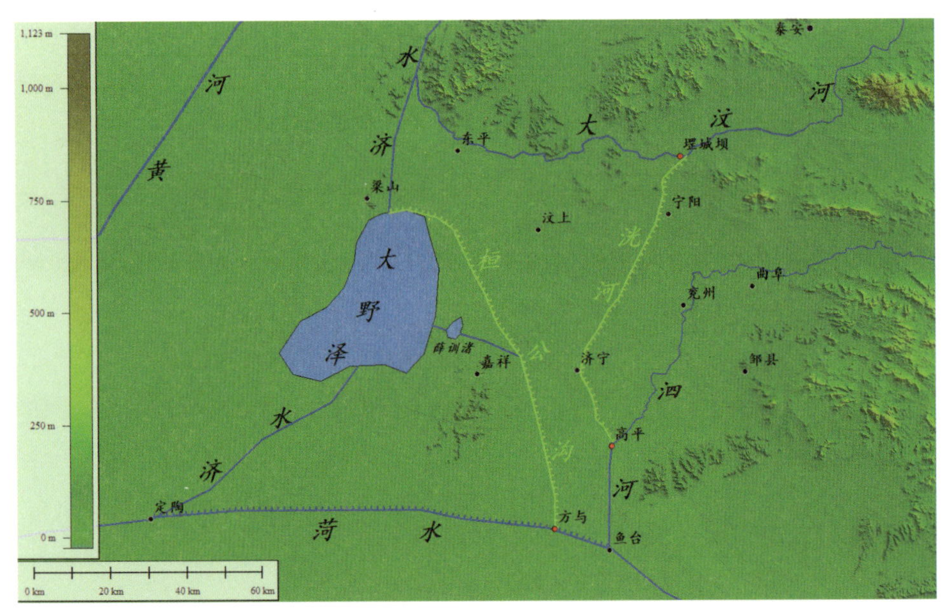

图 1-3-19 桓公沟示意图

公沟。随后谢玄反攻，驻扎在彭城，遣将平定兖州，“患水道险涩，粮运艰难，用都护闻人奭谋，堰吕梁水，树栅，立七埭为派，拥二岸之流，以利运漕，自此公私利便。”（《晋书》）改善了泗水的航运条件。后来义熙十二年（416）刘裕北伐，“冀州刺史王仲德督前锋诸军，开巨野之河”（《资治通鉴》），也是在桓公沟故迹的基础上兴工的。元嘉七年（430）到彦之北伐，也是由淮、泗径菏水，入桓公沟北上济水（清河），再由黄河西进。桓公沟自南而北，与后来元代开挖的济州河路线相似，对于济州河的开凿有借鉴作用。不过，南北朝时期南北割据，不能交通，除了北伐时会有疏浚以便行军运粮外，平时没有维护，这些运道也就难以长期维持。

第四节

以运河为主干：隋唐以后的平原水运网

（一）黄河东流时代的隋唐大运河

长达三百年的南北分裂在隋开皇九年（589）杨广灭陈之战后宣告终结，大一统的中华帝国得以重新建立。中国南方与北方本来就存在明显的地域差异，经过三百年的独立发展之后，这个差异愈加明显。如果不有效地加强对南方的控制，加强南北方文化、族群的交流融合，努力消弭长期的分裂倾向，大一统的帝国就很难长久维持下去。承担这一重任的正是隋炀帝时开的隋唐大运河。

1. 隋唐大运河的成型

隋朝大规模开凿运河始于隋文帝开皇年间。杨坚建立隋朝后，就积极为巩固政权和完成统一做准备。开皇二年（582），“诏于蒲、陕、虢、熊、伊、洛、郑、怀、邵、卫、汴、许、汝等水次十三州，置募运米丁”（《隋书》），以便从黄河中下游向京师长安进行漕运。开皇三年（583），在卫州置黎阳仓，陕州置常平仓，华州设广通仓，作为漕粮运输的中转站。开皇四年（584），为避开流浅沙深的渭河，提高关中漕运效率，傍渭水南岸开广通渠（隋炀帝即位后改为永通渠）三百里。在发动灭陈战争前，隋朝已经通过北方漕运体系有了相当的粮食储备，为灭陈之战打下了后勤保障。为了给伐陈做准备，又于开皇七年（587）疏凿了山阳渎（即邗沟）。次年（588）五十多万隋军就已经在长江北岸部署完毕，又次年（589）在杨广的统帅下，隋朝很快就完成了灭陈大业，分裂了近三百年的中国终于重新统一。

隋朝灭陈后，由于长期的分裂，南北方差异显著，南方士族和地方豪强与北方朝廷之间存在着尖锐的矛盾，因此常有不服隋朝号令乃至武力反抗的事情发生，《资治通鉴》载“陈之故境，大抵皆反，大者有众数万，小者数千，共相影响。”（《资治通鉴》）隋文帝调集大军，由杨素统领平叛，仅其麾下史万岁所部就“自婺州别道逾岭越海，攻破溪洞，不可胜数。前后七百余战，转斗千余里。”（《资治通鉴》）但终隋文帝之世，原陈国境内的动乱始终没有平息过。隋炀帝杨广即位后，从当时严峻的政治形势出发，为了进一步加强对南方地区的控制，开凿和疏浚了一系列运道，主要有通济渠、山阳渎和江南河。

图 1-4-1　隋炀帝画像（阎立本《历代帝王图》局部，波士顿美术馆藏）

隋炀帝所开的运河中，以通济渠为最早。隋以前，连接黄河、淮河的水路有三条：一是济水、菏水、泗水运道；二是鸿沟、汴渠、泗水运道；三是鸿沟、颍水、涡水运道。到隋代时，第一条早已湮涸，第二条和第三条也常受到黄河泛滥决溢的影响，修则通，不修则塞。大业元年（605），即位不久的隋炀帝“发河南诸郡男女百余万，开通济渠”（《隋书》）。通济渠东段自板渚（今河南荥阳市

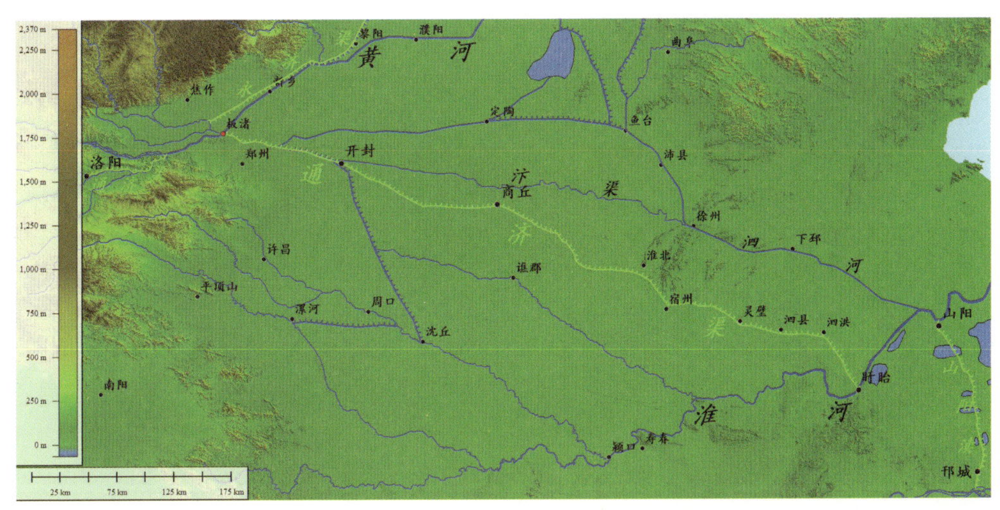

图 1-4-2　通济渠、山阳渎示意图

汜水镇东北）引黄河水，借用汴渠故道，在开封以下自别道而出，不再由徐州入泗河，而是自东南折至商丘，利用蕲水故道，至盱眙北入淮河。之所以不走泗河运道，很可能是为了避开徐州附近的徐州、吕梁二洪。需要注意的是，唐宋时人们称通济渠为汴河，这与秦汉鸿沟水系中的汴水（汴渠）并不完全相同（开封以上基本相同，开封以下汴水东流至徐州入泗河，汴河东南流至盱眙入淮河）。

在开凿通济渠的同时，隋炀帝“又发淮南民十余万开邗沟，自山阳（治今淮安市）至扬子入江”（《资治通鉴》），重新疏浚了山阳渎。通济渠、山阳渎相继竣工后，隋炀帝庞大的龙舟船队就能从洛阳直达扬州了。

在加强了对南方的控制后，隋炀帝敏锐地觉察到了另一个严重的威胁，就是盘踞在辽东的高句丽。从东晋十六国时期击败慕容氏后燕政权、灭亡冯氏北燕政权算起，高句丽已经占据辽东地区二百多年了。其常备军在三十万人以上，是一个类似契丹人的辽国、女真人的金国、建州部的后金国那样，中原王朝在东北方向的强大威胁。因此，当隋朝结束了长达三百年的南北大分裂局面后，必须要铲除、摧毁这个巨大威胁。而想要取得这场大战的胜利，就必须确保千里粮道的畅通，为此隋炀帝在大业四年（608）开凿了永济渠。大业四年，“诏发河北诸郡男女百余万开永济渠，引沁水，南达于河，北通涿郡。”（《隋书》）永济渠利用了曹操所开的白沟、清水和平虏渠，是后来御河（漳卫南运河）的前身。

图 1-4-3 高句丽、新罗、百济示意图★

开凿永济渠两年后，大业六年（610）隋炀帝重开江南河，“自京口至余杭，八百余里”（《读史方舆纪要》）。江南河的开凿有两重目的：一是继续加强对江南的控制，二是支援辽东远征军。江南河一开通，就于大业七年（611）先后从江淮以南征调水手一万人、弩手三万人、戎车数万乘（敕河南、淮南、江南造戎车五万乘送高阳），又“发江、淮以南民夫及船运黎阳及洛口诸仓米至涿郡，舳舻相次千余里，载兵甲及攻取之具，往还在道常数十万人，填咽于道，昼夜不绝”（《资治

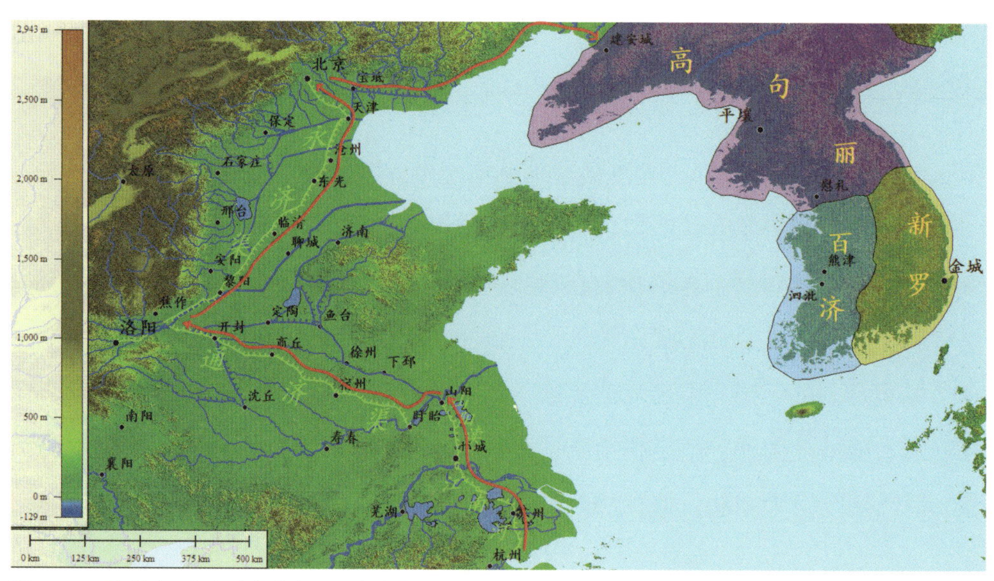

图 1-4-4 隋朝大运河与东征高句丽运粮路线示意图

★据谭其骧主编《中国历史地理图集》（中国地图出版社1987年版）改绘。

通鉴》）。后勤粮草军械准备妥当，便于次年（612）开始了第一次东征高句丽。

以上是隋唐大运河的开凿过程，它的开凿是以政治和军事目的为导向的，并在后期会承担越来越多的经济和文化作用。但如果从水网体系角度来讲，我们可以发现，这一时期运河逐渐成为水运网络的主干，其布局仍然延续之前魏晋时期的倾向，不再恢复和使用容易受到黄河侵扰的济水、菏水和泗水，尽可能地远离黄河的危险河段。

2. 以开封为中心的北宋运河网

唐代中叶以后，随着高原山区土地垦殖的进一步开展，植被破坏和水土流失日益加剧，黄河决溢改道愈来愈频繁而且严重，湖泊沼泽或因泥沙淤填，或因缺少水源补给，数量不断减少。随着气候和水文条件的恶化，关中乃至洛阳的航运越来越艰难，为了迁就漕运，帝国都城开始不断东移，五代时期除后唐定都洛阳外，其他四朝都定都开封，北宋也是如此。

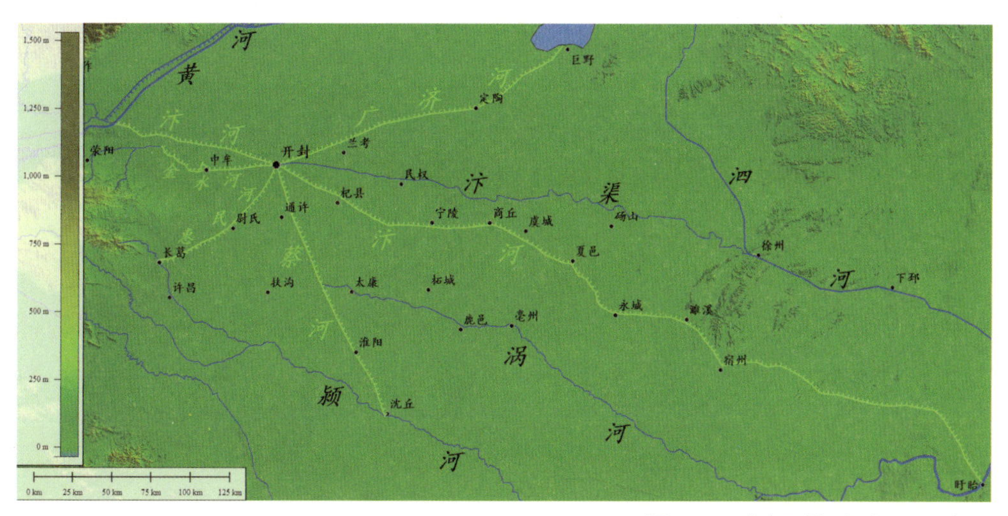

图 1-4-5　北宋开封运河水运网示意图

北宋以都城开封为中心，形成了一张庞大的水运网络。除了隋唐大运河的汴河和永济渠（通过汴河和黄河连通）外，还有广济河（五丈河）、古汴渠、蔡河、惠民河（北宋后期通称惠民河和蔡河为惠民河）和金水河。广济河利用古济水河道，连接济水下游和汶水，沟通开封与齐鲁之地。古汴渠沟通连接汴河和泗水，沟通开封与彭城、下邳。蔡河是利用战国秦汉时期的鸿沟疏浚而成的（鸿沟汉时称狼荡渠，魏晋以后称蔡河），沟通开封与涡水、颍水，纵贯黄淮平原西部。惠民河原称闵河，沟通开封与新郑、长葛。金水河沟通开封与郑州。水运网络四通八达，奠定了北宋经济、文化高度繁荣的基础。

3. 黄河南北摆动破坏运河水网

北宋以后，黄河泛滥日益加剧。与此同时，中国气候逐渐进入干冷的元明清小冰期，这些都加速了黄淮海平原上自然水网的衰败。

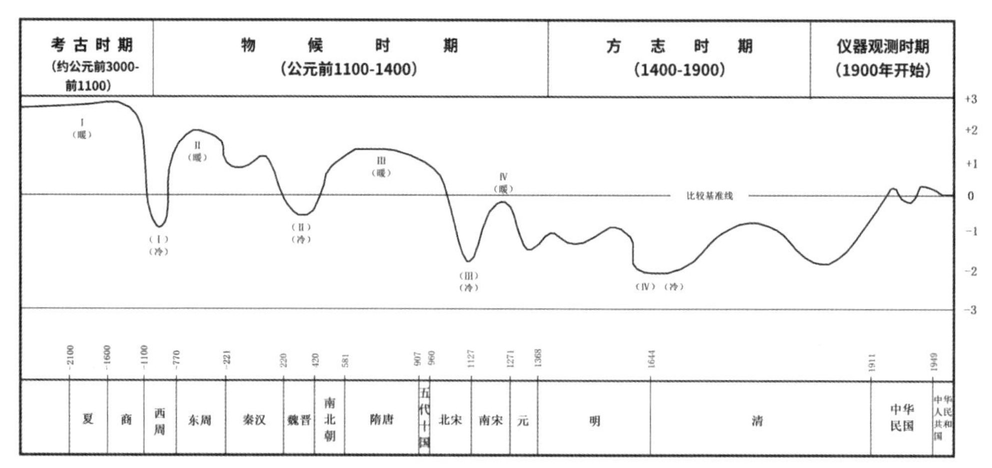

图 1-4-6 中国近 5000 年来气温变化图★

需要注意到，北宋以运河为主干的水运网络高度发达的自然条件是黄河的东北流，这让广济河、汴河、蔡河、惠民河等运河都能远离黄河的侵害。但随着黄河泛滥的加剧，在仁宗庆历八年（1048）改道北流，此后北流、东流往复不定，与黄河距离最近的御河（永济渠）遭受侵害。神宗熙宁十年（1077），河决澶州，北流断绝，河道南徙，东汇于梁山泊，分为两派，一合南清河入于淮，一合北清河入于海，广济渠也遭到严重侵害。

南宋建炎二年（1128），金兵南下，东京留守杜充掘开黄河南堤以阻金兵，

★据竺可桢著《竺可桢全集》（上海科技教育出版社 2004 年版）第 471 页图“一万年来挪威雪线高度（实线）与五千年来中国温度（虚线）变迁图”改绘。

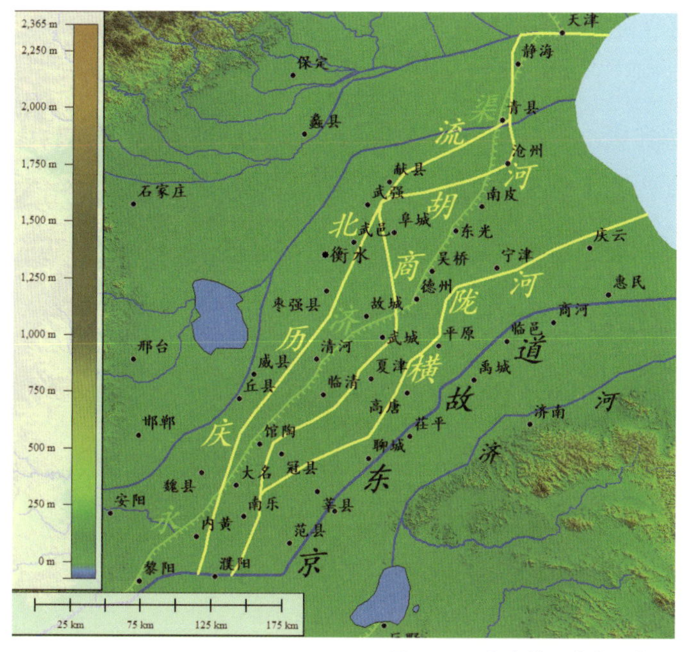

图 1-4-7　北宋黄河改道示意图

导致黄河继续南徙，夺泗河，合淮河入海，为宋元明清七百多年黄河南徙之始。此后，黄河泛滥不定，常从汴河、涡河、睢河、颍河南下入淮，导致汴河、蔡河、惠民河等漕渠遭到严重破坏，以开封为中心的四通八达的水运网毁于黄河泥沙之下。此后便进入了以江淮地区为界的长达一百五十余年的南北对峙时期，南北舟楫不通，运河及其他河道愈加年久失治。

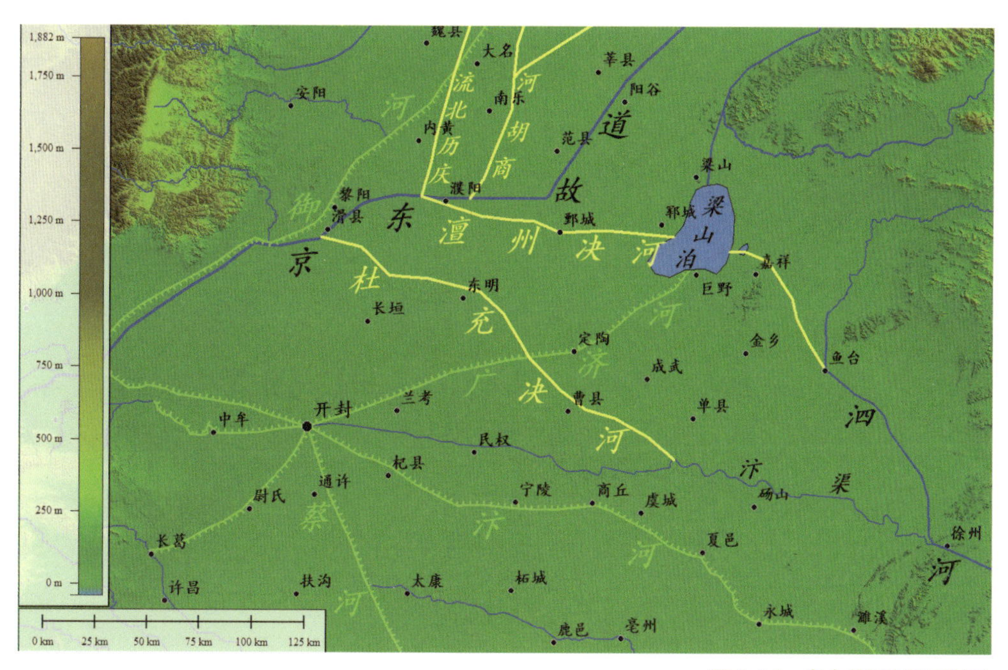

图 1-4-8　宋金黄河南徙示意图

（二）黄河南流时代的京杭大运河

北宋灭亡后，南北大运河废弃，直到元至元十三年（1276）伯颜平宋，南北方重新一统，形势发生巨变，对大运河的需求又热切起来。蒙元帝国的统治者来自北方草原，他们也定都在较北的幽燕之地，从而使政治中心和经济中心出现了前所未有的遥远分离。要克服这遥远的距离，加强对南方的控制，重新恢复南北便捷的文化交流，只有重开大运河。

重开大运河需要考虑两方面的情况：一是帝国的需要，起点是江南，终点是大都（今北京），洛阳、开封已经不在新运河规划的考虑范围之内；二是自然水文的形势，原来以开封为中心的运河水网已经因为黄河的南徙泛滥和长期的战争对峙而破坏湮塞，重新开浚不但耗费巨大，而且依然会受到黄河的严重威胁。新开的大运河必须满足两个条件：一是径直，不走弯路；二是远离黄河，躲避黄河洪水的侵害。把新运道东移到鲁西高地，对隋唐大运河进行截弯取直，京杭大运河在此需求下应运而生。

著名历史地理学家陈桥驿先生在《中国运河开发史》前言中说："在中、外辞典上出现'大运河'和'Grand Canal'，主要是因为元朝在今山东境内凿通济州河和会通河这两段水道，否则，中外辞典上的这两个词汇是不可能出现的，也就是说，我们没有'大运河'。"①元代通过对隋唐大运河的截弯取直，形成了今天意义上的京杭大运河，其主要工程就是在今山东境内开凿济州河和会通河。

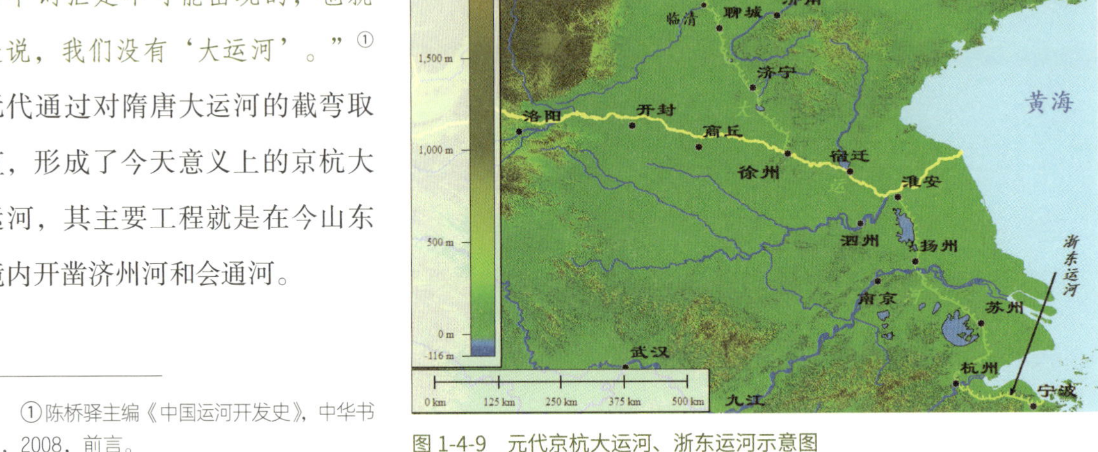

图 1-4-9 元代京杭大运河、浙东运河示意图

①陈桥驿主编《中国运河开发史》，中华书局，2008，前言。

1. 元代山东运河的开凿

关于元代山东运河的开凿，已经是众所周知的事情，这里需要对元代山东运河的失败原因说明一下。元代开凿会通河时，黄河已南徙，梁山泊已涸为平地，其水源几乎完全依赖汶水。蒙古宪宗七年（1257）济宁州倅毕辅国为了向驻扎在宿迁、蕲县的严忠济军队运输粮草，在堽城建斗门，引汶水由洸河至任城，接济泗水运道。丞相伯颜平宋后南北运输压力大增，李处巽、马之贞等于至元二十年（1283）开济州河，连接泗水和大清河（古济水下游），入渤海进行河海联运，运道从济宁（任城）往北延长到了东阿，原来的济宁洸河入运处也就变成了分水口。

随后因为大清河入海口泥沙壅积，河海联运失败，只得由东阿陆运至临清入御河，二百里陆运艰阻万状。遂于至元二十六年（1289），在地方官吏寿张尹韩仲晖等人的建议下，自须城县（治今东平县州城镇西北）安民山（安山）开会通河连接临清御河，才实现了大运河的全线贯通。

元代山东运河的开凿对于大运河来说是具有里程碑意义的，它决定了此后七百年间大运河的总体格局，开启了大运河的新生。通过华北平原南部等高线图可以看到，山东运河所经地区正是黄河冲积扇平原（自西向东推进，地势从一百

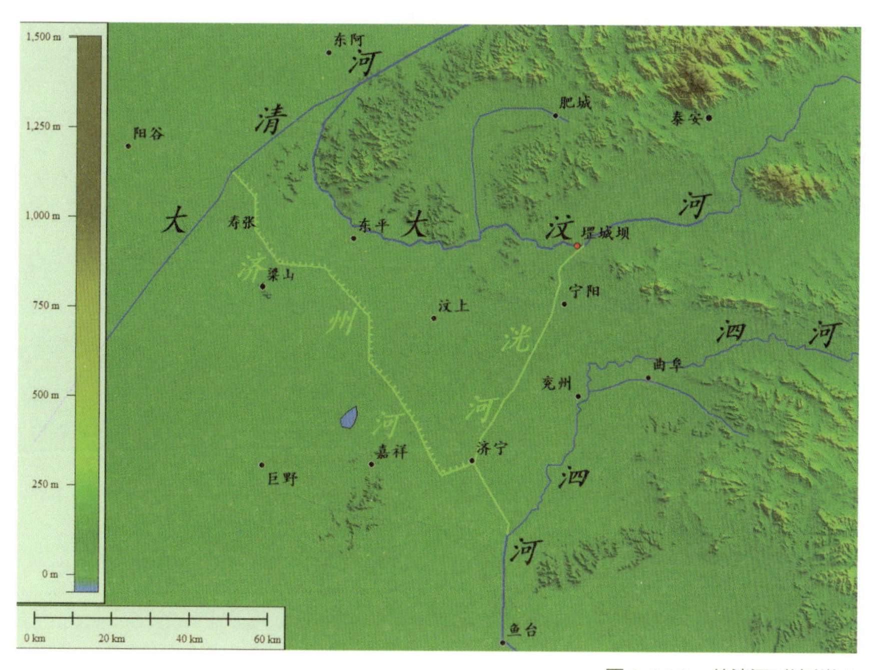

图 1-4-10　从洸河到济州河

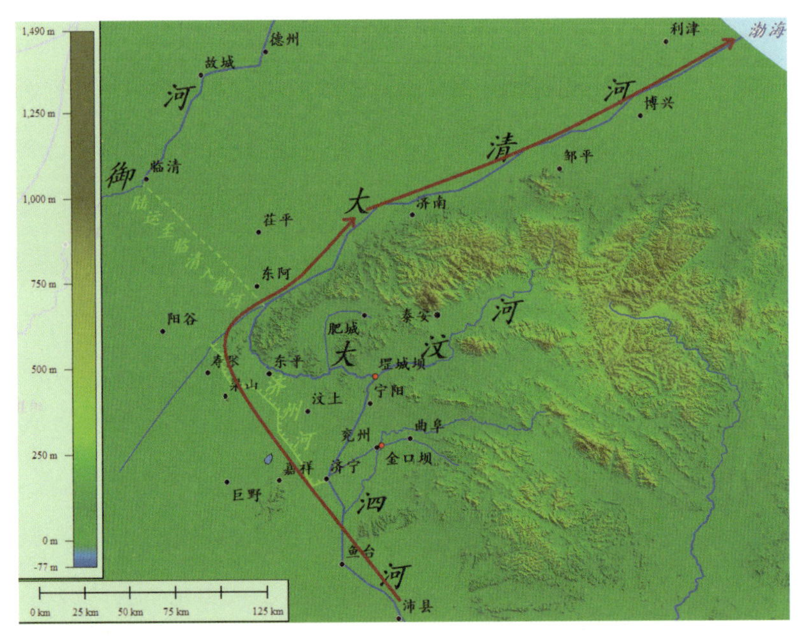

图 1-4-11 济州河、大清河、渤海河海联运与东阿陆运至临清入御河示意图

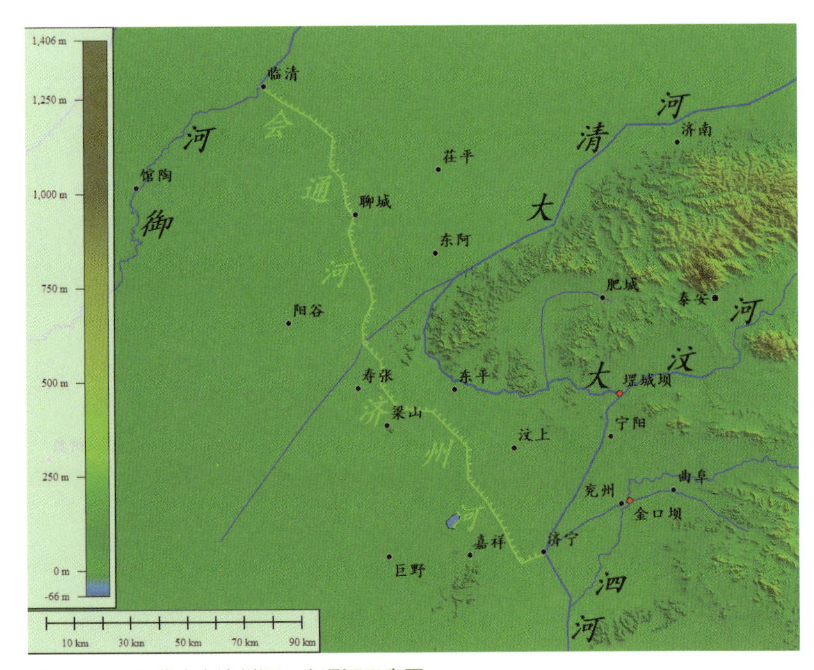

图 1-4-12 元代山东济州河、会通河示意图

多米降至三十多米）与汶泗冲积扇平原（自东向西推进，地势从九十多米降至三十多米）交接的地方，是整个华北平原南部地势最低洼之处，全程海拔高度在三十至四十米之间（只有济宁城、长沟镇、南旺镇、金线岭等少数地方超过四十米）。地势低洼，众水汇聚，船只只需要翻越较为低矮的汶泗分水岭和黄河古河道，即可到达顺流的华北平原北部地区（东昌府以北的海河流域），这是大运河能够成功的关键保证。此外，由于地处黄河冲积扇平原和汶泗冲积扇平原交汇地区，既可以利用西侧的黄河来水，也可以利用东侧的汶河、泗河水源。当黄河泛滥加剧时，断绝黄河来水，完全依赖汶泗水源亦可维持，运河水源的保障具有高度的灵活性。这让运河具有了远离黄河、避开历史上对运河威胁最大的因素——黄河泥沙的能力，是明清数百年黄河频繁泛滥情况下仍能长期畅通的关键原因。

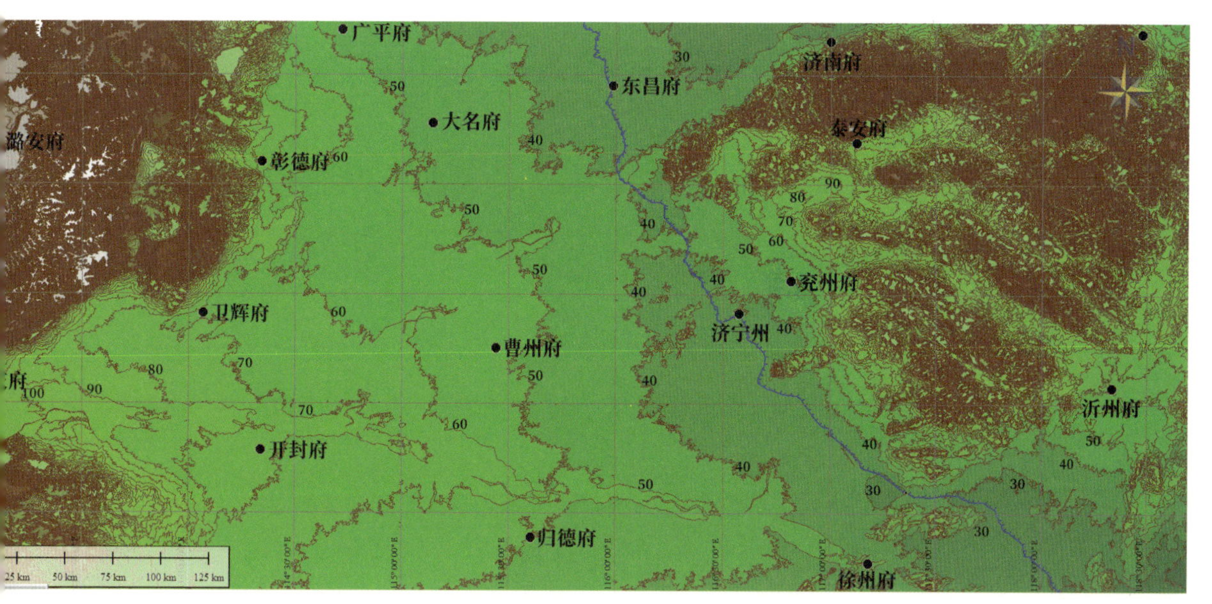

图 1-4-13　山东运河与华北平原南部等高线图

虽然元代山东运河的开凿开启了中国大运河的新生，但在元代，大运河没有发挥应有的效用，元代南粮北运不得不以海运为主。这主要是由于它并没有统一的线路规划设计，只是一段一段地依据眼前需求，基于前人遗迹而加以创修。依然存在堽城坝和洸河因为地势较高引水能力不足和济宁分水口因为过于偏南、往北送水能力不足等严重缺陷，导致山东运河严重缺水。

2. 明清山东运河的改造

（1）宋礼重开会通河

元代前期，黄河南流入淮，梁山泊淤垫，任城至临清全赖汶水北流。这种情况在元代后期发生了变化。至正四年（1344），黄河先后北决白茅堤和金堤，冲击郓城、巨野、嘉祥、任城、汶上等地，浸没四百余里，在梁山泊旧地又出现一个大型湖泊（宋礼称之为马常泊），并成为连接济州河和会通河的重要通道。贾鲁治河不久，黄河又频繁决口。至正二十六年（1366），黄河干流愈加北徙，金堤决河成为黄河干流，安山湖、马常泊等湖泊连成一片。

洪武元年（1368）河决曹州，从双河口入鱼台，马常泊水势更大。徐达修复济宁以南、以西运道，开耐牢坡运口，沿黄河而上，攻略梁晋。洪武四年

（1371），东平府通判黄哲描述黄河洪水中会通河行舟和疏浚之艰难：“盖其弥漫奔决，能困兖、豫、徐、冀数州之民，而深不足引舟漕。有司常具舫寻源，摽帜以前导，翌日则又徙而他流矣。涂路朽坏流沙，数百里间，篙楫畚锸无所施其功。”（《列朝诗集》）这种情况，会通河显然是无法进行大规模漕运的。因此这一时期，官商行旅都绕道黄河双河口往返，如洪武二十年（1387）春，唐之淳随冯胜征讨蒙古，他的行舟路线是由徐州、沛县沿运河至济宁，由耐牢坡入黄河至曹州双河口，再顺黄河由郓城县至安山湖入运河，过张秋、东昌北上，秋天原路返回。

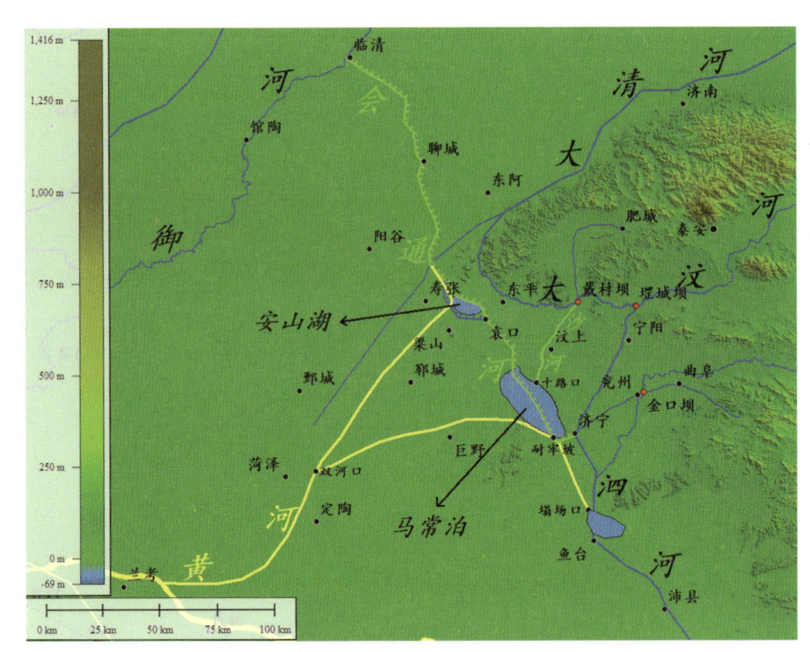

图 1-4-14 宋礼重开会通河示意图

洪武二十四年（1391）河决原武黑洋山，分为二支，主流东南行经项城、颍州，至寿州正阳镇入于淮；支流由旧曹州、郓城县两河隙（双河口）漫过安山。不久全河由寿州入于淮，之前分由安山、耐牢坡入运的支流和这次决口漫过安山的支流都淤塞断流，造成了会通河的淤塞。安山湖和马常泊失去水源，也日渐淤涸。

这种困难的局面，在宋礼重开会通河后发生了巨大改观。宋礼所开之会通河，既与明初马常泊湖沼流沙中的运道大不相同，也与元代初开时的环境有着极大的区别。元代为平地开河，当时的梁山泊已干涸，会通河几乎完全依赖任城汶水北流。宋礼则通过贾鲁河等黄河工程恢复了规模浩大的安山湖和马常泊，通过对两湖和黄河的高效利用，辅以汶河水源补给，得其利而驱其害，遂成其功。

永乐改元后，筹备北伐和迁都事宜，南北运输压力大增，于永乐九年（1411）派遣工部尚书宋礼重开会通河。同时由宋礼统一指挥，兴安伯徐亨、

图 1-4-15　北京紫禁城

侍郎金纯、蒋廷瓒等疏浚贾鲁河，恢复黄河故道。“自封丘金龙口，下鱼台塌场，会汶水（即会通河），经徐、吕二洪南入于淮”（《明史》）。既给济宁以南运河提供了水源，也恢复了消涸的梁山泊（即马常泊），为济宁以北运河提供了助益。

但“引河南注，资之为利，而河失其北流之性，冲决过甚，运河反淤，利害参矣。”（《名山藏》）次年（1412），河决阳武中盐堤等处，遂遣工部主事蔺芳往治之。九月，蔺芳“于中滦分导河流，使由故道北入于海”（《皇明通纪法传全录》），即从原来安山、张秋，经北清河入海。这样黄河就恢复了南北分流，南支至耐牢坡，汇马常泊，经塌场口、徐吕二洪由淮入海；北支至安山，汇安山湖，经张秋由大清河入海。再加上堽城坝、戴村坝所引汶水，以及金口坝所引泗水等，才可谓水源充足，能够“运道以定”“漕道大通，遂议罢海运”（《明史》）。到这个时候，京杭大运河才真正成为国家命脉。

因为会通河南北两段都拥有黄河水的充分补给，再加上由堽城坝至济宁、由戴村坝至南旺的汶水，水源充沛，漕运畅通，所以永乐十三年（1415）罢弃海运后，运河漕运量马上达到巅峰状态，永乐十三年为 646 万石、十五年（1417）为 508 万石、十六年（1418）为 464 万石，宣德三年（1428）为 548 万石、五年（1430）为 545 万石、六年（1431）为 548 万石、七年（1432）为 674 万石、八年（1433）为 553 万石、九年（1434）为 521 万石，可见明前期漕运之盛。

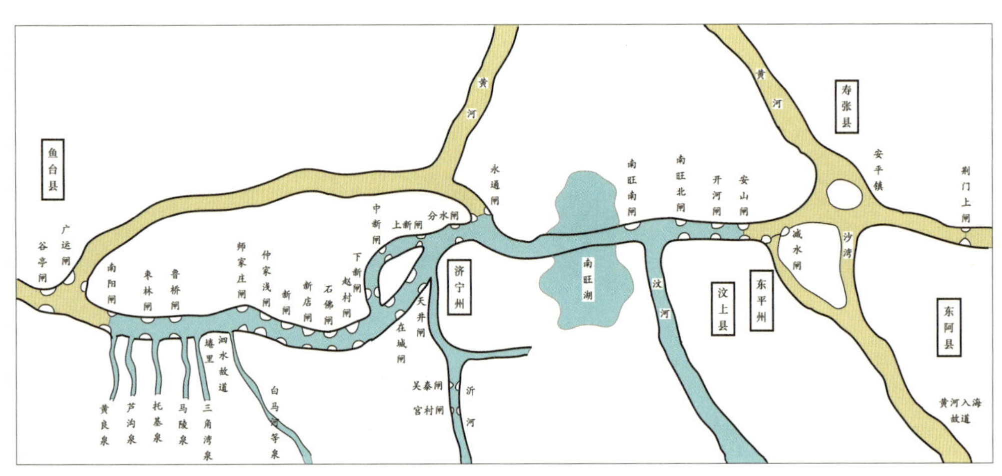

图 1-4-16 明成化时期河漕形势图★

（2）戴村坝取代堽城坝为引水枢纽

虽然明前期综合运用黄河、汶河、泗河水源，漕运盛况空前，但黄河泛滥易淤善徙，只可临时救急，不能长期依赖。在宋礼重开会通河后的半个多世纪里，大汶河和会通河上发生的一些变化为运河摆脱黄河依赖、远离黄河侵害提供了可能。

宋礼虽然建立了戴村坝的雏形，明初大汶河引水仍以堽城坝为枢纽，以洸河为渠道，但堽城坝和洸河引汶存在致命缺陷。洸河是大汶河早期的行洪岔流之一，《晋书·荀羡传》云东晋升平三年（359）“（荀）羡自光水引汶通渠，至于东阿以征之（慕容兰）。”这是有关洸河的最早记载。事后，洸河历久淤塞。到蒙古宪宗七年（1257），由毕辅国重新开浚，并在堽城汶河上设斗门，引汶水经洸河至任城接泗水济运。

事实证明，毕辅国选择堽城这个地点并不合适，由堽城南下之洸河紧靠雪埠山[①]西南行，又由云山和伏山山脚之间穿过[②]，才进入平原地带。这条线路地势高，水流不畅，泥沙易于淤

★据（明）王琼《漕河图志》卷一“漕河之图”改绘。

①雪埠山，即元人李惟明《改作东大闸记略》之“雪山”，土名张果老山，载丁昭编著《明清宁阳县志汇释上》卷六《山川》，山东省地图出版社，2003，第 80 页。

②云山，在洸河西岸魏家庄西，主峰海拔 220.3 米，东面山麓建有水泥厂，经多年采石，山体有变，故原本山体应比地图上规模更大；伏山，在洸河东岸伏山镇驻地，原海拔 134.7 米，经多年采石，山头及北部、西部均已被吃掉，今仍削减。详见宁阳县地名委员会办公室编《山东省宁阳县地名志》，1993，第 521—522 页。

积。洸河浅涩易淤，汶水难以南下，必然西冲，堽城的土堰就很难阻遏汹涌西流的汶水。为增强堽城坝的障水能力，延佑五年（1318）改土坝为石坝，结果汶水西流势大，“五月堰成，六月为水所坏，水退，乱石龃龉壅河，河底增高，自是水岁溢为害。”（《北河纪》）后至元四年（1338）七月，“大水溃东闸，突入洸河，两河罹其害，而洸亦为沙所塞，非复旧河矣。”（《北河纪》）其中淤塞最严重的就是堽城沿雪埠山至云山段，李惟明说：“雪山麓石剌余十有八里，堙淤为尤”“反崇汶三尺许”，以至“所在浅涩，漕事不遄”（《北河纪》）。赵元进也说：“上自堽城闸口，下至石剌之碛，蔓延一十八里，淤填河身，反高于汶，是以水浅，几不能接漕运。”（《北河纪》）总之，就如明人茅瑞征所言：“汶水西流，其势甚大，而元人于济宁分水，遏汶于堽城，非其地矣，每遇水发，西奔坎河，洸流益微，运道或壅，故元时会通岁漕不过数十万（石）。”（《禹贡长笺》）

堽城坝在明代的命运几乎是元代的翻版。明初宋礼在堽城重修土堰，仍然是“每遇淋潦冲决，水尽泄，漕渠尽涸，随筑随决，岁以为常，民甚苦之。”（《北河纪》）最终于成化十年（1474）在下游八里选新址另筑石堰、石闸，“闸之南新开河九里，引汶水通洸河，河口逼崖，自巅至麓皆坚石，凿两阅月始通。”[①]结果重蹈覆辙，“自石堰成，水遂横溢，石堰既坏，民田亦冲。洸河沙塞，虽有闸门，压不能启。”（《明史》）

洸河淤高浅涩，汶水不能南入，转而冲溃堽城坝，在丘陵山谷中西奔，南有大柏山、北有云蒙山，至龙山南进入平原地区。龙山以南的戴村坝（《水经注》时代戴村坝附近的四汶口便是大汶河四散西进、南出的分流之地）是大汶河的出山口，也是能够逼迫大汶河南流的唯一选择，堽城坝和洸河工程失败后，明朝不得不逐渐以戴村坝—小汶河—南旺引水枢纽为重心。天顺五年（1461）东平知州潘洪、汶上主簿魏端将戴村坝“增筑高厚，上植以柳”[②]，戴村坝得以不坏，此可

①（明）商辂：《堽城堰记》碑（成化十年立），碑藏山东省宁阳县堽城镇禹王庙中。

②（明）顾炎武撰，华东师范大学古籍研究所整理，黄珅、严佐之、刘永翔主编：《顾炎武全集》第7册《肇域志 2》，上海古籍出版社，2011，第 1164 页。

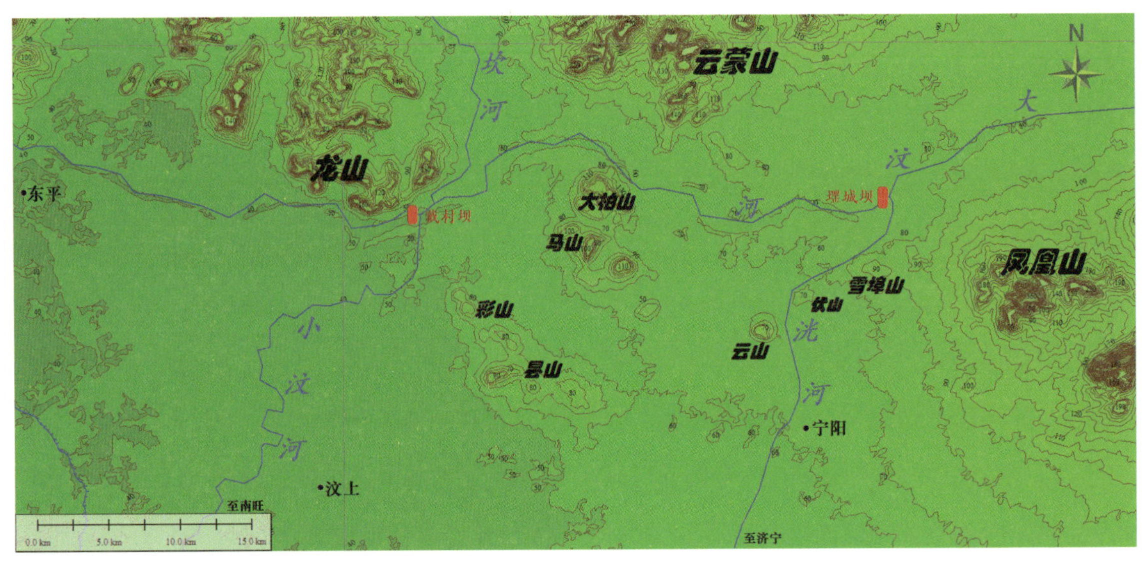

图 1-4-17 堽城坝、戴村坝周边山川地势图

视为戴村坝—南旺分水枢纽功能、地位提升之始。成化九年（1473）堽城石坝被汶水冲毁后，朝廷派下来查勘的工部侍郎李鐩认为“堽城石堰，一可遏淤沙，不为南旺湖之害，一可杀水势，不虑戴村坝之冲。”（《明史》）工部主事张文渊认为“堽城石坝为漕运之害”，并“欲将坝闸革去，使汶水由分水河口接济南旺一带河道。”（《行水金鉴》）这些观点说明当时的河道官员已经开始彻底质疑堽

图 1-4-18 宁阳堽城坝遗址（自摄）

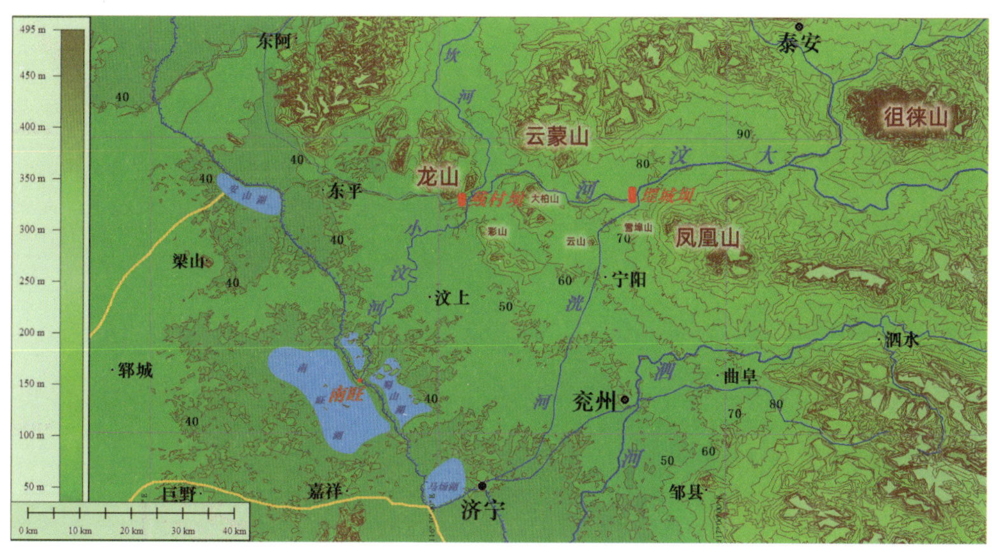

图 1-4-19　会通河引水枢纽附近山川地势图

城枢纽的作用了。此后，堽城枢纽成为戴村枢纽的补充。

（3）南旺分水口“水脊”的形成

戴村坝地位的提高，必然带动南旺地位的提高，大运河的分水枢纽也逐渐从济宁分水转变为南旺分水。

南旺分水的形成、南旺水脊的形成都存在一个过程，它们在很大程度上都是汶河泥沙在南旺湖中淤积的结果。宋礼时代沙河（小汶河）直入马常泊（南旺湖前身），不与会通河相连，南旺分水口尚未形成，亦无水脊之说。据宋礼在永乐九年（1411）八月戊午所上的奏疏：“会通河以汶、泗为源，夏秋淋潦泛滥，则马常泊之流亦入焉。……河流深浅，舟楫通塞，系乎泊水之消长。然泊水夏秋有余，冬春不足，非经理河源及引别水益之，必有浅涩之患。今汶河上流自宁阳县堽城闸已筑坝堰，使其水尽入新河。东平州之东境有沙河一道，本汶河支流，至十路口通马常泊，比年流沙淤塞河口，宜趁时开浚。况沙河至十路口，故道具存，不必施工。河口当浚者仅三里，河中宜筑堰计百八十丈。”（《明实录太宗实录》）

这道奏疏很清楚地告诉我们宋礼规划的汶水、沙河、马常泊和会通河之间的相互关系。由奏疏可知当时会通河纵贯马常泊，但不与马常泊直接沟通，马常泊水只能在夏秋淋潦时溢入会通河中，到冬春时节就难以溢入了，所以宋礼要从戴村坝引汶水来补益马常泊之不足。沙河直接汇入马常泊，不与会通河连通，既不连通，自然无河口（分水口）可言。

大汶河泥沙含量比较高，元代马之贞修堽城堰时就说“汶，鲁之大川，底沙深阔。”（《北河纪》）李惟明也说“近年泰山、徂徕等处，故所谓山坡杂木、怪草盘根之固土者，今皆垦为熟地，由霖雨时降，山水涨逸冲突，沙土萃贯汶河。”（《北河纪》）可见元代汶河含沙量已经很高，明代泰沂山脉开发更加成熟，汶河含沙量更高。这些泥沙进入马常泊后，水流减小，水面展宽，水深变浅，加之河水受到泊水的顶托作用，流速明显减弱，河水将挟带的大量泥沙堆积下来，形成一片向湖中伸出的三角形平地，这便是三角洲（沙洲）。还有一部分泥沙被冲击到了会通河附近，受到会通河东堤的阻遏沉积下来形成沙洲，阻碍了马常泊水向会通河的溢入。为此治水官员在沙洲中续开小汶河，使其直接汇入会通河，两河交汇处的南旺便成了分水口。

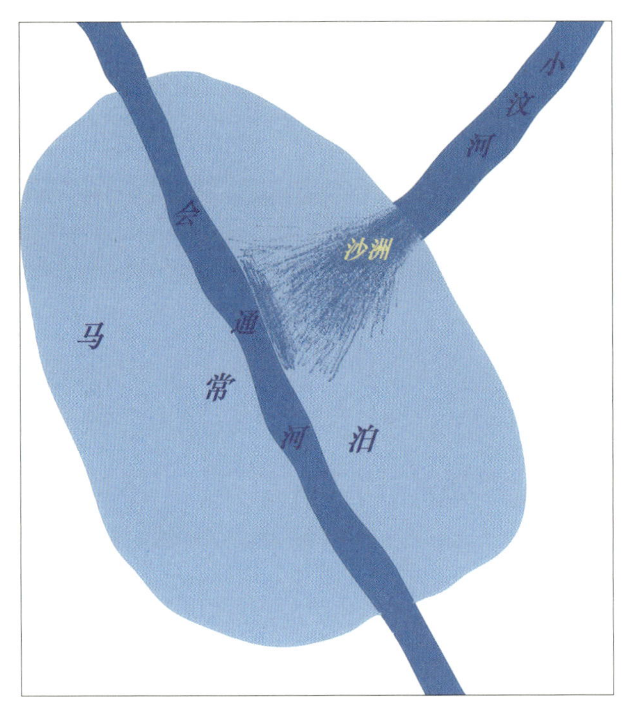

图 1-4-20　宋礼时期会通河、马常泊、小汶河关系示意图

天顺初年（约 1457）大学士许彬所见的情形便是如此，他在碑文中写道：“南旺湖周回百余里，前辈都水者尝患舟楫往来，漂没无定，故筑堤其中，绵亘南北七十里，置椿木于两旁，中实以土，以为纤卒之路。堤之西则弥漫浩渺，冬夏不涸。其东则地稍高阜，水中分之……其上建龙王庙以镇压之。”[1]

天顺时会通河堤西侧湖水仍弥漫浩渺，全年不涸；堤东则有高阜土地露出水

[1] 山东省文物考古研究所等编《汶上南旺：京杭大运河南旺分水枢纽工程及龙王庙古建筑群调查与发掘报告》，文物出版社，2011，第 300 页。其中阙文据万历《汶上县志》卷八《艺文志・大学士宁阳许彬分水龙神庙记略》（《中国地方志集成》（山东府县志辑）第 78 册第 222 页）补充。

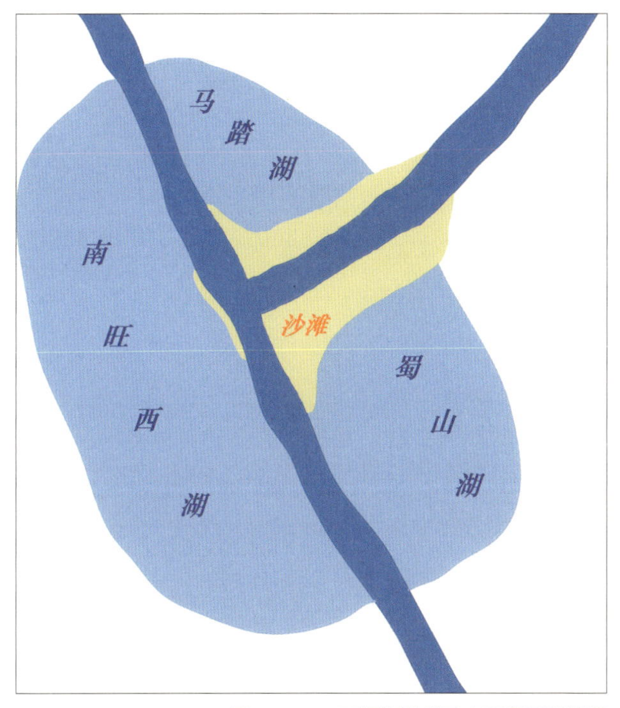

图 1-4-21　天顺许彬所见南旺湖河形势图

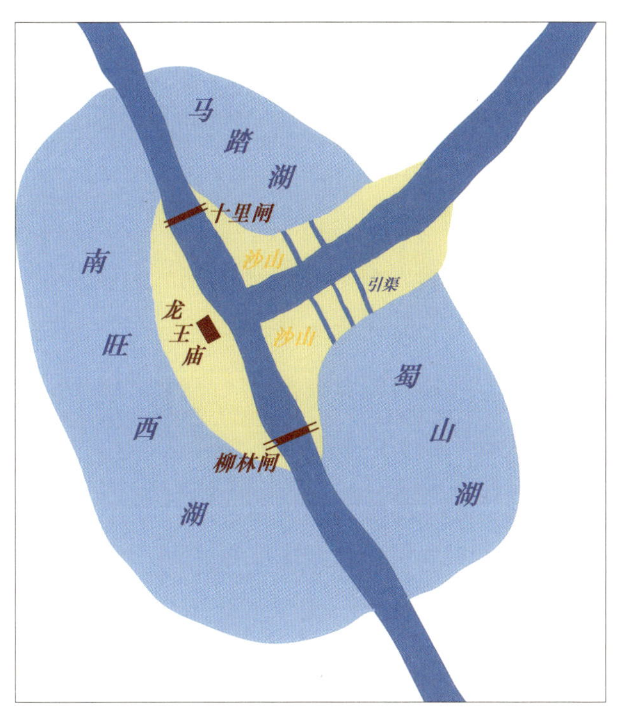

图 1-4-22　成化十七年后南旺河湖形势图

面，水中分之，上建龙王庙。这与我们熟知的会通河、龙王庙的相对方位相反（现龙王庙在堤西）。其实不难理解，之所以会出现这种情况是因为当时会通河乃是土堤，“治其事者少有怠忽，则风涛暴溢，堤岸冲决，奔流怒涨”[①]。土堤被冲决后，并不会完全按照它原来的位置重修，所以在土堤时期，南旺湖中的会通河并无固定的河道。直至成化四年（1468），陈善“始用石修砌西堤”（《漕河图志》）以后，会通河和沙洲龙王庙的方位关系才固定下来。即会通河位于龙王庙之东，并与沙河（小汶河）直接连通，河口成为分水口，即南旺分水口。

南旺分水口形成后，戴村坝汶水直接连通运河，在运河和小汶河上修建了很多水门，汶水通过这些水门泄入南旺湖中，南旺湖开始真正发挥水柜作用（通过水门调节蓄泄）。成化十年（1474）堽城石坝失其功用，十七年（1481）修建南旺上下闸，使得可控的南北分流成为可能，加速了戴村坝—南旺分水枢纽的完善。此后，南旺挑河泥

①山东省文物考古研究所等编《汶上南旺：京杭大运河南旺分水枢纽工程及龙王庙古建筑群调查与发掘报告》，文物出版社，2011，第 300 页。其中阙文据万历《汶上县志》卷八《艺文志·大学士宁阳许彬分水龙神庙记略》（《中国地方志集成》（山东府县志辑）第 78 册第 222 页）补充。

沙量骤增，河道外堆积成为土山，南旺加快隆起。弘治十七年（1504），工部左侍郎李鐩查勘后指出，“今据分水龙王庙前起至济宁天井闸通计九十里，水共高三丈有奇”（《明实录孝宗实录》），正式确定了南旺分水的地位。

自南旺分水口形成，泥沙淤积便成为南旺最大的难题。徐有贞称“今运河自永乐间尚书宋礼即会通河浚之，其深三丈，其水丈余，但以流沙恒多淤塞。后平江伯陈瑄为设浅铺，又督军丁兼挑，故常疏通。久乃废弛，而河沙益污不已，渐至浅狭，今之河底乃与昔之岸平。”（《明经世文编》）成化年间修建南旺上下闸后，这一情况更为严重。总理河道刘天和说：“故老相传，成化间戴村坝以下河道犹未淤满，意者开导未久尔，近则沙淤直至南旺，河皆平满矣。”（《问水集》）济宁运河道张伯行（康熙四十二年任）说：“霖雨骤至，则数百里之沙泥，尽洗而流入汶河，至南旺则地势平洋，而又有二闸横栏，故沙泥尽淤，比他处独高，每水涨一次，则淤高一尺，积一年则高数尺，二年不挑则河身尽填。”（《居济一得》）

弘治以后，南旺挑河事务越来越繁重，从天顺二年（1458）的“三年一次挑浚”（《明会典》），变为了两年一挑，万历十八年（1590）改为三年两挑，挑浚频率越来越快。（《河防一览》）挑出的泥沙堆积在河道两岸，日积月累便成了高耸的沙山。也就是说，南旺的地势不断隆起，地貌景观发生变化，从湖泊中的低地变成了高耸的制高点，也即“地脊”“水脊”。

南旺“水脊”的形成时间大致在嘉靖年间。嘉靖以前，治水官员多言称济宁地势最高，嘉靖以后则多称南旺地势最高。到了清代，南旺继续淤高，靳辅时已经“与任城太白楼岑齐”（《治河奏绩书》）了。《明史》编修者依据明代后期文献以及他们实际所见，自然认为南旺是“水脊”无疑。这一遗迹到了新中国成立初还有显著遗存，1955年水利部治淮委

图 1-4-23 民国时期南旺分水龙王庙和土山照片

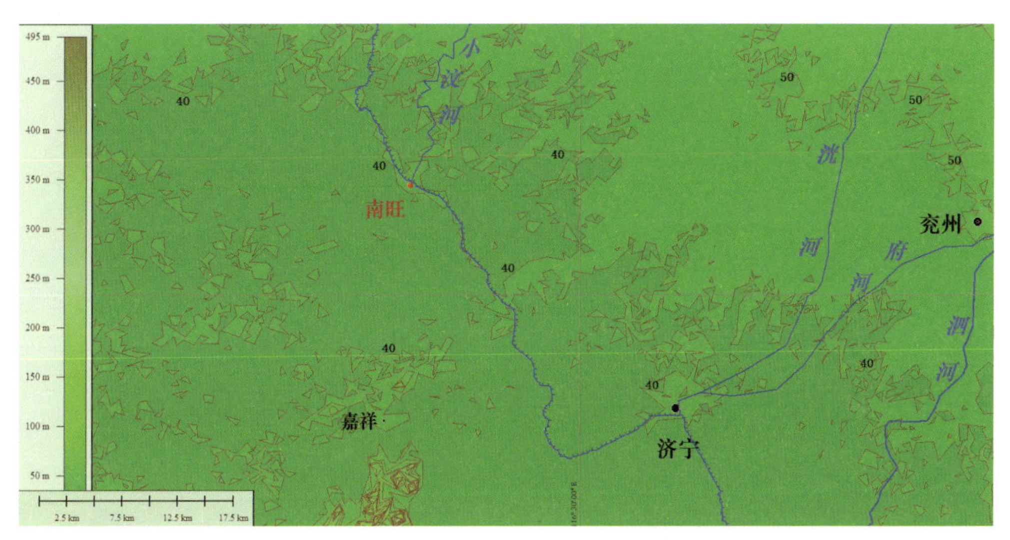

图 1-4-24　济宁、南旺附近地势对比图

员会勘测发现“自三里堡开始直至南旺一带长约 3 公里一段，两岸积土如山，高达十数公尺，运河形成峡谷河流。登高俯视，宛如一条小沟穿行其间。”[①]

（4）全黄南流与运河改道

黄河凶悍难制，长期引用黄河水源很难避免泛滥冲决之患。明代中叶，自正统末年至弘治初年，黄河经常沿着济运路线冲决张秋运河，造成漕运断阻的严重后果。为了解决这一问题，明人一方面寻找“引黄济运”的代替方法，即将会通河堽城—济宁引水分水枢纽改为戴村—南旺引水分水枢纽，来增强给张秋以北运河供水的能力；一方面堵筑黄河北岸引水口，在南岸分流杀势，防范黄河北决，即“北筑南疏”策略。弘治年间，朝野惧于黄河之北决，开始重新推行贾鲁的“北筑南疏”之策，在北岸大量修筑堤防，在南岸则分流杀势。其中最著名的是弘治八年（1495）刘大夏修筑的长达三百六十里的太行堤。

太行堤修筑后，堵住了黄河北流路线，黄河全河南流由淮河入海，会通河不再受到黄河北决的威胁。但它带来了另外两个后果：一是会通河水源减少，二是黄河南岸的河患。

①水利部治淮委员会勘测设计院：《运河（黄河南岸至苏州）航运查勘报告》，载水利部治淮委员会编《治淮汇刊》第五辑，1955 年，第 161 页。

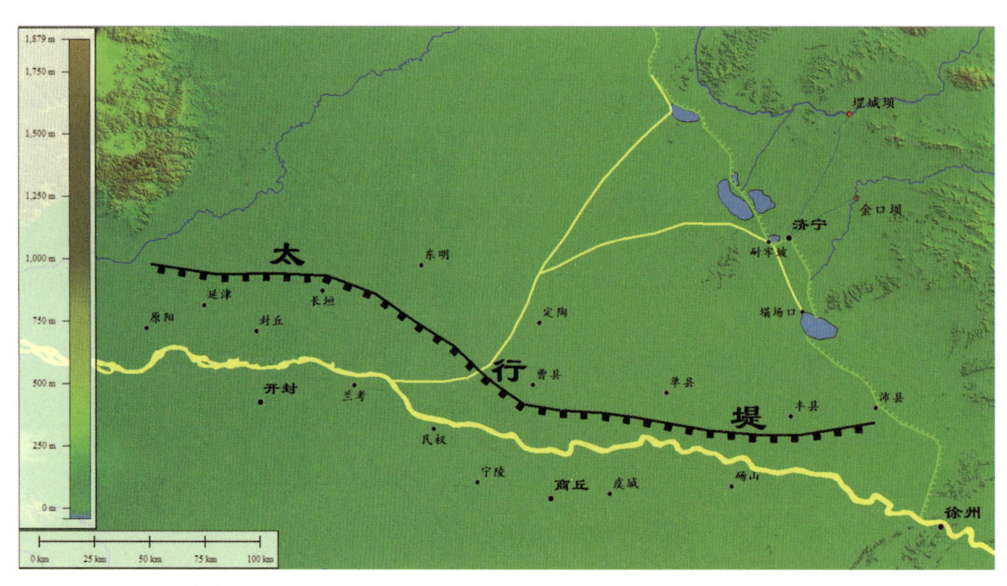

图 1-4-25 太行堤示意图

我们先看对会通河的影响以及政府的应对。黄河全河南流后，原来直接接受黄河水源补给的安山湖、马常泊水源减少，不断萎缩。因为黄河北支是安山湖的唯一水源，所以安山湖受到的影响最大，从“蓄水最盛，北至临清三百余里资为灌输，称水柜第一”，变成了“湖无所受，只汇堤南陂水并运河余涨，所蓄甚少，不堪作柜，渐成平陆。”（《东原考古录》）修筑太行堤后不久，明廷就不断地为恢复安山湖而努力，但到了嘉靖六年（1527）修筑围堤时，安山湖的周长就只有十余里了。（《问水集》）康熙六年（1667），曾希望通过开柳长河，引鱼营陂水到安山湖中，来恢复它的水柜作用，但是鱼营陂本身就是没有源头只靠降水汇流的季节性湖泊，这样就会陷入“以无源之水（鱼营陂），蓄之有漏之湖（安山湖），又进水易而出水难，纵高筑堤岸于运何济”（《东原考古录》）的境地。清朝统治者不得不承认安山湖已经无法恢复，康熙十八年（1679）河道总督靳辅令民开垦认种（《居济一得》），乾隆六年（1741）将安山湖分给贫民认垦开科（《续行水金鉴》），安山湖最终消失。

在明代中期，马常泊已经出现了萎缩分化的迹象，出现了南旺、马踏、蜀山等湖名，但这些湖泊仍然是相互连在一起的，这种情况可以在弘治十三年（1500）通政韩鼎所立的《南旺图说碑》中得到印证：“盖西岸为南旺西湖，东岸二湖为南旺东湖，二湖之下方为马踏、蜀山坡湖，而马踏之下为伍庄坡湖，蜀山之下为马场坡湖，但诸湖通连，中无限隔耳，申其形势，凡与西湖尽处相对者即为东湖，其下方为别湖也。”

太行堤修筑后，黄河来水断绝，马常泊解体的速度越来越快，这些湖泊明显地分化开来了。到嘉靖年间，蜀山、马踏二湖已经小到需要重新疏浚开创的地步了。所以在明代后期，如何增加蜀山、马踏等湖的水源，成为了朝廷关注的核心问题。他们主要采取了两个办法：一是完善水柜闸坝体系的建设和管理，一是大力开展引泉济运工程。

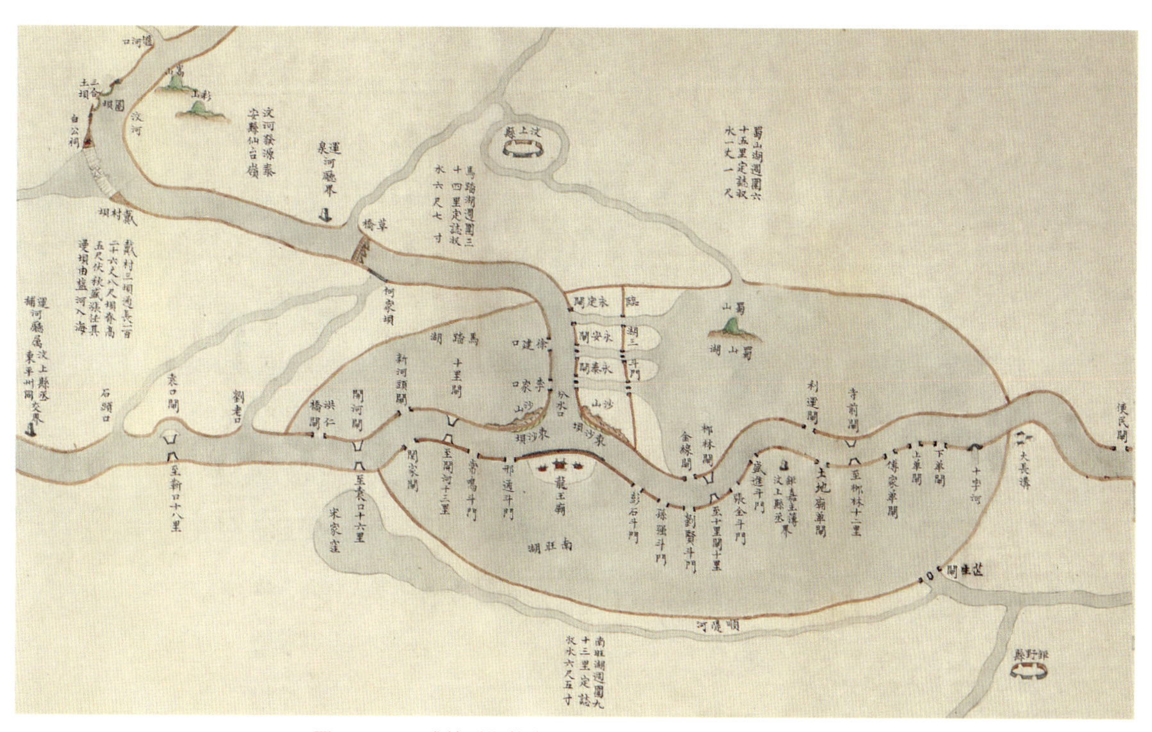

图 1-4-26 成熟时期的南旺三湖（清《山东通省运河情形全图》局部，美国国会图书馆藏）

这里尤为突出的是引泉济运工程。早在永乐年间，陈瑄已经开始了引泉济运，只是那时候运河水源充足，引泉济运只是后备之策，泉源数量很少。到了明代中叶，黄河水源断绝后，引泉济运的重要性不断提升，明清朝廷投入的精力越来越大，泉源数量也越来越多，从成化十二年（1476）的一百二十多眼，发展到雍正年间（1723–1735）的七百六十六眼。这几乎是将泰沂山脉西麓所有可用的泉源全部用来接济运河了，这保障了运河水源的补给，但也严重制约了鲁中南泰安、莱芜、济宁、枣庄等地区的农田灌溉工作。

表 1　明清各时期山东济运泉源数统计表

时间	泉数	资料来源
成化	120余	《北河纪》
弘治	163	《漕河图志》
嘉靖后期	244	《泉河志》
万历中期	311	《泉河史》
康熙前期	478	《山东运河备览》
雍正	766	雍正《山东通志》

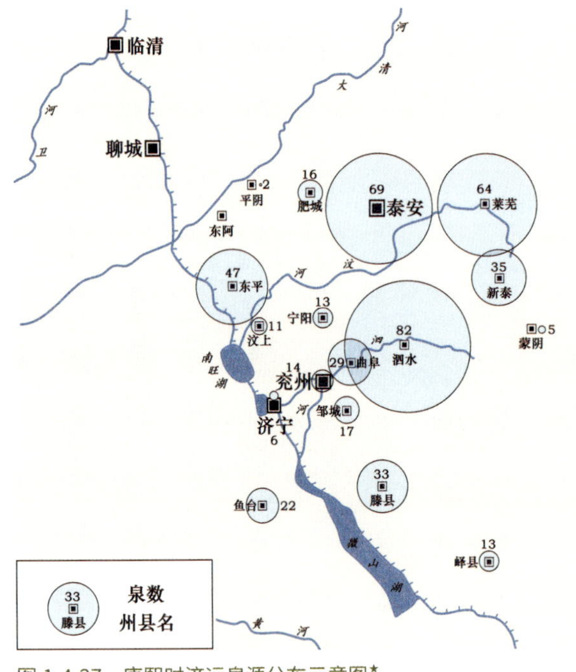

图 1-4-27　康熙时济运泉源分布示意图★

再看全河南流对黄河南岸的影响。刘大夏在黄河北岸修筑太行堤时，还在黄河南岸开挖减河，施行“北堵南疏”的策略。这就显著增加了南岸的河患，甚至危及祖陵的安全。面对这种形势，万历时以潘季驯为代表的河臣在实践中逐渐形成了“两岸筑堤，束水攻沙”的思路。潘季驯在朱衡、万恭思想的基础上，经过长期实践，紧紧把握住了黄河多沙善淤和洪水暴涨暴落的水文泥沙特征，全面总结了“束水攻沙”的思想，并付诸于工程实践。束水攻沙的实质是在黄河两岸筑堤，束狭河道，提高流速，依靠水的冲击力来冲刷泥沙，以达到减少泥沙淤积、河道淤高、泛滥冲决的目的。为此他在黄河干流兴建双重堤防，即临近行水河槽的缕堤和远离河槽的遥堤。缕堤用来缩窄河道，激怒水流，刷深河槽，稳定中泓；遥堤用来防范汛期洪水漫溢，将洪水携带的泥沙阻挡在两堤之间，洪水落淤后就能够固滩固堤。

★据（清）陆耀《山东运河备览》绘。

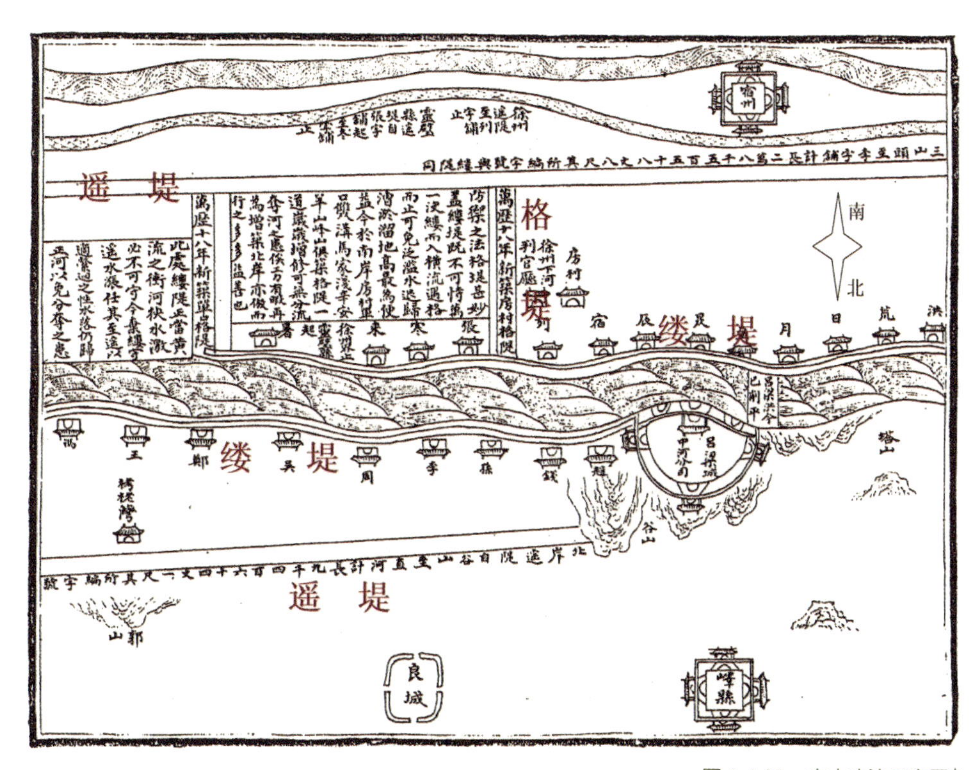

图 1-4-28 束水攻沙示意图★

潘季驯治河保漕效果显著，却增加了徐、淮等地的水患。时人刘尧诲批评道："汉人有言：'河南岸强则攻北岸，北岸强则攻南岸，南北俱强则下流受伤。'今日之治河正犯此戒。弘治间惧黄河之北犯张秋也，故强北岸而障河使南，嘉靖间以黄河之南徙归、宿也，故塞南岸而障河使东，今南北俱强矣，所以淮、邳上下毒遭全河之害，而为运道忧也。"（《刘尧诲先生全集》）

正如刘尧诲所说，黄河两岸盛筑堤防后，河患不断下移，仍然威胁济宁、徐州等处运道安全。比如嘉靖六年（1527），河决曹、单等处，冲鸡鸣台运道，导致泥沙聚壅，运道大阻。对于这一局面，河道总督朱衡指出："河出境山以北，则闸河淤；出徐州以南，则二洪涸；惟出自境山至小浮桥四十余里间，乃两利而无害。"（《明史》）

但滔滔浊流岂能甘心任人摆布？明朝河臣也没有维持黄河在这狭窄空间安稳流动的能力，于是不得不行运河避黄之计。左都御史胡世宁等提议："至

★据（明）潘季驯《河防一览》卷一《全河图说》"徐州宿迁河图"改绘而成。

为运道计，则当于（昭阳）湖东……别凿一渠……而以一湖为河流散漫之区，乃上策也。”（《明史》）拉开了避黄行运的帷幕。胡的计划遇到了重重阻力，直到嘉靖四十五年（1566）才由朱衡开河成功。此后新河（泇运河）之开凿同样困难，隆庆三年（1569）动议，直到万历三十五年（1607）年才开凿成功。泇运河的开凿避开了旧道从直河口至徐州的三百里黄河之险。河道总督李化龙和漕运总

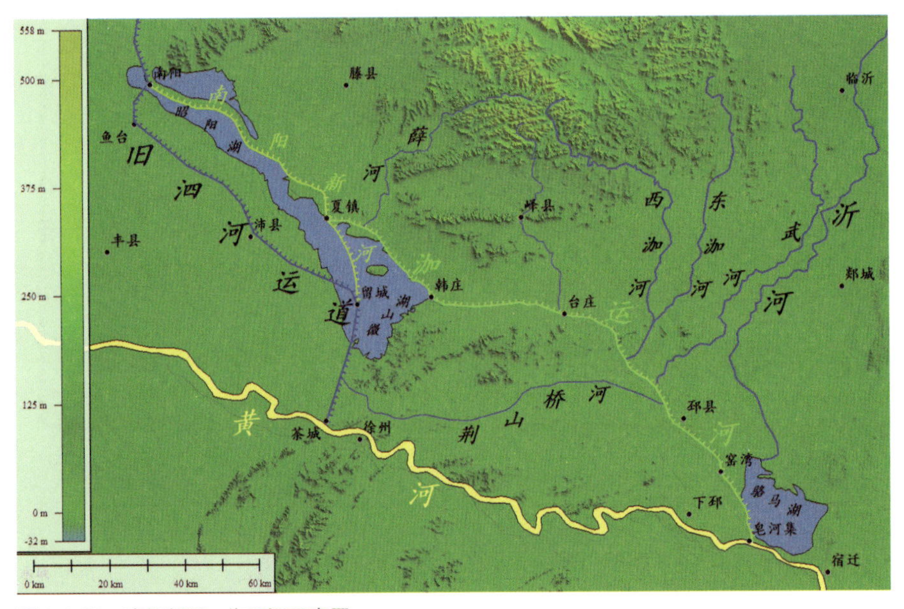

图 1-4-29 南阳新河、泇运河示意图

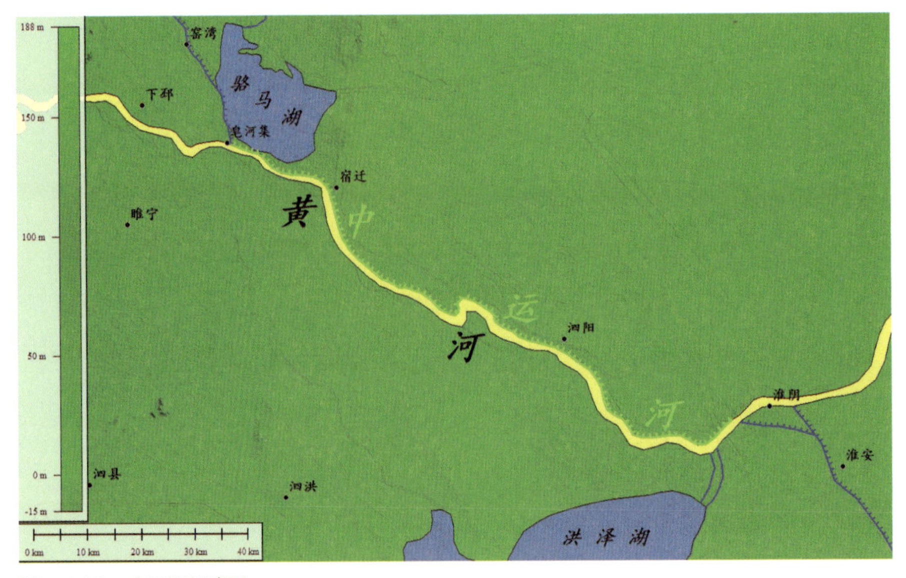

图 1-4-30 中运河示意图

督李三才总结道："黄河者，运河之贼也，用之一里，则有一里之害；避之一里，则有一里之利。"（《春明梦余录》）

后来的治河者继续遵循这一原则。天启五年（1625），漕储参政朱国盛继续开骆马湖新运河五十七里。康熙十九年（1680），靳辅开成四十里皂河，二十七年（1688）又开成二百里中运河。此后重运出清口，截黄河仅七里，由仲家闸进中运河，入皂河，再入泇运河，全避五百多里黄河之险。泇运河和中运河开凿以后，黄运两河的关系有了明显改观。

3. 晚清黄河改道与运河断流

通过"两岸筑堤、束水攻沙""蓄清敌黄""避黄行运"等措施，以淮安清口为中心的黄河、淮河、运河、洪泽湖水利体系维持了近三百年的稳定。但"束水攻沙""蓄清敌黄"无法解决另一个地点的问题——黄河入海口的泥沙壅积问题。

黄河入海，人力最难施为之处莫过于泥沙壅积之入海口。众所周知，黄河泥沙含量极大，这些泥沙在入海口被海潮顶阻而沉积，就会淤成大片的滩地。早在潘季驯时海口淤垫已成问题。曾有人问潘季驯说："河以海为壑，自海啸之后，沙塞其口，以致上流迟滞，必须疏浚，或别寻一路，另凿海口之为得也"（《河防一览》）。潘季驯回答说："海啸之说，未之前闻，但纵有沙塞，使两河之水顺轨东下，水行沙刷，海能逆之不通乎？"（《河防一览》）

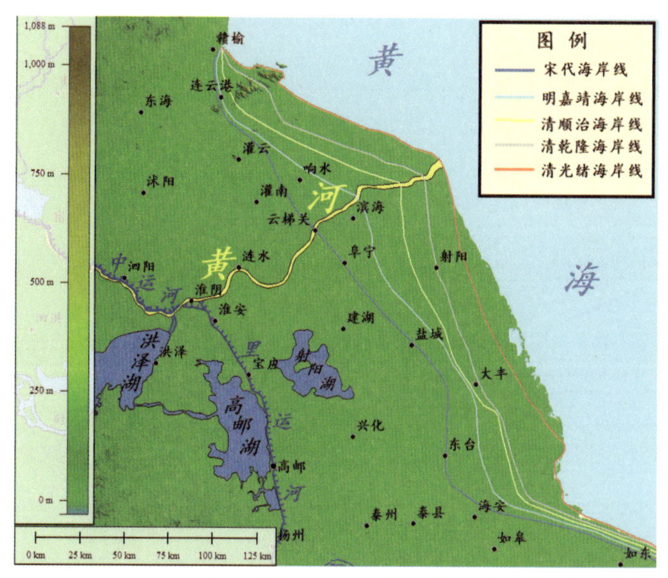

图 1-4-31　黄河入海口与苏北海岸线变迁示意图★

★据张忍顺《历史时期江苏海岸变迁》（江苏省科学技术委员会编《江苏省海岸带、海涂资源综合考察及综合开发利用学术论文选编第四集》，1986 年）第 41 页图绘制。

当时海口尚在云梯关附近，一百年以后情形则大非。康熙十六年（1677）靳辅谈到海口延伸的问题时说，以前云梯关外就是大海，现在云梯关已经离大海有一百二十里了，他估计再有一千年，便可策马而上云台山。靳辅认识到了海口壅积的严重，但低估了壅积的速度。据嘉庆《海州直隶州志》载："康熙四十年（1701）后，海涨沙淤，渡口渐塞，至五十年（1711）忽成陆地，直抵（云台）山下矣。"泥沙淤积到云台山距离靳辅讨论海口问题仅仅三十年而已。

康熙三十五年（1696）总河董安国奏疏称云梯关已经距海二百余里；六十年后的乾隆二十一年（1756），文渊阁大学士、工部尚书陈世倌奏称云梯关已经离海二百八十余里；又二十年后，乾隆四十一年（1776）江南河道总督萨载奏称云梯关已经离海三百余里；又三十年，嘉庆九年（1804）江南河道总督徐端、两江总督陈大文等奏称云梯关到海口已经有三百六十余里。一百多年的时间，泥沙淤积出了长达一百五十里的淤滩。

海口日远，尾闾不畅，必然影响上游河流的宣泄。明万历初年兵科给事中赵思诚疏言："海口梗塞，一夕则无淮安，再夕则无清河、无桃源，运道冲决伤天下之大计，人民昏垫损一方之生灵。"（《明实录神宗实录》）康熙时河督靳辅亦疏言："下口俱淤，势必以渐而决于上，从此而桃、宿溃，邳、徐溃，单、曹溃，开封溃，奔腾四溢。"（《治河奏绩书》）嘉庆时南河总督戴均元指出："正

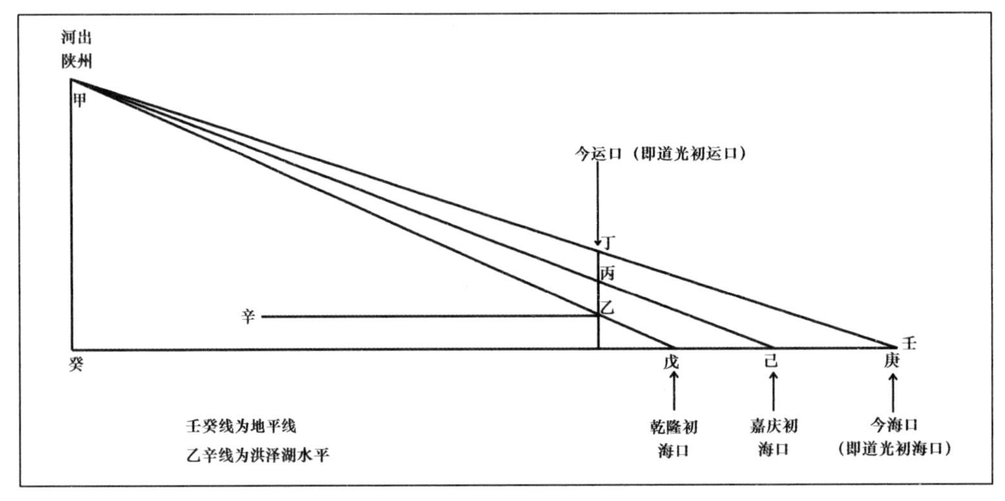

图 1-4-32 阮元用勾股定理解释黄河淤积问题

河愈远愈平，渐失建瓴之势，河底之易淤，随工之叠出，靡费之日多，大率由此。”（《续行水金鉴》）道光七年（1827），云贵总督阮元在其“海口日远清口日高图说”中，利用勾股弦的关系清晰地指出清口的淤积抬高是黄河海口淤积延伸的必然结果。（《研经室集》）

黄河河道自入海口开始，不断往上游淤积，到嘉道年间淮安清口一带淤积愈加严重，上游河南、山东一带河水下泄困难，必然导致更严重的冲决旁溢。所谓“下游不畅，上游之水即多停滞，停滞之处即成淤淀，此淤则彼卧，以致溜势所到，即生要工，其变化多在顷刻之间，平险亦在呼吸之介。……夫河淤于下者，必决于上，而决于上者，又必淤于下，此一定之理也。”①

清政府对此束手无策，只能不断加高加固河堤，寄希望于“束水攻沙”。结果河堤愈加愈高，溃决之患也愈加危险。道光时阳武、原武一带地方河堤高如土岭。当时严烺、张井、程祖洛等人在奏章中明确指出：“（道光）五年以前，豫河之节次溃决，即由于下游南河之不畅。五年以来，南河之日形淤淀，亦由于上游豫河之屡决。其害本相因而生。”②正如河臣所言，嘉庆以后河患日亟，而且因为清政府对下游河道大力培修，压力逐渐转移到上游。自嘉庆二十四年（1819）以后，决口地点大多转移到睢州以上河道，尤以仪封、兰阳、祥符等地最为集中。

这一时期接连出现黄河北决夺大清河入海的案例。如嘉庆八年(1803)九月，黄河在河南封丘衡家楼决口，向东北奔流，经由范县到达张秋，穿过运河夺取大清河，至利津入海。嘉庆二十四年九月，黄河又在河南武陟北岸马营坝决口，东北流至张秋截断运河，由大清河入海。到了咸丰年间，黄河更是无年不决。咸丰元年（1851）八月，黄河在江苏丰县丰北厅蟠龙集（砀山北岸）决口，分七支东北流，其中四支灌入昭阳湖，三支灌入微山湖。直到十八个月后的咸丰三年（1853）二月才堵住决口，河归故道。此次丰工堵口，发生在太平天国兴起后军费极为紧张的情况下，拨款高达四百五十万两，却只维持了不到四个月的安澜。

① 中国水利水电科学研究院水利史研究室编校《再续行水金鉴　黄河卷 1》，湖北人民出版社，2004，第248页。

② 同上。

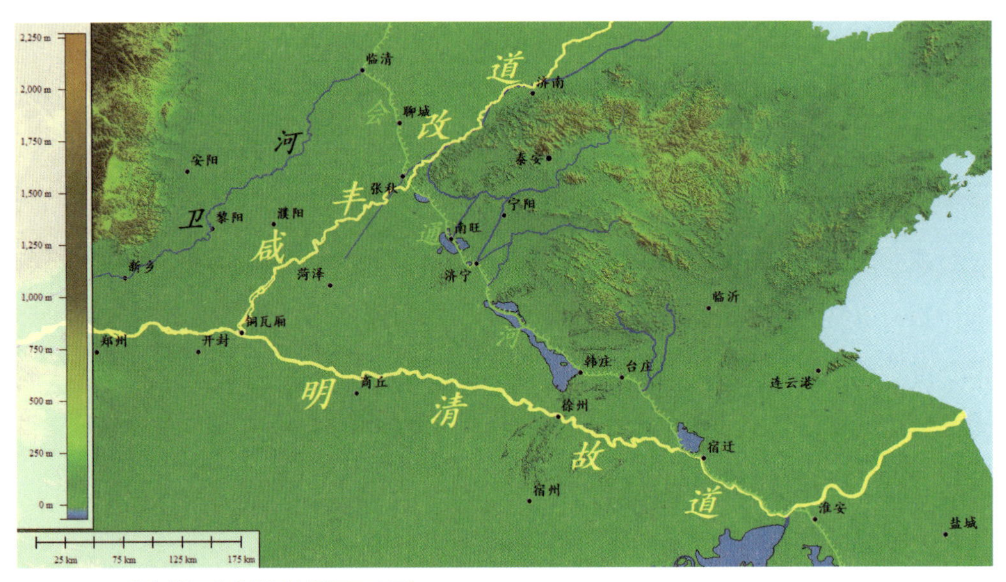

图 1-4-33 咸丰黄河改道截断会通河示意图

当年五月二十九日，黄河再次从这里决口北流。此后直到咸丰五年（1855）黄河在铜瓦厢决口北徙，丰县决口都没能堵住。

铜瓦厢，位于兰阳县（今河南省兰考县），在清代被称为“兰阳汛三堡”。这个地方是明清黄河东流转向南流的拐点，因此一直都是黄河上有名的河工要地。刘天和说：“祥符盘石、兰阳铜瓦厢、考城蔡家口，各添筑月堤。臣等以为黄河之当防者，惟北岸为重”（《明史》）。潘季驯认为封丘县之荆隆口、祥符县之黄陵冈、兰阳县之铜瓦厢等俱为要害。万恭直指：“若不为饷道计，而徒欲去河之害，以复禹故道，则从河南铜瓦厢一决之，使东趋东海，则河南、徐、邳永绝河患，是居高建瓴水也。”（《图书编》）基于这些认识，明清政府很早就对铜瓦厢非常重视，万历之前已经在铜瓦厢设有管河分司和管河府厅等机构来治理。

在咸丰初年两次丰工决口漫流的三四年间，下游河道淤积不堪，铜瓦厢一带成为越来越危险的工段。终于，在五年（1855）的伏汛中，铜瓦厢的薄弱工段，即所谓无工处终遭击溃。铜瓦厢河决后，黄水冲没铜瓦厢镇，东过直隶长垣县南，又分流直隶东明县城南北（后专行城北），又东北经山东濮州城南，郓城县南北（后专行城北），又东北经范县、寿张县南，又东北横冲张秋镇运河而东，又东过鱼山南……由铁门关入海。运河至此断流。

（三）黄河与运河关系的总结

明清时期的京杭大运河一般被认为是中国古代大运河发展的顶峰。从她的规模、作用、地位、效益以及帝国的重视、投入等方面看这是没有疑问的，但若与此前的运河水网相比，我们能够发现明显的异同。秦汉时运河只是黄淮海平原上庞大自然水运网的补充，隋唐北宋时运河成了主干，其他河流变成了水运网的支脉，而到了明清时就只有这条主干，其他支脉都消失了，所以她太重要了。这一切都与历史气候、水文乃至人类活动的影响密切相关，而其中最具决定性的力量无疑是黄河。

我们总结下黄河在大运河以及黄淮海平原水运网发展演变中的决定性影响。自先秦到明清，黄河的变迁可以分为四个阶段：北线入海时期、中线（东线）入海时期、南线入海时期和回归东线入海时期。东汉王景治河前（大体上是上古时期）是北线时期，黄河由今河北省境内入渤海。自王景治河至北宋杜充决河（大体上是中古时期），是中线时期，黄河主要由今山东省北部入渤海。自杜充决河至晚清铜瓦厢改道北徙（大体上是近古时期），是南线时期，黄河夺淮主要是由今江苏省北部入黄海。晚清铜瓦厢改道（大体上是近现代时期），是回归东线入

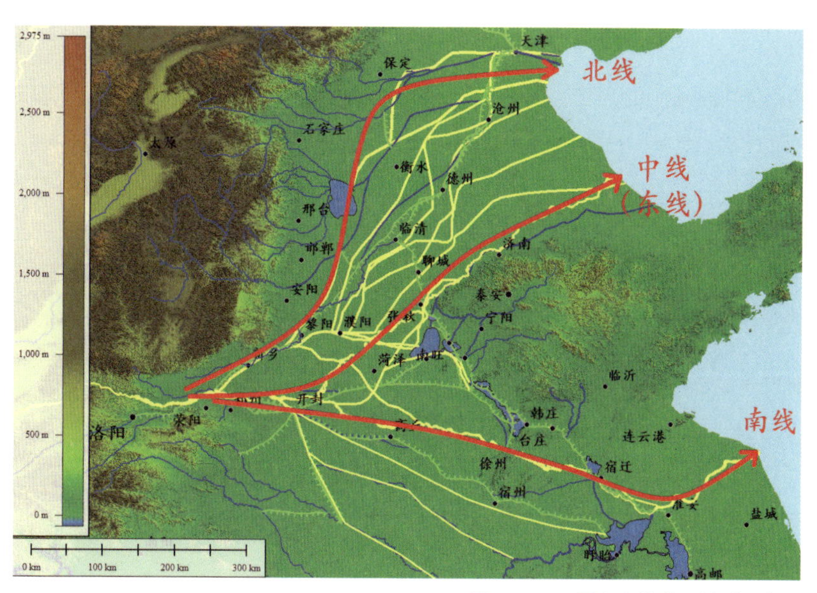

图 1-4-34　历史上的黄运关系示意图

海时期，黄河重新从今山东省北部入渤海。两千多年间，黄河经历了一个从北往南摇摆，最后又往北摆回的过程。

这个摇摆对运河和黄淮海平原水运网的命运有着决定性的影响。当黄河在北线或南线时，有利于运河；当黄河在东线时，不利于运河。上古、中古时代主要是黄河对运河产生影响（上古利、中古弊），近古时代运河对黄河的影响愈加明显（以保运为首要目的的治河原则，强迫黄河走南线）。

1. 上古黄河北线入海时期

国家格局。政治中心在中原及关中，位于黄河下游以上的稳定河段上（今河南省荥阳市广武镇桃花峪为黄河中下游分界点）。经济重心在中原、关中和山东。政治中心和经济重心重合度高、偏离度低。

黄河河情。黄淮海平原气候温暖湿润，黄土高原植被覆盖好，人类活动侵扰低，黄河含沙量较低，河道较为安稳，能够作为运道使用。

运河及黄淮海平原水运网情况。黄淮海平原河湖纵横、水网密集，运河是这个水运网的重要补充。运河以连接济水和泗水的菏水、连接济水和颍水的鸿沟为中心，沟通河淮。军事征伐，尤其是江南势力逐鹿中原的需求是早期开发的主要动力。

黄运关系。其一，漕运活动以黄河中游的政治中心为目标。其二，黄河为济菏、鸿沟运道提供水源。其三，黄河北流，是中原到华北平原北部的优良运道。

2. 中古黄河东线入海时期

国家格局。从大分裂到大一统。政治中心仍在中原及关中，江南逐渐开发并在后期成为经济重心，安史之乱后北方残破且不服中央。政治中心与经济重心开始明显地偏移。

黄河河情。两汉时黄河中游开发剧烈，黄河含沙量增加，决溢后由北线摇摆到东线。王景治河、五胡乱华后，河道稳定、中游植被恢复，出现长期安流的局面。唐代中后期，中游开发又剧，下游有决溢现象。

黄运关系及黄淮海平原水运网情况。其一，黄河由北线向东线摇摆时的决溢破坏了济菏运道，东晋南朝势力北伐时偶有重新沟通济泗的努力。其二，华北平原中部运道被迫西移到黄河稳固的荥阳一带，即以鸿沟汴渠为中心。其三，华北平原北部失去了黄河的串联，曹魏等势力通过开凿局域性运河进行重新串联。

3. 近古黄河南线入海时期

国家格局。又一次从大分裂到大一统。政治中心先在中原东移，然后大幅北移。经济重心稳固在江南湖广一带。政治中心经济重心剧烈分离。漕河事务是国家重中之重。

黄河河情。黄河在东线北线间短暂摆动后，由东线摇摆到南线。受其摇摆影响，华北平原中西部湖泊大量消涸。东南部则因被运河阻塞入海通道而潴积成系列湖泊。

黄运关系与黄淮海平原水运网络情况。其一，黄河由东线向南线摇摆，破坏了汴河、蔡河、惠民河等运道水网。其二，黄河南摆后，山东地区所受黄河威胁减轻，又有了重开运道的条件。元朝一统即开山东运道，自此以后，治河开始为保漕服务。其三，黄河南摆后，自徐州夺泗，至淮安入淮，徐州淮安间的泗水运道也成为黄河河道，即借黄行运。其四，明前期汶泗引控水设施不完善，济宁、安山都需引黄济运，又给山东运河带来黄河威胁。其五，南旺水脊在明代中期形成，南旺分水承担起山东运河水源供给重任，至此明政府可以无顾虑地北堵南疏，强迫全河夺淮。其六，全河夺淮后，开封以下两岸筑堤，河患下移至徐淮一带，威胁会通河南段安全，开南阳新河、泇运河、中运河避黄行运。新运道促成微山湖的形成，微山湖成为八闸邳宿段运河主要水源。现代意义上的京杭大运河正式形成。其七，为保运漕安全，严格限制黄河河道固定在夺淮路线上，为避免黄河淤积决溢，行大筑高家堰、蓄清（淮）敌黄之计，提高湖水势能，冲刷黄河泥沙入海。

4. 近现代黄河回归东线入海时期

国家格局。国家政治经济格局不变，太平天国、捻军兴起，黄河、运河陷入纷乱，列强入侵，自强运动，内忧外患，漕河事务边缘化。

黄河河情。黄河由南线回摆到东线，南河总督裁撤，东河总督移驻开封，不管山东河务。

黄运关系。其一，蓄清敌黄失败。黄河入海口泥沙沉积，黄河河道延长三百里。而高家堰无法一直增高，最终洪泽湖所蓄清水冲刷不动数百里积沙，由清高于黄，变为黄高于清。黄河下游淤阻不下，中游遂决溢，渐成咸丰河决北徙。其二，咸丰河决北徙，黄河复回山东东线，横截运河，挟运水东流入海，运河遂断。其三，兵乱平定后，清廷勉力维持运河（运量仅十数万石），灌塘济运，一灌一淤，一淤必挑，艰苦万状。其四，南河裁汰，东河推脱山东河务，黄河失治。庚子乱后，为偿巨额赔款，废除漕运（全部改折），裁汰东河、总漕，运河无官修治，或干涸或横溢，彻底废弃。

第二章
生命线：大运河与帝国兴亡

水运网是庞大帝国的血液循环系统，随着气候变迁、水土流失、黄河泛滥的加剧，水运网不断遭到破坏，必须不断地开凿运河来弥补，运河越来越多，越来越长，最终成了水运网的主干。与此同时，运河与国家命运的联系越来越密切，影响着国家格局，甚至决定着帝国兴亡。

第一节

帝都：从黄河时代到运河时代

运河对国家格局的影响，可以直观地从帝都的变迁上看出来。上古时期中国的古都分布在关中和中原地区，明显地表现出黄河时代的时空特征。在秦汉时期，黄河中下游平原继续保持着全国经济重心区的地位，区域经济优势为都城在黄河流域的持续发展提供了坚实的物质基础。而济水、黄河、渭河的水运通道又将关中农业经济区和关东农业经济区紧密连接在一起，进而将政治中心与经济重心紧密连接在一起，为都城在黄河流域的发展提供了持续不断的物质、技术和能量供给。

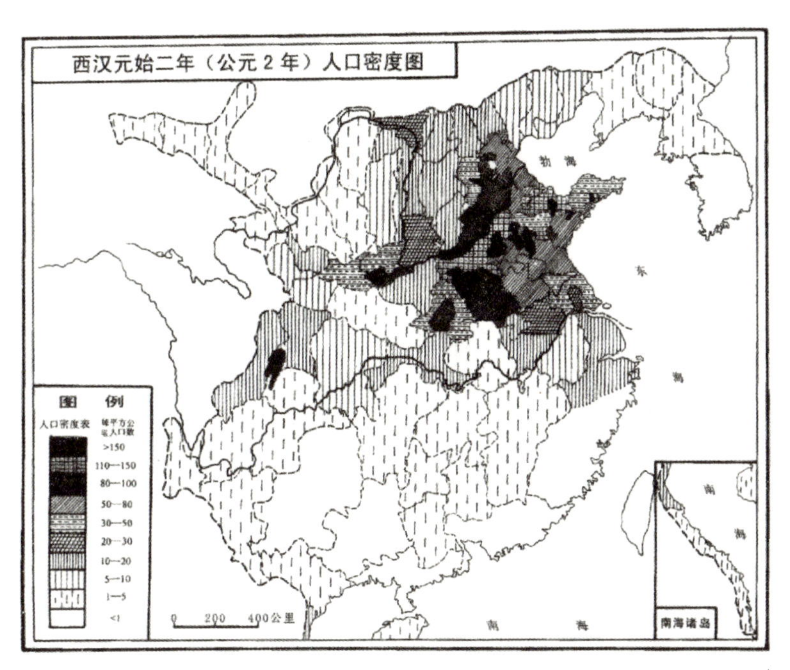

图 2-1-1　西汉元始二年（公元 2 年）人口密度示意图★

★引自邹逸麟编著《中国历史地理概述》（上海教育出版社 2013 年版）第 219 页。

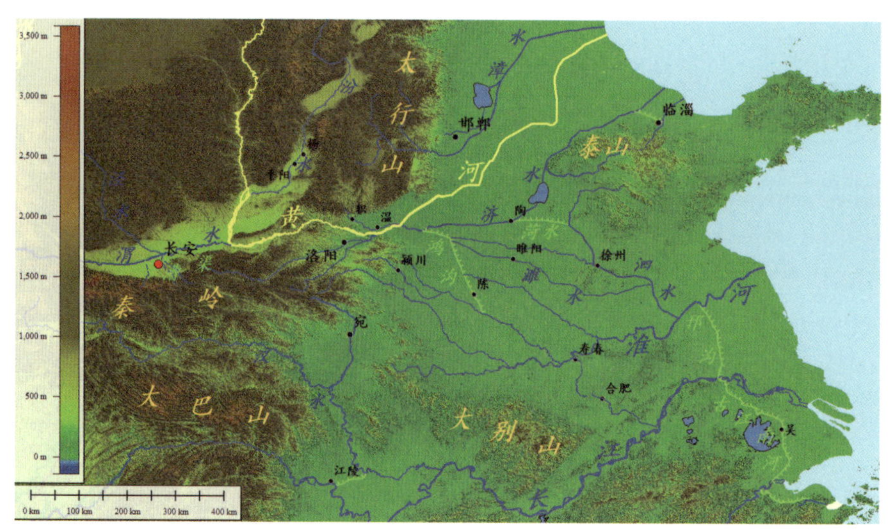

图 2-1-2 西汉主要城市与水运网络示意图

（一）黄河漕运之险：从长安到洛阳

在中国建都史上有两次从长安向洛阳的运动，一次发生在秦汉时期，一次发生在隋唐时期。两次转移既有时代形势的差异，也有很多自然地理、社会经济层面的相似之处，其中一处就是水运网络尤其是黄河情况的变化。

关中平原是中国古代早期的一个基本经济区，她的产出足以支撑秦国这样的诸侯国或割据政权。但到了大一统的时代就不一样了，这时帝都越来越大的物质能量需求必须关中平原和关东平原一起才能支撑。在中央政府机构较为简单、帝都人口较少的早期阶段，对物质能量的需求相对较少，关中平原的产出能满足大部分，需要从关东平原转运的就少。到了机构臃肿、人口膨胀的晚期阶段，对物质能量的需求不断增多，关中平原的产出不能满足需求，就需要大量地从关东平原转运。因此汉初“漕转山东粟，以给中都官，岁不过数十万石”（《史记》）；到汉武帝初期“漕从山东西，岁百余万石”（《汉书》）；此后关中人口不断增长，粮食需求大增，所需漕粮猛增至四百万石，仍感不足，到桑弘羊改革漕运后“山东漕益岁六百万石”（《史记》）。

秦汉时期，自然水网体系尚未遭到破坏，济水、黄河是这个体系的主干，所以秦汉时期的漕运通畅与否取决于黄河的水情。从关东到关中，是从黄河下游到

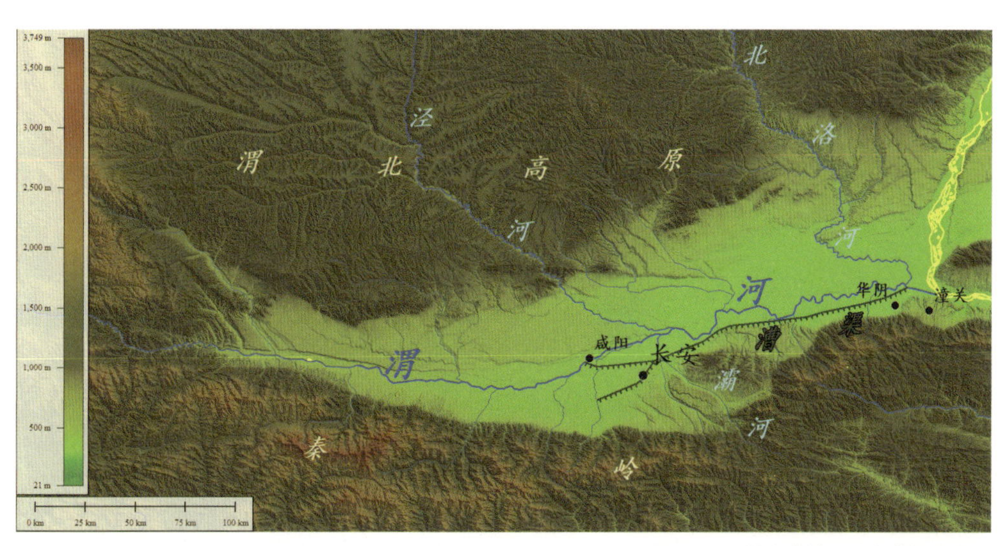

图 2-1-3　关中盆地与关中漕渠示意图

中游（以郑州广武镇桃花峪为中下游分界点），也是从中国地势三级阶梯的第三级上升到第二级，海拔高度从桃花峪的一百多米提升到潼关的三百多米。从这一地势落差，可知从关东漕运粟米逆流而上关中的艰难。

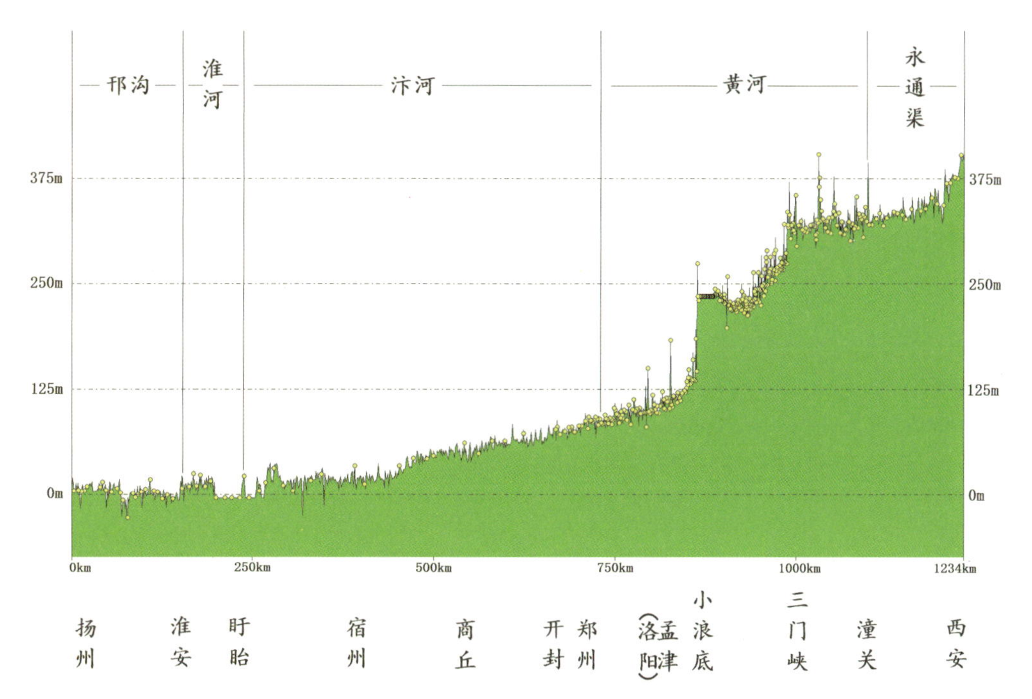

图 2-1-4　扬州到西安地势剖面图

图 2-1-5 黄土高原

谭其骧先生指出，在战国以前，山陕峡谷流域和泾渭北洛上游二区还处于以畜牧射猎为主要生产活动方式的时代，所以原始植被还未经大量破坏，水土流失还很轻微，因此战国以前黄河下游的决徙很少。[①] 在这种情况下，黄河通航条件良好，能够较顺利地完成从关东漕运至关中的任务。

到了秦与西汉时期，积极推行“实关中”和“戍边郡”的移民政策。“实关中”就是把距离较远地区的一部分人口与财富移置到关中，通过加强关中、削弱其他地区的人力、物力，来巩固封建大一统的集权统治。“戍边郡”就是移民到黄河中游各边郡和上游的河套地区，巩固边防，抵御匈奴的做法。“实关中”“戍边郡”的规模很大，仅汉武帝时的两次“戍边郡”就有一百三十余万人。人们移居边郡以后开垦农田，苍茫广漠的森林、草原骤然呈现一片阡陌相连、村落相望的繁荣景象。

山峡峪谷流域和泾渭北洛上游，这二区从畜牧射猎为主变为以农耕为主，户口数字大大增加，乍看起来是件好事，但若从整个黄河流域的变迁来看，就可以发现这是件得不偿失的事。因为在当时的社会条件之下，开垦只能是无计划的、盲目的

① 谭其骧《何以黄河在东汉以后会出现一个长期安流的局面》，《学术月刊》1962 年第 2 期，第 27 页。

图 2-1-6　黄河壶口瀑布

乱垦滥垦，不可能采用什么有计划的水土保持措施，所以在这一带的开垦行为，必然会给下游带来无穷的祸患。

水土流失造成渭河和黄河泥沙含量大增。渭河是关中平原的主要河流，是黄河的重要支流，是漕粮转输长安的重要通道。渭河多弯曲，从黄河到长安迂曲九百里，泥沙容易淤积，导致水浅沙深，漕运淤阻。为此汉武帝于元光三年（前132）开关中漕渠，“引渭穿渠起长安，旁南山下，至河三百余里，径，易漕”

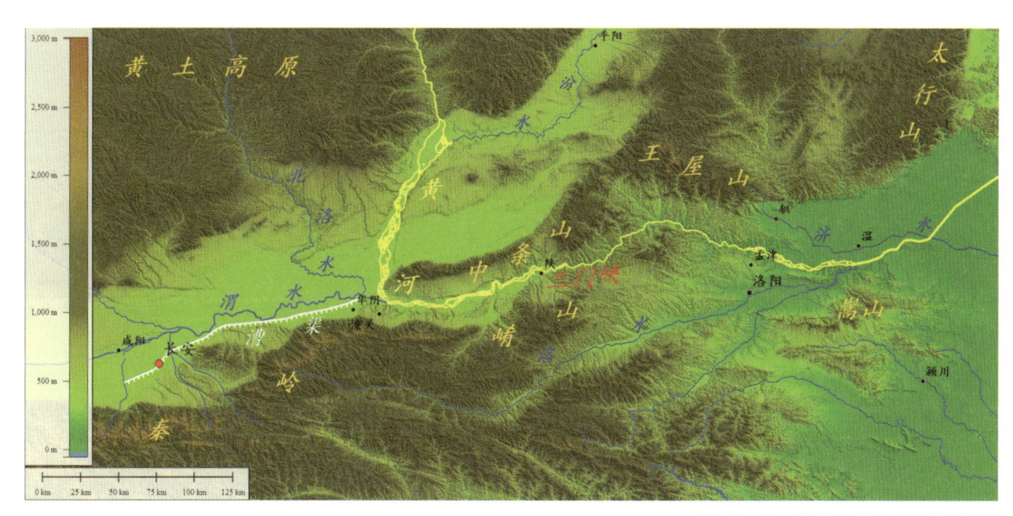

图 2-1-7　黄河和关中漕渠示意图

（《汉书》）。即从长安引渭水，沿着渭河南岸向东直达黄河，全长才三百里，解决了自华阴至长安的漕运问题，省时省力。

渭河问题容易解决，黄河就不这么容易了。由于中上游的过度开发，黄河泥沙含量大增，不但下游决徙之患越闹越凶，而且三门峡段更是水流湍悍，“更砥柱之限，败亡甚多，而亦烦费”（《史记》）。《水经注》云“自砥柱以下，五户已上，其间百二十里，河中竦石桀出，势连襄陆，盖亦禹凿以通河，疑此阏流也。其山虽辟，尚梗湍流，激石云洄，澴波怒溢，合有十九滩，水流迅急，势同三峡，破害舟船，自古所患。”

三门峡的险阻，卡住了向关中输送粮食、布帛等各种物资的漕路，严重地威胁着西汉帝国的生存。三门峡的险阻是当时不可能解决的问题，汉成帝鸿嘉四年（前17），有杨焉开凿三门峡之举，结果施工时凿下来的碎石，落入河中无法取

图 2-1-8 三门峡水库修建前的三门峡照片★

★引自黄河三门峡工程局生产技术处技术资料编辑室编《黄河三门峡水利枢纽工程》（上海人民美术出版社1958年版）。

出，反而阻塞了河道，导致水流比原先的更加湍急，危害更大。西汉帝国也曾努力地寻找别的路径，比如开凿秦岭褒斜道，另辟蹊径，但最后都失败了。

在这种黄河漕运艰阻的情况之下，汉元帝、王莽时都曾议论过迁都洛阳的问题。新莽始建国四年（12），正式颁诏确定洛阳为新室东都，很快确定了迁都洛阳的时间。但由于新莽政权迅速崩溃，迁都计划没有实现。随后崛起的刘秀集团，在割据河北、占领洛阳之后，便宣布以洛阳为中心建立东汉帝国的统治。刘秀定都洛阳，除了政治、军事方面的考虑，更是为了利用洛阳的漕运优势，避免长安的漕运难题。洛阳地处关东，接近产粮区，水网纵横，漕运便利，没有黄河三门砥柱之险。东汉立国后不久，就开凿了解决京师供水和水运问题的阳渠（引穀河，纳瀍河，贯洛阳，入洛河），整理了汴渠和邗沟，使洛阳成为水运中心，为东汉帝国的长治久安创造了条件。

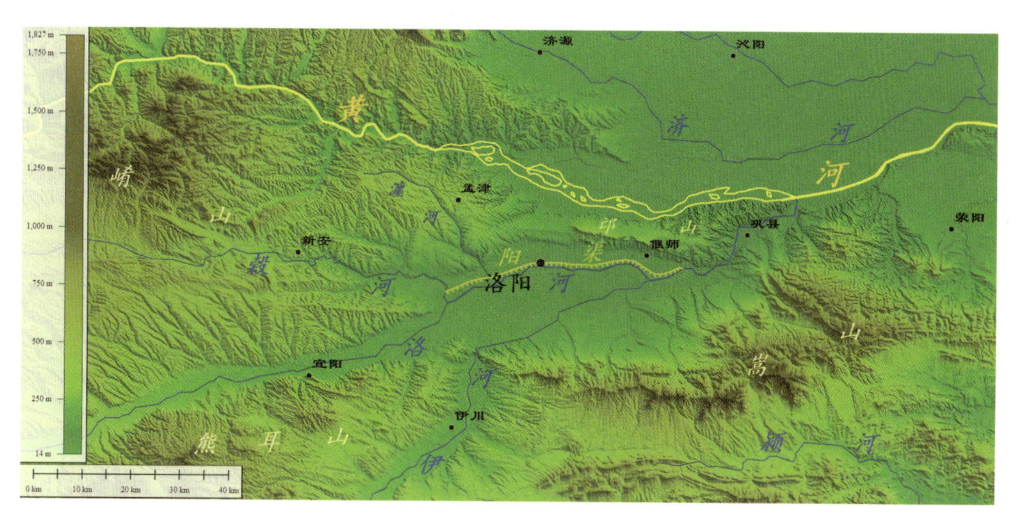

图 2-1-9　洛阳盆地与阳渠示意图

（二）许都、邺城与运河水运网络

魏晋南北朝时期，中国经历了长达近四百年的社会大动荡、大分裂。长安、洛阳等名都遭受过两次以上的毁灭性破坏，都城的发展在黄河时代遭受严重打击。许都、邺城兴起，都城发展呈现出东移趋势，这与大运河及其水运网的发展演变密切相关。

许都的建立是东汉末年诸侯争霸的结果，汉献帝建安元年（196）曹操攻下许县（今河南许昌），势力大盛，他听从谋士荀彧“奉天子都许”的建议，亲往洛阳朝见汉献帝，借口洛阳残破，把汉献帝接到许县，改称“许都”。此后，曹操“挟天子以令诸侯”，获得政治上的极大优势，这是他得以统一北方的重要因素之一。

便捷的水路运输是曹魏定都许都的原因之一。许都位于颍水北岸，距离鸿沟很近，曹魏定都后，又积极进行运河建设，先后开凿睢阳渠、贾侯渠、讨虏渠，逐步构成了以许都为中心的豫东运河网。魏晋时期“始于屯田，成于转运”所形成的豫东运河网，与淮河北侧的汝、颍、涡、睢等天然河流联结在一起，交织成网，水运四通，这在某种程度上是对鸿沟水系的恢复。

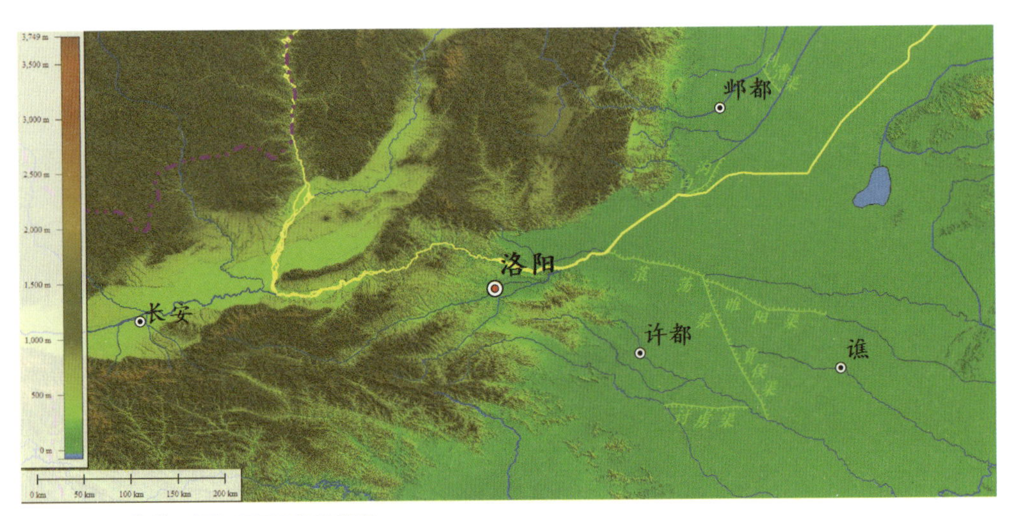

图 2-1-10 曹魏五都与运河网络示意图

建安九年（204）曹操消灭袁绍，迁都邺城，改名邺都，建安二十五年（220）曹丕迁都洛阳。邺都位于今河北临漳县境内的漳河北岸，邺都的水运十分发达，发源于太行山麓的清河、滏河、洹水、漳水与沽水等自西向东或自南向北流经这里，多数河流都从邺都周边流过。曹操通过开凿白沟、利漕渠、平虏渠、泉州渠、新河等运河，将这些自然河流连成水网，使邺都成了当时黄河以北的水运交通中心。邺都凭借这样的地理环境和区位优势迅速崛起为政治、经济、军事、文化中心。

此后，十六国南北朝时期邺城始终是建都的首选，西晋时作陪都四十余年；后赵石虎即位后迁都邺城，定都十四年；冉闵灭后赵，定都邺城三年；前燕灭冉闵，迁都邺城十三年，十六国时期邺城为都共二十九年。高欢挟魏孝静帝迁都邺城，是为东魏，高洋废孝静帝自立，是为北齐，仍都邺城，至北周灭北齐，共四十三年。自曹操时算起，在整个魏晋南北朝时期，邺城共做过一百二十余年的都城。

（三）“天子逐粮”：从长安到洛阳

隋朝是在北周关陇贵族集团基础上建立起来的，定都在关陇集团的大本营长安。隋朝一统后，在立都关中的同时，又积极经营洛阳，形成长安、洛阳两京格局。这与关陇和关东（山东）两大地域集团的斗争和妥协，以及两大经济重心区地域关系的空间互动密切相关。在天下之中洛阳另建新都，既能与关中相互照应，又占据了关东的形胜之地，有利于加强对关东和江南地区的控制。

除了政治、军事因素，都城重返洛阳、长安还有魏晋南北朝时期关中和黄土高原地区生态环境改善的因素。谭其骧先生在其名篇《何以黄河在东汉以后会出现一个长期安流的局面》中指出，黄河中游地区“以务农为本的汉族人口的急剧衰退和以畜牧为生的羌胡人口的迅速滋生，反映在土地利用上，当然是耕地的相应减缩，牧场的相应扩展。……结果就使下游的洪水量和泥沙量也相应地大为减少。”[①] 生态环境逐渐恢复，水土流失现象得到有效遏制，黄河等河流泥沙含量降低，河患减少，为都城重回关中提供了条件。而且，大分裂时代关中需要承载的人口大为减少，因此能够重新成为割据政权的都城。

不过，随着北周统一北方，隋统一天下，关中的承载负担大大加重，谭其骧先生指出“到了隋代，户口数字既已接近于西汉，尽管是半农半牧，水土流失的程度必然已远远超过魏晋南北朝时期。隋祚若不是那么短促，再能延长几十年，那么西汉或五代以后的河患，很可能在隋代也会出现。”[②] 这种情况下，迁都洛阳

① 谭其骧《何以黄河在东汉以后会出现一个长期安流的局面——从历史上论证黄河中游的土地合理利用是消弭下游水害的决定性因素》，《学术月刊》1962 年第 2 期，第 31 页。

② 同上，第 33 页。

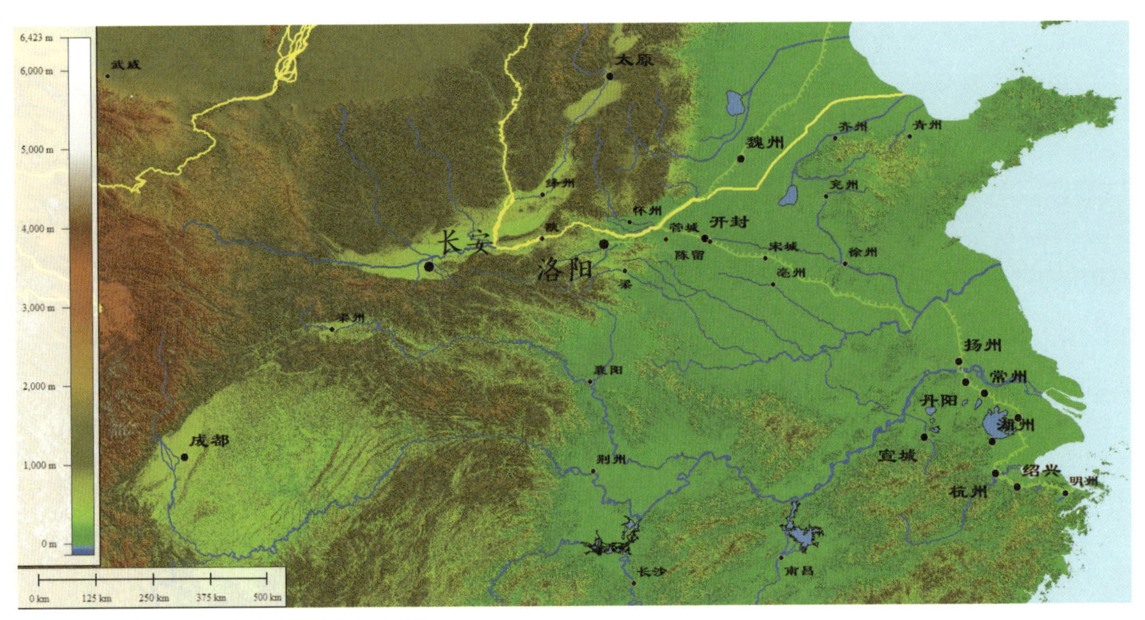

图 2-1-11　唐代大运河与大中城市分布示意图

无疑更能趋利避害。

隋炀帝认识到洛阳在水路运输及储运和转运贡粮中的重要地位，遂于大业元年（605）诏令宇文恺等人主持东都洛阳的重建工作。营建东都后，隋炀帝再未返回长安，洛阳虽为陪都，实际上就是都城。唐朝建立时曾废去洛阳东都名号，至唐高宗时由于事实上的需要又重新恢复东都称号，并经常往来于两都之间，直至病死于洛阳。武则天时以东都为神都，久居其地，天授元年（690）称帝后改唐为周，以神都为周都。至唐中宗复位，又恢复洛阳的东都称号。

五代以后，长安完全丧失了都城地位，这是多种因素促成的，其根本诱因仍是关中地区生态环境的变化。隋唐时期，关中地区高度繁荣的同时，也极度消耗了自己的物质能量，因长期的过度开发，导致农业生产能力下降，丧失了支撑都城文明的物质条件。随着经济开发程度的极大提高，关中平原乃至周边森林资源遭到严重破坏，终南山可用林木不多，岐山逐渐成为无树土山，唐敬宗时想要建造二十只竞渡船都要从淮南采伐木材。森林遭到破坏，人口却在不断膨胀，人口与环境关系日益紧张，“地狭人稠，耕植不博”（《旧唐书》），“所出不足以给京师”（《新唐书》）。为解决粮食问题，又大肆开垦荒地，特别是对泾水、渭水和北洛河流域进行了过度的开垦。

关中平原的过度开发没有带来足够的粮食增产，反而产生严重的水土流失问题，影响了正常的农业生产。与此同时，都城人口不断增加、政府规模不断扩大，尤其是唐玄宗开元之后均田制、府兵制破坏，改由国家出资募兵，不但军费开支剧增，而且粮食需求浩繁，仅十二万戍卫部队每年就需粟一百五十万石。为满足长安的粮食需求，必须从关东大量地调运粮食，这时关中四塞的地理优势就变成了粮食运输的难题。

图 2-1-12　三门峡黄河栈道照片*

首先，水土流失问题严重，渭河更加浑浊，流浅沙深，不堪航运。为此，隋文帝开皇四年（584），在渭河南岸开成三百里广通渠（后改称永通渠），来代替渭河进行漕运。其次，黄河在三门峡一带河道窄狭，水流湍急，河床下布满暗礁，舟船难于通行。为此隋唐曾多次整修三门峡河道，但均未获得成功。只能在沿岸石壁上牵舟运输，既有覆舟之险，运量又赶不上需求。唐人在《类说·邺侯家传》中描述三门峡漕运“自集津上至三门，皆一纲船夫并牵一船，仍和雇相近数百人挽之。河流如激箭，又三门常有波浪，每日不能进一二百船，触一暗石，即船碎如末，流入旋涡中，更不复见。”

为了降低风险，唐天宝元年（742）陕州太守李齐物在人门以东山梁上开凿新河，后世称开元新河。开元新河是相当宏伟的一项工程，

*引自黄河水利委员会科技外事局、三门峡水利枢纽管理局编《三门峡水利枢纽运用四十周年论文集》（黄河水利出版社 2001 年版）。

在炸药尚未发明以前，硬是在人门北面的岩石中，凿出一条长二百八十余米、宽六至八米、深五至十米的人工运渠，据记载，当时挖出的石头就有一万多立方米。但是根据《新唐书·食货志》记载，开元新河的漕运情况并不是非常理想，“陕郡太守李齐物凿砥柱为门以通漕，开其山巅为挽路，烧石沃醯而凿之。然弃石入河，激水益湍怒，舟不能入新门，候其水涨，以人挽舟而上。”

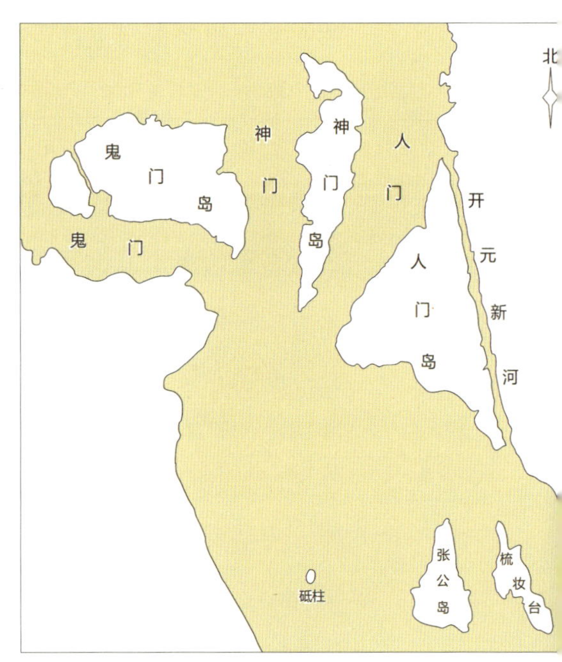

图 2-1-13　三门峡开元新河示意图

为避三门之险，漕粮运至洛阳含嘉仓之后，再以车运或驮运的方式陆运至陕县，再漕运至长安。这段陆运也十分艰难，耗费巨大，由于山路崎岖，只能用独轮车或骡马驮运，独轮车一次仅运米三百升，驮运更少。每年运输粮食一百万石，就需要几十万人，花费两三个月才能运完。[①]

关中缺食，漕转不继，皇帝也不得不率领百官禁卫东巡洛阳就食，史载隋文帝、唐高宗、唐玄宗等都曾有“逐粮”之举，唐高宗七次到洛阳，五次是“逐粮”。“所有这一切都是因为一个原因，即都城设在关中，国家需要如此，倘若迁都出关，一切艰难就会迎刃而解。”[②]王明德认为唐代“有关中之形势而无关中之财富。因漕运条件的限制，而‘天下劳于转输’，时有绝粮之忧。这表明在经济重心东移南迁、关中经济优势地位丧失的情况下，

图 2-1-14　崤函古道图

①杨克坚主编、河南省交通史志编纂委员会编《河南公路运输史 第1册 古代道路运输 近代道路运输》，人民交通出版社，1991，第62页。

②林立平：《六至十世纪中国都城东渐的经济考察》，《北京师范大学学报》（社会科学版）1988年第3期，第93页。

隋唐以后尤其是唐中叶以后，关中地区已不再适宜作为京师的所在地了。”[1]

五代以后，不再有建都关中的王朝。由此，我们再回头审视隋炀帝营建东都、开凿运河的意义，就不难理解皮日休的名诗“尽道隋亡为此河，至今千里赖通波。若无水殿龙舟事，共禹论功不较多”了。隋唐大运河开凿后，洛阳地处南北运河的交汇地带，发展成为全国的水陆交通枢纽和运河区域的首位城市，与长安一起构成政治中心的两极格局。当时的洛阳，不仅是全国最大的粮食聚集地，而且是全国工商业中心，是世界上人口最多的城市。按理说，洛阳作为传统政治中心，具有这么多优势，在都城由关中回归中原后，是最有资格成为新都的地点，然而事实并非如此。

（四）帝都运河时代的开启：开封

安史之乱改变了洛阳的命运，这可以从两个方面来解析。

首先，战乱使洛阳遭到了致命打击。洛阳的繁华吸引了叛军的目光，在战乱中洛阳两次陷落，又有回纥、朔方军的烧杀抢掠，“夫以东周之地，久陷贼中，宫室焚烧，十不存一。百曹荒废，曾无尺椽，中间畿内，不满千户……人烟断绝，千里萧条。”（《旧唐书》）洛阳自此一蹶不振。

其次，安史之乱严重破坏了黄河流域的农业经济，而张巡在睢阳城的死守保住了江南地区，中国经济重心不可逆转地转移到了东南地区。安史之乱后，藩镇割据，尤以北方河朔三镇为烈，不服唐帝国管辖，不向朝廷缴纳赋税粮饷。唐前期，含嘉仓漕粮的主要来源地是苏州、楚州、冀州、邢州、德州、濮州、沧州、魏州、徐州、润州、滁州、随州、越州十三州，黄河以北永济渠（御河）、黄河以南通济渠（汴河）及江淮沿线几乎各占一半，洛阳位于永济渠和通济渠的交汇处，是大运河水运网的中心。但安史之乱后，永济渠沿线失去控制，帝国几乎完全依赖通济渠沿线及其连接的江淮、江南地区，洛阳从原来大运河的中心，变成了通济渠的最西头，水运优势不再。

---

① 王明德：《从黄河时代到运河时代：中国古都变迁研究》，巴蜀书社，2008，第 300 页。

代长安、洛阳而起的是汴州（开封）。它的优势就是在运河上的地位，它曾是战国魏都大梁，是鸿沟水运网的中心，秦灭魏后沉寂了数百年。至隋炀帝开挖通济渠，汴州迎来了重新崛起的机会。汴河开凿后，汴州成为汴河与汴渠交汇处，由汴渠可至徐州接泗水，沟通鲁南苏北；由汴河经商丘、宿州至泗州入淮河，沟通豫东皖北；再由淮河、邗沟沟通江南。江南财赋，不论由汴渠还是由汴河，总归是要汇聚在汴州，再西进洛阳、长安，史称“汴为雄郡，自江、淮达于河、洛，舟车辐辏，人庶浩繁”（《旧唐书》）。

安史之乱后，关东南北经济平衡状态被打破，江淮与河南之间的联系成为唐帝国内部的主要经济联系，汴州的地位进一步提升，“总舟车之繁，控河朔之咽喉，通淮湖之运漕”（《全唐文》）。唐帝国为控制漕运，以汴州为中心，设立东西两个水陆运盐铁租庸使，后来逐渐成为总控东南形势的地方机构，“自天宝以来，当藩坦屏翰之位，有弓矢铁钺之权”（《全唐文》）。

汴河是唐帝国的生命线，为了保护这条生命线，帝国在汴州大量驻军，以致凌驾其他军镇之上，成为中唐以后势力最强的军事重镇。唐德宗兴元元年（784），迁宣武军于汴州，兵

★据（英）崔瑞德编《剑桥中国隋唐史 589—906 年》（中国社会科学出版社 1990 年版）第 507 页地图 15、第 520 页地图 16 改绘。

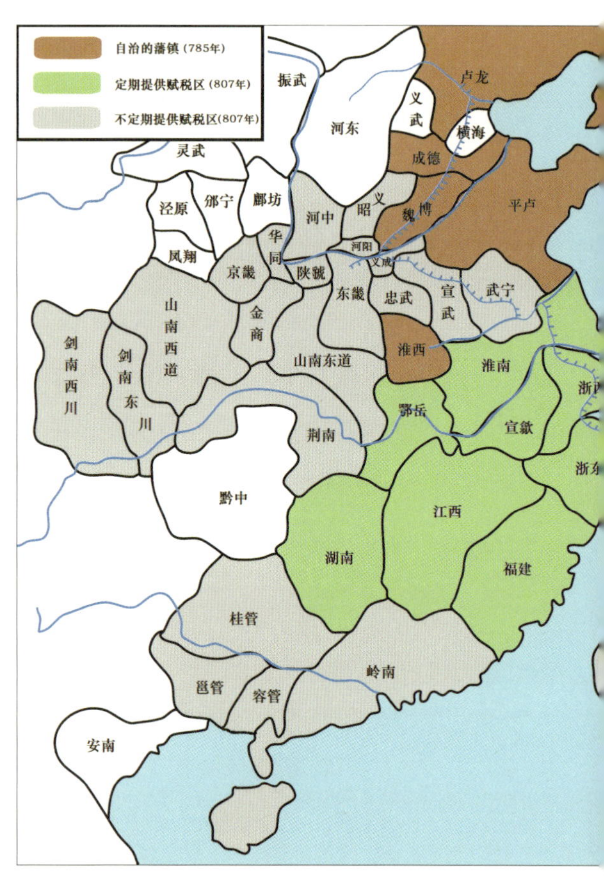

图 2-1-15　唐代后期藩镇割据与赋税征收情况示意图★

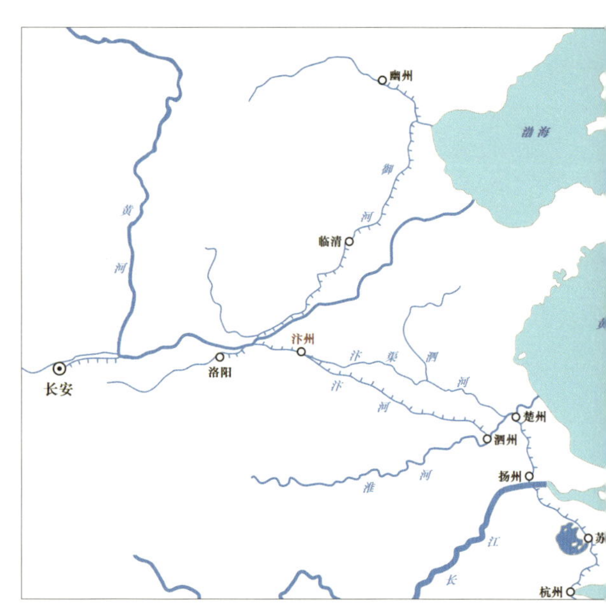

图 2-1-16　总控东南的汴州示意图

图 2-1-17　五代十国形势图

力达十万人，对于控制运道、威慑东方具有举足轻重的意义。唐僖宗中和三年（883），朱温在汴州担任宣武军节度使，势力迅速发展，很快就控制了朝廷。唐昭宗天祐四年（907），朱温篡位，国号大梁，史称后梁，唐朝灭亡。朱温升汴州为开封府，称东都，定为都城，又以唐朝东都洛阳为西都。至此，开封已经替代长安成为帝国的都城，洛阳则保留了陪都地位，长安被降为雍州，变成一个地方性城市，都城地位从此结束。

自后梁之后，五代中只有后唐定都洛阳，其他都定都开封。后周世宗对汴河、蔡河、五丈河进行了一系列的疏浚治理，建成了以开封为中心的更加四通八达的水运网，为北宋漕运的发展奠定了基础。北宋时期是开封发展的顶点，也是漕运发展的一个顶峰。金宣宗时迁都开封，在开封也有二十年。开封建都是中国都城东移的终点和南北运动的起点，标志着黄河时代的终结和运河时代的开始。

（五）运河的两端：北京和杭州

1. 南端的杭州

北宋以后，南宋先后与金、蒙古长期在江淮一带对峙，中国腹地进入长期南北分裂割据时代。都城亦随之南北分化，矗立于运河南北两端，都城的黄河时代

图 2-1-18　熙熙攘攘的开封市井风情（《清明上河图》局部，故宫博物院藏）

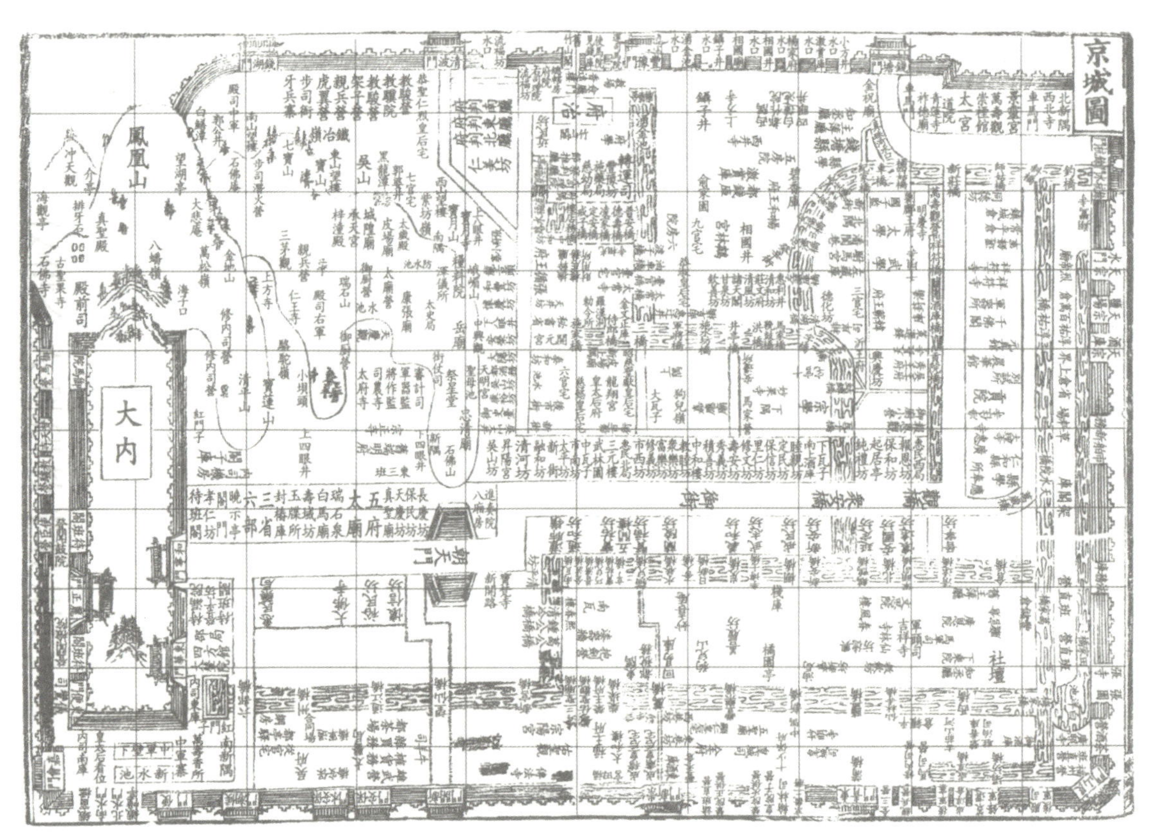

图 2-1-19　南宋临安京城图★

彻底结束，运河时代最终定型。

北宋灭亡后，宋高宗赵构即位于南京应天府（商丘），建立南宋。随后沿着运河一路南逃，先后到达杭州、越州（今绍兴市）、明州（今宁波市）、温州等地，建炎四年

★引自姜青青《〈咸淳临安志〉宋版“京城四图”复原研究》（上海古籍出版社 2015 年版）第 353 页。

（1130）金兵北归后才重返临安（杭州），将临安定为南宋的行在（指天子所在的地方），临安成为南宋帝国的实际都城。直到宋恭帝德祐二年（1276）蒙古攻占临安，临安作为都城共一百四十六年。

南宋时期，江南地区的经济发展总量和质量都超过了北方，中国经济重心南移完成，南宋都城临安就位于江南经济重心区的核心地区。正是凭借着江南地区高度发达的经济文化，南宋才能够抵抗金、蒙古铁蹄一百多年之久。江南经济重心区的形成对宋代以后政治、军事、文化发展产生深远影响。它极大地改变了中国古代的经济地理结构，改变了传统政治中心的分布格局，为南方政治地位的上升和文化兴盛奠定了基础。

2. 北端的北京

唐末以后，经济格局、政治格局、军事格局都转为南北向。五代以后，契丹（辽）、女真（金）、蒙古相继在东北和蒙古高原东部崛起，成为中原王朝的主要威胁。这些游牧民族不断南下侵犯，后晋天福三年（938）石敬瑭割让燕云十六州给辽，辽升幽州为南京，又称燕京，建为陪都。此后，中原王朝无险可守，辽、金、蒙古可以从燕云十六州毫无阻碍地南下侵伐，入主中原，创建帝国。

金天辅六年（1122）女真人攻克燕京。次年，北宋以巨额岁币收赎燕京，改析津府（今北京）为燕山府。天会三年（1125）金人复下燕山府，仍称燕京，府曰析津，并置燕京路领之。金国灭北宋后，占据中原地区，与南宋划淮河为界。随着疆域向南扩展，金朝的政治中心上京会宁府（今黑龙江哈尔滨市阿城区）“僻

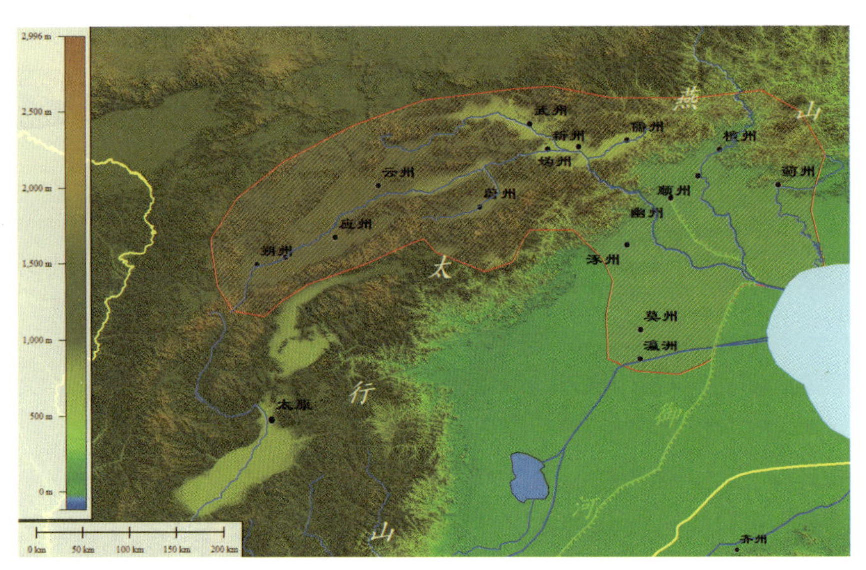

图 2-1-20 幽云十六州示意图

图 2-1-21 金朝疆域与迁都示意图

在一隅，转漕艰而民不便”（《钦定重订大金国志》），而燕京恰好位于金朝国土的居中之地，便于控扼天下。金皇统九年（1149），海陵王完颜亮弑金熙宗，自立为帝。为了巩固自己的统治，也为了适应金朝政治中心南移的需要，海陵王于贞元元年（1153）迁都燕京。这是北京八百多年建都史的开端，自此北京正式成为中国北方乃至全中国的政治中心。

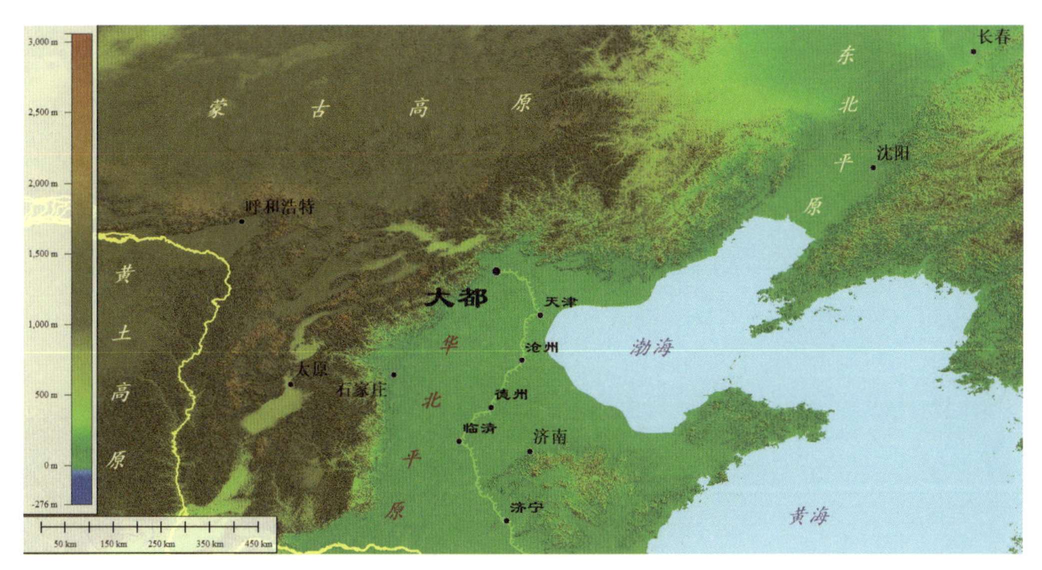

图 2-1-22　大都形势图

忽必烈称帝后，定都开平，称上都。至元元年（1264），下诏改燕京为中都，府名仍为大兴。至元九年（1272），改中都为大都，北京正式成为元帝国的首都。之所以选择大都，也是出于其“南控江淮，北连朔漠”的优越地理位置。自忽必烈定鼎大都起，北京开始成为统一国家的都城。明清两朝，除明初短时间外，北京一直保持着大一统国家的都城地位。

对于北京崛起的原因，梁启超在《中国地理大势论》一文中论述说：“夫在昔之燕不足重轻也如彼，而今而海宇之内，敛袂而往朝者，七百余年，他地视之，瞠乎其后者。何也？其转捩之机，皆在于运河。……自运河既通以后，而南北一统之基础，遂以大定。此后千余年间，分裂者不过百年耳。而其结果，能使江河下游，日趋繁盛，北京、南京两大都，握全国之枢要，而吸其精华。”[1]

梁启超指出，大运河贯通南北，连接黄河、长江两大流域，造成了中国统一的地理基础和经济基础，为北京政治中心区的崛起创造了条件。南北两京总握枢要，汲取精华，加之北京高屋建瓴之势，故能“混一寰区”“王霸天下”。

唐宋以后，中国经济重心南移，北京所处的华北平原北部在经济上是相当落

①梁启超：《中国地理大势论》，刘梦溪主编《中国现代学术经典·梁启超卷》，河北教育出版社，1996，第 704—705 页。

后的，它本身不足以支撑统一大帝国的首都需求。但是辽、金、元、清都是崛起于东北地区（包括蒙古高原东部）的民族，他们又不可能冒着巨大风险远离自己的老家，那么处在东北、蒙古与中原交界点上，又是运河终点的北京，无疑是最佳选择。在这里，他们既可背靠民族故土，有所依托，保持自己的军事优势和民族特点，又可加强对广大中原地区的控制。至于满足庞大帝都的物质能量需求，则完全可以依赖漕运。

第二节

漕赋征解与中央对地方的控制

对于古代帝国而言，运河的主要功能是漕粮的运输，那么漕粮又来自哪里？是什么保障了漕粮的征收和长途运输？漕粮来自赋税，它是“由国家经营，处于中央政权的直接控制之下，通过漕运，把征收的税粮及上供物资，或输往京师，或实储，或运抵边疆军镇，以足需要，并借此维护对全国的统治”[①]的行为。因此，与开辟水道同样重要，或者说更为基础的是漕粮的征收。

漕粮的征收和长途运输，都依赖于赋役制度以及中央对地方的控制力度。漕粮出自赋税，运输依赖劳役，因此漕运是建立在赋役制度基础上的。漕粮是赋税中输送到京师的部分，它的比例涉及中央和地方对赋税收入的分配，在某种意义上，可以视为中央对地方控制程度的体现。而保证中央对地方控制、实现地方赋税流入中央的，则是中国历史上最基本的户籍制度和郡县制度。

（一）户籍制度与基层控制

户籍制度主要包括户籍登记和户籍编制。官府将其所能控制人口编入国家户籍，这些人口就被称为“编户齐民”，是赋税徭役的主要承担者。户籍登记以人口等家庭情况和土地等家庭财产为主要内容，是官府摊派包括漕粮赋税和运粮徭役在内的各种赋税徭役的基本依据。户籍编制即按照不同形式构建的基层管理组

① 李治亭：《中国漕运史》，文津出版社，1997，序言第 1 页。

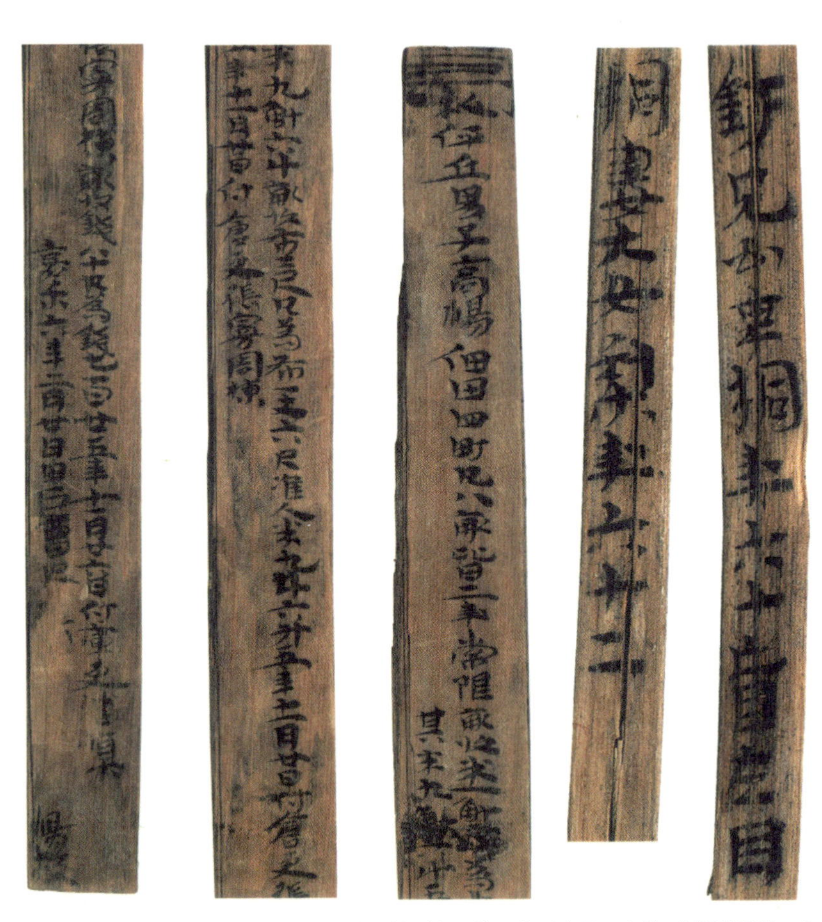

图 2-2-1 长沙走马楼吴简中的赋税账和户口简（左三简：嘉禾吏民田家莂·高惕赋税账；右二简：公乘桐户口简）★

织，是官府控制基层社会，征收赋税和维护治安的主要机构。户籍制度的创建，让官府能够实现对基层民众的严密控制，保证了赋税徭役的征派运解。

秦国自商鞅变法以后，建立起了严密的户籍登记制度。秦统一后，使黔首自实田，遂系田亩于户籍。汉代定户律，各地八月“案户比民”，将各户占有的土地及其他财产记入户口登记册内，作为征收人口税和分派兵役、力役的依据。唐代按各户资产多寡、丁口强弱量定户等（户分九等），据此征收户税。宋代土地私有制发展，征收赋税逐渐以田亩为依据，记录田亩信息的地籍逐渐从户籍中分离出去。

明初整理户籍，建立黄册，除记录各种户口信息外，也开列徭役税粮科则。明

★引自长沙简牍博物馆编著《长沙简牍博物馆藏长沙走马楼吴简书法研究》（西泠印社出版社 2019 年版）第 172 页、第 187 页。

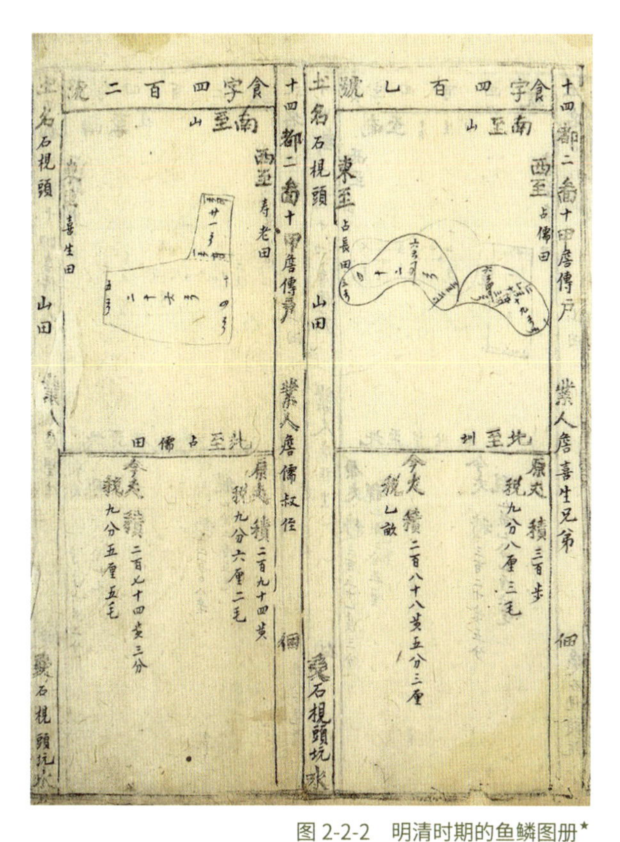

图 2-2-2　明清时期的鱼鳞图册*

★引自刘伯山主编《徽州文书》第 1 辑第 9 册（广西师范大学出版社 2005 年版）第 168 页。

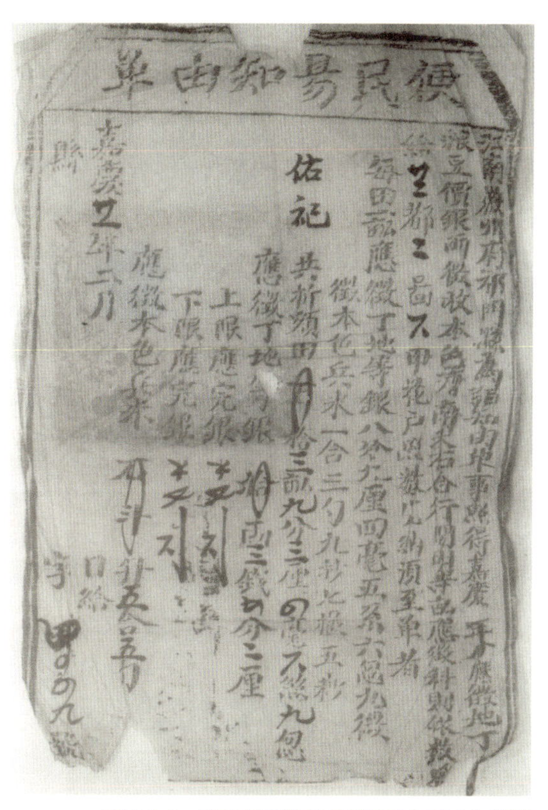

图 2-2-3　嘉庆年间徽州府祁门县的易知由单**

★★引自刘伯山主编《徽州文书》第 1 辑第 9 册（广西师范大学出版社 2005 年版）第 198 页。

代地籍另有鱼鳞图册，与黄册并行，明中叶实行“一条鞭法”后，赋税主要按田亩征收，鱼鳞图册更为重要。清代中叶实行“摊丁入亩”，丁银全部并入田赋，并在鱼鳞图册、赋役全书基础上编制户则清册。户则清册相当于近代的土地证，内列县衙收粮赋的标准，经核查的业户土地数量，既是农民守业的凭证，也是官方征收粮赋的依据。

为保证户籍管理和赋税征收的实施，秦朝对户籍进行编制，推行“什伍制”，即将人们按照“五家为伍，十伍为什”的方式编制起来。自此以后，基层户籍管理机构成为控制农民的有力工具。家庭被编入什伍之中，意味着就要承担相应的义务，如缴纳赋税、服兵役、维护社会秩序等。基于此，秦朝能够强化对原关东六国民众和土地的控制，征发大量的赋税和劳役，为全国性大范围的漕粮运输打下基础。

西汉在行政设置上采取了乡亭制，建立了乡和亭的基层行政组织，在乡亭之下则推行什伍编制，实行“编户齐民”政策。编户齐民就是按照土地来编组户口，按照人数来分授田地，这样只要确定了农民的具体数量，就能确定土地总量、总收入和缴税额度。魏晋南北朝时采用“乡里制”和“三长制”，隋唐采用“里保制”，宋代为“保甲法”，元代是“社制”，明代为“里甲制”，清代是“保甲制”。虽然名称和内容各有差异，但其实质则一脉相承，都是对基层人口的组织和编制。

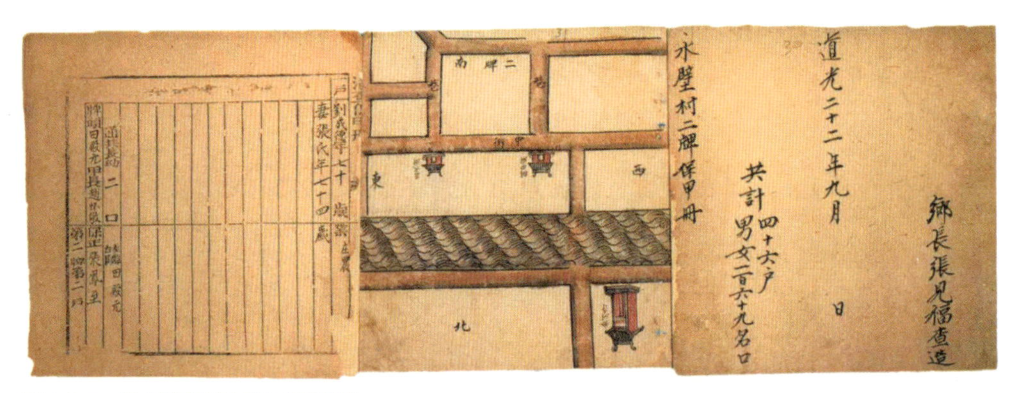

图 2-2-4 清代获鹿县永壁村保甲册*

（二）郡县制度与地方控制

户籍制度解决的是地方官府对基层民众的控制，郡县制度解决的则是中央朝廷对地方官府的控制。只有控制好地方官府，地方从基层征收上来的赋税才能源源不断地汇入朝廷，才有漕运之实。

据甲骨资料记载，早在商代，王畿周边的诸侯或边远地区的方国就要向商王进贡奴隶、牲畜、农产品、手工业品、奇珍、卜用甲骨等贡赋。它们大都是通过水路运输的，因此可视为最初的漕运活动。[①] 春秋战国时期实行分封制度，随着时

①张兴照：《水上交通与商代文明》，《中国社会科学》2013 年第 6 期，第 198—199 页。

★引自国家档案局中央档案馆编《中国档案文献遗产名录》第一辑（荣宝斋出版社 2016 年版）第 86 页。

间的推移，王室衰微，周天子对封国的控制力不断下降，封国逐渐发展成为独立的国家实体，不再向周天子缴纳贡赋。在这种情况下，大规模的以王都为中心的漕运活动显然是无法展开的。

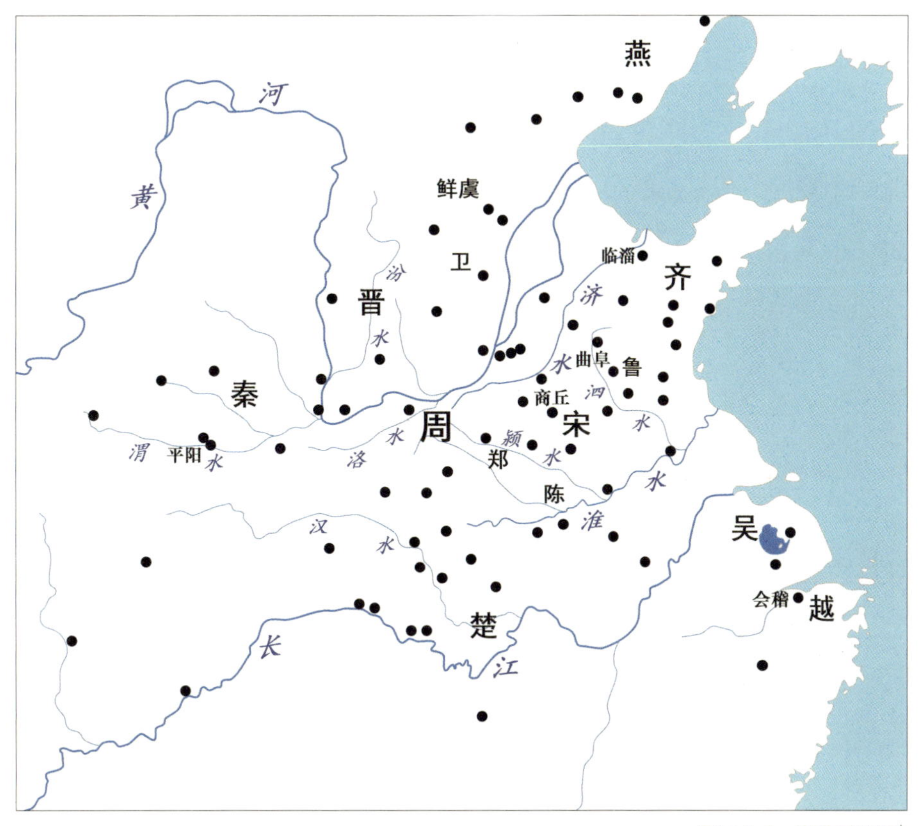

图 2-2-5　春秋列国图★

秦代统一全国后情况就不一样了，秦帝国幅员辽阔，国家权力中心集中于咸阳，驻军及大批国家官员也集中于咸阳，咸阳人口大增。秦始皇“徙天下豪富于咸阳十二万户”，每户以五口计之，则达六十万口，再加上原有人口、驻军和百官、皇室，可以想见咸阳是全国人口最大的中心都市。要保证他们的衣食之源，单靠咸阳周围地区供给是无法做到的，这就需要从全国各地源源不断地调运大量的物资——尤其是粮食过来。这就是漕运兴起的历史机缘。

想要实现大规模漕运，必须依赖于郡县制度的实施。郡县制度出现于春秋时期，与分封制相比有两个截然相反的特点：一是官吏的职务不能

★据（日）平势隆郎《从城市国家到中华：殷周春秋战国》（广西师范大学出版社 2014 年版）第 7 页图改绘。

世袭，中央有权随时任免；二是各级官吏在他们管辖的地区，没有政治、经济、军事的自主权，都必须执行中央统一的政令。[1] 其中最关键的就是赋役的征收直接控制在中央政府手中，也许是考虑到这一点，秦始皇坚决废除分封制，将郡县制推向全国。

图 2-2-6 秦始皇兵马俑

秦始皇不惜民力，北伐匈奴、南征百越，八十万军队军需浩繁；修建长城、修秦直道、筑阿房宫、修骊山墓，百万工役匠作食用亦为浩繁，这些都需要郡县转输。秦末，百姓纷纷为盗为乱，“皆以戍漕转作事苦”（《史记》）所致，可见戍、漕两项已成为秦代社会的严重问题，最终引发了全国性的大起义。

西汉统一天下后，鉴于暴秦二世而亡的教训，实行郡国并行制。经过初期的“七国之乱”和削藩动荡之后，到了汉武帝时，诸侯王“唯得衣食租税，不与政事”

① 陕西师范大学写作组编著《秦始皇评传》，陕西人民出版社，1974，第 64 页。

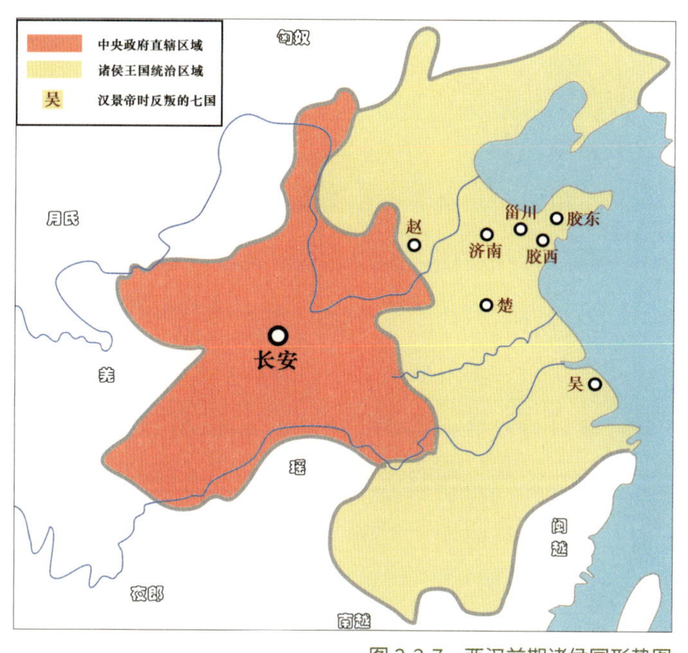

图 2-2-7　西汉前期诸侯国形势图

（《文选》）。诸侯王国都由朝廷设置的官吏直接管理，土地和民众都掌握在中央政府手中，接受朝廷赋税和劳役的征派。此后郡县制度成为中国两千年政治制度的基本内核，对中央政府控制地方，征收漕粮赋税，维护大一统王朝发挥了极为重要的作用。

（三）行政层级：朝廷与地方关系演变的关键

通过基层户籍制度保障赋税的征收，再通过地方郡县制度，保证大部分赋税运解中央，就能够实现漕运的全面运转。但古代中国幅员辽阔，尤其是大一统的朝代，朝廷很难直接控制数量庞大的郡县，就需要将很多权力赋予州道等中间的行政层级，形成三级制政区。一旦州道的主管官员权力过大，往往形成割据之势，不再接受中央政府的有效控制，其赋税也不再大量解往中央，从而导致漕运有名无实。

秦朝开创大一统帝国，在地方行政层级上实行纯粹的郡县二级制，总郡数达四十九郡（包括内史），每郡平均统辖二十个县，层级和管理幅度都是比较合理的。因此秦朝中央对地方控制空前强化，其漕运动员能力很强，《史记·平津侯主父列传》载，秦击匈奴时，“使天下飞刍挽粟，起于黄、腄、琅邪负海之郡，转输北河，率三十钟而致一石”。秦政严苛，不惜民力，中央需要多少地方上的人力、物力、财力，地方都必须服从征调。汉人贾山在《至言》中说秦时“力罢而不能胜其役，财尽而不能胜其求”（《文献通考》）。沉重的赋役最终引燃了人民起义的燎原怒火。

西汉建立后，刘邦“惩戒亡秦孤立之败”（《文献通考》），推行郡县、封国并行的制度。在中央直属的郡县里，郡守（太守）是地方上最高行政长官，拥有财政管理权。郡的财政来源于赋税，它是由中央在税收内适量拨付的，在规定范围之内，太守可以支配用于本郡的行政费用，但对于规定范围之外的开支，则必须报请中央批准方可动用。郡县地方政府在遵循中央政策法规的前提下，还是能够行使一定的财赋管理权和使用权的，地方政府除中央拨给的财政经费之外，还有自己的税收、仓廪，为地方政府行使财权提供了条件，因此汉代地方财政是较为宽裕的。西汉初期，封国可以在国内自置官吏，征收赋税。七国之乱后，汉朝廷开始大刀阔斧地整治王国。到汉武帝时期，取消了封国自置官吏、征收赋税的权力，封国与郡已经没有太大的区别了。

西汉采取了一些措施，郡级政区比秦代大为增加：一是在人口密集的地方，将秦代的郡一分为二或一分为三；二是用众建诸侯和推恩法的手段分割了诸侯王国的领地，设立新郡；三是大规模开疆拓土，设立新郡。到西汉末年的时候，郡国总数已经达到一百零三个。对于中央政府而言，直接管理一百多个郡，过于繁复，为此汉武帝在郡级政区之上设立了十四部，作为监察区。首都周围诸郡由司隶校尉部管辖，其他郡国则分属十三个刺史部，是中央的派出监察机构。

两汉之际，刺史常被改为州牧，刺史部改称为州。东汉时，州仍然是作为监察区域存在，州牧（刺史）品秩较低，只有监察地方长官的权力，没有管理地方行政事务的职能，能够较好地发挥作用。直到东汉末年，黄巾起义席卷大半中国，朝廷不得不派出中央的高级官员——九卿担任州牧，授予兵权、财权和行政权，以对抗起义军。这样一来，州就成了郡以上的一级行政区划，郡县二级制转变为州郡县三级制。

州管辖地域广阔，州牧手握军权、财权、行政权，在镇压黄巾起义后，州牧逐渐尾大不掉，形成割据势力。东汉帝国最终在军阀混战中覆亡，并开启了魏晋南北朝长达三百六十余年的大分裂时代。在这个极端混乱的时代，中央政府权力衰败，地方政权混乱失控，虽有曹魏时期为统一中国而大量开凿运河的努力，但要恢复两汉时长期稳定的漕运制度是不现实的。

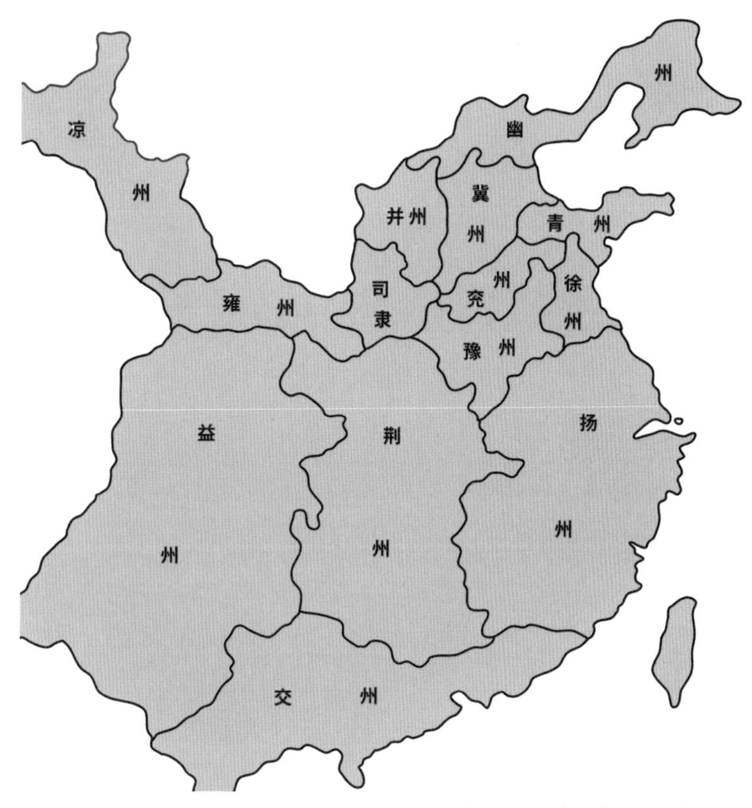

图 2-2-8　东汉十三州示意图

直到隋代一统天下，才有能力对此乱象进行整理。隋代通过减少行政机构和政区层级，来加强中央集权，避免地方割据。经过隋炀帝的改革，行政体制重回郡县二级制。但这时全国仍有一百九十郡，中央直接统领这么多郡仍属过繁，隋炀帝又效仿汉武帝的做法，置司隶刺史，分部巡察。改革调整之后，隋代的行政区划比较完善，中央集权能力和对地方的控制能力大大强化。在此基础上，隋代具有了大规模开凿运河的能力，并成功开凿了贯通南北的大运河，漕粮的征收与运转也甚是得力。可惜隋朝与秦朝一样，凭借着自己空前的控制力，好大喜功，滥用民力，不恤民生，很快就被淹没在农民起义的汪洋中。

唐代开国后，将郡改为州，实行州县二级制。唐代的州数量更多，到了唐太宗时有三百五十八州。对于中央政府来说，直接管理三百多个州非常繁杂，据说唐太宗曾把三百多个州刺史的名字写在屏风上，时常检查他们的政绩，以决定奖惩升降，这显然是非常大的工作量。后来唐代朝廷就不得不派遣监察官员——巡察使、巡抚使等监察地方了。这些监察官员的分区是按照基本交通路线来划分的，因此称为道。唐太宗的时候分全国为十道，唐玄宗时增为十五道，确定了正式的监察区体制，道的长官采访使兼州刺史又兼黜陟使，掌握了官吏进退升降的人事大权。

唐玄宗为了边防的需要，还在边境地带设置了十个节度使辖区（即方镇，亦称藩镇）。本来节度使只管军事防御，不参与民政，不大会发生干政的事情，可是范阳节度使兼平卢节度使安禄山很受唐玄宗宠信，又兼任了河北道采访使，从而集军政、民政大权于一身，合方镇与道为一体，为安史之乱的爆发埋下了伏笔。安史之乱爆发后，唐政府不得不采取战时紧急措施，在全国普遍设置四十多个方镇，各方镇也逐渐与道合二为一，州县二级制以上新的一级政区——道（方镇）逐渐成形了。

图 2-2-9 唐代十五道示意图

方镇的存在严重地削弱了中央政府的权力，尤其是河朔地区的方镇通过平叛战争取得了很大的权力，造成割据形势。节度使职务可以世袭或由将士拥戴，财赋不交国库，户口不上版籍，俨然与朝廷分土而治，在这种情况自然亦无漕运可言。唐代最终亡于藩镇割据，而且祸延五代，造成了中国历史上第二个长期分裂的局面。

（四）对基本经济区的控制：以唐宋转运使为例

1. 基本经济区与漕运走向

漕粮出自赋税，但并不是所有地方的赋税都能转化为漕粮。由于中国疆域广衰，由于种种原因，不同的经济区域发展水平不平衡，其中会有一个或几个经济区人烟稠密、经济发达，构成所谓经济重心。漕粮就主要出自这个经济重心区的赋税。

冀朝鼎先生指出，“（基本经济区的）农业生产条件与运输设施，对于提供贡纳谷物来说，比其他地区要优越得多，以致不管是哪一集团，只要控制了这一地区，它就有可能征服与统一全中国。这样的一种地区，就是我们所要说的‘基本经济区’”。[①]

秦汉时期的基本经济区主要分布在关中平原、汾河下游河谷平原和黄河下游的山东、河南、河北地区，控制了这些地方，就可以维持秦汉王朝的稳定。秦汉时期的运河如菏水、鸿沟，以及主要航运河流如济水、汴渠、泗水等都集中在这些地方。这些河流构成的水运网络能够在多个方面发挥积极作用，它促进了基本经济区的发展，密切了基本经济区与中央的联系，便于大量物资输入中央，支撑了中央集权的建设和帝都的繁荣，也强化了中央对基本经济区的控制。

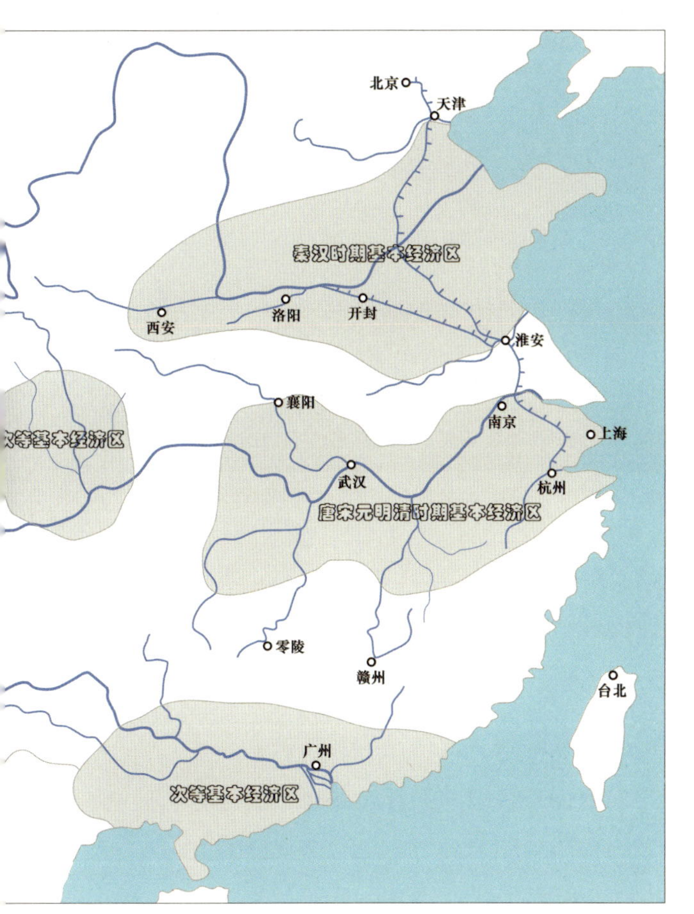

图 2-2-10　中国历史上的基本经济区示意图*

★据冀朝鼎著《中国历史上的基本经济区》（商务印书馆 2017 年版）图“中国历史上各个时期基本经济区位置图”改绘。

安史之乱以及之后的藩镇混战，对北方地区的生产造成了严重的破坏，昔日经济发达的黄河中下游地区呈现出人烟断绝、千里萧条的荒凉景象。数年时间里，北方地区“户口十亡八九，州县多为藩镇所据，贡赋不入，朝廷府库耗竭”（《资治通鉴》）。北方财源断绝，唐朝的财

①冀朝鼎：《中国历史上的基本经济区》，商务印书馆，2017，第 9 页。

政收入只得主要依赖江南，“今国家内王畿，外诸夏，水陆绵地，四面而远，而输明该之大贵，根本实在于江淮矣”（《全唐文》）。因此唐宋以后，长江中下游流域取得基本经济区的地位，并通过大运河将国都与基本经济区连接起来。这种情况，在明清时期进一步凸显。

2. 河漕官制与基本经济区控制

安史之乱后，传统的租赋征收制度，包括输送体系，都因战乱而遭到了极大的破坏。面对河朔藩镇割据、财政不继的局面，唐朝统治者不得不考虑采取强劲有力的措施，收取长江流域的财赋并有效地运送到京师去。为此，唐代中叶开始设置了转运使一职，并在唐代后期成为漕运管理的核心官制。

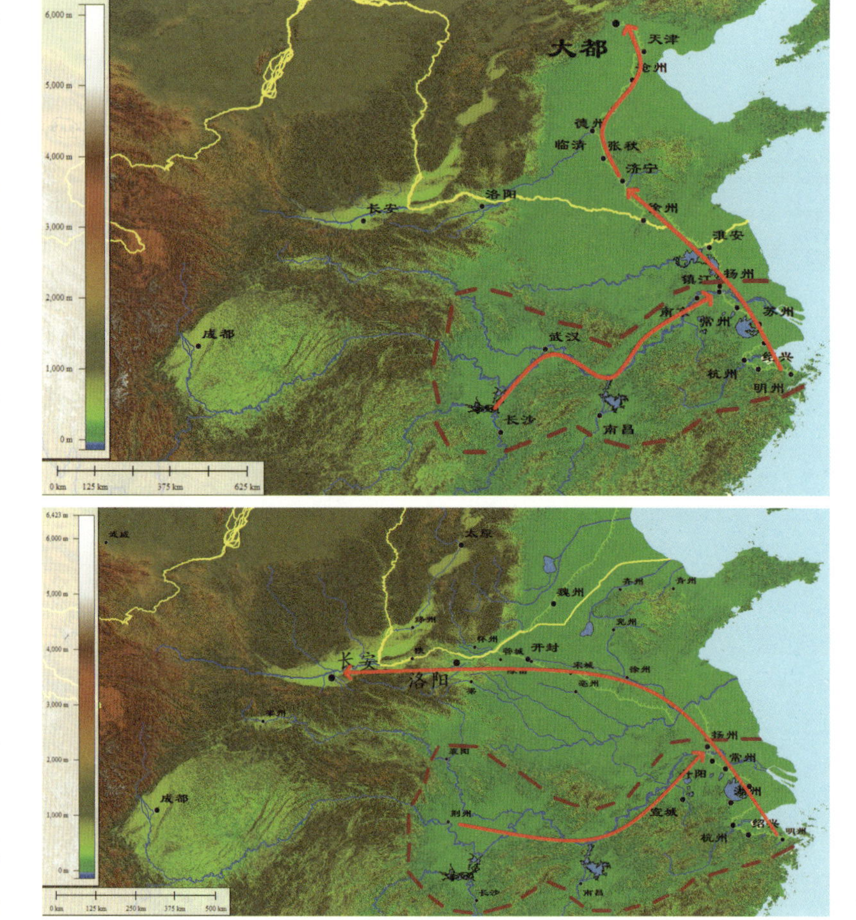

图 2-2-11 唐宋（上图）、明清（下图）时期基本经济区与漕运路线图

转运使最初有两种，一为水陆运使、运使或者水陆发运使，一为转运使。水陆运使都是由州郡刺史或太守等地方长官担任，职责是组织并保证本州境内漕运事务的畅通无阻。转运使则由中央朝官担任，经管的地区或冠以诸道，或连缀有江淮等地名，不受一州一府的地方行政区域限制。如开元二十一年（733），首任江淮转运使由宰相裴耀卿亲自担任，并对原有的漕运体制进行了改革。

裴耀卿之后，又有刘晏为户部侍郎、京兆尹、度支盐铁转运使，在严峻的形势下，大刀阔斧地进行漕运的改革工作。转运与盐铁两种职务合二为一，意味着盐铁转运使成为一种新的职务，职权包括了漕运在内的各种榷货，如盐、坑冶、茶叶、铸钱等，所获之利也不再仅限于补充漕运经费的不足，而是扩大到跟整个帝国的赋役财政息息相关的各个方面。至此，盐铁转运使已经成为中央控制东南地区、征收税赋的重要手段，为维系唐帝国的生存做出了重要贡献。

为了应付庞杂的管理事务，转运使在地方上设立了自己的派出机构，建立了自上而下的财政管理体系。刘晏始建的下属机构为巡院，“自淮北置巡院十三，曰扬州、陈许（在今许昌）、汴州（在今开封）、庐寿（在今寿县）、白沙（在今阜宁）、淮西（在今汝南）、甬桥（在今宿州）、浙西（在今苏州）、宋州（在今商丘）、泗州（在今盱眙）、岭南（在今广州）、兖郓（在今东平）、郑滑（在今滑县）”（《新唐书·食货四》）。巡院负责地方租赋税物的征收和转运，还管理与盐铁有关的事务，监察地方官员。在唐代后期，中央通过盐铁使或度支使

图 2-2-12　刘晏十三巡院示意图（除岭南外）

与掌握地方财政事务大权的巡院直接联系，控制地方财政，削弱藩镇在地方上的力量。

宋代统治者吸取唐及五代方镇之害的教训，将大量精兵蓄养在京师，形成强干弱枝的局势，以防止地方武装拥兵自立。如此一来京师人口大量集中，对漕粮的征收运输就有了很大的需求。宋代的漕粮、盐课都主要来自江淮地区，因此也十分依赖于自唐代后期就源源不断地向中央缴纳赋税、转输粮食的淮南转运使。

在解决了中央的粮食财赋供应问题后，转运使又参与了宋初政治活动的中心事件——强干弱枝、控制地方。宋初，地方节镇割据势力依然雄厚，为了规避唐末五代以来的政治之弊，削减藩镇实力，宋太祖和赵普制定了"稍夺其权，制其钱谷，收其精兵"（《续资治通鉴》）的战略。削减藩镇实力，最重要的办法就是在经济上加以控扼。唐末五代的历史表明，藩镇之所以恣睢暴戾，公然反叛，所依恃者无非是可以征收赋税的土地和人民，以此建立并维护武装，得以拥兵自重。因此，直接控制地方经济收入，便是最根本，也是最为迫切的一个环节。

为了控制地方的经济收入，宋太祖赵匡胤命令各州每年收缴的赋税，除了度支给用之外，统统运往京师。这样就将以前地方留用多、上供少的局面，扭转为地方赋税由朝廷统一控制和管理。为了保证政策的顺利推行，宋太祖利用方镇出缺的机会，见缝插针式地安插转运使到地方上，逐渐完成对地方行政机构人员的安置和更替。转运使也趁此机会，逐渐成为以路为区划单位的地方行政机构的主管官员。为了防止转运使演变成新的方镇，宋太祖、宋太宗朝选用的转运使无一例外都是文臣。总之，通过转运使一职的设立，北宋有效地实现了在财政上的集权，解决了方镇自重的重大问题，加强了对地方的控制，结束了五代以来的社会纷乱局面，为北宋社会在经济上的发展营造了良好的政治环境。

3. 元明清的起运存留与基本经济区控制

元代实行行省制度，元前期行省是中书省的派出机构，在赋税征收方面发挥着重要作用。路及直隶州（府）把征集的财赋送往行省，再由行省储藏或转运上供朝廷。在这个过程中，行省代表朝廷集中各路州财赋于行省治所，也就等于集中于朝廷了。元成宗以后，行省逐渐由朝廷中书省派出机构转化为地方最高军政机关，各地财赋在集中于行省后，出现了解运京师、上供朝廷和各省留用的问题。这时，中央与地方的财赋分配已经是在朝廷与行省之间进行，地方留用财赋的支配权主要由行省掌握。元代由岁钞反映的中央与地方的财赋分割比例，达到了七比三，在某种程度上是两宋尽收州县财赋于中央政策的继续，开启了元明两代中央与地方省级政权财赋分割的先河。

图 2-2-13　元代行省示意图

各行省的上供与留用，虽然在整体上实行七三分成政策，但因政治、经济、军事等因素，具体执行上述政策时，各省很不平衡，差异相当大。元朝制度“一岁入粮一千三百五十万八千八百八十四石，而浙江四分强，河南二分强，江西一分强，腹里一分强，湖广、陕西、辽阳一分强，通十分也”（《庚申外史笺证》），经济富庶的江浙行省最多。至于粮食上供，更表现了中央利用行省对江南稻谷主要产地的极力搜刮。世祖朝创立江南漕粮海运入京师制度后，海运粮食逐渐增至三百余万石，大部分都取于江南三行省，因此江南三行省向朝廷上供的数额肯定会高出70%很多。

明代起运与存留的比例难以确切地加以统计，不过从某一税种来看，其比例多为八分起运，二分存留，如户口盐钞，在赣州等地“以八分解京部”（同治《赣州府志》）；就某一府、某一省来讲，也是起运占绝对优势，如浙江湖州额征夏税秋粮四十八万石，“漕运（起运）当十之九”（《明经世文编》）。再依全国范围的统计来看，弘治十五年（1502）全国税粮存留1176万余石，起运为2534万石，起运量占68%，存留量只有32%。

明代后期各省起运、存留的具体情况可从万历年间张学颜编纂的《万历会计

表2 万历六年（1578）全国分省起存米麦数及其百分比例表

省份	田赋总数	起运所占百分比	存留所占百分比
江西	2616342	86.10%	13.90%
山东	2841245	68.20%	31.80%
浙江	2522628	67.00%	33.00%
河南	2380759	63.60%	36.40%
湖广	2030208	42.20%	57.80%
福建	850848	36.90%	63.10%
山西	2314802	32.60%	67.40%
广东	993826	31.50%	68.50%
四川	718653	12.20%	87.80%
陕西	1735690	0	100.00%
广西	371698	0	100.00%
云南	142690	0	100.00%
贵州	50808	0	100.00%
北直隶	598630	0	100.00%
南直隶	6011862	0	100.00%
总计	26180689	65.78%	34.22%

录》中获知（《万历会计录》缺卷六《山东布政使田赋》，据徐英凯、朱勇华《用聚类与回归方法对于明万历初山东田赋数据的补遗与研究》补充）。由上表可知，万历六年（1578）全国田赋总计 2618 万石，起运 1722 万石，占比达 65.78%，存留占比为 34.22%，与弘治年间数据相差不大。

明代各省起运存留的比例差异极大。由表可知，除北直隶、南直隶为两京所在地无须起运外，陕西、广西、云南、贵州四省全部存留，四川省也存留了绝大部分；起运比例最高的是江西、山东、浙江、河南和湖广，除湖广外都在 60% 以上，尤其是江西高达 86.10%，这些地方都是明代的基本经济区，也是明代的有漕省份。朝廷不但将地方税收的大部分起运至两京，而且严格监督地方上存留的支用情况，体现出朝廷对地方控制的进一步加强。

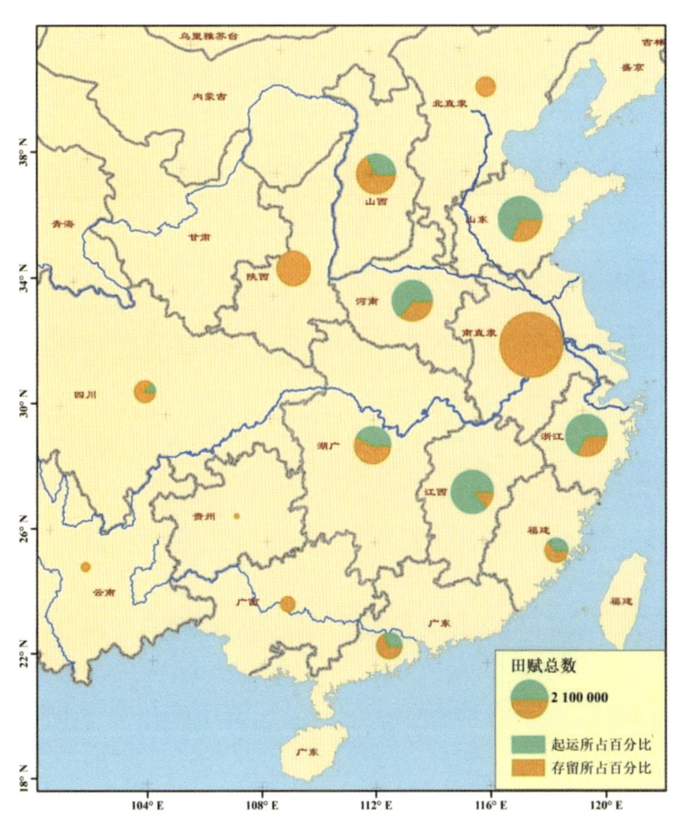

图 2-2-14　明万历六年全国田赋起运存留情况饼状图

清代继承了明代的起运存留方式，又较大幅度地裁减了地方财政的存留数额，增加了由中央政府所控制的起运数额。就全国范围而言，乾隆朝地方存留数额占全国钱粮总额的 21% 左右，只相当于明万历年间的六成。清代州县的地方赋税还进一步形成了“悉数解（布政使）司”[①] 的制度，要全部解送省城布政司，不能自留。州县经费开支，必须遵照户部条例，向布政使司及其所辖的户部寄存库领支。意味着地方官府的财赋收入支出，统统受朝廷户部的指挥号令，不能有任何独立行事、任意安排的权利，清代朝廷在财政上的集权性和专制性达到了最高峰。

① 李治安主编《唐宋元明清中央与地方关系研究》，南开大学出版社，1996，第 373 页。

第三节

防卫的后盾：支援北方防线

自秦以后，中原帝国的主要边患来自北方草原。各朝各代在北方边境设立防线、屯驻军队，他们的粮草军需大都需要从腹里输送，成为运河漕运的重要任务。唐代以前，中国北方边患的重心在西北一带（此处西北指太行山以西、长城以北），秦汉时主要边患来自匈奴，争夺焦点在于河朔草原及河西走廊；隋唐时突厥人的袭扰范围仍以西北地区为重灾区，对今天山西一带的袭扰很严重。唐末以后，中原王朝同北方少数民族军事争夺的焦点区域东移到了东北地区（此处东北指太行山以东、长城以北）燕云十六州和辽西走廊一带。

这种形势的转移是很多因素共同造成的。首先，是历史气候演变的影响。唐末以前温暖湿润期较多，河套平原及其以北地区水草丰美、牛羊茁壮，游牧民族

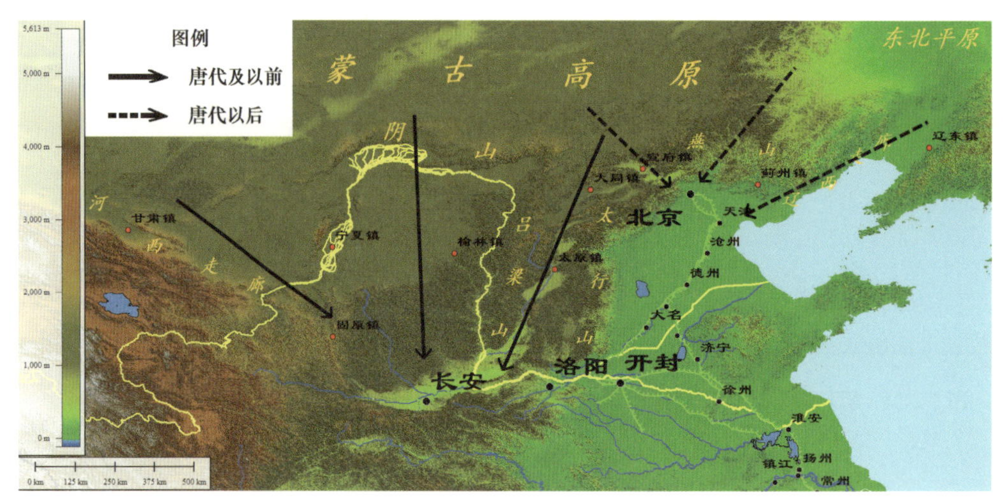

图 2-3-1 中国古代各时期主要边患来源示意图

图 2-3-2　河套地区巴彦淖尔小佘太秦长城遗迹★

势力也十分雄厚；唐末以后寒冷干燥期较多，河套平原及以北草原水草枯萎、生态退化，当地游牧民族势力遭受打击，而东北地区则因河流众多、降水量较高受到的影响较小，诞生了众多实力强悍的游牧民族。其次，是内地政治、经济重心区的迁移。唐末以前多数时期西北关中地区是政治中心，聚集着全国的财富，游牧民族南下侵掠也以关中为目标，故偏于西北；唐末以后政治、经济重心都东移南迁，再去抢掠关中收获不大，游牧民族的侵掠路线也径直转向华北平原。最后，是燕云十六州的得失关系重大。游牧民族据有十六州之后从华北平原南下无阻，这也导致五代以后边患集中到东北地区。

（一）秦汉西北边防与运河漕运

在唐代以前北方边患集中在西北一带时，中原帝国的军事防御中心和粮草供给目的地也在西北一带。张晓东指出“汉唐边事重心主要在西北，支持边事的漕运活动重点主要是西北地区。……汉唐西北边事利用漕运的表现主要是长途漕运东部财

★引自周成编著《中国古代交通图典》（中国世界语出版社 1995 年版）第 85 页。

图 2-3-3 柴车石刻拓片★

赋到西北，漕运物资使用的多样化，和以漕运结合西北陆运，或在上游局部地区因地制宜地利用漕运，从中可见漕运为汉唐时期西北边疆的开拓和中央王朝的边防起到了非常重大的作用。”①

秦汉抵御匈奴的边防军食用粮主要来自漕运。秦国统一六国后，主要军事矛盾由秦与关东的对立转为秦与匈奴的对抗，而匈奴的威胁主要指向西北的河套地区，秦朝必须以此为基点来建构自己的漕运和军事体系。秦朝集中精锐部队和北部边防重点在关中和邻近的河套，并依靠黄河、渭河、济水、菏水、鸿沟等水运通道共同组成的漕运系统来为其提供漕粮。

秦始皇三十二年（前 215），秦始皇派大将蒙恬率兵三十万北击匈奴，次年夺取河套以南地区。为巩固河套地区，蒙恬“筑长城，因地形，用制险塞，起临洮至辽东，延袤万余里”（《资治通鉴》），又“自榆中并河以东，属之阴山，以为四十四县，城河上为塞”（《史记》），移民在三十万左右。长城沿线是农牧交错带，仅靠屯田无法维持这数十万人的生计，必须从内地运粮来供给他们。

① 张晓东：《汉唐漕运与军事》，上海书店出版社，2010，第 98 页。

★引自武法东、田明中、王彦洁著《内蒙古巴彦淖尔国家地质公园综合研究》（地质出版社 2014 年版）第 68 页。

这种供给路程十分遥远，成本极为高昂。《汉书·主父偃列传》云“地固泽卤，不生五谷，然后发天下丁男以守北河。……又使天下飞刍挽粟，起于黄、腄、琅邪负海之郡，转输北河，率三十钟而致一石。”这中间必然利用了中原水运网络，漕粮达到黄河壶口以下，再由柴车运往河套。汉文帝时，“胡数涉北河之外”，为保证边防，“輂车相属，转粟流输，千里不绝”（《文选》）。汉武帝时，对匈奴进行反击，也消耗了大量漕粮，“兴十余万人筑卫朔方，转漕甚远，自山东咸被其劳，费数十百巨万，府库并虚。”“初置张掖、酒泉郡，而上郡、朔方、西河、河西开田官，斥塞卒六十万人戍田之。中国缮道馈粮，远者三千，近者千余里，皆仰给大农。”（《汉书》）

（二）隋唐北方边防与运河漕运

1. 西北边防

隋唐北方边事形势与秦汉时相似，又回到大力开拓西域和发展西向关中漕运的形势，这也与隋唐外族中最强的突厥、回纥、吐蕃、大食都主要从西北地区对隋唐及其统治中心构成威胁有关。在隋唐三百年的时间里，西北的军务未有少息，是隋唐边事乃至军事重心所在，而隋唐的漕运事业也是支持帝国在西北维持军事力量的重要手段。

隋唐西北军政体系所需开支及军士所需衣粮来自中央分发的粮帛钱，而粮帛的内容主要是漕运而来的山东租赋，虽然西北地区以陆运为主，但漕运与边供的密切关系仍不可否认。山东粮帛先由漕运网络运进关中，集中于京畿，再由政府组织通过西北陆路转递边关。换一个角度讲，隋唐西北边郡陆运系统是漕运系统的延伸。唐代后期还在代州（今山西代县）设置度支水运使，负责黄河上游乃至西北部分地区的漕运事务，当时黄河中游边地和籴所用轻货很多都是通过漕运的方式运抵边关的。

唐代的军衣用料来自折造贡和入京庸调，其中庸调绢绵主要是以漕运的形式运抵京师，再陆路运输到西北的。这些绢绵，唐前期主要来自河南、河北两道，唐后期则主要来自江南。在吐鲁番阿斯塔那、哈拉和卓墓地出土的唐代税布上，有文字显示其缴纳信息："婺州信安县显德乡梅山里祝伯亮租布一端，光宅元年十一月日""婺州兰溪县瑞山乡从善里姚群庸调布一端，神龙二年八月日"[①]，足以证明江淮漕运对唐西北边防的支持作用。

2. 东北边防

隋炀帝时开凿的永济渠在隋唐东北边防物资运输中发挥了主要作用。隋炀帝、唐太宗、唐高宗征讨高句丽时都以永济渠为主要运输渠道。如唐太宗贞观十九年（645），征讨高句丽，派遣太常卿韦挺赴幽州，令其在河北地区征集军饷，并运往辽宁前线营州屯驻。韦挺到幽州后，"市木造船"（《旧唐书》），利用永济渠北段的桑干河水域，将六百余艘军粮船运至距幽州八百里外的"卢思台"。由于卢思台以东漕渠壅塞，致使大批军粮滞运于此，惹怒了唐太宗，韦挺被罢免了官职。

高宗、武则天时期，东北边事趋于紧张。调露元年（679），突厥单于大都护府及二十四州酋长同时叛乱，数十万人侵扰定州（今河北定州市）、营州（今辽宁朝阳市）。唐朝发兵三十余万兴讨，边衅由此大开。永济渠承担了繁忙的军需物质的调运任务，如武则天永昌元年，江南、淮南诸州粮船数千艘，在行至巩、洛后，被临时调往幽州，以纳充军粮。严峻的边境形势，迫使唐王朝在河北地区驻扎越来越多的军队，至玄宗天宝元年，范阳、平卢两节度编制中的士兵将近有十三万人，居全国各处军镇之首。

由于经永济渠调运而至的军需物质不断增加，永济渠沿岸的著名城市清河郡（治今河北清河县）成为江淮物质大量汇集的重要地点，号称"天下北库"。唐人殷亮在《颜鲁公行状》里说："国家旧制，江淮郡租布贮于清河，以备北军费用，为日久矣，相传为天下北库。今所贮者，有江东布三十余万，河北租调绢七十余万，当郡彩绫十余万，累年税钱三十余万，仓粮三十万。时讨默啜，甲仗藏于库内五十余万，编户七十万，见丁十余万。"（《全唐文》）天宝末年安史之乱爆发之时，清河郡仍存有大量的军需物质，当时平原郡太守颜真卿就是凭借这一物质优势，坚守一隅，顽强地抗击安禄山的进攻。

① 张晓东：《汉唐漕运与军事》，上海书店出版社，2010，第 141 页。

3. 中央军食

安史之乱后，驻守关中的唐代中央禁军的军食也常常得不到保障，非常依赖河南、江淮等地的漕粮供应。唐代宗时，转运使刘晏上书宰相元载称“关辅汲汲，只缘兵粮。漕引潇、湘、洞庭，万里几日，沦波挂席，西指长安。三秦之人，待此而饱；六军之众，待此而强。”（《旧唐书》）此后，刘晏“复江淮转运之制，岁入米数十万斛以济关中”（《旧唐书》），史谓“食数十万兵者二十余年”（《全唐文》）。

唐德宗时，朝廷与河朔藩镇战事不息，江南漕粮大量转运关中，充作朝廷军队粮饷之用。如浙西观察使韩滉自浙江东西道运米600万石，史谓“淮汴之间，楼船万计，中原百万之师，馈粮不竭。”（《奉天录》）兴元初年，唐军收复京师长安，韩滉又献军粮二十万斛，史称“船至垣曲，王师大振”（《全唐文》）。贞元二年（786），关中仓廪空竭，江南漕粮也迟迟未到，禁军几近哗变，“会韩滉运米三万斛至陕”，德宗便兴奋地对太子说：“米已至陕，吾父子得生矣！”（《资治通鉴》）于此可知，唐军对江淮漕粮依赖程度很高。

图2-3-4　韩滉《五牛图》（局部，故宫博物院藏）

（三）北宋北方边防与运河漕运

后唐末年，石敬瑭为了当皇帝，割燕云十六州给契丹。永济渠下游是在沧州和幽州交界处入海的，本是隐藏在幽州镇后面的供给线，此时竟然变成了胡汉的界河，后勤漕运体系变得支离、虚弱，辽兵南下河北平原势不可挡。

燕云十六州的丢失，给北宋王朝的北方边防以极大压力。北宋政府在河北沿边地区屯驻了大量军队，以防备辽军南下，整个河北东路、河北西路的政治、经济和社会发展都被纳入以北部边防为核心的轨道上来。

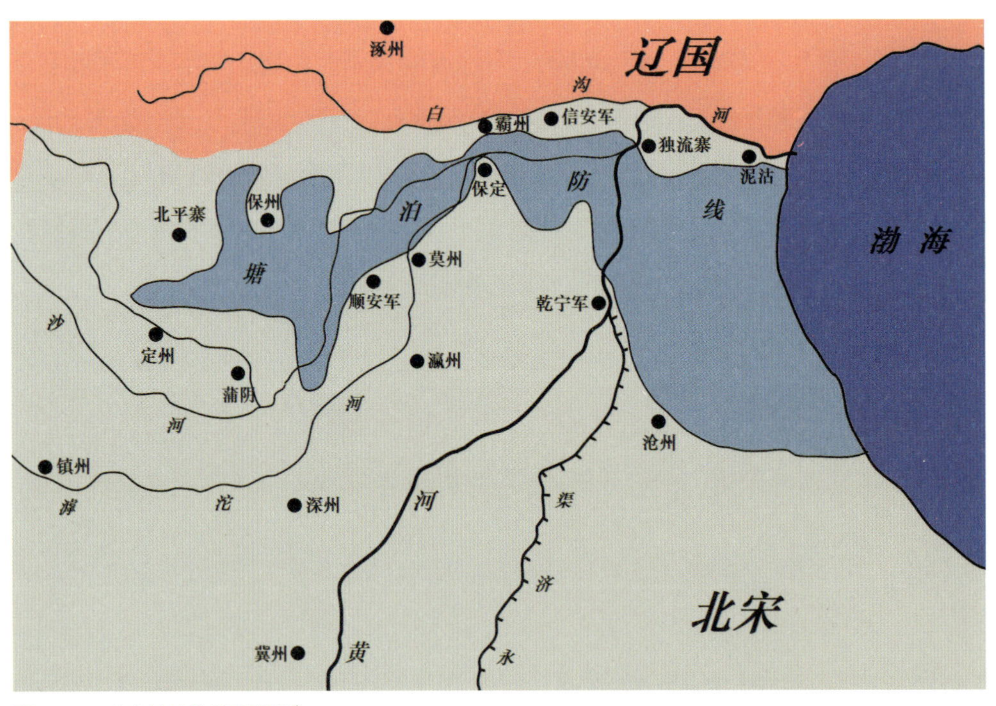

图 2-3-5 北宋塘泊防线示意图★

由于丧失了燕山长城之险，为了抵御辽国铁骑，北宋政府在置屯田的名义下进行了长达三十余年的塘泺工程，到宋真宗末年的时候形成了规模庞大的塘泊防线。这个塘泊防线通过筑堰、开沟、置斗门的方式，把二十九个淀泊和众多河流、泽田及海水连接起来，织成九大区，绵延八州军，屈曲九百余里，约占河北边防线的三分之二。

★据程龙《北宋粮食筹措与边防：以华北战区为例》（商务印书馆2012年版）改绘。

北宋边防的布置即通过塘泊防线遏制敌骑的活动范围，然后在塘泊后面的重点军州布置重兵，集中优势兵力对涉险渡过塘泊的疲惫敌军进行攻击。这是失去燕山天险后，所能做到的最好的防御策略了。河北沿边地区的总兵力最多的时候可以达到六七十万人，其中禁军十二万左右，厢军十八万，乡兵三十万左右。

塘泊防线对河湖水量的控制维系、军州重兵后勤补给的运输，都与运河和漕运密切相关，因此它们都由河北漕运的最高长官——河北转运使兼都大制置发运使全面掌管。由于频繁战争的破坏、塘泊防线的建设、黄河以及太行山诸河的泛滥，北宋河北地区农业生产很不乐观，难以为边防军队提供足够的粮草，因此由后方调拨粮食至河北前线成为北宋边防补给的主要方式。北宋华北防线军粮调拨的供给地主要有江淮地区、京西北路蔡河沿线以及京西南路邓州地区等，运输方式有水路和陆路之分，以运河水路为主。

水路调拨路线主要承担来自江淮、蔡河沿线的漕粮运输。史载“计江淮岁运粮六百万，以一岁之入，仅能充朝廷之用，三分二在军旅，一在冗食”（《全宋文》），也就是说北宋政府每年要从江淮地区赋税中起运六百万石，其中四百万石供给军队。据学者研究，这四百万石，除大部分供给开封禁军外，还有大约一百万至二百万石供给河北边军，占河北边军粮食需求总量的30%至50%。[①]

这些漕粮从江淮地区始发，由汴河、蔡河进入黄河，经黄河行进至黎阳或大名附近的马陵道口，将粮食卸下，通过陆路运至御河，再度装船，沿御河运至乾宁军。御河粮运终点乾宁军偏于宋辽边界东部，北宋政府通过界河以及沿边塘泊，把粮食继续运到太行山前的保州、定州等地。水路运输方便、快捷、经济，沿边粮食补给地区也是以水路调拨为主，陆路调拨为辅。

（四）明朝北方边防与运河漕运

明代的边防也以北部边疆为重。永乐迁都北京后，又有大量京军驻扎，于是在帝国的北部边疆形成了以京军、外卫和边军为主体的边防体系。永乐时京军数

---

① 程龙：《北宋粮食筹措与边防：以华北战区为例》，商务印书馆，2012，第135页。

量庞大，兵力当在八十万以上，土木之变中京营受到了空前打击，精锐损失殆尽，到明代中后期时常在十万上下。土木之变后，代京军而起的是边军，从永乐时在宣府、大同二镇设镇守总兵官，到嘉靖时设立蓟州镇，九边先后建立。嘉靖二十九年（1550）庚戌之变后，又在蓟州镇辖下增设密云、昌平、永平、易州四个小镇，合称“九边十三镇”。九边的兵力在明初约为四十万，万历时为六十万左右，约占同时期全国总兵力的一半，成为北边国防的中坚力量。

明初，军饷主要来自军屯。宣德以后军屯日益败坏，明中后期军费主要来自国家预算，在北边主要有民运、开中、京运和漕运四项，在内地则源于存留税粮。民运，即“运内郡之粮”，指的是户部每年指派某省将一部分税粮运往边镇。明代例以河淮以南税粮四百万石供应京师，以北八百万石供应北边，民运税粮指

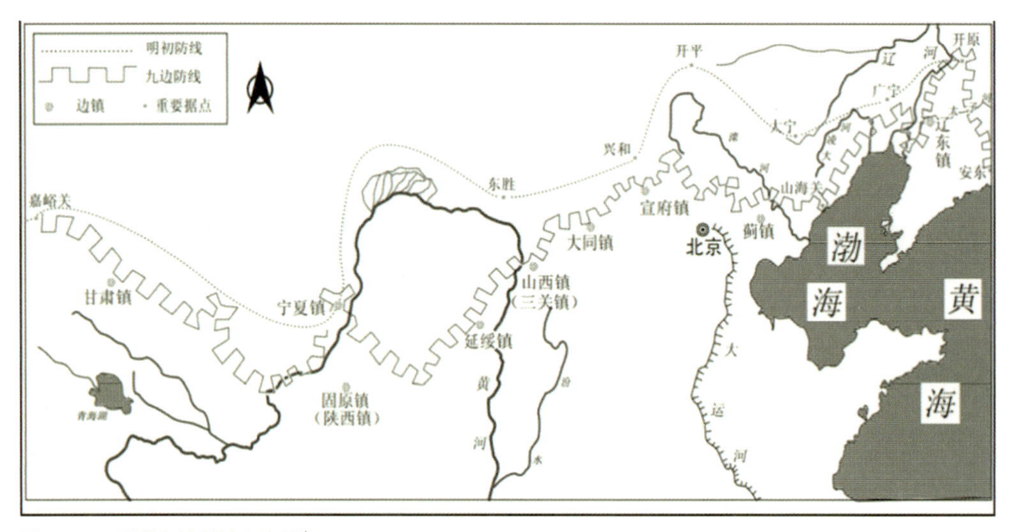

图 2-3-6 明代九边重镇示意图★

的就是后者。开中，指国家利用垄断手段吸引商人纳粟九边，充实边饷。成化时户部尚书叶淇一度改变成法，规定商人纳银户部即可获得盐引。此后，明代盐课主要分为两大部分，一部分解运太仓，另一部分仍派给九边。京运，即“发太仓之银”，户部每年都解银若干以济诸边。正统、景泰间不过十来万两，弘治、正德时增至四十余万两，嘉靖十八年（1539）以后常为二三百万两。

九边军费来源中的民运、开中、京运三项都属

★ 引自杨维《明代北方五省民运粮研究》（辽宁师范大学2013年硕士学位论文）第8页。

于起运，都会大量利用运河等水网进行运输。尤其是蓟州镇及嘉靖以后设立的永平、密云、昌平等镇十分依赖运河漕粮。在蓟州镇，本色（实物田赋）来源除屯田和民运外，主要通过漕运来实现粮食的供应，其任务由漕运机构中的遮洋总来执行。这些漕粮来自山东和河南，由遮洋总在小滩镇等水次兑运，经卫运河至天津入渤海，浮海至蓟州和辽东等仓上纳。

表 3 《万历会计录》记载蓟州等四镇漕粮数量和占比表

边镇名	粮料总数（万石）	漕粮数量（万石）	漕粮占比（%）
蓟州镇	10.35	5.00	48.31
永平镇	6.12	5.60	91.50
密云镇	21.15	15.48	73.19
昌平镇	18.92	18.92	100.00
总　计	56.54	45.00	79.59

明万历四十六年（1618）辽东“援朝平倭”战事爆发后，明政府从全国各地调集大批军队开赴辽东，至天启元年（1621）河东一带尽失，期间辽东本色粮料主要由山东登莱海运和截漕供应，天津、永平、山东每年运输四十八万石至朝鲜。天启崇祯年间，后金兴起，辽东屯驻重兵，所需军饷浩大，为此明政府每年分春、秋两次往辽东运粮，春运辽粮三十三万石，秋运二十二万石，共五十五万石。这五十五万石中有三十万石由浙、直、江、广漕船带运。在宣大三镇、陕西四镇和辽东镇，其本色来源主要是军屯和民运田赋，其运输变化多端，有时也会调用漕粮。如成化二十年（1484）陕西大荒，就调拨湖广漕运粮米，雇船运到金州（今陕西安康市），再转运到商州镇安县等处，供给榆林各镇官兵就食；又调拨河南漕运临清、德州二仓漕米，由黄河运到陕州（今河南陕县）供给边军。

第四节

命运咽喉：漕运不继与帝国崩溃

漕运线是帝国的生命线，阻断漕运线就如同扼住了帝国命运的咽喉。隋唐以后，中原自然水网越来越单薄，运河在水运体系中的地位越来越重要，阻断运河漕运便成为打击中央政府的有效策略。大一统帝国中，唐、元、清都在一定程度上遭受此厄。

图 2-4-1 商丘张巡祠

（一）汴河漕运断绝与大唐帝国的崩溃

对于唐帝国崩溃与运河之间的关系，全汉昇先生在《唐宋帝国与运河》一书中做了专章讨论。以此为据，我们进行简要的勾勒。

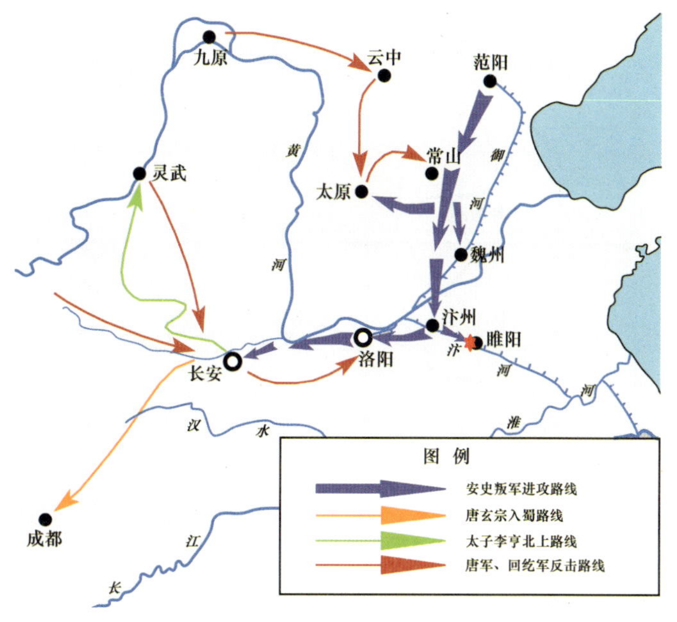

图 2-4-2　安史之乱示意图

天宝十四年（755）安史之乱爆发，至德二年（757）正月安庆绪以尹子奇为河南节度使，以归、檀及同罗、奚兵十三万人南下，兵锋直指江南。河南城镇纷纷陷落，唯有军事重镇睢阳（宋州，今商丘）未陷。睢阳太守许远向张巡告急。张巡率兵三千自宁陵入睢阳，与许远合兵共六千八百余人坚守城池。

当时，朝廷仅剩下长江、淮河流域的赋税支撑，睢阳位于汴河河段中部，是江淮流域的重镇，如果失守，运河阻塞，后果不堪设想。睢阳坚守十月之久，在此期间朝廷不断地得到江淮财赋的接济，已完成了恢复、准备到反攻的过程，在睢阳陷落后前一个月已收复西京长安，十天又收复了东京洛阳，叛军再也无力南下。唐朝天下得以保全，全仗睢阳坚守十月之久。

安史之乱后，藩镇割据，尤以河北、山东为烈，魏博镇、成德镇、淄青镇、横海镇、卢龙镇俱自立为主，不听朝廷号令。山东、河北地区赋税难入中央，永济渠几乎失去功用。好在宣武镇、忠武镇、淮南镇等藩镇仍然控制在朝廷手中，中原、江淮等地赋税能够通过通济渠（汴渠）运至中央，为唐帝国延续生命。

唐穆宗长庆二年（822），汴州军乱死灰复燃，徐州军队也在王智兴的领导下，驱逐节度使崔群，前往埇桥劫掠由运河向北输送的江淮物资。此后，唐文宗大和（827—836）至唐宣宗大中年间（847—860），每年漕运江淮米石不过四十万石，能够最终抵达渭河仓的不到十分之三、四。总之，自长庆至大中年间，初时由于跋扈军人的阻挠，后来由于漕运人员的营私舞弊，运河每年的运输量每每锐减，不能充分发挥它联系南北的作用。

到了唐懿宗咸通年间（860—874），庞勋切断了运路，运河运输的效能更为降低。庞勋原为徐州军人，因南诏入侵西南边境，庞勋所属的徐州军队被派往广西桂林防御。他们戍守六年仍无回家的希望，遂在庞勋的领导下愤而起兵，自湘水入长江，下掠淮南，返回了他们的老家徐州。他们据有足以控制运河交通线的徐州后，又派兵攻陷了南北交通要冲都梁城（今安徽盱眙东南五十里），使江淮物资不能由运河北运。

到唐僖宗时，王仙芝和黄巢先后起兵，他们起兵不久就围攻宋州（商丘），试图断绝运河交通线。后来黄巢占据长安的时候，在徐州割据的军阀时溥又南下进攻运河与淮河的交叉点泗州，导致运河交通再度断绝。再往后，唐僖宗平定黄巢之乱，重返长安，藩镇在各地割

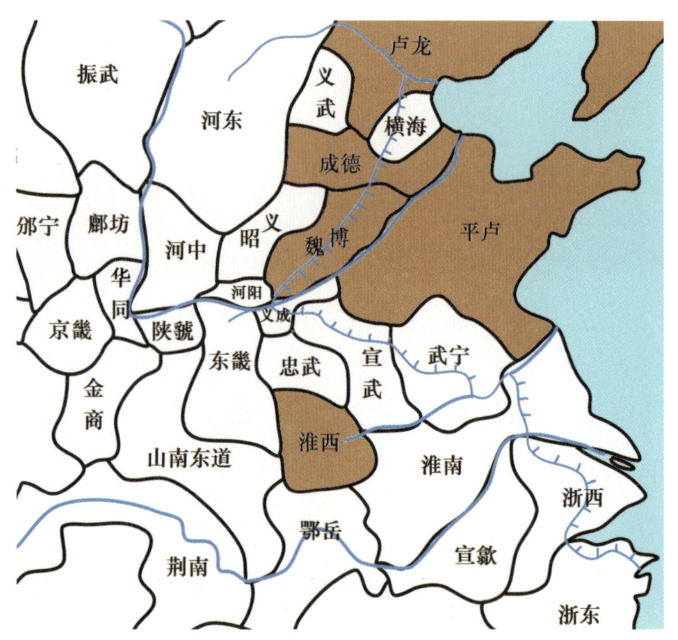

图 2-4-3 河朔、江淮节度使示意图

图 2-4-4 庞勋起义示意图★

★引自中国人民革命军事博物馆编著《中国战争史地图集》（星球地图出版社 2007 年版）第 87 页。

据之势已经形成，运河再也不能把南北联系起来了。总之，自唐僖宗以后，中央政权赖以支持的江淮财富，在寇贼与军阀的兵火交织之下，大部分都陷于毁灭的命运。这样一来，就是运河能够畅通无阻，每年可供运输的江淮物资也是有限得很了。

这样一来，在过去二百多年把军事政治重心和经济重心联系起来的大动脉，此后便长期丧失她的作用了。向来专靠江淮财赋来支撑的中央政府，既然因运河交通线的切断而得不到江淮物资的大量供应，自然要大受打击。政府开支的经费无法筹措，甚至连卫国的战士也得不到衣粮的供应了。存在了二百多年的大唐帝国，就是在这种情形下崩溃的。

（二）海运断绝与元帝国的崩溃

由于元代山东运河通航能力不足，元代漕粮不得不依赖海运。元朝招降了两个大海盗朱清和张瑄，设立海运万户府，朱清、张瑄任万户，共同负责漕粮海运事宜。从至元二十年（1283）漕运四万六千余石，到二十三年（1286）增加到五十八万石，到二十七年（1290）突破百万石大关，北运漕粮达一百五十九万石，直到大德七年（1303），朱清、张瑄二人执掌海运长达二十年，为元朝立下了汗马功劳，甚至可以说在一定程度上掌控着元朝命脉，功高震主。大德七年，江南僧人石祖进状告朱清、张瑄十件不法事件，元成宗借此机会判处朱清、张瑄死刑。处死朱清、张瑄后，元廷令罗璧掌管海运，并进一步提升海运量，到至大二年（1309），增加到两百四十六万石，延祐以后“岁运三百六十万石”（《读史方舆纪要》）。京师大都“内外官府大小吏士，至于细民，无不仰给于此”（《大学衍义补》）。

元代海运的兴盛持续了四十余年，到至正年间（1341—1368）迎来了末日。至正年间，社会危机的爆发导致了元末农民大起义，海运本身固有的尖锐矛盾进一步激化，“元京军国之资，久倚海运，及失苏州，江浙运不通，失湖广，江西运不通。”（《草木子》）至正年间，占据山东的毛贵东路军据海道，掠海舟，危及山东漕运安全。在南方，至正八年（1348）方国珍兄弟“亡入海，聚众数千人，劫运艘，梗海道”（《明史》），时降时叛。张士诚于至正十六年（1356）占据海运粮的主要起点平江（苏州），也叛附不常。“及汝、颍倡乱，湖广、江右相继陷没，而方国珍、张士诚窃据浙东、西之地，虽縻以好爵，资为藩屏，而贡赋不供，剥民以自奉，于是海运之舟不至京师者积年矣。”（《元史》）

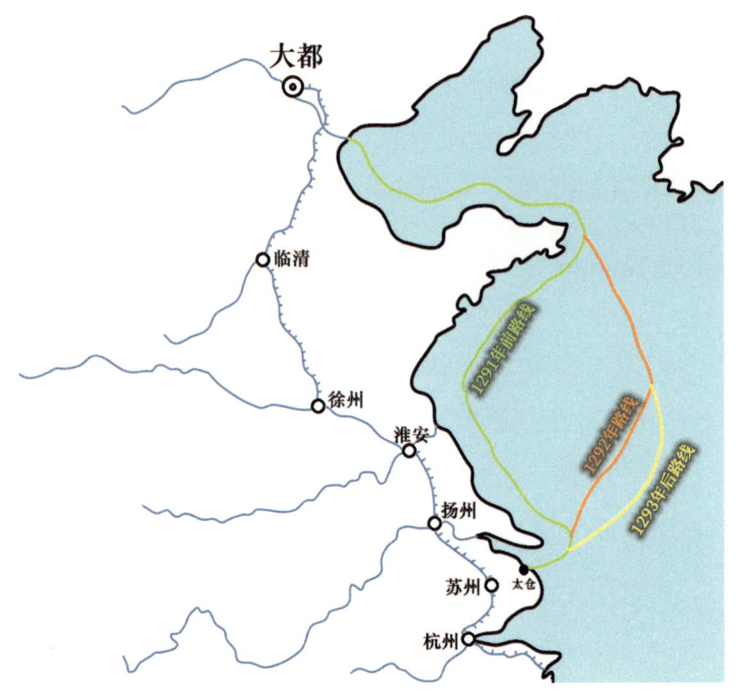

图 2-4-5 元代海运路线示意图

至正十二年（1352）“因海运不通，京师阙食”，已经对大都的生存危机做了严厉警示。为此，元朝统治者不得不采取屯田措施，来缓解粮食危机。但到了至正十八年（1358），战乱迫使大量民众涌入大都，同时又爆发了严重的自然灾害，这就导致了一场灾难性的后果，当年“冬，京师大饥，人相食”，次年“正月至五月，京师大饥，银一锭得米仅八斗，死者无算。”统治者无计可施，不得不派“兵部尚书伯颜帖木儿、户部尚书齐履亨征海运于江浙”，结果“海滩浅涩，躬履艰苦，粟之载于舟者，为石十有一万，二十年五月赴京。”（以上几处均出自《元史》）海运断绝，大都

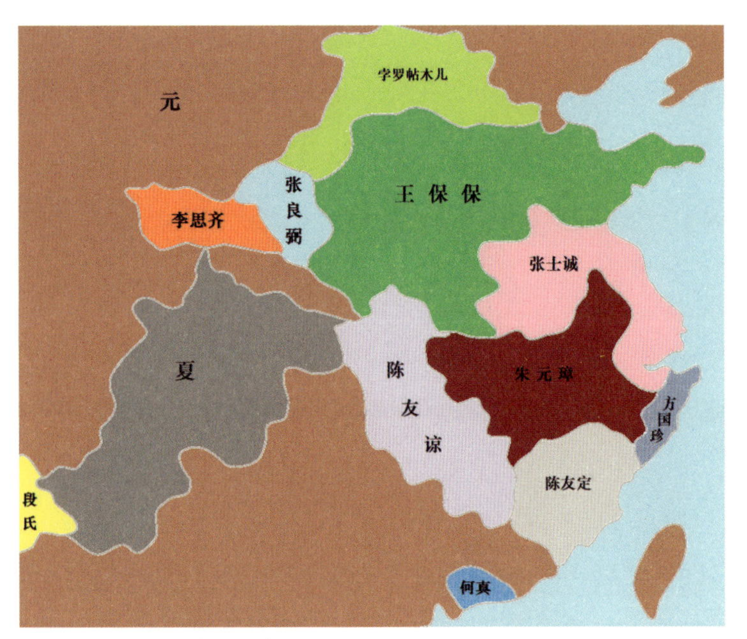

图 2-4-6 元末群雄割据示意图

缺食，饿死者无数，至正十八年发生“万人坑”事件即其一例。《元史·后妃传》载：“至正十八年，京城大饥，后（皇后）命官为粥食之。又出金银粟帛，命资正院使朴不花于京都十一门置冢，葬死者遗骼十余万，复命僧建水陆大会度之。”《元史·宦者传》载：“至正十八年，京师大饥疫，时河南北、山东郡县皆被兵，民之老幼男女，避居聚京师，以故死者相枕藉。（朴）不花欲要誉一时，请于帝，市地收瘗之……择地自南北两城抵卢沟桥，掘深及泉，男女异圹，人以一尸至者，随给以钞，舁负相踵。既覆土，就万安寿庆寺建无遮大会。至二十年四月，前后瘗者二十万，用钞二万七千九十余锭、米五百六十余石。时人权衡：至正十九年，京师大饥，民殍死者几百万，十一门外各掘万人坑掩之。鸱鸮百群，夜鸣至晓，连日乃止。”很快，到了至正二十三年（1363）九月，张士诚自立为吴王，此后“元征粮，不复与”，江浙海运断绝。没几年，大元灭亡，大明建国。

（三）漕粮运输线与晚清局势

潘季驯、靳辅等治理黄河的绝招是“束水攻沙”，具体一点就是“两岸筑堤”和“蓄清敌黄”。通过“两岸筑堤”，刺激水流，让河水冲击泥沙入海，减少泥沙在河道中的沉积。“蓄清敌黄”是指，建设高家堰大坝，将淮河清水蓄起来，成为洪泽湖水库。通过抬高洪泽湖水位，增加湖水压强，使得淮河水能冲击黄河水和泥沙入海。

这两招具有很高的科学水平，能够推动大部分黄河泥沙入海（黄海）。但它无法根除黄河问题。首先，仍有一部分泥沙沉积在黄河河道中，日积月累，黄河

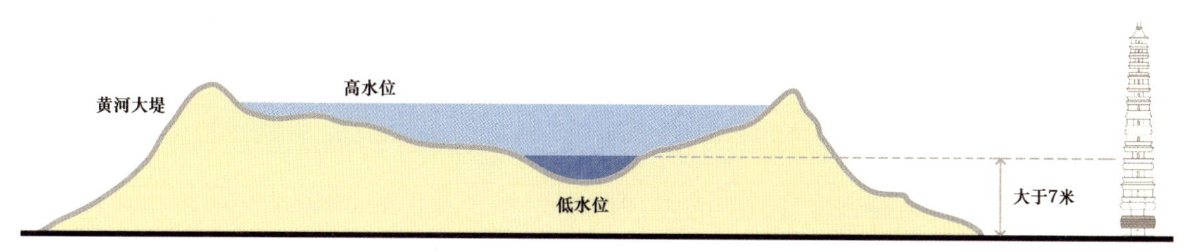

图 2-4-7　黄河“地上悬河”示意图

河道仍在慢慢地抬升。为此只得不断加筑堤防，形成地上悬河。

其次，大量黄河泥沙受海潮壅阻，淤积在入海口，形成大片的泥沙滩涂。泥沙滩涂面积不断增长，黄河海口日远，入海愈难。下游壅阻，必然导致上游不畅，引发决溢。在道光年间，洪泽湖淮河水就已经无法推动黄河东流了。淮河和洪泽湖水不得已转而南下，经运河，由扬州三河口入长江，从一条独流入海的大河，变成了长江的一条支流。

清代著名学者阮元指出，由于海口外移，河道延伸，河床也不断抬高。黄河出山陕峡谷一端和海口另一端的高程是相对固定的，随着海口不断向外延伸，河流纵比降变缓，河流输沙能力相应降低，下游河床逐渐淤高。由于侵蚀基点向海中延伸，打破了原来的冲淤平衡，泥沙淤积将使河床低者抬高，洼者补齐，从而达到新的平衡。他认为这正是清口淤垫、黄高于清、运口日高的根本原因（阮元“海口日远，运口日高”图说，详见 70 页图）。

按照这个趋势下去，黄河在中游“豆腐腰”河段决口是必然的事，只是不知道这天会在什么时候到来而已。在这天到来之前，运河上发生的一件大事，宣告了苦难的中国近代史的到来，这就是鸦片战争。

打开近代中国大门的英国人，早在乾隆五十八年（1793）马戛尔尼使团和嘉庆二十一年（1816）阿美士德使团访华时就都行走过大运河全程，因此英国人对运河漕运对北京政府的重要性的认识非常深刻。在第一次鸦片战争中，作为战争主要策划者的英国外交大臣巴麦尊勋爵十分重视运河，1840 年 2 月 20 日他在致海军部各长官的密函中指出：“如果中国政府拒绝谈判或谈判在任何时候遭到破裂，那么，舰队司令官应根据他所掌握的力量以及他认为最有效地运用那些力量使中国政府感到烦恼的意见，采取更积极的敌对行动。在那种情况下，他可以派遣一支部队沿黄河而上，前往该河与运河会合的地点（注：清口），以便在该处截断北方和南方各省之间的内地交通以及拿获并带走船只和货物；或者他可以派遣一支部队沿扬子江而上，前往该江与运河会合的地点，那里有两座大城镇（注：镇江和扬州），而且聚集了大批的船只和货物，他们可以被带走。”[1]

---

① 胡滨泽：《英国档案有关鸦片战争资料选择》，中华书局，1993，第 538 页。

图 2-4-8　中英鸦片战争时期英国外交大臣巴麦尊★

几乎在同一时间，1840 年 2 月 21 日，远在中国澳门的驻华商务监督海军义律上校在给英国驻印度总督奥克兰勋爵和马他伦海军中将的函中都提出了相同的战争策划："不管怎样，我抱有一个信念，即一支相当可观的海军部队突然出现在我所指出的那些地点，将立即迫使中国政府承认我可能想要向它提出的任何条款。运河与扬子江会合的地点镇江府，被耶稣会会士描述为这个帝国的要害地点，……派遣一支海军部队前往那个地点并无困难，而且一旦抵达大炮可以轰击它的距离之内时，皇帝如果不是必须友好地同意我们的要求，便是必须退回到他那世袭的满洲平原去。在那个地点，我们应突然封锁南北各省之间以及扬子江两岸的富饶农村与南北沿海省份之间的所有内陆交通。"①

1841 年 2 月 3 日，巴麦尊在致海军部各长官的函中对运河上的另一个关键地点——天津给予了足够的重视："我很荣幸地通知阁下，有一位很熟悉中国并且在北京居住过的人告诉我说：一支英国军队在一年中的适当时候沿白河而上，前往它与运河会合的地点并占领位于该会合地点的一座城市，是没有困难的；而且由于北京城从那座城市得到通过运河运至该处的各种各样的全部供应品，所以断绝那些供应品将是胁迫中国政府的一种强有力的手段。"②

后来，英军执行了截断运河南北沟通的作战计划，于 1842 年 6 月攻陷吴淞口炮台后溯江而上。7 月 15 日英国军舰停泊镇江、瓜洲，封锁了运河入江口，截断

★引自（英）约翰·坎贝尔等著，黄少婷等译《巴麦尊传：外两种》（上海社会科学院出版社 2018 年版）。

① 胡滨译：《英国档案有关鸦片战争资料选择》，中华书局，1993，第 606—607 页。

② 同上，第 717 页。

了漕粮运输，扣留了七百多条漕船，镇江也于21日被攻陷。这一战迫使清政府最终屈服，于8月29日在英舰皋华丽号上签署了中英《南京条约》。

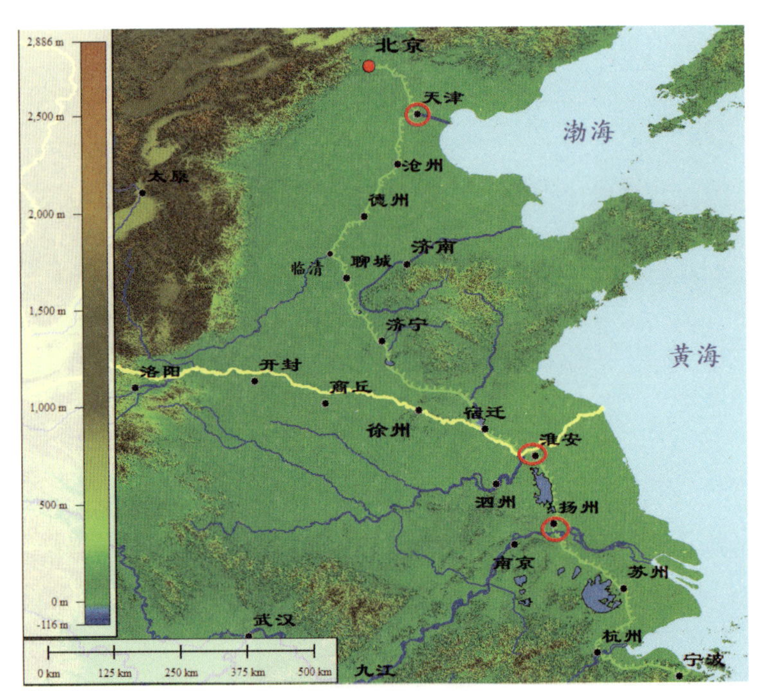

图 2-4-9 巴麦尊和义律眼中大清国的要害地点

这次鸦片战争鲜明地展现了漕运是清政府的要害。不过从战争进程中，我们能发现一点，由于大沽口炮台和吴淞炮台的存在（吴淞之战中两江总督牛鉴临阵脱逃），英军想成功地攻入内河、截断运河并不那么容易。

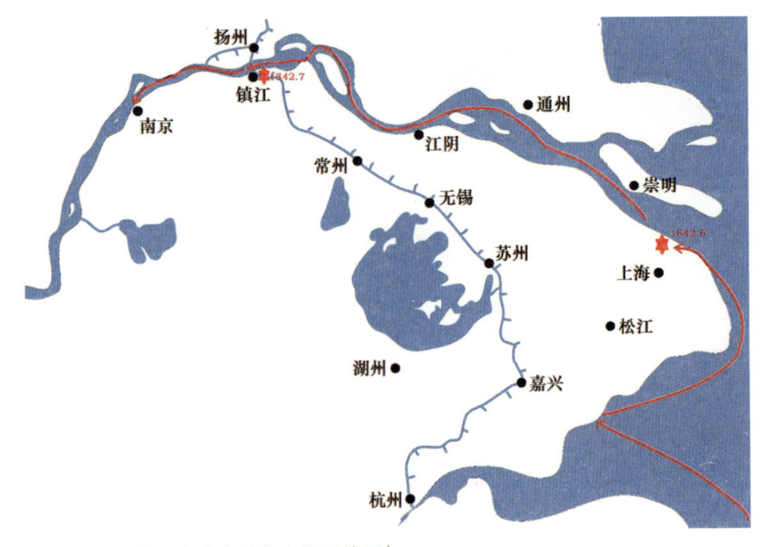

图 2-4-10 第一次鸦片战争末期形势图*

但第一次鸦片战争过后不到十年，咸丰元年（1851），黄河再也维持不住，河决丰县。冲断运河。曾国藩在家信中说“惟近来有两件事大不快意。一件国事，系黄河于丰县北岸决口，数十万生灵罹此凶灾。目前抚恤固非易事，将来堵筑，非帑金数百万不可。且漕船尚未回空，水道中梗，恐致贻误。一件家事……”（《曾国藩家书》）漕运受阻，清廷不得不转行海运以救急，待来日堵住决口再恢复河运。

可要命的是，此时洪秀全已经在金田起义，太平天国运动已

★引自中国人民革命军事博物馆编《中国战争史地图集》（星球地图出版社2007年版）第175页。

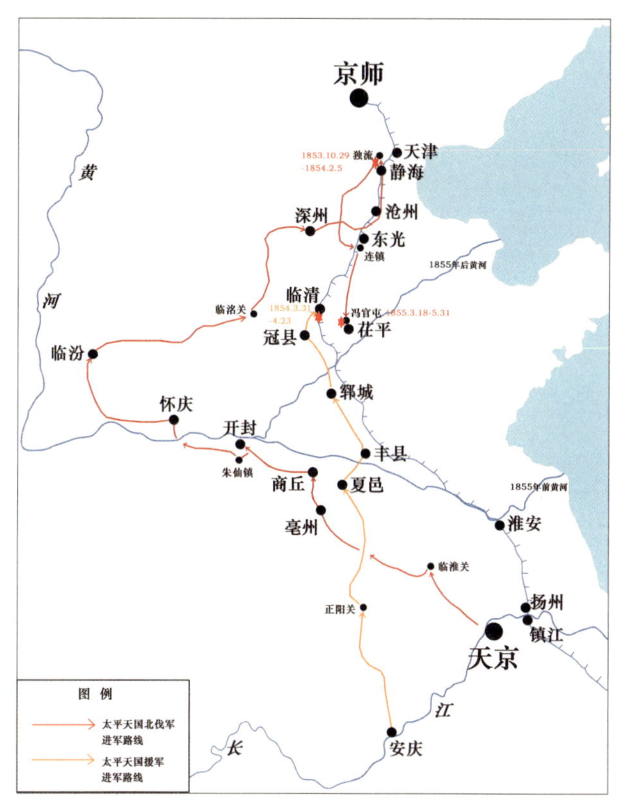

图 2-4-11　太平天国北伐军北伐路线示意图

经爆发。咸丰二年（1852）年底攻克武昌。咸丰三年（1853）攻克南京，改名天京。随后攻占了镇江和扬州，截断了运河。又派林凤祥、李开芳北伐军，沿运河而上，挺近至天津附近。

太平军对运河漕运十分重视，知道这是清廷的命根子，所以在定都天京后，马上攻占镇江和扬州，又派兵沿运河北伐。清廷对太平军攻占南京极为震惊，深感“在南省为切肤之患，在北省为扼喉之忧”（《草茅一得》），担心太平军若长驱苏浙，不仅北京面临断粮的危险，而且巨额军费无从筹措。咸丰帝为此寝不安席，食不甘味，忧心忡忡，终日莫释。一直尾随太平军的清钦差大臣向荣，知道事情的严重性，及时率部攻占了天京东部的孝陵卫，据此建立了江南大营以“扼贼窜扰苏常之陆路”（《向荣奏稿》）。钦差大臣琦善又在扬州外围创建江北大营，封堵太平军东下苏浙的水路。

咸丰十年（1860）五月，忠王李秀成大破江南大营，将其彻底摧毁，太平军才打通了东下苏浙的道路。随即在攻克丹阳后，沿运河先后攻占无锡、苏州、吴江、嘉兴等地，旁略宜兴、江阴、太仓、松江等地，并建立了以苏州为首府的新省——苏福省。次年，太平军又由江西攻略浙江，并于12月攻占台州、宁波和杭州，设立浙江天省。苏南和浙江的失陷导致清政府赖以生存的漕粮海运被迫中止，据史料记载，在太平军占领苏南、浙江的三年中，咸丰十一年（1861）江苏、浙江两省海运到通州的漕粮仅有3万余石，同治元年（1862）和二年（1863）

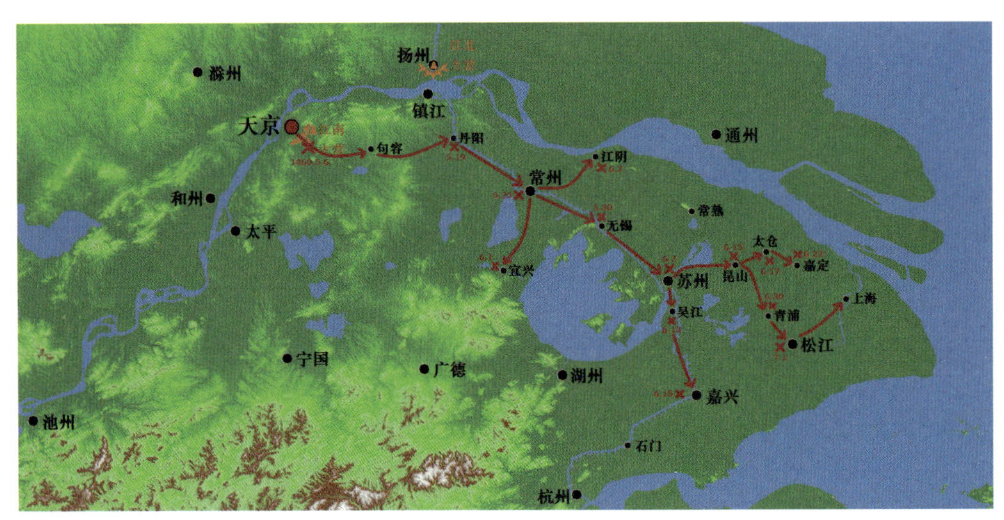

图 2-4-12　江南大营、江北大营及太平军东征苏南示意图

则颗粒无有，清政府陷进了严重的粮食危机。

如果在别的朝代，这足以让北京统治集团崩溃，但清代形势较为特殊。首先，清廷京通粮仓里仍有一定的库存。其次，危机爆发后清廷马上采取多种措施，如大规模设立筹捐局，要求山东、奉天（今辽宁省）、河南等省捐输；将江西、湖南、湖北的漕粮改折为银两，运输到北京，用来在北京、天津一带采买粮食；命令江苏、广东等省采买粮食海运到北京等。其中奉天省开发日益成熟，大

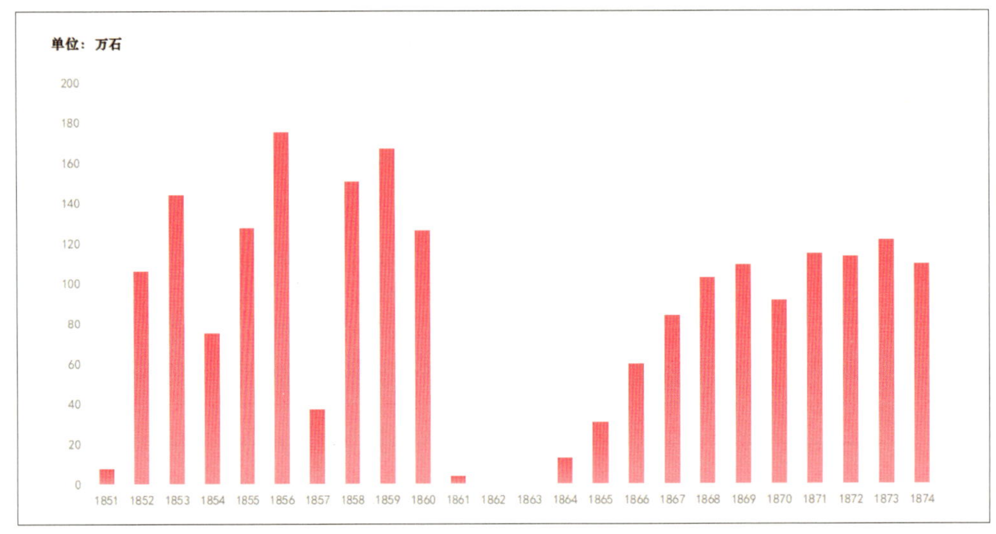

图 2-4-13　咸丰、同治年间江苏、浙江海运到通州漕粮数

量粮食源源不断地流入关内，才勉强支撑清廷渡过了这次粮食危机。

太平天国起义后，北方各路义军群起响应，尤其是爆发在安徽雉河集的捻军，更是活跃在黄运周边地区。鲁西南捻军、幅军、长枪会等风起云涌，配合太平军北伐。咸丰五年（1855），黄河再决铜瓦厢，全河北徙，冲断张秋运河，夺大清河入海，山东运河被拦腰截断。众捻于雉河集会盟，推张乐行为大汉盟主，窥视鲁西南，鉴于此，清政府不敢兴工堵筑，黄河旧河淤平，改道北徙渐成定局。次年，张乐行率捻军渡过旧黄河（已干涸），由曹县攻入山东，此后直至同治七年（1868）西捻军在茌平全军覆没，以水套地区（运河以西黄河漫流地区）为核心的鲁西始终是捻军活跃的中心地区之一。山东运河被曾国藩、李鸿章用作防御捻军的防线，沿河修筑千里长墙，实施“河墙战法”，虽数度被东西捻军攻破，但最终捻军仍被歼灭在运河附近。

然而，第二次鸦片战争爆发了，清廷的生命线——漕粮海运，躲过了太平军和捻军，却直接暴露在了英法联军的炮口下。

英法联军对切断漕粮运输线、逼迫清廷就范已经是轻车熟路。因此英法联军除在海上阻截漕船外，还直接占领漕船必经的白河口（海河口）、北运河口等地。战争尾期，西方报纸评论道：“道光年间非今日可比。彼时北京米粮全由粮河运京，彼时番兵非以踞南京为重，乃以截粮河为重。今日粮河已塞，北京米

图 2-4-14　捻军末期行军路线及清军河墙防线示意图

粮全靠海运，是以此次仍攻天津，方能截海运之米粮。且番兵守广州两载，中国竟不以为意，今何故又徒守别城耶？且查八年额尔金踞天津，未及几日，大事已办妥。由此看来，现在踞天津胜于复踞南京多矣。”①

咸丰十年（1860）二月，咸丰帝在谕令中承认“夷船四艘北驶，意在阻拦漕船为胁和之计”（《筹办夷务始末》）。果然不久就有漕船被洋船截抢的事发生，如闰三月间，由上海装运漕米一千零八十石的兴连盛号，“四月初八日，行至威海城山头，被火轮船拦截”（《筹办夷务始末》）。这也难怪当时天津士绅之间会有所谓实行海运引来英兵之说，如天津士绅郝缙荣作《津门实纪确对》长诗，开头即说：“开海运原非常策，引英匪顿启异心。截官粮轮船横海港，奉圣旨冠盖集天津。”

海运的受阻使得朝中重新出现恢复河运的声音。在这种情况下，晚清洋务名臣如左宗棠、李鸿章等兴创水师以卫海疆、以保海运的主张得到了支持。同治十一年（1872）李鸿章以漕粮海运为契机，创办了轮船招商局，利用漕粮海运的盈利，实现了轮船招商局规模的不断扩大，为成立福建水师、北洋水师和南洋水师提供了资金支持。

北洋水师成立后不到五年，光绪九年（1883）中法战争爆发，此时中国海军尚未发展壮大，福建水师遭法军偷袭被歼，北洋水师不敢南下，南洋水师独木难支亦受重创。在这次战争中，法国人也对清政府的漕粮海运产生了浓厚的兴趣。1884 年观音桥事件后法国人扩大了战事规模，为了强迫清政府就范，法国海军中国海域分舰队司令利士比、东京海域分舰队司令孤拔、驻华公使巴德诺、常驻顺化公使李梅等人，为法国政府设计了武力占领旅顺港、封锁北直隶海峡、切断中国漕粮运输等一整套袭击方案。

他们认为，只要强行阻遏中国南粮北运，清政府就会不折不扣地接受法国提出的任何苛刻条件。不得不说，孤拔等人的这一计策是命中清政府要害的，但是法国茹费理内阁并不希望战事规模继续扩大而陷入泥潭，因此孤拔等人的计策迟迟没有得到批准，同时得到风声的清政府也不断寻找比如河运、雇佣洋商运米等

① 太平天国历史博物馆编《吴煦档案选编》第五辑，江苏人民出版社，1984，第 347 页。

图 2-4-15　第二次鸦片战争中英法联军进军北京示意图

方法来应付这一情况的发生。因此在法军久攻无效，又舍不得放弃台湾而兵力不足以封锁北直隶湾（渤海湾），不得不退而求其次封锁长江口时，对清政府的威胁已经没有预想中的那么大了。

如果说法国人对北洋舰队的顾忌和他们不太成功的大米禁运政策使得清政府的海防和海运还有值得期待之处，那么光绪二十年（1894）爆发的中日甲午战争和光绪二十六年（1900）的八国联军侵华则将这一希望粉碎。

最后，海运的风险使得有识之士将希望寄托在铁路运输上，在一定程度上促进了中国铁路事业的发展。如光绪四年薛福成作《创开中国铁路议》，认为："漕粮改行海运而国与民两便，然议者犹欲规复河运以防海道之不测，与其掷重资以复河运，不如招商股以开铁路，铁路既成，譬如人之一身血脉贯通，则百病尽去。"

光绪六年（1880）李鸿章《妥筹铁路事宜折》指出："自江、浙漕粮改行海运，议者常欲规复河运，以防海运之不测。铁路若成，譬如人之一身，血脉贯

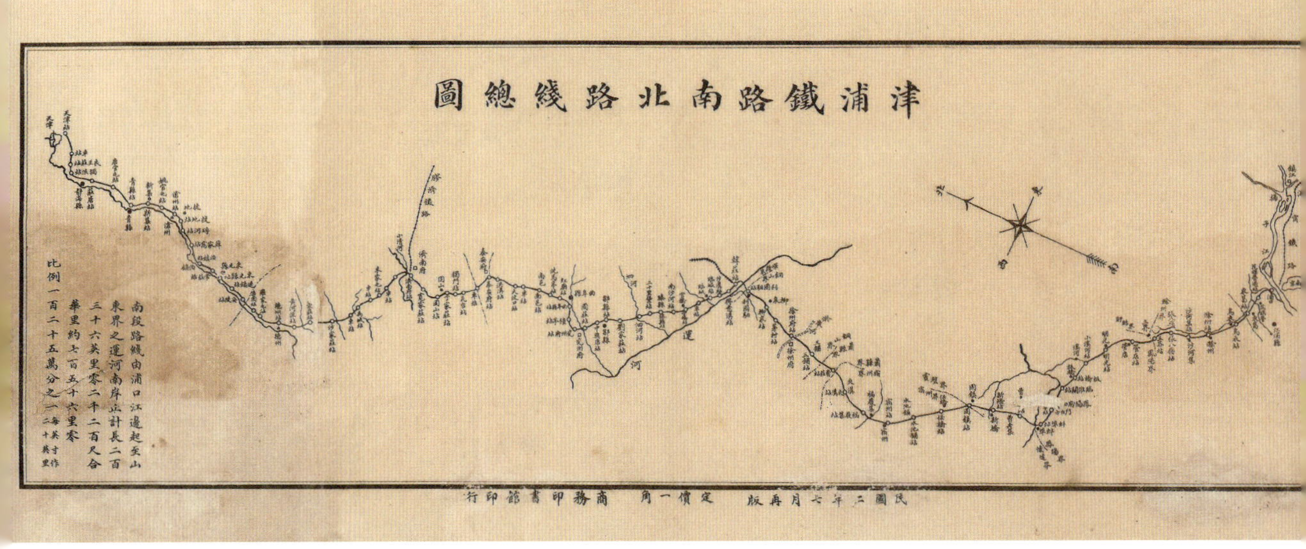

图 2-4-16 津浦铁路南北路线总图

通，即一旦海疆有事，百万漕粮无虞梗阻。”光绪十一年（1885）夏，左宗棠复奏海防事宜折，认为“清江至通州宜先设立铁路，以通南北之枢”（《清史稿》），以便于转漕。同年冬，李鸿章复言“陶城、临清间二百余里，运道淤垫，请试办铁道，为南北大道枢纽”（《清史稿》）等。

不过由于清政府担心沿运河修建铁路容易遭到侵略者的破坏和控制，因此这条晚清时提出最早、呼声最高的铁路迟迟没有开工，经张之洞的提议，当时上马的是京汉铁路（始建于 1896 年，建成于 1906 年）。清末修成的津浦铁路（始建于 1908 年，建成于 1912 年）身上有一点它的影子。

津浦铁路北起天津，南至浦口，与沪宁线隔江相望，中经沧州、德州、济南、泰安、兖州、邹城、滕州、临城、徐州、宿州、蚌埠、滁州等城镇，全长 1009 公里，是华北通向华东的主要干线。在徐州与陇海线交会，连接通往中西部的走廊，串起大半个中国。津浦铁路建成的那年是中华民国元年（1912），清朝灭亡，连带着两千多年的漕粮运输也结束了。此后，南方的粮食通过京汉、津浦等铁路源源不断地输送到北方，而运河离开了漕运，也就彻底落寞了。

至于运河，在海防经受英法等国打击后，恢复河运的呼声一度激增。早在同治七年（1868）捻乱平定后，清政府就曾试图挽河南流，以便恢复运河漕运，这在朝中引起大争论，最终因自然水文条件艰难（黄河改道截断运河）和朝野反对声音强大没有取得成绩。此后，朝廷只能在黄河截断运河的情况下，改进黄运交汇处的河道和水闸（陶城铺运河水闸），在黄河以北采用灌塘法来艰难维持漕运，但每年的运粮只能达到十余万石。这种方法成本很高、效率很低，时人描述从张秋到临清二百多里，都要仰仗黄水灌塘济运，“启闸之时沙淤涌入，闸闸兜束，逐渐填塞，回空粮船遂致无水浮送，且每岁均须浚治”（《皇朝经世文续编》）。千年未有大变局之下，洋务自强、救亡图存成为朝野关注的核心，河漕事务渐趋边缘化，山东运河漕运及其庞大的管理机构变成了累赘和负担。

光绪二十七年（1901），在庚子赔款的巨大压力之下，朝廷诏令各省河运一律停止，全部改征折色，山东运河漕运终止。次年正月，东河总督衙门裁撤，黄河以北运河闸坝官员全行裁撤，黄河以南运河闸坝官员部分酌留，

图 2-4-17　津浦直达特快列车开车仪式（1921 年天津静海站）

十二月（1903年1月），朝廷批准了山东巡抚周馥“将山东运河闸官闸夫全行裁撤”的奏疏，山东运河再无专门官吏管理。光绪三十年十二月（1905年1月），漕运总督衙门裁撤。短短两三年之后，山东北运河即河道淤塞，几如平陆，南运河则“旧建闸坝逐渐毁坏，河淤湖垫，吐纳失灵，旁溃横决，水系紊乱”[1]。

① 山东运河工程局编《治运意见书》，1931，第20页。

第三章

物质流动之主轴：大运河在国内外市场网络中的地位

人类社会存在于一个以人的行为为主导、自然环境为依托、资源流动为命脉、社会体制为经纬的自然—社会—经济复合生态系统，也就是“人类生态系统”中。在这个系统中，资源流动是其命脉，对于古代中国而言，资源流动的主要承载者是水运。水运网络就像人体内的血液循环系统，大运河就像其中的主动脉。

正如我们前文屡次强调的，不能孤立地看待大运河，而应该将它放在整个水运网络中来考察，只有这样才能全面了解它的作用和意义。通过长江及其支流赣江、湘江、汉江、乌江、岷江等连通江西、湖南、湖北、贵州、云南、重庆、四川等地，又通过灵渠、梅岭等连通广西、广东，从而构成了贯通整个中国的交通网。

各种关系国家生计的赋税、资源、百货从这个网络的各个角落，源源不断地汇总到大运河。这些物资经由运河北上或者南下，或纳入国家府库，支持朝廷运转、国防需食；或懋迁有无，利通南北，便民而裕国；或驼往西域、扬帆南洋，通过陆、海两条丝绸之路连接中国与世界，参与世界经济、文化的大交流。

前文通过对运河变迁的勾勒，已经能够了解中国古代北方地区水运网络的变化情况，本节在此基础上详探大运河与其他交通要道，如南方水网、陆上丝路、海上丝路、万里茶路等的连接情况，以便了解大运河在整个交通网络中的核心地位。

第一节

大运河与陆海丝绸之路的连接

2011年1月4日的《光明日报》上有篇短文，题为《大运河，连世界为一体》。大运河怎么连通世界？大运河通过连接陆上丝绸之路和海上丝绸之路来连通世界。

我国历史上对外贸易的著名通道丝绸之路分为两个部分：人们熟知的陆上丝绸丝路，是从洛阳起始向西走向亚洲腹地，走向中亚、西亚、南亚乃至欧洲，也使上述地区的人们走向中国；海上丝绸之路是从宁波、泉州、广州等地出海向东亚、东南亚乃至非洲，使古代中国走向海洋、走向世界，也使世界走向中国。大运河便起到了连通两条丝绸之路的作用，在海上丝绸之路相关考古中，发现大量中国古代瓷器。这些瓷器产地分布相当广泛，大多是通过大运河运输到相关海港，然后转到海上丝绸之路

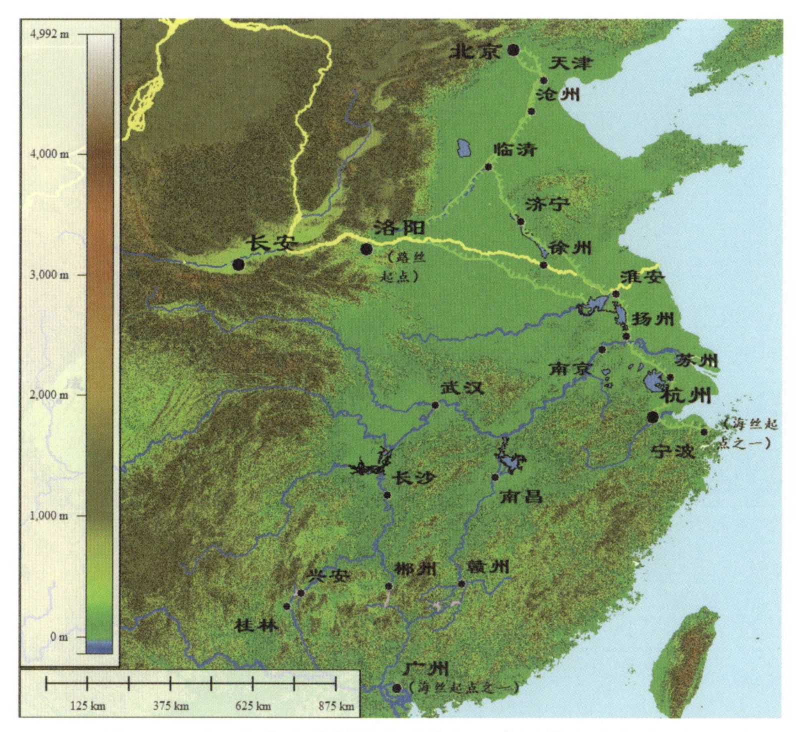

图3-1-1　大运河连通“路丝”起点洛阳和“海丝”起点宁波、广州示意图

的船上。海上丝绸之路离不开大运河，尤其是浙东运河它发挥着极为重要的中转功能。同时，海上丝绸之路的舶来品也有相当多是通过大运河运到内地的。同样的，大运河也与路上丝绸之路相通。所以说，大运河把世界性的“陆路”与“海路”丝绸之路连为一体，从而把世界连为一体。

（一）大运河与丝绸

1. 陆上丝绸之路

丝绸是中国古代极为重要的生活物资，也是中国古代对外贸易中最重要的物资之一，因此对外贸易路线都有丝绸之路之名。在古代中国，大运河是丝绸在国内流通，并大量汇总到洛阳，通过丝绸之路销往欧亚的必经之道。

图 3-1-2 明代鲁绣《芙蓉双鸭图轴》（故宫博物院藏）

战国时期，山东的齐鲁、河南的陈留、襄邑等地是有名的丝织中心，尤其是齐国的丝麻纺织品行销很广，有“冠带衣履天下”的美名。秦汉时期，北方地区植桑养蚕和民间丝织业进一步发展，元封三年（前 107）各地以均输名义交纳的绢帛就有 500 万匹，这些绢帛大部分都是经由运河水路运到帝都长安的。随着丝绸输出贸易规模和地区的迅速扩大，汉武帝派遣张骞两次出使西域，打通了中原同西域之间的通道，开始了同西域各国的商贸和文化交往，开辟了闻名古今的“丝绸之路”。从汉代到整个唐代的近千年间，丝绸之路一直是丝绸运销和中西经济文化交流的大动脉。

隋唐时期，随着全国统一政权的建立和丝织业的迅速发展，加上南北大运河的开凿修浚，丝绸的贸易和传播进入一个新的阶段。隋唐官府在各地搜罗名贵丝织品，一部分供皇室使用，其余的作为官吏俸禄、章服和赏赐、馈赠，流往全国各地。民间的丝绸贸易和交流十分兴旺，其数量和规模远远超过与官府的交流。隋唐时期，除长安、洛阳两京之外，扬州、益州、定州是三个最为著名且颇为稳定的丝织生产中心，其中扬州、定州都在大运河沿岸，生产的丝绸可以通过大运河便捷地运往各地，益州丝绸也能够通过长江转到大运河流通。

在丝绸之路上，尤其是敦煌、吐鲁番等地，出土了大量的丝绸。专家普遍认为，我国丝绸之路上出土的丝绸，绝大部分都产自内地。比如吐鲁番出土的隋代胡王锦、唐代王字龟甲纹锦、仿波斯纹样的联珠猪头纹锦、联珠鸾鸟纹锦等，大体产于扬州；吐鲁番发现的唐代天青色敷金彩轻容纱，应是越州（今浙江绍兴）的产品。这些丝绸都是先经过运河水路，再转陆上丝绸之路销往西域的。

图 3-1-3　唐代联珠鸾鸟纹锦

宋元时期，长江中下游流域尤其是太湖流域，发展成为全国桑蚕丝织业的中心。北方地区的蚕桑生产处于停滞和衰退的状态，但丝绸的消耗量却很大。宋辽澶渊之盟后，辽国、西夏不断以武力相威胁，迫使北宋政府每年送给辽、夏 27 万余两、绢 45 万匹；而北宋皇宫和统治集团所消耗的高级丝织品更是一个庞大的数目。在这种情况下，唯有加重对南方百姓的剥削，加速南方地区蚕桑生产的发展。于是南方在全国蚕桑生产中所占比重越来越大，北宋时全国上供的丝织品中，江浙的丝绵超过了三分之二，这些丝织品都是利用运河运输到京城的。

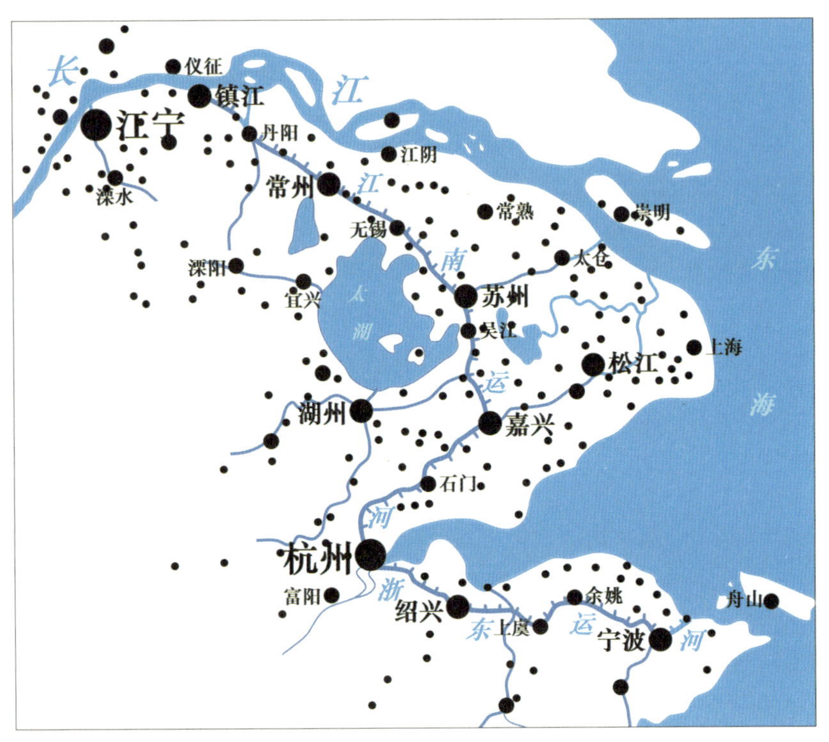

图 3-1-4　清代江南市镇分布示意图

明清时期，随着民间丝织业的不断发展，在官府丝织业所在的南京、苏州、杭州等丝织业中心之外，又涌现出一批新的丝绸重镇，如浙江仁和的茧桥，海宁的硖石，乌程的南浔、乌青，吴兴的菱湖、双林，嘉兴的王江泾，桐乡的濮院，江苏吴江的盛泽，震泽县的震泽镇等，织造绸缎是镇上和邻近民众的主要工作。在这些地方，蚕桑的生产由副业发展到专业生产，蚕桑收入已经超过粮食和其他农业生产。清代康熙、乾隆先后多次沿运河坐船巡视江南，途经嘉兴、湖州一带，看到运河两岸一望无际的桑林，曾吟诗赞美浙江蚕桑的盛况。康熙道："天下丝绫之供，皆在东南，而湖丝之盛，唯此一区。"

明清时期，苏州大量种植桑树、棉花等经济作物，促进了本区丝织业和棉纺业的进一步发展，苏州成为当时全国最大的丝织、棉织、染整中心，皇家高级丝绸织品也大多出自苏州织工之手。借助京杭大运河，密集便利的水路交通网络与全国主要经济重镇连通，苏州成为全国首屈一指的商业中心。所以有人说"最繁忙的时候，大运河里，一半是水，一半是水一样流光溢彩的丝绸。可以说，大运河是流动的丝绸，丝绸是被裁剪的运河。在传播中华文明的历史征程上，大运河无疑是丝绸之路的延伸。"①

① 大河报社编《行走大运河下》，大象出版社，2014，第 277 页。

2. 海上丝绸之路

宁波是大运河唯一的出海口，宁波港的崛起得益于大运河腹地的兴起、大运河交通的支持，以及国际政治、贸易局势的变化。隋唐时期，两浙一带丝绸织造水平不断发展。越州进贡耀光绫，“绫纹突起有光彩”（《大业拾遗记》），组织非常精巧。越州织绸水平在唐朝开元到贞元年间的一百年中发展非常迅速，丝织技术提高很快，这与隋唐大运河全面开通后北方技术的支援密不可分。如李肇《唐国史补》载，浙江东道节度使薛兼训在大历二年（767）密令军中未婚士兵，去北方“娶织妇以归，岁得数百人”，从此越州“竞添花样，绫纱妙称江左矣。”杭嘉湖一带丝绸发展也很快，据《宋会要辑稿》载，上供丝织物，两浙占三分之一以上，丝绵则超过三分之二。

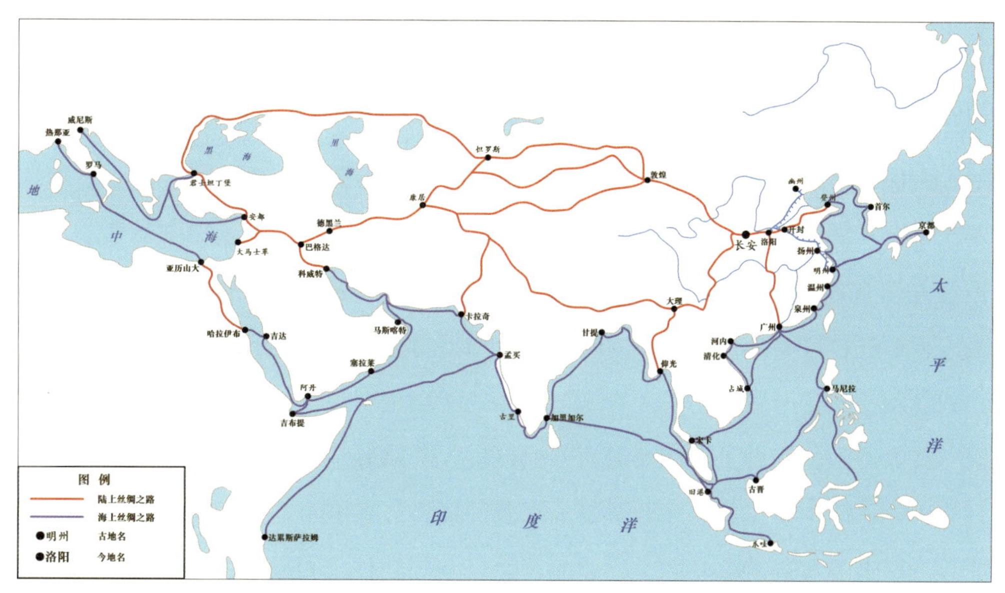

图 3-1-5 隋唐大运河与丝绸之路示意图

唐宋时期国际政治、贸易格局发生很大变化。唐代安史之乱后，河北、山东残破，以登州（治今山东文登区）为中心的东海丝绸之路衰落，以明州（今宁波）为中心的东海丝绸之路迎来崛起之机。到两宋时，西夏、金、蒙古先后阻断西北的陆上丝绸之路，南宋时，金、蒙古先后占据山东半岛，北部港口商路梗阻，明州港更显重要。明州成为对日本贸易的主要港口，在日本熊本市如来寺菩萨像内发现的锦绢就来自明州；明州也是对高丽贸易的主要港口，来往高丽的一切使节、商人活动，几乎都经过这里，为此南宋朝廷在明州特设高丽司机构进行管理。总之，大量的丝绸绫罗通过大运河汇集到宁波，又从这里输出到日本、朝鲜。

（二）大运河与陶瓷

汉唐陆上丝绸之路运销商品以丝绸为大宗，故称丝绸之路。唐宋以后的海上丝绸之路虽然仍冠以丝绸之名，实际上却变为以陶瓷为大宗，这中间的变化也与大运河密切相关。

著名敦煌学专家、丝路文化研究专家郑炳林在访谈中介绍丝绸之路的称谓说“由于这条道路运送的商品多为丝绸，而称作丝绸之路。因此演变出来海上丝绸之路，但海上丝绸之路出口的商品多为瓷器，没有出土丝绸，所以被戏称为‘一丝不挂’”。[①] 此说虽有些绝对，但也可以明白海上丝绸之路，实际上是一条海上陶瓷之路。

为什么陆上丝绸之路以丝绸为主，海上丝绸之路为以陶瓷为主呢？除了陶瓷制作工艺发展演变的因素外，最主要的是运输方式的不同。路丝以陆运为主，运输过程非常颠簸，适用于耐颠簸的丝绸，不适用于易碎的陶瓷；海丝以海运为主，运输过程较为平稳，但较为潮湿，适用于易碎耐潮的陶瓷，不适用于容易受潮的丝绸。与这个道理相同，怎么把易碎的陶瓷从产地窑口运输到出海港口，这就需要大运河的帮助了。在大运河开通以前，陆路转运非常艰难，运费高昂，且容易破碎，得不偿失，极大地限制了陶瓷的销售，抑制了陶瓷的生产。大运河开通后，巨大的市场需求刺激了陶瓷的产量以及制瓷技术的提升，所以中国陶瓷大量出口发生在大运河全线贯通后的唐宋时期。大量精美的瓷器成为海外对中国印象的主要来源，这也让陶瓷的英文名（china）成为中国（China）的代称。

在中国出土瓷器中，有一个重要分类叫作“运河瓷”，古陶瓷收藏家、鉴赏家、中国隋唐大运河博物馆馆长王红五将其定义为“隋唐大运河汴渠段，被‘黄

---

① 李金田、戴恩来主编《敦煌文化与中医学》，中国中医药出版社，2017，第 342 页。

泛’掩埋的、出土的高古瓷”[1]。笔者认为此定义仍偏于狭窄，大运河的其他河段出土的陶瓷都应该被纳入运河瓷的范畴。所谓运河瓷，就是因运输陶瓷的船只在运河上遭遇意外事故，导致陶瓷沉没于河底，然后在现代发掘出土的古陶瓷。运河瓷见证了大运河与陶瓷的密切关系。

图 3-1-6　宿州运河出土的运河瓷

大运河是隋代至清代国内瓷器长途运输的主要通道，其瓷器运输量之大难以想象。仅从近 20 年来大运河安徽段的几次考古发掘可见一斑，1999 年在淮北市柳孜运河遗址的发掘，发现 8 条唐代沉船，共出土 1635 件古陶瓷器、数十万枚瓷片。2007 年至 2008 年在宿州市区运河遗址的两次发掘，出土 2000 多件古陶瓷器、近百万枚精美的瓷片。2018 年在淮北市烈山区还发现了 6 处北宋、金、元时期的窑炉本体，出土各类瓷器数千件、瓷片数吨，被命名为烈山窑址，是全国首次考古发掘发现的宋三彩烧制窑址。

这些瓷器部分产自本地，更多地来自外地，以唐代长沙窑、越窑、寿州窑、邢窑、巩县窑为多，产地遍及今河南、河北、湖南、山东、安徽、陕西、江西、浙江、福建等省，反映了我国唐宋时期南北地区各主要瓷窑产品的时代特征。据王红五介绍，“截止到目前（2011 年），大运河遗址考古发掘和沿线民间征集的‘运河瓷’中，笔者所见的窑口比较全，难以尽述。概括地讲，主要作品东北有内蒙古赤峰、辽宁辽阳的‘辽三彩’，东有韩国的‘高丽瓷’，东南有福建同安的‘珠光青瓷’，南有江西的赣州窑、吉州窑和湖南的长沙窑，西南有四川的‘邛

---

① 王红五：《“运河瓷”辨识与鉴赏》，上海大学出版社，2011，第 8 页。

峡彩瓷’，西北有甘肃武威的‘西夏瓷’，至于中原秦晋、燕赵北国、东南富庶之地，更是有林林总总的上百个窑口。”[①] 可见大运河上流通的瓷器来源之多、品种之丰富。

图 3-1-7 隋唐大运河博物馆（淮北市博物馆）藏运河瓷★

至于瓷器在国内的流通，位于运河沿线的北宋官窑、南宋官窑、鼎州窑、越州窑等唐宋名窑自不消说，都是以大运河为主要运销途径；位于运河支流上的诸名窑，如邢州窑、定窑、钧窑、汝窑、寿州窑、婺州窑等也都通过当地河流转入运河后，再转销南北各地。以定窑为例，如果向南输出，一定先走御河到洛阳，再走汴河到开封，然后向东南抵达今安徽、江苏境内。据考古人员分析，“目前所知，在河南境内出土的定窑瓷器，主要在今陇海铁路一线，西至三门峡市，经洛阳市、郑州市，向东达商丘市，即是唐宋时期的通济渠（汴河）走向。”[②]

而在汴河衰败淤浅后，河南地区就很难见到定窑瓷器了，“值得注意的是，在目前河南省出土的定窑瓷器主要为五代和北宋产品，基本不见金元时期。……这表明北宋王朝灭亡之后，河南失去了统治中心地位，加之南宋和金长期在这里

① 王红五：《“运河瓷”辨识与鉴赏》，上海大学出版社，2011，第 17 页。

② 孙锦、孙新民：《河南出土定瓷与定窑类型瓷器概述》，载故宫博物院古陶瓷研究中心编《故宫博物院八十七华诞定窑学术研讨会论文集》，紫禁城出版社，2014，第 433 页。

★引自王红五著《“运河瓷”辨识与鉴赏》（上海大学出版社 2011 年版）第 6 页。

进行拉锯战，政治局势不稳，经济一蹶不振，当地一般百姓只能使用当地生产的瓷器，定窑瓷器由于运输成本过高就失去了市场竞争力。”[①] 如果说南宋和金、元交战时期，是战争和政治的因素导致定窑难以进入河南地区，那么元朝统一全国后，为何也不见定窑瓷器在河南地区出现呢？其中关键原因自然是汴渠的淤塞、运河的改道，导致定窑运输成本过高，无法与河南本地瓷器进行竞争。

除了这些运河及其支流上的名窑，很多远离运河的窑口瓷器运销也离不开运河。以景德镇瓷器为例，景德镇官窑瓷器“查明初陶厂皆有水运达京”，此即自昌江入鄱阳湖至长江，顺江直下扬州，转大运河北上，直达北京。景德镇民窑更依赖水运，民窑外销主要有两条途径：一是南下广州，自昌江到鄱阳湖，进赣江溯流至大庾岭，经梅关古道入北江，顺北江而下至广州出海；一是东下宁波，自昌江入鄱阳湖，到九江转长江，到镇江入运河至宁波。

总之，瓷器对水路运输具有较大的依赖性，没有隋唐大运河的沟通，西部和北部窑业的外销将受到制约，同样，可能因销路而影响规模，因规模而影响效益，因效益而影响技术发展。隋唐大运河的开凿，有力地促进了西部、北部窑业的发展，促进了唐代陶瓷“南青北白”格局的形成。中国走向世界是瓷器的功劳，瓷器——China就是中国，没有大运河的水路运输，就没有瓷器的出口，大运河成就了“海丝”陶瓷之路，让中国走向了世界。[②]

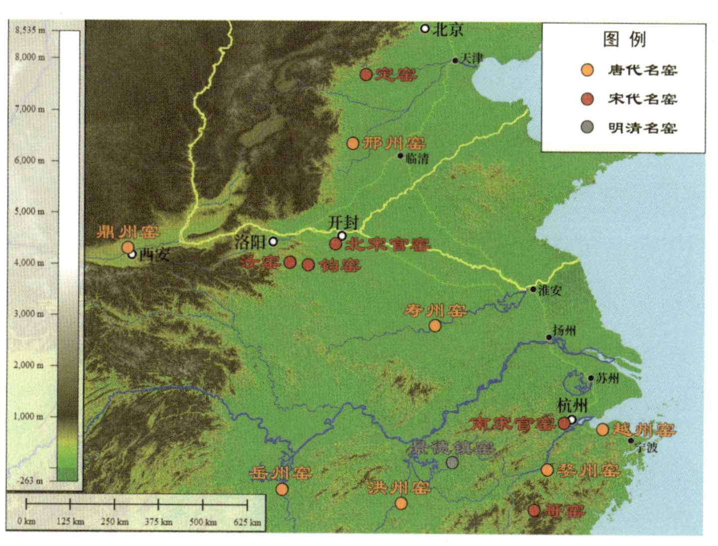

图 3-1-8　唐宋时期的中国名窑与大运河示意图

① 孙锦、孙新民：《河南出土定瓷与定窑类型瓷器概述》，载故宫博物院古陶瓷研究中心编《故宫博物院八十七华诞定窑学术研讨会论文集》，紫禁城出版社，2014，第 434 页。

② 张秉政：《运河·中国 隋唐大运河历史文化考察上》，北京时代华文书局，2019，第 243 页。

（三）大运河与茶叶

继丝绸和陶瓷之后，中国对世界影响最大的外贸商品是茶叶。茶叶生产始于巴蜀、汉中、湘鄂西部、黔西北、滇北等西南地区，南北朝时期扩展到长江流域各省，隋唐五代时期迅速发展，广泛分布于秦岭、淮河以南地区，全国茶区的整体布局形成，现代茶区的基本雏形奠定。

据学者研究，在南北朝的时候，南方人饮茶已经成为风俗，但茶在北方却不受欢迎，多数北方人不习惯饮茶，甚至有以饮茶为耻的。北魏杨衒之《洛阳伽蓝记》中嗜茶者有着“漏卮”“酪奴”“水厄”等诨名，都不是雅称。大致到中唐前后，因为文人的推崇与宣扬、佛教的影响等原因，茶的饮用开始普及到了北方，“关西、山东间阎村落皆吃之，累日不食犹得，不得一日无茶也”（《膳夫经手录》），“自梁、宋、幽、并间，人皆尚之，赋税所入，商贾所资，数千里不绝于道路”（《正续小十三经》），饮茶在北方地区也成为很流行、很日常的活动。

饮茶风俗的北传，与大运河有着密切的关系。李菁指出，饮茶风靡一时的这种饮食文化现象及其不断发展与东南茶北运大有关系，运河成了南方饮茶风俗北渐的最佳路线，也是南北文化交融的最好捷径。陶德臣也认为通过运河，南来北往的茶商、进京任职的嗜茶官员、科举赶考的南方文人，甚至向北迁徙的一般南方人，都有意无意地把南方人的文化、生活习俗一路播撒，茶文化因而迅速由南向北扩散，饮茶成为北方人新的追求和爱好，迅速融于他们的生活。有理由认为，托起过无数茶船的运河就是唐代饮茶之风的北渐之路。

唐五代时期，茶叶运输路线主要分东南、中部、西部三条，其中东部线与运河运输直接相关。东南茶叶运销路线的茶源来自今天江西、浙江、江苏、安徽一带茶区，主要通过长江、淮河和泗河转京杭大运河直接运销今苏北、皖北和河南各地。①

江西浮梁茶区（浮梁是皖南、浙西、赣东茶的交汇中心，在唐代大诗人白居

---

① 陶德臣：《论运河在茶叶传播运销过程中的历史地位》，《农业考古》2013年第5期。

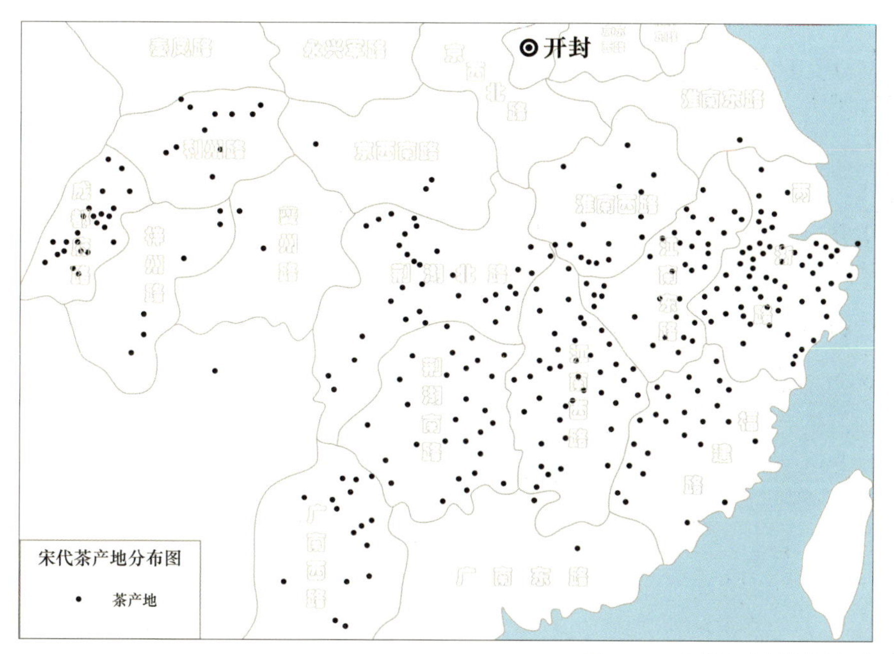

图 3-1-9　宋代茶叶产地分布图★

易的名篇《琵琶行》中琵琶女的丈夫便在浮梁从事茶叶贩运：“商人重利轻别离，前月浮梁买茶去”）靠近鄱阳湖，用舟泛湖至江州（今九江），转长江东下，抵赴扬州。扬州扼京杭大运河之咽喉，是江淮茶北运的必经之路。东南各地汇集到扬州的茶从扬州沿京杭大运河继续北上，经高邮、楚州（今淮安市楚州区）、泗州（今洪泽湖西部），经汴河抵达汴州（开封），再经河水达到洛阳，形成“商贾所资，数千里不绝于道路”（《正续小十三经》）的运茶盛况。

江浙一带所产茶沿京杭大运河循漕运路线北运，如婺州（今金华）茶也远销宋州（今商丘）、幽州（今北京）、并州（今太原），建州（今福建建瓯市）茶销广陵（今扬州）、山阳（今淮安），两地均为京杭大运河必经之地，福建茶也循运路北上。

皖北茶区的茶集中庐州（今合肥）、寿州（今安徽寿县）后陆运，到寿州后或入颍河，西出正阳镇溯流北上，经陈州（今河南淮阳县）入蔡河到达汴州，运输方式仍以运河水路为主。

宋代茶叶运输路线分西线、东线、西南线。其中西线、东线都与运河关系密切，西线涉及蔡河，东线涉及邗沟和汴河。

★据程光裕、徐圣谟主编《中国历史地图》（台北中国文化大学出版部 1980 年版）改绘。

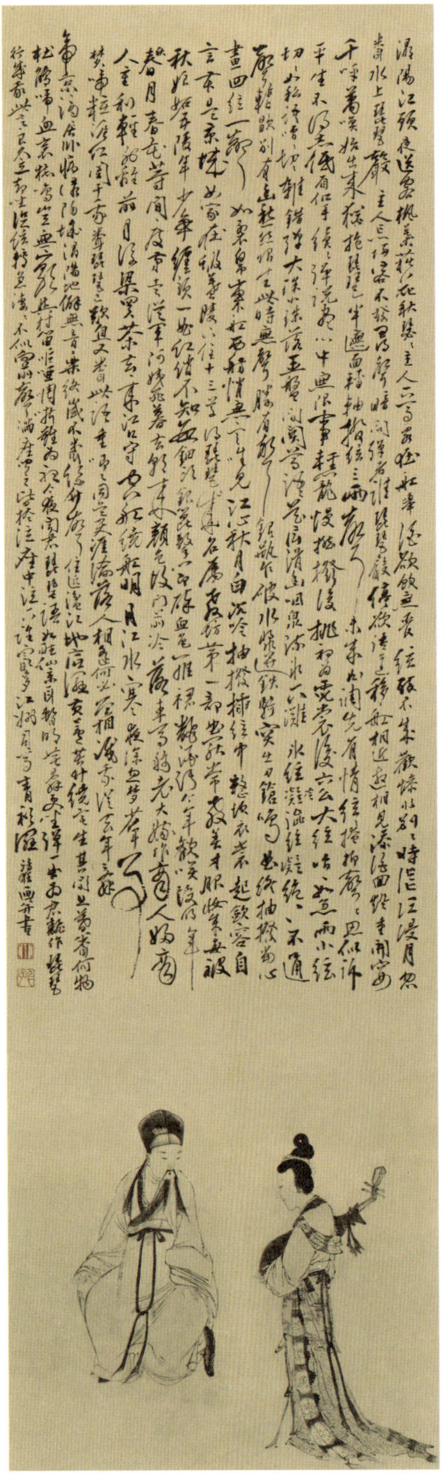

西线先取道庐州、寿州陆运，然后再分两路：一路出寿州，入颍河，西出正阳镇再溯流北上，经陈州入蔡河赴汴京；一路出寿州，取道淮河，向东经荆山镇，再入涡水经亳州、太康入蔡河到汴京。西线水陆兼行，优点是路程短、路线直，因而淮西部分茶均取道西路上京，同时吸引了荆湖、江西等地的少部分茶由此上京。

东线是东南诸路漕运的大动脉，与唐五代时一样，东路仍是茶叶运输主要线路。它从真州（今江苏仪征）、扬州入运河，北经高邮、楚州、泗州，转汴河经宿州、应天、陈留（今开封陈留镇）抵汴京。两浙、江南、荆湖及福建海运至通州（今南通）、泰州的茶叶由此赴京，部分本走西路的淮西茶也顺江而下，转取西路北运，经漕运大动脉上京。东路运茶路线比西路重要，且运茶也比较快，如水运中“舳舻蔽川，自泗州七日到京”（《梦溪笔谈》），这是由茶货出产数量与运输方便程度决定的。

元代再次疏浚大运河，茶叶北运更为便捷。明清时期，茶叶商帮崛起，雄居华北的晋商、傲视江南的徽商分别执南北茶叶贸易之牛耳。徽商将产自家乡皖南的茶叶大量运往江苏、河南、山东、北京、天津等地销售，相当一部分

图 3-1-10 （明）郭诩《琵琶行图》（故宫博物院藏）

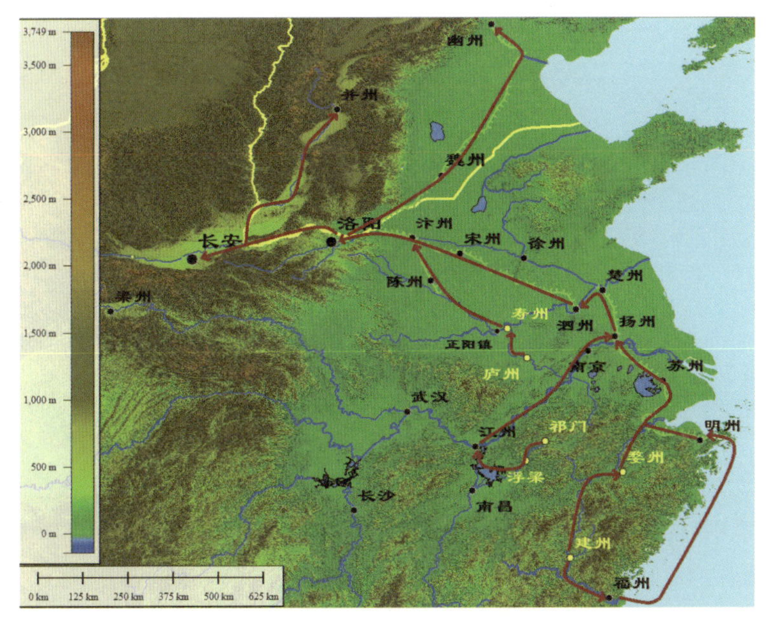

图 3-1-11　唐宋南茶北运线路示意图（黄色地名为产茶区集散中心）

茶货仍是通过运河运输的。这一时期，北方茶叶市场发展更为成熟。这一局面最终的形成，与运河对茶文化、茶产业的有力推动密不可分。在北方茶叶市场形成、发展过程中，运河的推手作用功不可没。没有运河的便捷水运，北方茶叶市场发展就不可能取得那么大的成绩。

2013 年 3 月 23 日，习近平主席在莫斯科国际关系学院发表题为《顺应时代前进潮流，促进世界和平发展》的重要演讲，在演讲中他特别提及一条 17 世纪的中俄茶叶贸易之路——万里茶道，并将其与当今的中俄油气管道——世纪动脉并列，他说，“中俄两国的能源合作不断深化，继 17 世纪的‘万里茶道’之后，中俄油气管道成为联通两国新的‘世纪动脉’。”[①]

中俄万里茶道是陆上丝绸之路衰落后，东亚大陆上兴起的一条国际商路，或者说，她是陆上丝绸之路的延续。万里茶路，又称晋商驼道，是发端于明后期，兴盛于清中期，以山西商人为主力，贯通蒙古、俄罗斯和中亚、欧洲各国，途经 235 个城镇，总长 1.3 万余公里，是继汉、唐、宋、元丝绸之路与茶马古道之后，又一条连接欧亚大陆，在中外经贸文化交流史上发挥过重要商业作用的陆上国际通道。

中国商业史学会万里茶道专业委员会副主任、山西财经大学张亚兰教授，根据两部山西茶商手稿——《行商纪略》（道光时期）和《行商遗要》（清中后期）发现，在时下万里茶道申遗的热潮中，忽略了包括运河在内的几条重要路线，尤其是运河对万里茶道线路的重要性凸显，值得进一步关注和重视。她指出《行商

① 中共中央文献研究室编《十八大以来重要文献选编上》，中央文献出版社，2014，第 263 页。

纪略》中，湖北赤壁羊楼洞产地的茶叶往北运输的路线，只提到了一条，就是“运河线路”：经赊旗（社旗）镇至北舞渡，然后沿沙河至周家口（周口），再沿贾鲁河至朱仙镇，过了黄河后，又沿卫河北上，进入运河体系，经天津至北京运河出口，然后由北京通州或张家湾（运河另一个出口），运往东口（张家口）、多伦诺尔、独石口这三个目的地。而在《行商遗要》中，产自湖南安化的茶叶，运到河南赊旗镇后分四条路线北运，运河路线可能是其主线。光绪元年（1875）长江通航轮船后，可由汉口经上海海运到天津，运往北京时仍然需要利用京津运河，再由张家口至恰克图销往俄罗斯。即使后来京津之间通行火车，这条线路仍在使用，充分说明了以京津为枢纽的“运河线路”曾长期起到过重要的茶叶运输通道作用。①

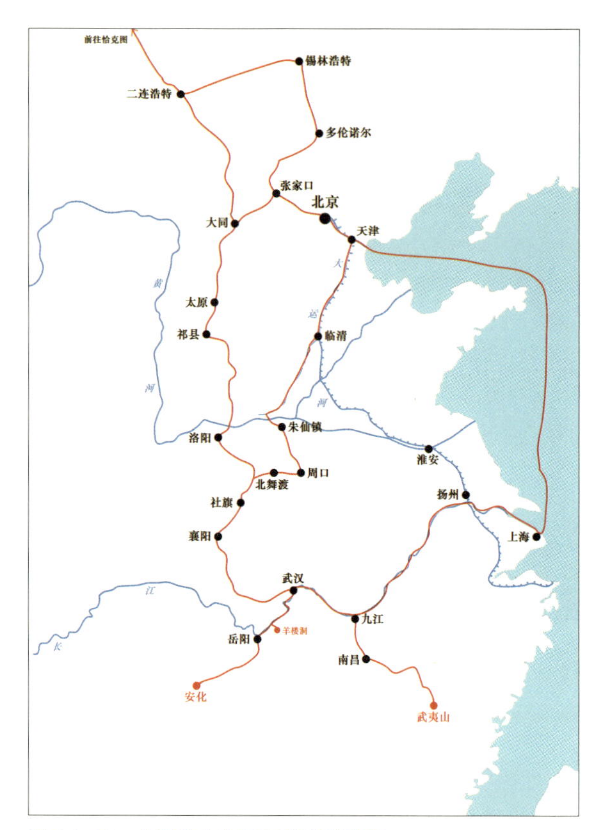

图 3-1-12 中国境内的万里茶道示意图

① 张亚兰：《〈行商遗要〉释读与研究》，山西经济出版社，2018，第 304—309 页。

第二节

大运河与华南、岭南、西南的连接

大运河通过长江及其支流湘江、赣江等河流，可以很方便地连接华南、岭南和西南地区，从而将整个南方地区纳入完整的大运河—长江—珠江水运网络中，实现南北物资的顺畅交流，激发市场活力，稳定政府财政。大运河怎么通过长江及其支流沟通珠江？在秦、汉、隋、唐时期主要是通过连通湘江与漓江的灵渠，在唐代以后则主要通过连接赣江和北江的大庾岭梅关古道。

（一）五岭通道与“京广大运河”

1. 灵渠

大运河与华南、岭南地区的连接发生的时间很早，秦朝时开凿的灵渠便是代表。灵渠是一条因战争而生的运河。秦始皇统一中原后，为了将岭南百越地区纳入版图，发兵五十万，分五路征伐岭南。其中沿湘江而上的一支推进到越城岭下，遇到越人的顽强抵抗，长期的战事对粮草补给与兵援输送提出了很高的要求。为此监御史禄率兵历时五年开凿灵渠，粮草与兵援借此浮舟过岭，秦军才迈开了征服百越的步伐。

灵渠开成于公元前 214 年，全长 36.4 公里，分南北二渠，其中南渠长 33.15 公里，北渠长 3.25 公里，连接湘江和漓江，沟通长江和珠江水系。这样就可以由长江经洞庭湖，南溯湘江，经灵渠，至漓江，经广西桂州（今桂林）、梧州、广东端州（今肇庆），由西江至广州。灵渠开通后，秦军迅速统一了岭南，设立了南

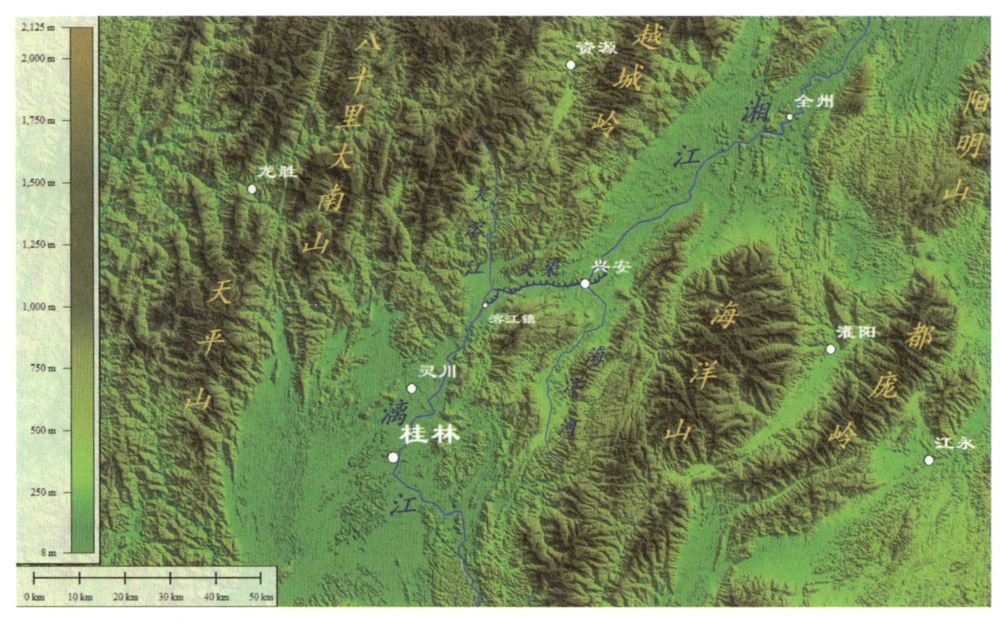

图 3-2-1　灵渠示意图

海、桂林和象三郡，首次将岭南地区纳入中原帝国的版图。秦以后，灵渠作为打通中原与岭南的通道，长期发挥着重要的沟通作用。

随着湖广和岭南地区的不断开发，打通中原、江南和湖广、岭南的交通，实

图 3-2-2　灵渠

现便捷的交流成为十分迫切的需求。唐代，在南岭大山之中已经形成了三条连接长江和珠江流域的重要通道，除了灵渠（越城岭路）外，还有郴州骑田岭路和赣州大庾岭梅关古道。灵渠沟通湘江和漓江，由长江经洞庭湖，南溯湘江，经灵渠，至漓江，经广西桂林、梧州、广东肇庆，由西江可至广州。郴州骑田岭古道连接湘江上游耒水和北江支流连江，也是中原地区通达岭南的一条比较快的道路。赣州大庾岭梅关古道连接赣江源头章水和北江东源浈水，是江西地区通达广东省的最直接道路。《旧唐书·崔融传》描述南方水运繁盛景象“天下诸津，舟航所聚，旁通巴、汉，前指闽、越，七泽十薮，三江五湖，控引河洛，兼包淮海，弘舸巨舰，千舳万艘，交贸往来，昧旦永日”。

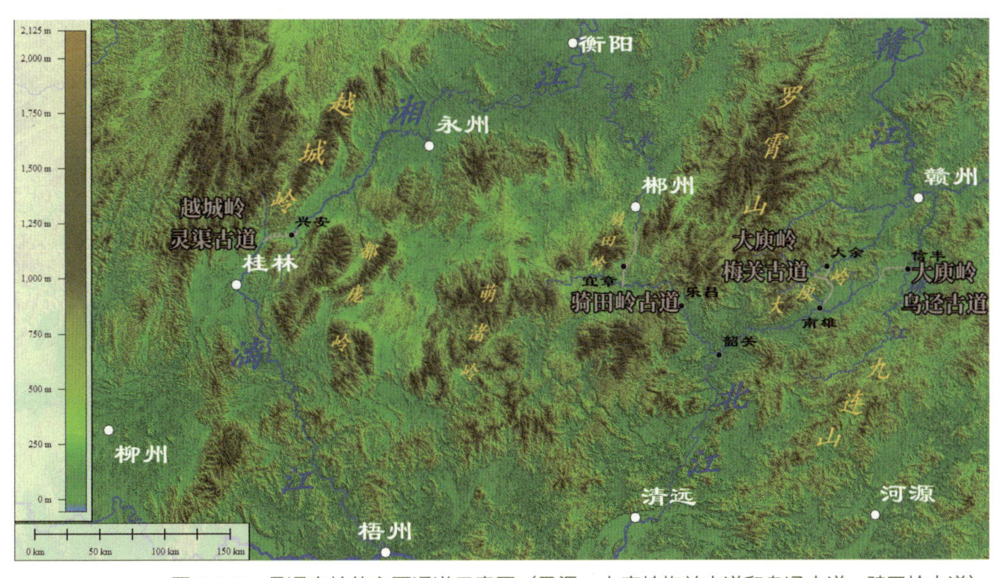

图 3-2-3　贯通南岭的主要通道示意图（灵渠、大庾岭梅关古道和乌迳古道、骑田岭古道）

2. 大庾岭梅关古道

汉唐时期，定都于长安、洛阳，走灵渠和骑田岭古道较为便捷；唐代以后，都城东移，五岭南北交通重心也东移到了大庾岭梅关古道。大庾岭自古便是南北沟通要道，秦朝征服岭南后，在此设横浦关（又称秦关）。随着岭南经济的发展，梅关古道成为岭南岭北沟通的重要通道。唐开元四年（716），丞相张九龄主持开凿了大庾岭上的隘口合岭路，因险峻的山岭漫山遍野的梅花而得名梅岭。隘口位于梅岭顶部，两峰夹峙，虎踞梅岭，如同一道城门将广东、江西隔开。梅关古道连接赣江源头章江和北江东源浈江，是江西地区通达广东的最直接通道，也是唐代之后沟通珠江流域与长江流域最重要的通道。

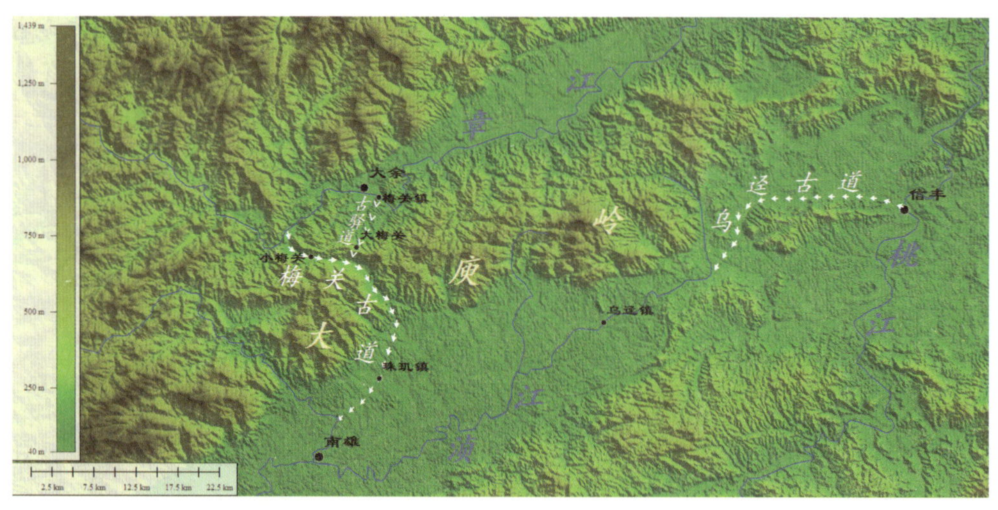

图 3-2-4 梅关古道、乌迳古道示意图

唐代大庾岭梅关古道的开凿，不但改变了过去“以运则负之以背”辛苦转运的窘况，实现了通车运输，大大改变了大庾岭南北交通运输量较小的落后面貌。一些粗重的货物，诸如铁、铅、锡等矿物，大量的粮食等货物，可以交通南北，商贸交流、朝贡者不绝于途，此后一千多年，直到粤汉铁路建成前，大庾岭梅关古道一直是粤赣间交通，乃至粤地与江南、中原交通的主要道路。

图 3-2-5 大庾岭梅关

通过梅关古道等通道，整个南方水网便能相互连通，再通过长江和大运河，就能实现国内南北水路的互通，形成连为一体的中国大水网。这样，全国各地的物资才能相互流通，就如人体血液循环系统一样将养分收集或输送到全身各个器官，再由毛细血管（陆路运输）运达每个角落。

3.“京广大运河”

在近代欧洲文献中有“京广大运河”的概念，说的就是京杭大运河、长江、赣江、大庾岭路、北江这条贯通中国南北的水路大干线。德国著名哲学家康德和赫尔德都对“京广大运河”有所描述。康德在1757年于柯尼斯堡大学开设的自然地理学的课程讲义中写道，在中国“几乎每省都有运河纵穿而过，从这些运河中，又引出小一些的运河流向城市，以及更小的流向乡村……自广州至北京的大运河，其长度举世无双”[①]。赫尔德在1787年《关于人类历史哲学的思想》一书中写道“人们可以坐船从广州直抵北京近郊，如此，人们用公路、运河和河流把这个被群山峻岭和荒漠分割开的帝国艰辛地连接起来：村庄和城市坐落在河流之畔，各省之间内部贸易往来繁忙而充满生机。”[②]1786年，法国神父格鲁贤在巴黎出版的《中国志》中写道：“著名的大运河是他们为方便贸易完成的主要工程之一。这条运河从广州一直延伸到北京，它沟通了所有南方和北方的省份。这项工程被称为御河，长600里格（1里格约等于5.5公里）。在这条运河上航行，除了需要在梅岭山（大庾岭）行10或12里格陆路以外，其余全程都是无间断的。”[③]

他们对“京广大运河”的表述并不是凭空想象的，而是有着坚实的经验基础。早在1655年，来自荷兰东印度公司的遣华使节团有过这段从广州到北京的“运河之旅”。他们将旅途中的见闻记载下来，并绘成图画，在欧洲出版。这对后来西方学者对中国的认识产生了深远影响。除了清初的荷兰使团，嘉庆二十一

①李夏菲、王永平：《近代欧洲文献中的“京广大运河”——中西交流史中的京广水陆交通线》，《山西大学学报》（哲学社会科学版），2021年第2期，第93页。

②同上。

③同上，第95页。

年（1816）到访的英国阿美士德使团在回程路上也走完了从北京到广州的“京广大运河”全程。这条道路虽然不能全程坐船，但中间只有大庾岭这五六十公里陆路，相比于三四千公里的水路而言，几乎可以忽略不计。

图 3-2-6 顺治十二年（1655）荷兰东印度公司使节团访华路线图★

通过这些水陆交通线，大量的物资实现南北方的流通，尤其是全国各地物资向都城的集中，成为王朝维持正常运转、实现对地方控制的根本保障。这些通道既是国家官驿和域外贡使所经之道，也是岭南域外商贸与岭北交通的主要道路，更是维护国家统一、政令上传下达以及文化声教传播的重要途径。唐开元以后，五岭东部大庾岭梅关古道奠定了以后一千二百年五岭交通的中心地位。

★引自（荷）约翰·尼霍夫著《荷兰东印度公司使节团访华纪实》（1665 年法文版）。

图 3-2-7　阿美士德使团画家笔下的大庾岭隘口★

（二）南钱北运

宋代铁、铜、铅、银等金属矿场，集中分布在今江西、福建、广东三省境内，极一时之盛，远远超过了唐代。两宋时期各种金属矿的年收入量，尤其是铜、锡、铅三种铸币用的主要金属，在北宋时的年收入量都是逐年上升的。从皇祐中（1049—1054）到元丰元年（1078）近 30 年的时间内，铜矿的年收入量由 500 多万斤增至 1400 多万斤，锡的年收入量由 30 多万斤增至 200 多万斤，铅的年收入量从 9 万多斤增至 900 多万斤，增长速度很是可观。

1. 两宋的生铁

北宋元丰年间的铁矿场分布于 36 州（军、府），元丰元年年收入量为 550 万斤。当时的主要冶铁中心，按照其年产量的多寡，依次为邢州綦村冶 217 万斤、磁州武安县固镇冶务 197 万斤、徐州利国监 31 万斤、兖州 24 万斤、沁州威胜军 23 万斤（据夏湘蓉等《中国古代矿业开发史》）。显然主要以邢州、磁州两州为主，两州的总产量就占了全国总收入量的 74%。

★引自（英）托马斯·阿罗姆绘，（英）乔治·N. 怀特著，赵省伟编译《西洋镜：一个英国皇家建筑师画笔下的大清帝国》（台海出版社 2017 年版）第 157 页。

北宋这些冶铁中心生产的铁，能够很方便地利用运河等水路运往开封。邢州、磁州位于太行山东麓，距离御河较近，因此御河成为其运输的主要通道。兖州、徐州之铁可经由泗河、汴河运往开封，沁州之铁也能通过沁河、汴渠运往开封。

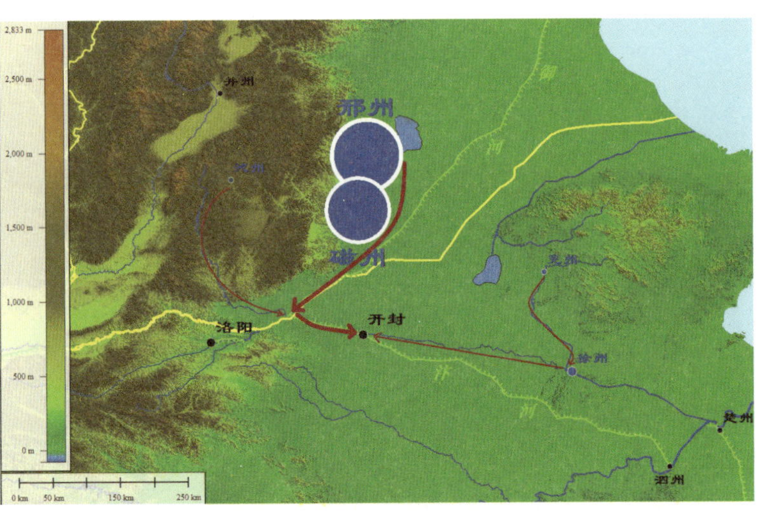

图 3-2-8 北宋元丰年间主要冶铁中心及运输路线示意图

南宋时期，邢州、磁州等地相继被金、蒙古占据，南宋只得在南方开发新的铁矿产地。据《宋会要辑稿·食货》记载，南宋王朝势力范围内几个年产量较多的铁矿场都分布于今江西省境内，绍兴三十二年（1162）前，年产生铁在12万到14万多斤的矿场有：信州铅山场（14.77万斤）、抚州东山场（13.84万斤）、弋阳（12万斤）和上饶（12万斤）等处。

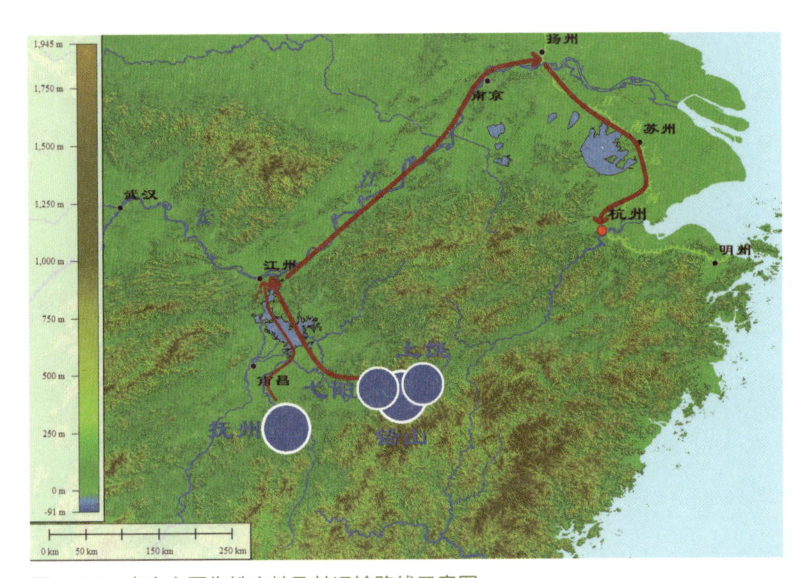

图 3-2-9 南宋主要生铁产地及其运输路线示意图

2. 北宋的铜、铅、锡

铜、铅、锡都是铸钱必需的金属，唐朝时采用“钱帛兼行”的货币制度，到北宋时发展为“钱楮（纸币）并用”的货币模式，之所以发生这样的变化，原因在于市场上流通的铜钱的短缺，也即“钱荒”，因此北宋政府十分重视铜、铅、锡等铸币原料的开采和铜钱的铸造。

北宋早期铸钱中铜铅锡的比例约为7∶3∶1，“凡铸钱，用铜三斤十两，铅一斤八两，锡八两，得钱千，重五斤”（《宋史》）。到北宋晚期，铸钱用铅量变为用铜量的一半。北宋元丰年间的铜矿分布于22个州（军），元丰元年的总收入量是1460万斤，其中广东韶州（今韶关）岑水场、巾子场合计年产量为1280万斤，占全国总收入量的88%，其次是潭州（今长沙），其产量为107万斤。铅矿场分布于32个州（府、县、监），元丰元年总收入量为919万斤，其中年产量最高的铅矿场所在地依次为连州（164万斤）、虢州（162万斤）、衢州（95万斤）、南剑州（89万斤）、商州（85万斤）、韶州（79万斤），以上六州铅的总产量达674万斤，相当于全国总收入量的73%。锡矿场分布于26州（军），元丰元年的总收入量为232万斤，其中贺州的年产量为87万斤，约占总收入量的38%。

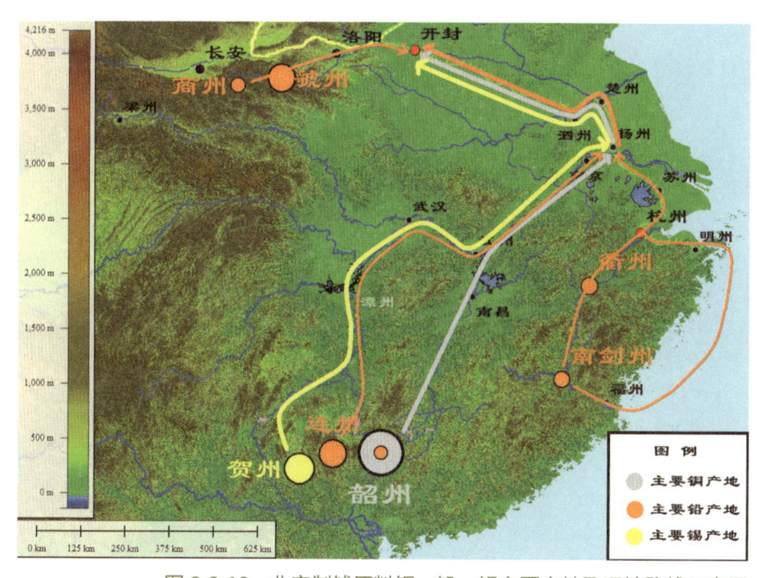

图3-2-10　北宋制钱原料铜、铅、锡主要产地及运输路线示意图

虽然北宋政府从南方大量开采铜铅锡等原料，铸成钱币后运往京城，从宋太宗时期的80万贯，到宋神宗时的370万贯，再到元丰三年（1080）达到506万贯的顶峰，仍然无法缓解“钱荒”的局面。学者认为，北宋一带“钱荒”集中表现于淮浙东南诸路（淮南东路、淮南西路、两浙路、江南东路、江南西路、荆湖北路、荆湖南路，大致相当于今天的安徽中南部、江苏中南部、上海、浙江、江西、湖南、湖北等地），这是因为东南诸路经济高度发展，引起商品交换的大幅度增长，需要相当数量的铜钱来作为交换的媒介，但在流通领域的铜钱却严重不足，无法满足需要，“钱荒”便出现了。

有学者认为，北宋东南钱荒出现的一个重要原因是：北宋政府对东南地区铜钱征收高而财政支出低，导致东南地区的铜钱持续流向京师。大量的铜钱通过运河流入京师，又通过运河流到北方边境前线供应军费，从而导致了钱币的单向流出状态，随着时间的推移，东南地区钱荒愈演愈烈。

3. 明代的白银

在中国历史上，白银从贵重商品最终走向完全的货币形态，是在明朝时期。晚明时，白银成为主要货币，在社会经济生活中起着重要作用，以至于我们将晚明称为中国的白银时代也不为过。

图 3-2-11 张居正雕像

明初继承元代传统，发行宝钞，禁止使用白银，但是宝钞无限度的发行造成严重贬值，民间不喜欢使用宝钞，只得用铜钱代替，但是铜钱又十分匮乏，这就形成了对白银极为有利的发展态势，成为白银货币化的前提条件。

明初沿袭唐宋以来的两税法，按田亩征税，分为“夏税”和“秋税”两次交纳，征收以实物为主。宣德末年，周忱在江南进行赋税改革，开始折征银两，成为正统以后逐步形成的金花银的起源。成化、弘治以后，各种实物税都有了货币化的明显趋向。在白银货币化的趋势下，全国各地先后发生了田赋货币化。起运粮主要供给京师、南京及边军，又称为京运，除了其中的漕粮不可或缺必须实征本色外，其他赋税到晚明均已折银征收交纳。各种徭役，比如皂隶、狱卒、驿夫，以及运河上的浅夫、铺夫、闸夫等，都在成化、弘治年间开始了货币化轨迹，很多地方在嘉靖时已经完全货币化了。最终，在万历初年张居正的改革中，在全国施行“一条鞭法”，赋役归一，统一征银。不但政府收入统一征银，政府支出也统一用银，这就需要大量的白银才能满足社会各界的庞大需求。

但中国本身银矿匮乏，开采难度大，为了休养生息，减轻百姓负担，明初多次发布开采禁令，各地银矿纷纷关闭。自宣德年后，直到嘉靖皇帝登基，中国国内的银矿产量一直维持在比较低的状态，甚至在弘治十二年（1499）诏令全国银矿永久性地减产为每年1200公斤。因此对于明代中叶以后国内庞大的白银需求，中国自身的白银产量是远远不够的。

国内白银不足，就只能从国外进口了。由于明朝长期实行海禁政策，一开始白银的流入都是来自葡萄牙人的走私贸易。1557年葡萄牙租借澳门后，澳门成为晚明中国对外贸易的重要通道，中国出口瓷器、丝绸、茶叶，换取大量来自日本的白银，深度参与到了全球贸易体系中。不久以后，西班牙人占领了菲律宾，致力于与中国贸易，并于1565年开辟了马尼拉至西属美洲的贸易路线，即著名的“马尼拉大帆船”航线，把中国商品从菲律宾运往墨西哥，又把美洲白银运回马尼拉用以交换中国商品。随着隆庆元年（1567）的“隆庆开关”，大明放开了海禁，更深层次地参与到世界贸易中，更大量地吸收美洲、日本白银进入国内，极大地缓解了国内“银荒”，为张居正实行“一条鞭法”创造了条件。

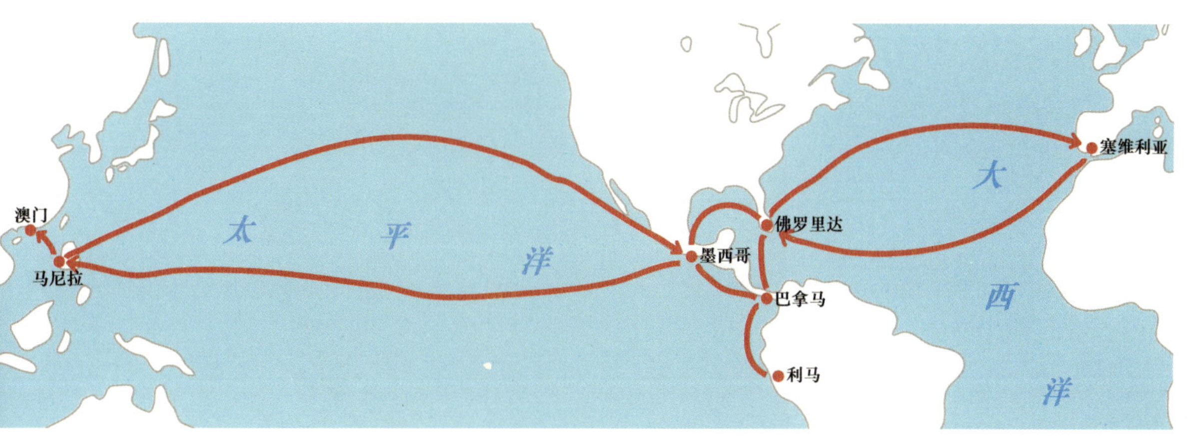

图3-2-12　马尼拉大帆船航线示意图

德国学者弗兰克在《白银资本》一书中引用沃德·巴雷特的详细研究指出，明末至清初，先运往欧洲并最终到达中国的美洲白银约为32000吨，由马尼拉输华的美洲白银约为3000吨，日本的输华白银约为10000吨，总计约为45000吨。弗兰克在此基础上指出，晚明中国是世界白银出口的最终目的地，流入中国的白银不能仅仅看作是西方人与中国贸易的媒介，而是一种货币资本，并帮助中国成了名副其实的世界中心。

目前很多学者对美洲、日本白银向中国的流动做了深入研究，但较少有探讨这些白银是怎么在中国境内流动的。学者万明认为，晚明全国各地使用白银的情况不尽相同，大致可分为四种类型：第一是东南沿海地区，这一区域有外来白银的直接输入；第二是江南地区，是社会经济发展、货币商品经济发展的地区；第三是北方，边饷制促进了大量白银北上，是主要由朝廷运作直接输送白银的地区；第四是边远地区，经济发展比较落后，但是国家赋役货币化，税收力役征银，属于强制性制度改革，因之白银也逐渐向这些地区渗透，但由于货币白银少，加重了农民负担。

日本学者岸本美绪最近发表了一篇专题文章《晚明的白银北流问题》，也指出，在晚明时期，为了满足防卫蒙古、女真的军事要求，从全国征收的大量税银被搬运到北边九镇，“白银北流，往而不返”成为当时人士慨叹银荒的习以为常的话语。从这里我们可以看到晚明白银在国内的流动方向：首先，海丝贸易中心如澳门、广州是主要入境地点，泉州、宁波为次要入境地点；其次，白银在商业市场流动中向江南地区聚集；最后，白银在朝廷征缴解运中，以赋役

图3-2-13 晚明白银在国内流向示意图

征银的形式北运京师、九边，从而形成了一条起于广东，途经江南，最后运归北京、九边的国内白银北流路线，在这条路线中发挥最重要作用的正是大运河。

总之，晚明中国国内有着巨大的白银需求，并通过陶瓷、丝绸等贸易，从西班牙人和葡萄牙人手中换回了大量来自美洲和日本的白银。但是这条白银之路却是不稳定的。晚明时期的西班牙如日中天，是人类历史上的第一个“日不落帝国”，但这也让它树大招风、树敌无数，与英格兰、法兰西、德意志、奥斯曼等欧陆豪强都处于敌对状态，17 世纪前半叶西班牙陷入战争泥潭，它的舰队也频频受到加勒比海盗等敌对势力的袭击，无法再维持“马尼拉大帆船”贸易，导致从美洲流入明末中国的白银数量急剧下降。几乎是在同一时间，德川家康统一了日本。因为在统一的过程中日本各藩镇纷纷向西方国家寻求军事帮助，抵抗德川家康势力，并且引入天主教，对信奉佛教的德川家族形成巨大冲击，为此德川家康在创建德川幕府后，开始实行长期的闭关锁国政策，白银的出口大为减少。来自美洲和日本的白银同时大量减少，对于已经习惯了以白银为主要流通货币的大明来说是个沉重的打击，其造成的严重“银荒”和财政、经济危机，是明帝国崩溃的重要原因之一。

4. 清代的铜、铅、锡

清代全面吸收在明代在货币政策上的经验教训，他们一方面确立了中央集权政治与财政体制，户部为全国财政税收的主体地位；另一方面重新确立了国家铸币权，重新拥有了货币的垄断权。清朝建立了银钱复本位的银钱并行制，改变了明朝因对白银货币失控，不能建立银钱并行制度，从而导致货币垄断权丧失殆尽的被动状况。

清代的白银输入量也是极为庞大的。据统计，从康熙三十九年（1700）到道光十年（1830），仅广州的净进口白银就达 4 亿两之多。但是清朝并不完全依赖于这些白银，他们还同时开采大量的铜、铅、锡矿，铸造大量的铜钱，在国家与市场的博弈中强调国家的主导，并不遗余力地平衡市场上银钱比价，以掌控市场。

清代是我国矿业发展史上的重要时期，铜、铅等主要矿种的产量增长了几十倍，甚至上百倍，“一百年的增长率大大超过了此前的二千年”[1]。清代开采的铜、铅大部分都被用来铸造货币，关系着国家币制的稳定和经济的正常运转。清代铜的主要产地是云南，铅的主要产地是贵州，滇铜、黔铅是铸钱的基本原料。自顺治十八年（1661）至乾隆二十五年（1760），百年之间铸钱量从 4 亿文增加至 30 亿文。铸钱量的增长意味着币材需求的扩大，铜铅等币材需求从 350 万斤增长到 2318 万斤。

乾隆五年（1740），清朝改铸青钱，以铜、白铅、黑铅、锡四种原料铸造，其比例分别为 50%、41.5%、6.5%、2%，此后云南省每年办滇铜 633 万余斤，贵州省每年办黔铅 470 余万斤，广东省每年办粤锡 15 万斤，合计 1118 万斤。到乾隆二十五年左右，户部、工部及各省钱局铸钱达 309 万串，年需铜、铅、锡 2318 万斤，其中铜 1159 万斤、白铅 962 万斤、黑铅 151 万斤、锡 46 万斤。

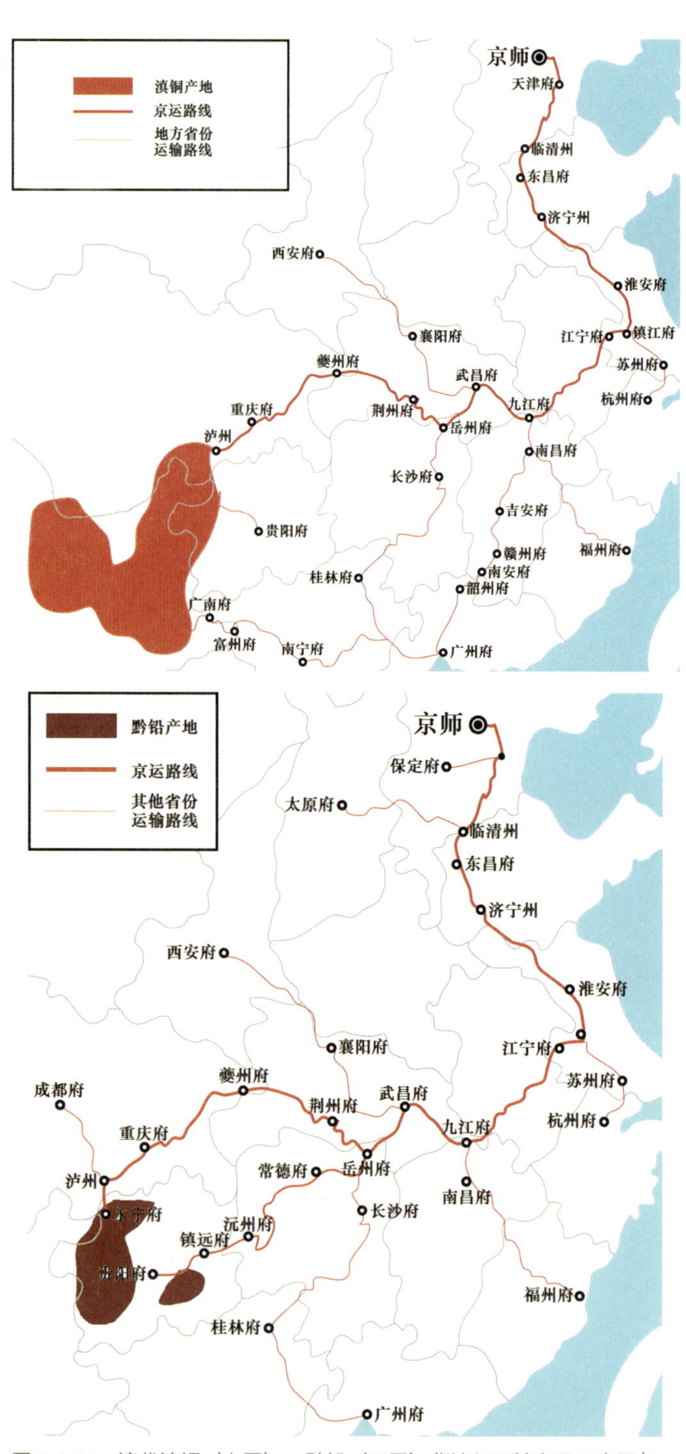

图 3-2-14 清代滇铜（上图）、黔铅（下图）货流与运输布局示意图★

★据马琦主编《国家资源：清代滇铜黔铅开发研究》（人民出版社 2013 年版）第 360 页、第 382 页改绘。

① 中国人民大学清史研究所、档案系中国政治制度史教研室合编《清代的矿业上》，中华书局，1983，前言第 1—2 页。

自乾隆四年（1739）开始，各省办解京铜尽归云南办运。滇铜京运自此大规模展开，滇铜取代洋铜成为清代铜材供给的主体，其后各省纷纷赴滇买铜。乾隆二十九年（1764）云南各厂办铜高达1378万斤，滇铜发展进入鼎盛时期。贵州的黑铅、白铅开采和销售量剧增，其年销量从雍正十年（1732）的395.17万斤，快速增长到乾隆三十一年（1766）的904.77万斤，之后逐渐回落到嘉庆十五年（1810）的747.52万斤，平均每年694.5万斤。

在滇铜的运输中占据主要地位的是京运，自乾隆四年以后，滇铜京运每年正耗余铜共计633万斤，占滇铜年销售总量的65.09%。各省采买每年合计203万斤，占销售总量的20.88%，分布于苏州、杭州、福州、南昌、武汉、广州、桂林、贵阳、西安等九处。其中京运以及江苏、浙江两省采买滇铜的运输路线中，京杭大运河占有重要地位。江苏、浙江运输滇铜，都是自云南省城昆明出发，经广西全州、桂林、灵渠，至湖南湘江北上入长江，经湖北汉口随江而下，在江苏丹徒入江南运河，江苏省运至苏州，浙江省则运至杭州。

京运黔铅的路线与京运滇铜基本一致，自重庆与京运滇铜合道而行，沿长江、运河水运，途经汉口、仪征换船，天津关起剥，陆运至通州，经坐粮厅、大通桥两处查验后，运至户工二部库房存储。江苏、浙江运楚铅，沿长江水运至镇江，再沿江南运河运至苏州、杭州。直隶运楚铅，沿长江、运河、大清河运至保定府。山西运楚铅，沿长江、运河水运至直隶河间府故城县郑家口，再陆运经正定府获鹿县至太原。

第三节

运河沿线的商帮

自明代中期起，全国各地陆续兴起一支支地域商帮，成为中国近世社会转型的具体标志。商帮的兴起首先得益于明代中后期交通条件的改观，尤其是大运河的开凿为大宗商品的南北长途运输提供了便利条件，也为单个商人成帮经营提出了现实要求，从而加速了各地商帮的兴起。其次，明代中期开始的白银货币化改变了支付手段，提高了结算效率，刺激和推进了商品的大规模流通，为商帮群体的产生创造了极为有利的客观条件。

与此同时，各地的商品生产特点、产品结构、自然地理条件、明廷边防边贸和对外政策等因素，使得各地先后形成了大大小小的商帮。明代商品生产最为突出的是棉布和丝绸，以棉布为例，明代棉花的种植集中在河南、山东、湖广和江南等广大地域，但棉布的生产却只集中在以松江为中心的江南城市。江南每年要从华北地区输入大量棉花，而山东、河南等地却要从江南大量输入棉布，形成了“吉贝则泛舟而鬻诸南，布则泛舟而鬻诸北”（《农政全书》）的流通格局，为徽州、洞庭、山陕、闽粤等商人从事大规模、远距离的棉花及棉布贸易提供了可能。徽州、洞庭商人以山东临清为中转地，大规模经营江南棉布，正是与江南棉布的这种流通格局相适应的。

考察明代各地商帮的诞生地，几乎都是人多田少或土地贫瘠、人田矛盾较为突出、自然条件较为恶劣的地区，而反观江浙那些自然条件较为优裕、经济较为富庶的府州，在明代就没有兴起商帮，可见严酷的自然条件、人地关系逼迫人们外出经商谋生也是推动商帮形成的重要因素。

总之，在上述因素影响下，明清时期出现了十大商帮：山西商帮、陕西商帮、徽州商帮、洞庭商帮、江右商帮、广东商帮、福建商帮、宁波商帮、龙游商帮和山东商帮，其中以山西商帮、陕西商帮、徽州商帮、洞庭商帮影响最大，与运河关系也最为密切。

（一）洞庭商帮

洞庭商帮是大运河孕育出来的著名商帮，是成形于苏州太湖中洞庭东山和洞庭西山的江苏商人集团。洞庭商帮又分为东山商人家族和西山商人家族，两大家族活动地域分工明确，西山商人家族主要活动于长江沿线，而以王、翁、席、叶、严、万、郑、葛八大家族为核心的东山商人则主要活动于运河沿线。

太湖流域是洞庭商人的发祥地，也是全国棉布产销中心，得地利之便的洞庭商人有很多就在这里经营棉布业。席、翁、严、万等家族活动的松江府青浦县朱家角镇和叶氏活动的苏州府嘉定县南翔镇，都是江南非常重要的棉布业市镇，百货凑集，字号众多。他们生产的布匹“近自杭、歙、清、济，远至蓟、辽、山、陕”（明万历《嘉定县志》），“捆载舟输，行贾于齐鲁之境常十六。彼氓之衣缕往往为（常熟）邑工也”（明嘉靖《常熟县志》）。可见江南棉布

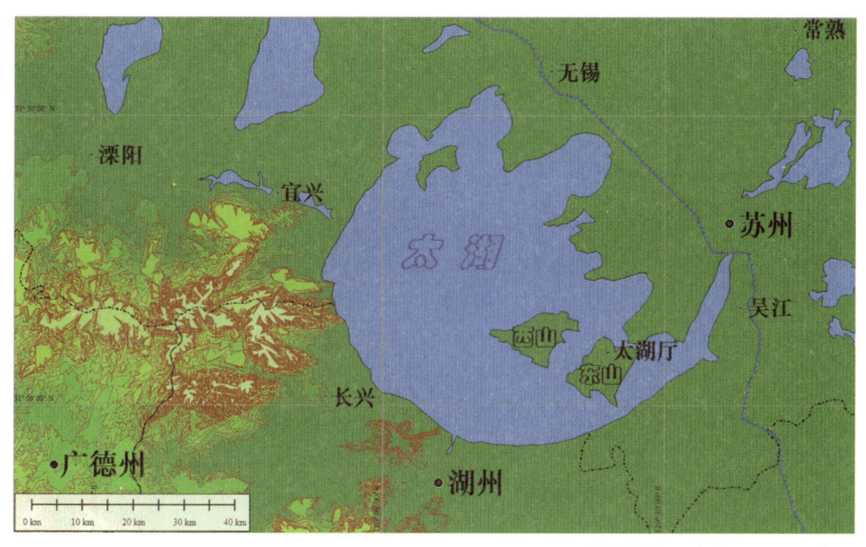

图 3-3-1　苏州太湖洞庭东、西山示意图

主要销往华北、华中广大地区，洞庭商人特别是东山商人，就是将棉布销往这些地方的主力。

洞庭商人还在苏州、松江、嘉兴和湖州等城市及周边星罗棋布的市镇展开商业活动。早在明初，东山叶氏就在苏州进行市肆活动。万历时，东山席氏在苏州阊门内创设了扫叶山房，刻印书籍，后来发展成为清代最著名的以出版古籍为主的民间出版机构之一。苏州西南的枫桥市（唐代诗人张继创作《枫桥叶泊》的地方），是当时江南最大的米粮集散中心，这些米粮大多都是洞庭商人长途贩运来的，所谓“枫桥米艘日以百数，皆洞庭人也”（《林屋民风》）。

全国棉布最重要的生产基地江南地区，是洞庭商人的大本营，而江南棉布最畅销的华北运河沿线，则是洞庭东山商人外出经商的主要目的地。特别是临清，不管是从江南运河北上，还是从河南卫运河东行，总要汇集到临清，因此洞庭东山商人家族以临清为大本营经销江南布匹。万历时李维桢说“东山多大贾，走江淮间”（《具区志》），明末冯梦祯说，东山商人“客清源者（临清）甚伙”（《快雪堂集》）。

如东山翁氏翁参、翁赞兄弟，南浮湘汉，奔波于江陵、广陵之间，北涉淮泗，往来于燕赵齐鲁之境，最后以临清为经营的中心地，前后经营40年，名满天下，海内无不知翁春山（翁参之号）。翁参的儿子翁笾、翁罍，翁赞的儿子翁爵、翁鼎，都集中

图3-3-2 东山翁巷古村★（东山翁氏、席氏、严氏聚居地）

★引自陈光庆、夏军编著《江苏古村落》（南京出版社2016年版）第144页。

图 3-3-3　东山陆巷古村*

在清源经营布业。他们以清源为中心，派精明强干的子弟到荆襄、南京、闽粤、吴会间从事往返贸易，将翁家的经营规模推到了鼎盛。大江南北闻其名，信誉在外，有“非翁少山（翁笾之号）之布，勿衣勿被”之说，南北载运商货的舟车难以计数，海内有“翁百万”之盛誉。翁笾、翁罍的子孙大多能够将父业继承下来，翁氏称雄布业的时代一直维持到了明亡。

又如东山席氏。嘉靖、万历年间，席森开始在临清经营布业，到席端樊（左源）、席端攀（右源）时，声名大著。江南的梭布、荆襄的土靛，往来车船，“无非席商人左右源者”，结果“布帛衣履天下，名闻京师、齐鲁、江淮”等地（《具区志》）。席端樊之子席本广、席本久也在临清开有店铺。席本广奔走于临淄、海岱一带，数年间家业大起，获资数千万两。清顺治初年，席家在临清的店铺全部毁于兵火，遭受沉重打击，但席家很快就恢复了过来，顺治末年苏松两府的棉布商仍以席家为首。康乾之时，席弘江行商于齐卫燕赵之境，席琮贸易于淮扬徐泗之地，“米粟充轫，布帛山积”，此后直到道光年间，席氏后人仍然在北方运河沿线世代经商。

* 引自陈光庆、夏军编著《江苏古村落》（南京出版社2016年版）第118页。

（二）山西商帮、陕西商帮

要说谁是天下第一商帮，山西商帮（简称晋商）、徽州商帮（简称徽商）乃至陕西商帮（简称陕商）都会争论不休，就运河区域而言，晋商、徽商、陕商也确实是实力、势力最强大的三个商帮。耐人寻味的是，晋商和陕商常常在较广的经营空间和较长的历史时期内，以“山陕商人”的联合身份出现，被并称为“秦晋大贾”或“西商”，因此我们一并探讨晋商、陕商与运河的关系。

图 3-3-4 聊城山陕会馆

山陕商人之间的联合，在组织上主要通过在全国各地的经商场所兴建山陕会馆来实现。在山东运河沿线，为了在与徽商的竞争中获得优势，山西、陕西商人在聊城创建了山陕会馆，他们又联合甘肃商人在济宁创建了山陕甘会馆。据统计，山陕商人在山东共建会馆23所，其中山西会馆15所，另外8所为山陕会馆。可见在山东运河区域，山西商人实力强劲，山陕商人的联合以山西商人为主。

山陕商人是借助明政府开中法的实施，利用山西、陕西靠近北方边镇的有利位置发展起来的。该集团主要经营盐、丝、粮食、铁器、棉布等军需用品，活动范围起先以黄河流域的北方为主，然后由运河南下，扩张至长江和珠江流域，号称足迹遍天下，雄踞国内商界达500年之久。

明代施行的开中法是山陕商人崛起的契机。所谓“开中法”，是明代政府利用食盐专卖权，让商人运输粮食到边镇，以解决边军粮饷供应的一种方法。它规定，商人只要把粮食运到边境粮仓，就可以向政府换取盐引，然后凭借盐引到指定盐场领取食盐，再到规定的销盐区销售食盐，获取利润。开中法对山陕商人最为有利，因为他们距离边镇最近，运输粮食最为方便，消耗也最少，也就能够以最低的成本

图 3-3-5　清代两淮盐销区范围示意图★

★据赵逵、张晓莉著《中国古代盐道》（西南交通大学出版社 2019 年版）图改绘。

领取最多的盐引，掌握食盐的销售权，从而迅速崛起成为一个庞大的商业集团。

盐税是除田赋外，历代王朝最重要的财政收入，食盐贩卖也是最有利润的买卖。明清时期全国食盐的生产、运销、征税都集中在运河区域，尤以两淮为最。万历六年（1578），全国盐课收入共129万两，其中运河区域的两淮盐场名列第一，占60万两（46.51%），第二到第四也全都在运河区域，分别是两浙盐场14万两（10.85%），长芦盐场12万两（9.30%），山东盐场5万两（3.88%），四大盐场共计91万两，占盐课总收入的70.54%。这些盐场的食盐销售基本上都被晋商、陕商和徽商垄断。

由于有着地利之便，明代前中期，无论是边地还是支盐的淮、浙地区的盐商，均以山陕商人实力最为雄厚。由于西北各军镇盐引十分廉价，对陕西盐商特别有利，因此他们踊跃输粮换引，到扬州支盐，从中获得厚利。明代嘉靖、隆庆、万历时期，泾阳、三原以及周围各县的盐商，大量涌入扬州，成为陕西商业史上特有的现象。如泾阳县张巍“输粟塞下，而大鬻盐于淮南北、浙东西，资数巨万。睨其囊曰：吾倍陶朱公多矣。……邗沟大涨，荡盐艘几万金，报至，公方与客棋，不答而终局。”看来泾阳张家在扬州的盐业市面甚大。三原人申凤鸣“既抵扬州，业盐策，得廉贾五利之术，家以大昌”（《魏叔子文集》）。

因为盐商准入门槛高，收益利率也高，除了资金雄厚一开始就做盐业买卖的大商人外，很多盐商都是先从事其他行业，而后向淮扬转移从事盐业的。比如从布商转盐商的就很多。明代山陕等西北地区缺少棉布，需要大量从江南输入，而经营棉布业对资金的要求较低，因此称为山陕商人经营活动的起始行业。比如三原人王一鸿，早年家徒四壁“常佐长君化居吴越间为布贾。已稍赢，则又转而鬻贩江淮间为盐贾，家遂大起”（《温恭毅集》）。布业可赚稳利，成为陕西商人积累资本，从事大规模商业经营的起始行业，但布业利润不丰，因此当资本积累到一定程度后，多转行经营淮盐等厚利行业。

山西商人也是如此，万历时内阁首辅、山西蒲州（今运城）人张四维说，“蒲之占贾者，唯淮扬为众，若青沧之盐，占之则自近岁始”（《条麓堂集》），蒲州商人最为活跃的地区和行业，无疑是两淮的盐业，后来又向长芦盐场发展了。弘治时的蒲州人王瑶（宣大总督王崇古之父），累试不第，家业中衰，于是

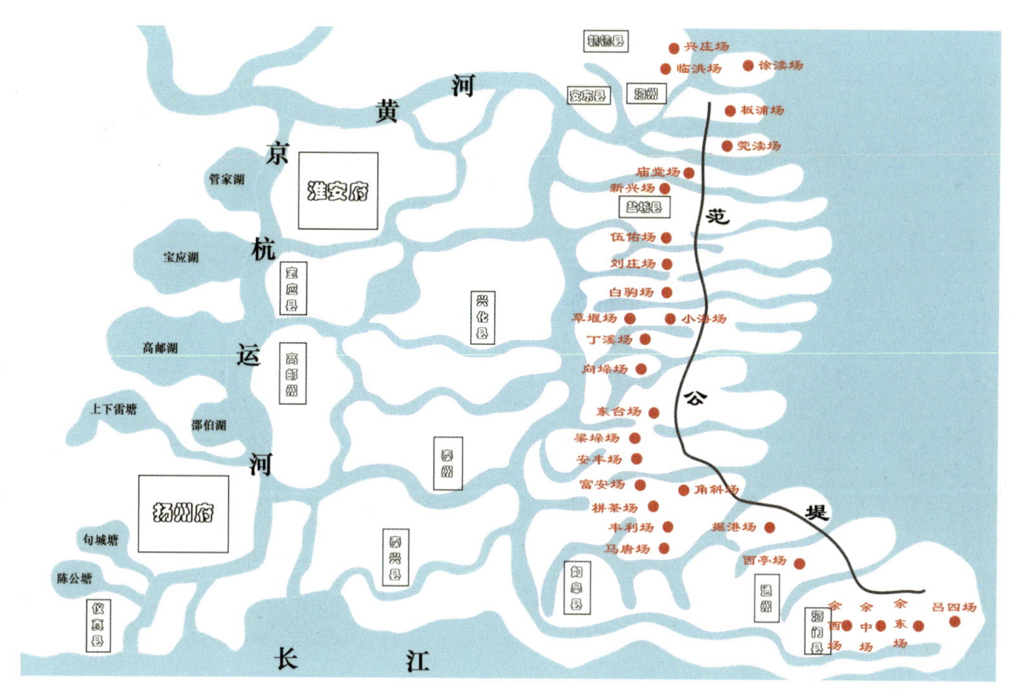

图 3-3-6　清代两淮盐场分布示意图★

经商，先后在河南、湖北、山东等地经营小麦竹木麻漆，后来又在甘肃张掖、酒泉间从事边地贸易，积累了一定资本后，“复货盐淮、浙、苏、湖间，往返数年，资乃复丰”（《苑落集》），完成了向盐商的转换。从明人文集所载的大量事例考察，明代前中期，陕西三原、泾阳等县和山西蒲州、大同等地的众多商人活跃在淮扬盐业中，与徽州盐商展开商业竞争。山陕盐商和徽州盐商构成了淮扬盐商的主体。

明清鼎革之际，张家口的晋商受商业利益驱使，主动与后金进行贸易。范永斗等晋商连年不断地运送粮食、布匹、绸缎、茶叶，以及后金八旗兵急需的军需品、军械等战略物资，以攫取巨利。范永斗等“八大家”商人，还经常向后金掌权的大人物介绍关内的政局和各地的社会情况，甚至刺探关内的军事情报，大肆敛财。满清入关后，没有忘记“八大家”的功劳，顺治二年（1645）召请“八大家”进京，将他们封为“皇商”。范永斗也拿到了山西河东盐池和河北长芦盐池两处的盐业运销，成为北方最大的盐商。

借助皇商的威势，山西商人的发展达到鼎盛时期，经

★据嘉靖《两淮盐法志》改绘。

图 3-3-7　临清晋商冀家大院

营种类从明代的盐、茶、棉等行业增加到清代的盐、茶、棉、烟、皮、木、药、钱、铁器、丝绸、洋铜、票号等十多类。山西商人的活动范围也获得很大的扩展，出现了遍及全国商埠重镇的山西票号分庄、关帝庙、山西会馆或山陕会馆，成为推动运河区域经济、文化、城市等方面发展的重要载体。

（三）徽州商帮

所谓徽州商帮，是指明清时期徽州府籍的商帮集团，形成于明代中叶成化、弘治年间，嘉靖以后直至清朝的乾隆、嘉庆时期，达于极盛。明代徽商经营的第一大行业仍然是盐业，徽商中的“大贾”“上贾”通常就是盐商。徽州盐商同样“咸萃于淮、浙”，集中在两淮和两浙开展经营活动。徽商经营盐业与山陕商人一样，都是先从事其他行业积累财富，达到准入门槛后，再将资本转移向两淮盐业。如歙县吴良儒，先是在松江和山东两地做布匹生意，后来“徙浙、徙淮为盐业上贾”。吴汝拙的父亲，先是“贩绸起博平（今山东茌平西北）”，积累资金，等吴汝拙长大成人就到淮北经营盐业。潘次君原本在南昌贩卖瓷器，积累资金

图 3-3-8 盐船运盐图（据《熬波图》）

后，“以盐策贾江淮”。这类例子可谓不胜枚举。

徽商的这种转移通常是家族、宗族性的，所以万历时人们称淮北盐商是“一窝则父子兄弟相守，一行盐之地，则姻娅亲戚相据”（《明经世文编》）。开中法败坏后，想要取得盐商资格，不再角逐于边地（运粮到边地以换取盐引），而更多地角逐于政治上层甚至权力中央，在这方面徽商较之山陕商人更有优势；到盐场支领盐斤，则要角逐于淮扬地方，徽商有着地理之便，也较山陕商人有优势。到万历后期的时候，两淮盐场的徽商势力已经远在山陕商人之上，称雄于淮扬。

到了清代，扬州的徽州籍盐商势力发展更加壮大。清代有“两淮八大总商”之说，大多来自徽州歙县等地。乾隆时期的歙县人江春是八大总商之首，身为两淮总商前后达 40 余年。乾隆皇帝下江南都由其接待，每次都是无比铺成，为了迎驾，江春一人建造的楼廊、亭台就有 302 座之多。在扬州，至今还流传着“江春一夜造白塔”的传奇故事。

有一天，江春陪着乾隆皇帝在瘦西湖游玩，船到五亭桥畔，乾隆皇帝望着远方的秀丽山峦，近处的春波碧草，心旷神怡，言道此处风光极像紫禁城后北海的琼岛春荫，只可惜缺少一座白塔。说者无心，听者有意，江春为讨乾隆龙颜大悦，以万金贿赂乾隆身边的太监描绘北海白塔的样貌，然后连夜兴工，堆盐成塔。翌日，蒙蒙大雾弥锁湖光山色，艘艘画舫荡开碧波轻烟，乾隆在画舫上透过朦胧雾气，竟然真的看见一座巍峨白塔耸立在五亭桥边。乾隆十分惊讶，以为塔

图 3-3-9　扬州徽商汪鲁门故宅*

从天降，身边的太监连忙跪奏说："是盐商大贾江春为弥补圣上瘦西湖之憾，连夜赶制而成的。"虽然只是用盐包为基础，以纸扎为表面，只可远观，不可近攀，仍然让乾隆感叹道："盐商之财力伟哉！"送走龙颜大悦的乾隆，江春又在盐塔基地上修建了一座真正的白塔，至今仍然耸立在五亭桥边，成为扬州城的标志性建筑物。

除盐业外，徽商在江浙运河地区的各大行业都有很大的势力。明清时期，江浙地区商品经济最为发达，距离徽州又很近，所以徽商将其视为理想的逐利场所。在江浙的各大城市，许多重要的商业部门都操在徽商手中，如扬州的典当业和苏州的米、布、茶、木、丝绸、颜料等行业，还有杭州的丝织业，等等。

淮河以北的大运河沿线也是徽商极为重视的经商区域。淮安地处运河、淮河交汇之处，是个重要的商业枢纽，"布帛盐鹾诸利薮，则皆晋徽侨寓，大力者

*引自卢桂平主编《图说扬州》（广陵书社 2015 年版）第 89 页。

图 3-3-10　瘦西湖白塔与五亭桥

负之而趋矣”（天启《淮安府志》）。地处运道咽喉的临清，是江南棉布经由运河销往华北的最大的转输中心，至迟在成化年间，徽商就以群体的形式进入临清经营布行，到隆万时生意达到鼎盛。明末临清有当铺百余家，全是徽、浙之人开设的，万历时谢肇淛说“山东临清，十九皆徽商占籍”（《五杂俎》），可见徽商在临清势力之大。

运河和大清河（盐河）交汇处的张秋镇，是明代山东最繁华的市镇，镇上绸缎铺鳞次栉比，都是徽州、江宁、凤阳等地商人开设的。徽商沿运河北上，往来于晋冀等地的也很多，尤其是北京，隆庆年间“歙人聚都下者，已以千万计”（《歙事闲谭》）；乾隆时，徽商在北京开当铺、银楼、布店、茶行、茶店的人更多，仅小茶店就有数千家。

图 3-3-11　北京的江西会馆

除了洞庭商帮、徽州商帮、山西商帮、陕西商帮等大商帮外，还有很多稍小的商帮也活跃在运河沿线。比如龙游商帮中的书商，常常用船载书，沿运河北上苏、常、鲁、冀、京师等地贩销。又如江西商帮中的粮商，每年输送大量粮食到江苏、浙江和福建等地，解决当地因为经济作物种植比例高造成的粮食不足问题，雍正四年（1726）的一道谕旨说明了江西商帮运粮的路线主要是长江和运河，“用大船由长江载至镇江，再到苏州一带，用海船载至福建之福、兴、泉、漳四府。”（雍正《朱批谕旨》）江西商帮中还有大量的茶商和瓷器商活跃在运河沿线。据统计明代各地在北京的会馆见于文献的有 41 所，其中江西有 14 所，居各省之首；清光绪时，北京有会馆 387 所，江西为 51 所，仍然居各省之首。虽然这些会馆并不全是商业性质的，仍可见江西商人在京城的地位。

可以说很多运河城镇的命运起伏与徽商、山陕商人、洞庭商人等商帮存在着密切的关系：一方面，在运河城镇“城市化”的历史进程中，各大商帮无疑是其中的重要推手；另一方面，各大商帮有力地促进了运河城镇在经济、文化和社会发展方面达到更高水平，而且促进了运河城镇对外交流和开放局面的形成。

第四节

商业城镇的兴起

（一）菏济沿岸城市——定陶、昌邑

1. 陶（定陶）

春秋末年以迄，吴王夫差疏浚菏水后，济水和菏水交汇处的陶兴起，成为战国时期的大都会，被誉为“天下之中”。据《史记》记载，范蠡在辅佐越王勾践灭掉吴国后，乃乘扁舟，浮于江湖，辗转来到了陶。他认为陶是“天下之中”，是诸侯四通、货物交易的地方，因此就在陶定居下来经营商业，成为富甲天下的陶朱公。从此以后，陶蒸蒸日上，其余各地都难和它比拟。这种繁荣

★据程光裕、徐圣谟主编《中国历史地图》（台北中国文化大学出版部1980年版）改绘。

图3-4-1　陶、昌邑在春秋战国时期产业版图上的地位★

的情形一直延续到西汉中叶。

史念海先生指出，陶不仅居于交通的枢纽，而且是富庶区域的中心。至少从战国时代起，历秦而至汉初，陶附近正是盛产五谷的地区，也可以说是当时全国重要的谷仓所在地。就地势来说，陶的附近正是一望无垠的平原。西边的魏国农业发达，东边的齐国带履山海、膏壤千里；鲁国也有桑麻之业。这些地区所产的五谷、丝织物都以陶为集散中心。

2. 巨野（昌邑）

定陶旁边的巨野也十分富庶。2011 年在江西南昌发现了中国面积最大、保存最好、内涵最丰富的汉代列侯等级墓葬——海昏侯墓。迄今已出土 1 万余件（套）文物，其中仅金钱就有 200 余万枚铜钱，重 10 余吨；478 枚马蹄金、麟趾金、金饼和金板，重达 115 公斤。

海昏侯刘贺的巨额财富很可能大部分都来自济水河畔的昌邑国（在今山东省巨野县大谢集镇昌邑集），北京大学辛德勇教授在《海昏侯刘贺》一书中指出，昌邑国经济十分发达，“昌邑地区出产的粮食，对楚汉双方的战略总决战——垓下之战的形成及其胜负，曾发生过至关重要的影响，这是昌邑地区粮食生产丰盛情况的一个很具体的反映。”①他认为，“刘髆的封国被汉武帝选定在昌邑，实际上充分体现

图 3-4-2　惊世大发现——南昌汉代海昏侯国考古成果展

① 辛德勇：《海昏侯刘贺》，生活·读书·新知三联书店，2019，第 271 页。

了刘彻对李夫人的宠爱，用以充分保障其子刘髆能够在此享受富豪的生活。”“刘髆（刘贺之父）在昌邑称王十一年，再加上刘贺的十二年多，两代昌邑王在位的时间，已经超过二十三年，而刘贺从元康三年四月受封为海昏侯，至神爵三年去世，不过短短四年而已，骤然之间，实在很难在豫章海昏这样荒僻的地方，聚敛出我们今天在其墓葬中所看到的巨额财富。除了这些明确带有昌邑王年款的器物外，海昏侯墓葬中的财富，还有很多，应同样来自中原腹地的昌邑国。”[①]

图 3-4-3　南昌海昏侯博物馆藏汉代钱币和金饼

（二）通济渠（汴河）沿岸城市——洛阳、开封

1. 洛阳

隋炀帝即位后，对全国的政治经济格局就有了一个很宏大的规划，他开凿南北运河、营建东都洛阳，按照潘镛先生的话说，就是要“坐镇国都大兴（长安）城，以东都洛阳为经济重镇，展开双臂，以右臂伸向江南，左臂伸向东北，掌握住全国的经济、政治和军事命脉”[②]，可见其构想之宏大。在这宏大构想中，洛阳是其中心。

很快，洛阳便成为隋帝国的政治和经济中心。当时洛阳城内纵横各有 10 条大

① 辛德勇：《海昏侯刘贺》，生活·读书·新知三联书店，2019，第 272—273 页。

② 潘镛：《隋唐时期的运河与漕运》，三秦出版社，1986，第 25 页。

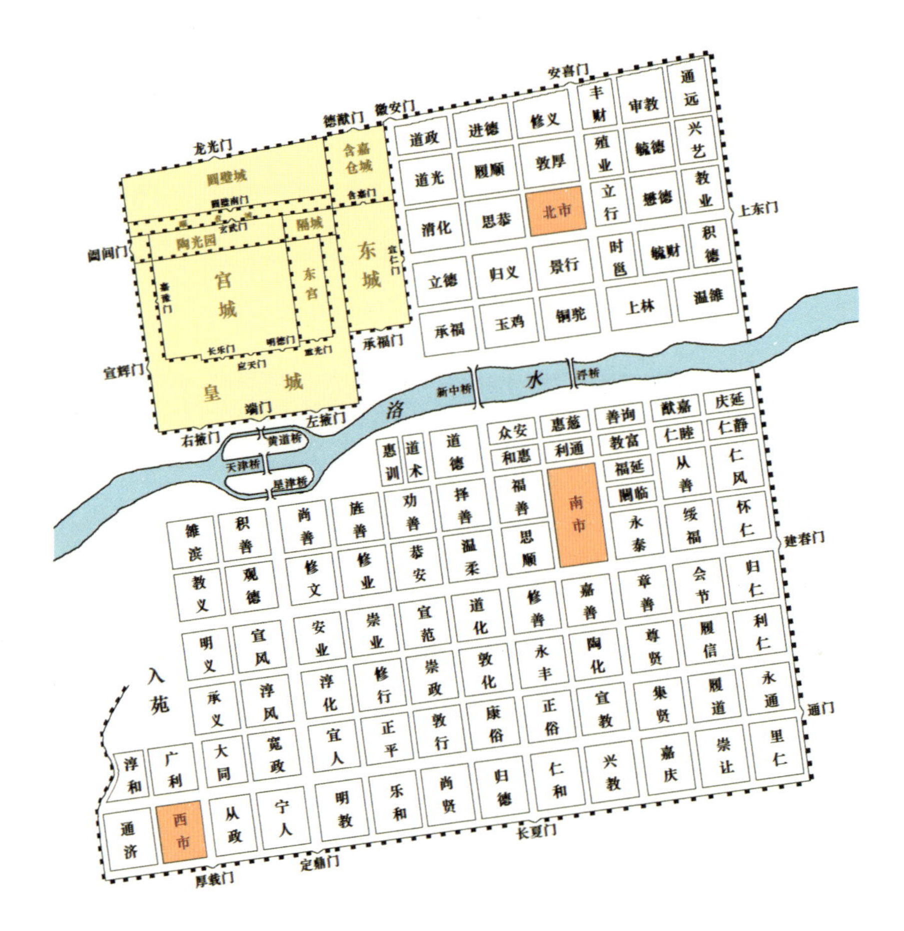

图 3-4-4 唐代洛阳城市街坊图*

街，众多的坊市分布在洛水两岸的皇城东、南两面。城内水道、河渠自然相通，交织如网，处处通漕，整个漕运系统以洛水为纽带，北岸有漕渠、瀍水、泄城渠，南岸有通济渠、运渠。洛水南北相继出现了丰都、通远、大同三市，规模很大，由专门机构进行严格管理。

丰都市是三市中规模最大、商业最繁荣的市场，它在洛河南偏东处，有两个坊那么大。隋时称为东市，唐时因其在洛水之南，改称南市。《大业杂记》载，此市“周八里，通门十二。其内一百二十行，三千余肆，甍宇齐平，四望一如，榆柳交荫，通渠相注。市四壁有四百余店，重楼延阁，互相临映，招致商旅，珍奇山积”。

通远市在洛水之北，故称北市，占地一坊半，规

★据程光裕、徐圣谟主编《中国历史地图》（台北中国文化大学出版部 1980 年版）改绘。

模和市门仅次于丰都市，唐显庆中迁于临德坊。《大业杂记》记载，通远市“二十门分路入市，市东合漕渠，市周六里，其内郡国舟船舳舻万计”。该市因可通大船，成为天下郡国客商交易的场所。

大同市在城内西南角，隋代时称南市，唐代迁于本固坊，改称西市。此市“周四里，开四门，邸一百四十区，资货六十六行”（《河南志》），规模较丰都市和通远市为小。三市中，大同市存在时间较短，丰都市和通远市则长期存在。

唐代洛阳商业还有一个最兴盛的地方，为三市所不及，就是南距北市一坊之地的漕渠一带。该地“为天下舟船之所集，常万余艘，填满河路。商旅贸易，车马填塞，若西京之崇仁坊”（《河南志》）。之所以如此繁盛，是因为这里是大运河的码头，是商品集散地，外地商船装运的货物都需要在此卸下，然后卖给洛阳商人，供给洛阳市场的需求。而且，由于黄河三门峡险阻，商船不能直达长安，京师所需的商品也要在此采购转运。此外，为了获取利润，船商们也会在此采购和装运其他地方短缺的商品。

作为隋唐大运河的中心，洛阳也成为当时全国最大的粮食、布帛、丝绸、瓷器和茶叶集散地和交易市场。隋炀帝开凿大运河，首要目的就是转漕天下的粮食、布帛等物资，汇集到洛阳，为此他和后来的统治者在洛阳附近建造了很多大型粮仓，如隋代的洛口仓、回洛仓和唐代的含嘉仓等。含嘉仓存储了大量粮食和布帛，供东都和京师之需，是唐代全国最大的粮仓。含嘉仓有粮窖 400 座以上，天宝八年（749）存粮 583 万石，占全国粮仓总储量 1265 万石的 46%。

图 3-4-5 洛阳含嘉仓 160 号仓窖遗址（自摄）

洛阳既是隋唐大运河的中心，又是陆上丝绸之路的起点。大量的丝绸通过运河聚集到洛阳，在满足东都和京师公私需求外，通过丝绸之路大量外销中亚、西亚乃至欧洲，因此洛阳是全国丝绸的集散中心。再以瓷器为例，隋唐大运河的开通，极大地促进了陶瓷的运销，推动了陶瓷生产的发展。陆羽《茶经》中提到的唐代名窑有 7 处，其中越、鼎、婺、岳、寿、洪等州盛产青瓷，邢窑盛产白瓷，这些名窑都分布在大运河附近。它们产出的瓷器通过运河汇集于洛阳，并在洛阳城内交易，进入人们的生活当中。考古发现证实，洛阳唐墓中出土了大量来自越窑、邢窑等名窑的尊、罐、瓶等，证明洛阳了的瓷器集散中心地位。

2. 开封

开封是历史悠久的名城，但开封真正的繁荣却是在隋唐大运河开通之后。大运河开通之前，长江下游尚未完全开发，江淮地区经济也不发达，南北交通与物资交流都比较有限。直到隋统一全国，南方经济与北方并驾齐驱，南北交通与物

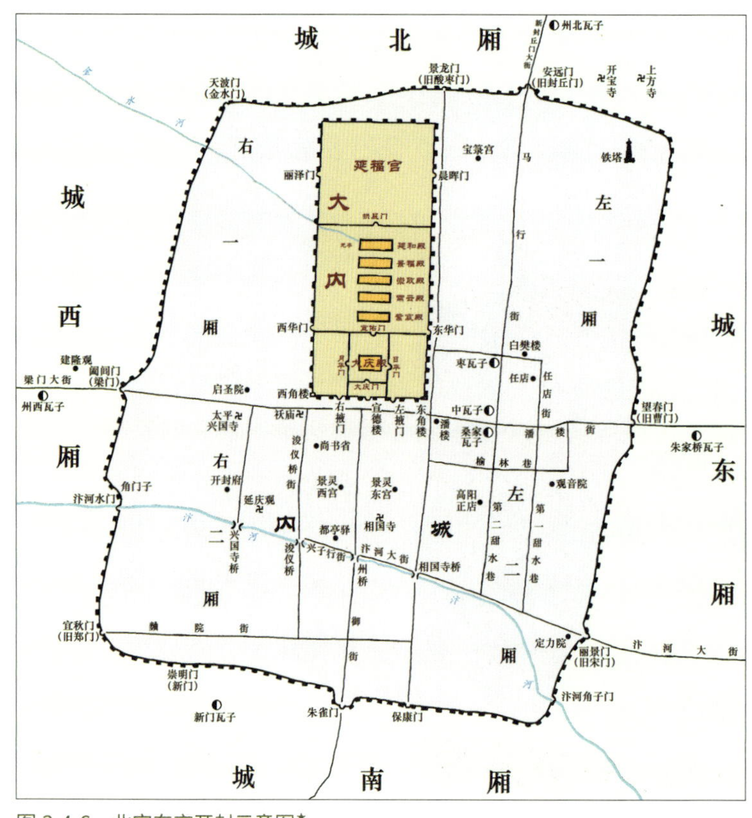

图 3-4-6 北宋东京开封示意图*

★据程光裕、徐圣谟主编《中国历史地图》（台北中国文化大学出版部 1980 年版）改绘。

资交流越发频繁，开封控遏汴渠和汴河，成为总控淮南的漕运中心。不仅淮南，江南甚至是岭南的粮食、丝绸、茶叶、瓷器以及其他手工艺品等，都要首先运抵开封，然后再转输洛阳、长安。北方的物资也由此转运到南方。开封开始发展成为经济大都会。

唐末五代时期，开封由于经济上发达，政治地位也不断提升，最终成为帝国的都城。北宋时期，开封的运河水网高度发达，有“四水贯都”之称，即汴河、蔡河、广济河、金水河交汇于此，实际上还有汴渠、惠民河等可资利用。这些河渠四通八达，江南、淮南、浙东西、荆湖南北六路的钱粮由汴河或汴渠而来；陕西钱粮由渭河、黄河转汴河而来；陈蔡钱粮由蔡河而来；京东钱粮则由广济河而来。《宋史·河渠志》赞道，“惠民、金水、五丈（广济）、汴水等四渠，派引脉分，咸会天邑，舳舻相接，赡给公私。”（详见47页北宋开封运河水运网示意图）

图3-4-7 《清明上河图》中的汴河虹桥景象

图 3-4-8　开封大相国寺

开封诸河中，汴河最重要，“惟汴水横亘中国，首承大河，漕引江湖，利尽南海，半天下之财赋，并山泽之百货，悉由此路而进”（《玉海》）。北宋宰相张方平也说“今日之势，国依兵而立，兵以食为命，食以漕运为本，漕运以河渠为主。……惟汴河所运，一色粳米，相兼小麦，此乃太仓仓蓄之实。今仰食于官廪者，不惟三军，至于京师士庶以亿万计，大半待饱于军稍之余，故国家于漕事，至急至重。京大也，师众也，大众所聚，故谓之京师。有食则京师可立，汴河废，则大众不可聚。汴河之于京城，乃是建国之本，非可与区区沟洫水利同言也。”（《张方平集》）深刻地指出了汴河对于东京开封乃至北宋帝国的重要性。

北宋时期，传统的坊市制度已经解体，街市逐渐形成。实际上，早在唐代中后期就已经打破了坊市分离的市场布局方式，汴州东西水门附近形成了市场，汴河的桥头也形成了市场。随着商业的发展，到五代时已经出现了“侵街”的现象。此后发展成为临街设店的开放性的新型市场，运河水系将城市的仓场、工业区和商业区有机地连接为一体。与此同时，北宋开封城还突破了春秋以来的宵禁制度，歌舞升平，通宵达旦。

北宋东京城的繁华区主要集中在城东运河两岸，这里也是开封最主要的商业区。州桥是汴河入里城后的一个主要码头，货物主要在此卸船。仓场也主要集中于此，商品物资由此分流到整个开封城，故而在这片区域形成了经济繁荣的景象。东角楼街巷位于里城东南角，处在汴河和广济河之间，也非常繁华。《东京梦华录》记载“自宣德东去东角楼……南通一巷，谓之‘界身’，并是金银彩帛交易之所，屋宇雄壮，门面广阔，望之森然，每一交易，动即千万，骇人听闻。……街南桑家瓦子，近北则中瓦，次里瓦。其中大小勾栏五十余座。内中瓦子、莲花棚、牡丹棚、里瓦子、夜叉棚、象棚最大，可容数千人。自丁先现、王团子、张七圣辈，后来可有人于此作场。瓦中多有货药、卖卦、喝故衣、探搏、饮食、剃剪、纸画、令曲之类。终日居此，不觉抵暮。”

开封城内宗教兴盛，寺院、道观林立，寺院经济颇为发达。庙会成为民间日常生活的重要组成部分，除了满足人们的信仰需求，往往还成为商品交易的重要场所。北宋开封的庙会，以大相国寺最为典型，这主要归因于其濒临汴河的优越地理位置。据《燕翼诒谋录》记载：“东京相国寺乃瓦市也，僧房散处，而中庭两庑可容万人，凡商旅交易，皆萃其中，四方趋京师以货物求售，转售他物者，必由于此。”可见得益于汴河的便利交通以及寺庙的宏大建筑格局，大相国寺成为极为理想的商品集散地和交易场所。

图 3-4-9　开封铁塔

总而言之，北宋都城开封，因为运河而达到历史上社会经济发展的最高峰，正如日本学者所评价的那般：“宋代可以说是以运河为中心的经济时代……运河的功能在于交通运输，所谓‘运河时代’，不用说就是商业时代。”①

（三）邗沟沿岸城市——扬州、淮安

1. 扬州

扬州因运河而生，因运河而兴。《左传》载，哀公九年（前486）“吴城邗，沟通江淮”。邗城现在已经没有踪迹可寻，但它作为扬州城市的雏形是不容怀疑的。而邗沟则是今天淮扬运河的前身，也是京杭大运河最早开发的河段之一。

邹逸麟在《扬州与运河——共生共荣的关系》一文中指出，扬州的繁荣是自隋代开始的。隋炀帝杨广即位前，曾在江都（今扬州市）担任扬州总管。杨广即位后，曾三次南游扬州，俗传他开凿大运河就是为了到扬州看琼花。唐代扬州是南北东西交通枢纽，由于交通便利，物产丰富，所产锦袍、铜镜天下闻名。当时的扬州城为长江下游地区的经济中心，是对外贸易的重要港口，是全国最大的经济都会。武则天时“扬州地当冲要，多富商大贾，珠翠珍怪之产。”（《旧唐书》）中唐以后盐铁使长期驻扎在扬州，“诸道节度观察使以广陵当南北大冲，百货所集，多以军储货贩，列置邸肆，名托军用，实私其利息。”（《唐会要》）因此唐代前、中期为扬州经济繁荣鼎盛时期。宋洪迈《容斋随笔》讲述扬州之盛说：“唐世盐铁转运使在扬州，尽斡利权，判官多至数十人，商贾如织。故谚称‘扬一益二’，谓天下之盛，扬为一而蜀次之也。”唐后期，由于长江口沙洲淤涨，运河阻塞，加之唐末淮南地区连年兵燹，扬州经济地位渐趋衰落。

到明清时期，扬州的经济和文化再度出现空前的繁荣。优越的地理位置，使其成为当时漕粮北运的门户。两京、诸省官舟之所经，东南朝觐贡道之所入，盐舟之南迈，漕米之北运，均由此地。当时的扬州城，“四方舟车商贾以所萃，生齿聚繁，数倍于昔。”（嘉庆《江都县志》）扬州城还是两淮盐运使驻地，盐商

① 宫崎市定：《东洋的近世》，张学锋译，上海古籍出版社，2018，第24—25页。

主要是陕商、晋商、徽商麇集于此。盐商大量资金的集中，使扬州成为全国金融中心，故时云“扬州富甲天下”。

清代康熙、乾隆各六次南巡，都是以扬州为主要驻跸之地。两淮盐商为接待帝王南巡，大建宫室、园池、台榭，屋宇相连，矗似长云，对扬州城市发展起了重大作用。扬州又为达官、富商、缙绅、豪门聚居之地，各色商业服务行业，如商铺、茶馆、酒楼、戏园、妓院鳞次栉比，尽声色犬马之好。城内园林名胜，甲于天下。明清时代的扬州是全国商品经济最为发达，商业最繁华，生活最奢侈的城市。同时，扬州徽商为了改变其社会地位，附庸风雅，利用其财富交游名流，刻书、藏书、校书，子弟们也多刻求科举、辞章之学，出现了不少进士，一时成为国内文化发达的地区之一。

嘉道以后，盐法改革，盐商衰败，再加上太平军兴，扬州地位渐趋衰落。近代津浦铁路兴建时又避开扬州，交通地位的丧失，使扬州在传统社会里难以再度兴起。

图 3-4-10　扬州运河瘦西湖五亭桥

图 3-4-11 扬州古建筑和园林

2. 淮安

作为邗沟、泗水与淮河的交汇处，淮安在大运河上的地位极为重要，可以说大运河的南北贯通对淮安城市的繁荣产生了巨大的、在某种意义上说是决定性的作用。

隋唐大运河贯通后，尤其是唐代中后期经济重心南移后，位于淮河和运河交汇处的淮安地位不断提升，成为南北漕运的关键节点。运河上漕船、盐船、商船千帆相接，四时不断，促进了淮安以及附近的淮阴、泗口、洪泽、龟山、泗州、盱眙等城镇的繁荣。唐代淮安城内庙市众多，著名的有开元寺、龙兴寺、紫霄宫等，热闹非凡。来自全国各地，乃至新罗、日本、大食等地的商人都在这里做买卖。到了夜晚，城外“连樯月中泊”，城内“千灯夜市喧”，（唐·卢纶诗《送吉中孚校书归楚州旧山》）很多达官显贵“缇骑朱旗入楚城”（唐·刘禹锡诗《送李中丞赴楚州》）。他们宴饮游乐，诗酒唱酬，为名城的升平景象增添色彩，被白居易誉为“淮水东南第一州”（唐·白居易诗《赠楚州郭使君》）。到了北宋时期，淮安城镇继续发展，在楚州城和淮阴故城之间，兴起了韩信城、八里庄、

图 3-4-12　漕运总督府

图 3-4-13　淮安清江浦

磨盘口等城镇。[1] 但在北宋末年到南宋时期，因战乱和黄患影响，淮安又迅速衰败下来。

直到明初重新开凿运河，淮安终于迎来又一次繁荣期。永乐十三年（1415）为避开淮河山阳湾风涛之险，首任漕运总兵陈瑄开凿了清江浦河，又在清江闸附近建立漕粮水次仓和造船厂。这为清江浦的兴盛提供了契机，清江浦很快就发展成为“侨民宿贾，巨室鳞比”（《北游录》）的通商大埠。明代中后期漕运总督驻节清江浦，清初河道总督移驻清江浦，乾隆时清河县治移驻清江浦，运河入淮口也由古末口北辰镇改为清江浦清口。清江浦清口作为黄、淮、运河交汇处，成为治理黄、淮、运河的重点、难点和关键所在，“治河、导淮、济运三策，群萃于淮安、清口一隅”（《清史稿》）。在国家战略上的重要性，使清江浦迅速达到鼎盛。

明人顾清诗云：“昔年倚棹清江浦，两岸丁丁沸斤斧。漕舟岁计动逾万，此地寻常当七五。”（《东江家藏集》）南来北往的船舶带动了清江浦的繁华，明

① 荀德麟：《“运河之都”的形成及其嬗替》，《淮阴工学院学报》2008 年第 4 期。

人刘永澄诗云："千家灯火映渔矶，画舫笙箫夜不稀。天为到乡新吐霁，月因临水倍生辉。渐多旧好趋相访，况复长风送若飞。此际瓮头休惜醉，人间何事抵将归。"（《刘练江先生集》）另有古籍记载，清江浦"两岸沿堤居民数万户，舳舻丛聚，为南北之咽喉"（《续纂淮关统志》）。顾炎武转引天启《淮安府志》也说它是"水陆孔途，商货丛集，夹岸人居二十余里"（《天下郡国利病书》）。到了清代，清江浦更为繁华，乾隆《淮安府志》称赞道，"舟车鳞集，冠盖喧阗，两河市肆栉比，数十里不绝。北负大河，南临运道，淮南扼塞，以此为最"。

漕运总督和河道总督的驻节，使淮安俨如省会。盐商巨贾的云集，更为淮安城市的繁华注入了活力，使淮安城市发展逐步达于鼎盛。除了清江浦，从末口到清口的50余里间，还有淮城、河下、河北、板闸、钵池、王家营、西坝、韩城、杨庄、马头等十多个城镇，"夹岸数十里，街市栉比"，形成了以运河为纽带的"城镇链"。

王家营镇与清江浦分河为界，由于清江浦以西20余里运河迂缓难行，而且非常危险，因此从南方来的官商、客旅，往往都在清江浦石码头舍舟登陆，到王家营换乘车马；从北方南下的则在王家营舍弃车马，渡过黄河后到清江浦登舟。清江浦和王家营遂成为"南船北马、辕楫交替"之地。据《王家营志》记载，清初王家营就有居民2000多家，而且十之八九都是来自"西北燕辽蓟晋陕洛齐鲁之人"，他们善于经营，镇中粮行、旅舍、饭店、车骡厂林立。"大率峙积百产，为牙侩贩籴之事。三河关陇麦菽，楚粤文绮，河北旃裘马骡果蓏之属，不避重阻，四方来会，而麦菽为大宗。"如果遇到科考会试之年，则"南尽岭外，西则豫章，百道并发，朝于上京，而此为交衢。"每当这个时候，有闲余房间的居民，就纷纷开起民俗，收入非常可观，"争变其室为逆旅，旬日之入与大贾抗"。（《王家营志》）

淮安城外的河下镇是两淮盐场盐运分司的所在地，因此大量盐商聚居于此，成为淮北盐斤的集散中心。明清时期"天下盐利淮为大"（同治《重修山阳县志》），河下镇也因淮盐买卖而"富甲一郡"。史载，河下镇"贾舶连樯，云集湖嘴，繁滋景象，俶落权舆。继以鹾商纷然投足，而后人文蔚起，甲第相望。志乘标扬冠冕，阖邑称鼎盛者，垂三百年。"（《淮安河下志》）河下镇

图 3-4-14 王家营南船北马舍舟登陆

最繁荣的是镇口西湖嘴一带，明弘治年间，丘濬过河下西湖嘴时吟咏道：“十里朱旗两岸舟，夜深歌舞几曾休。扬州千载繁华景，移在西湖嘴上头。”（万历《淮安府志》）

其他各镇也甚是繁华，淮安税关所在的板闸镇，“面湖背海，左江右河，镇居其中，为南北舟车之要道，故于此设关焉。临河市廛密布，河南北居民数千家，关署镇坐于北。而东街、南街、前后西街，铺户纷纭，人语杂沓。赖关务以资生者，几居其半。”郡城北十里的河北镇为盐官所在，“食力之家，合东西二里，不下数千户。商贾负贩，接迹于途，亦属税务要地。”郡城南四十里的平河桥镇“村落市肆两相映带，南北货船帆樯络绎，实淮关之门户也。”郡城西南八十里的汉河镇，“蟹稻肥美，居人茂密，有桃源谷口之意”。郡城东四十里的车家桥镇，“薪米屯聚，货物流通，据山邑东乡之盛”。（以上引文皆出自《续纂淮关统志》）总之，明清时期以运河为纽带，形成了一条“烟火数十万家”的璀璨城镇带，让淮安无愧于“壮丽东南第一州”（明·姚广孝诗《淮安览古》）之盛名。

（四）江南河沿岸城市——杭州、苏州

1. 杭州

杭州城是因运河而兴、因运河之开通而发展起来的东南一大都会。在杭州发展史上，隋代开凿大运河之前，还没有杭州之名。隋开皇九年（589）废钱塘郡，始置杭州。并依凤凰山筑城，定为杭州州治，成为南北运河之起点。后经唐代数百年的发展，特别是大兴水利，构建起一套便利的水运网，促进了杭州城的飞速发展，使之成为“东南名郡，咽喉吴越，势雄江海，骈樯三十里，开肆三万室”（《全唐文》）的航运和工商业中心城市之一。五代十国时期，杭州进入一个重要的发展时期。钱镠称帝杭州，建立吴越政权，大兴土木，扩建新城三重，方圆 70 余里，并进一步改善了杭州的水运条件，为宋元时期杭州的继续发展奠定了基础。

入宋以后，漕运鼎盛，大运河南头水运网发展尤快，江南运河与浙东运河交汇于杭州，加上富春江、新安江以及杭州湾的海运，形成了以杭州为中心的前所未有的规模大、组织完善的东南水运总枢纽，使之迅速崛起，发展成为江南一大

图 3-4-15　杭州小河直街夜景

工商业都市。“四方之所聚，百货之所交，物盛人众，为一都会，而又能兼有山水之美，以资富贵之娱者。”（《杭州志》）“又其习俗工巧，邑屋华丽，盖十余万家。环以湖山，左右映带，而闽商海贾，风帆浪舶，出入于江涛浩渺烟云杳霭之间，可谓盛矣。”（《方舆胜览》）故北宋时已有“上有天堂，下有苏杭”之称。词人柳永也赞咏杭州云：“东南形胜，江吴都会，钱塘自古繁华。烟柳画桥，风帘翠幕，参差十万人家。云树绕堤沙，怒涛卷霜雪，天堑无涯。市列珠玑，户盈罗绮竞豪奢”（《望海潮》）。

宋高宗定都杭州后，升杭州为临安府，自此杭州一跃成为南宋一代政治、经济、文化中心，使杭州在城市规模、人口增长、工商经济等各方面获得进一步的发展。南宋统治者自选定杭州为都城后，即大兴土木，营建宫室殿堂，使之成为一座南跨吴山、北至武林门、左靠钱塘江、右近西湖的气势宏伟的大城市。

由于南宋政治中心南移，北方人口大量南迁，“四方之民，云集二浙，百倍常时”（《续资治通鉴》），杭州城区人口从南宋初年的14万余增长到43万余。人口的激增，不仅使各种消费品的需求量急剧扩大，而且大量劳动人口的迁入也带来了具有各种技艺的工匠和专门人才，对杭州工商经济的发展起到了巨大的推动作用。南宋直至元代，杭州的手工业尤以丝绸、印刷、制瓷、造船，以及军器制造业的发展最为显著，在全国占有重要地位。

手工业经济的发展，一方面是商品经济发展推动的结果，另一方面又会促进商品经济和城市商业的繁荣。南宋时期的杭州不仅是全国的政治中心，也是最大的商业城市。杭城内外，店铺林立，正如《梦粱录》所说：“自大街及诸坊巷，大小铺席，连门俱是，即无虚空之屋。”当时沿着纵贯南北的御街形成了南、中、北三个商业闹市区。其中自官巷口至羊坝头一带，是御街的中段，也是府城的中心，为杭州最大的商业区。这里诸行百市，大小铺席，鳞次栉比，举凡各阶层之衣食行住各类需求，基本能得到满足。此商业区有店名可考的就有120余家。城南商业区大致从和宁门杈子外一直到朝天门外清和坊，紧邻皇宫和各官署衙门，四周遍布皇亲国戚、达官显宦的豪华宅第，因此商业区内多出售奢侈品的店铺。如“珠玉珍异及花果时鲜、海鲜野味、奇器，天下所无者，悉集于此”（《都城纪胜》）。城北商业区大致从棚桥至众安桥，附近有城内最大的游乐场所“北瓦

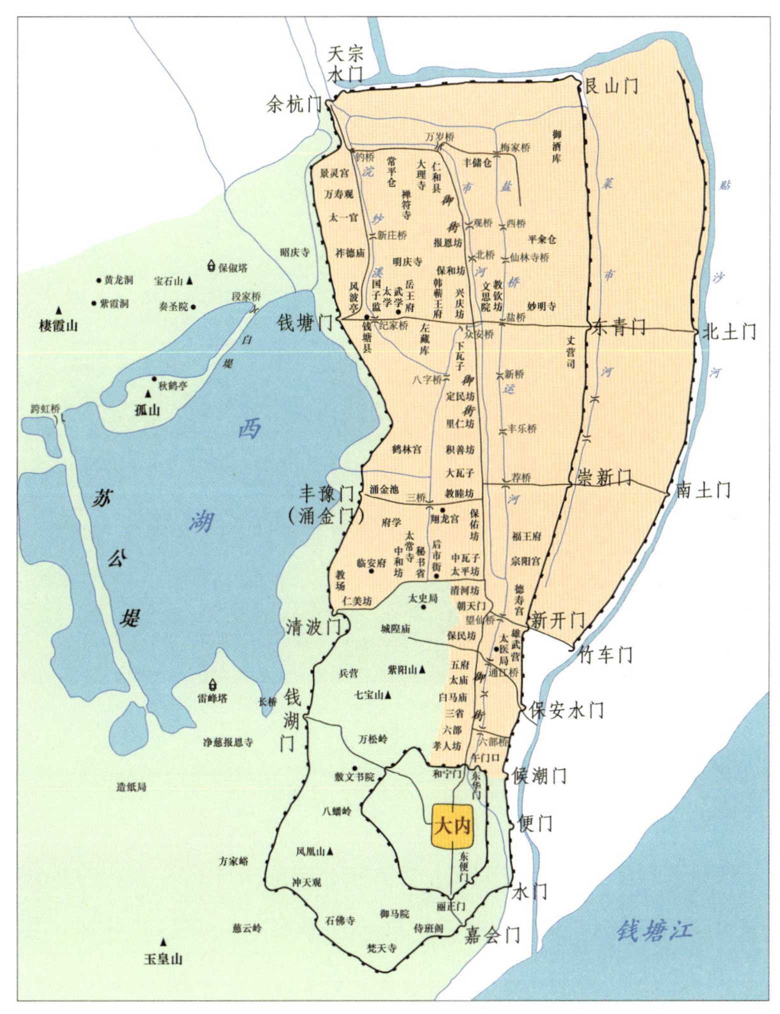

图 3-4-16　南宋临安图★

子”，十数座勾栏日夜演出杂剧、杂技、影戏、傀儡戏，讲经，说书。众安桥畔则是南宋贡院所在，因此读书人也往来不绝。

杭州城内各商业店铺众多，大体上有两大类。一类是自产自销的作坊店铺，亦工亦商，制作与销售兼营。另一类是专门贩售各种物品的纯商业店铺，此类店铺数以万计，是杭州商业经济的主要组成部分。杭州的饮食业尤其发达，各种饮食店铺遍布大街小巷、城里城外。里弄坊巷中还有众多的酒楼茶坊。杭州商业店铺的交易或营业时间都很长，诸店铺或摆摊经营，除日市以外，还有早市和夜

★据程光裕、徐圣谟主编《中国历史地图》（台北中国文化大学出版部 1980 年版）改绘。

图 3-4-17 杭州河坊街

市，以至“买卖昼夜不绝”。

杭州工商经济的繁荣，也带动了一大批城郊镇市的兴起。北宋时杭城郊区有 8 个市镇，南宋时城区人口激增，城区扩大，使城之南、西、北各数十里之内，皆“人烟生聚，市井坊陌，数日经行不尽”（《梦粱录》），使城郊与城区紧密相连，形成一个更庞大的商业网，进一步促进了杭州城市经济的发展。总之，杭州市场向四方辐射，南抵闽广，北通两淮，西连四川，使之成为南宋全国最大的工商业城市，同时也是当时世界上最大的工商城市。

元末明初，杭州遭到严重破坏。经过明初以后的恢复，至嘉万时期，杭州城内“井屋鳞次，烟火数十万家”（《广志绎》）、“城内外列肆几四十里”（万历《钱塘县志》），已呈现出鼎盛的景象。据万历《杭州府志》记载，在杭州的市场上，各种丝织品、金银制品、服饰鞋帽、锡铜器具、图书古董、日用百货应有尽有。其中贸易量最大的是丝绸，其次是各种手工制品。丝绸除大量贩贸国内市场外，还通过商船“转贩往海澄贸易，遂搭船开洋往暹罗、吕宋等处发卖，获利颇厚”（《越镌》）。另外，像布席、脂粉、折扇、漆器、金银锡箔等商品也是贸易的

图 3-4-18 《西湖清趣图》（局部，美国弗利尔艺术博物馆藏）

图 3-4-19 杭州拱宸桥

大宗，远销海外。

清代以后，在杭嘉湖地区农村商品经济发展的基础上，杭州的工商业经济得以进一步发展繁荣。在各种手工行业中，仍以丝织和锡箔制造规模最大。丝织业主要集中在东城，“东北隅数万千家之男女，俱需此为衣食之谋”（光绪《仙居志》）。道光时期，杭州的民营机户已达万计，其中不少民户的丝织机房已具备手工工场的生产规模了。时人记述道“杼轴之利甲于九州，操是业者较他郡为尤夥”（《东城记余》）。在鸦片战争前，杭州已“城郭宽广，居民稠密”（雍正《朱批谕旨》），自北关至江头，南北长达30余里的工商业大都会了。

2. 苏州

苏州位于太湖之滨，是江南诸州中经济文化最为发达的地区之一。苏州城是江南运河沿线上的中心城市，白居易诗云“阊门四望郁苍苍，始觉州雄土俗强，十万夫家供课税，五千子弟守封疆。”（《登阊门闲望》）他还说“浙右列郡，吴郡为大，地广人庶”“当今国用，多出江南，江南诸州，苏最为大，兵数不少，税额至多”。（《白居易集》）宋代龚明之《吴中纪闻》称苏州“风物雄丽为东南之冠”。

唐代苏州城内的商业区有大市、西市、东市，有米行、丝行、金银行、鱼行、船行等。由于商业繁荣，苏州城内还出现了夜市，杜荀鹤在《送友游吴越》诗中写到“夜市桥边火，春风寺外船”。苏州城内河道纵横，水多桥多，坊临河而建，民依水而居，桥边夜市灯火繁华，说明随着商品经济的发展，唐代后期苏州城旧的坊市制度已经被打破。

苏州城的发展也带动了周围一些城镇的兴盛。枫桥镇是运河进入苏州的码头，来往船只停靠于此，形成了苏州城外新兴的市镇。自唐代张继《枫桥叶泊》一诗问世后，枫桥镇更是名扬中外，同姑苏紧密联系在一起。可以说，没有运河，也就没有商业繁华的枫桥，更不会有张继这首脍炙人口的千古绝唱。

苏州在宋代已有天堂之称，宋代的苏州城内河道纵横交错，通过水门与城外河道相通。居民亦多前门临街、后门凭河，呈现出一派“朱门白壁枕弯流”“家家门外泊航舟”的景象。城内工商业十分兴盛，舟船往来，珍货百物毕集于市。

图 3-4-20　苏州枫桥

各街市有多个行业组织且分工较细，如米行、丝行、果子行、鱼行、船行以及制作衣帽、冠带、首饰、花粉、鼓乐等几十种行业，各坊巷亦因各相对集中的行业而命名，如绣线巷、巾子巷、乐鼓巷、金银巷等。元代马可波罗旅游至此，就盛赞苏州的壮丽与繁华，称这里生产大量的绸缎，不仅供当地消费，人人都穿，而且行销其他市场。城内多富商大贾，人口之多，令人惊奇。南宋时，苏州已经成为“风物雄丽为东南之冠”的城市。

苏州在明代仍然是全国工商经济的中心。虽然明初遭受了战乱影响，但到成化时，已经“列巷通衢，华区锦肆，坊市綦列，桥梁栉比”（同治《苏州府志》），城市经济已经相当繁荣。嘉靖以后，苏州城市经济渐趋鼎盛，据王世贞说，当时苏州无论财赋之所出，还是百技淫巧之所辏集，驵侩诪张之所倚窟，都堪称天下第一雄郡。在周围长达40里的城区内，东部是以手工业生产为主的手工业区，西部是以商业为主的商贸区。

在手工业区，“半城大约机户所居”，构成了一个丝织商品生产的新天地。丝织之外，各种器具及手工艺品制造也相当发达。名目繁多的各色商品，吸引着各地富商大贾，促进了苏州商贸业的繁盛。在商贸区，其民多“居货招商，阊阛之间，望如绣锦”（《顾炎武全集》）。西城的阊门、金门及胥门一带是商业繁华的闹市，崇祯《吴县志》说“金阊一带，比户交易，负郭则牙侩辏集”，有“天下财货莫不聚于苏州，苏州财货莫不聚于阊门”之说。中国古典小说的集大成者《红楼梦》更是将故事的开始设置在阊门，称赞道“当日地陷东南，这东南一隅有处曰姑苏，有城曰阊门者，最是红尘中一二等富贵风流之地。”

清代以后，随着江南地区商品经济的进一步提高，苏州更成为全国工商业的中心。此时，苏州工商业的种类大大增加，生产经营的规模进一步扩大，工商业发展居于全国的前列。据现有碑刻资料所载，清代苏州的工商行业可分丝绸刺绣、棉布洋布、造纸印书、土木建筑、木器制造、油漆、铜锡铁器、金银珠宝、金融典当、杂货百货、粮食、南北货、酱酒菜厨面饼、柴炭煤烛、渔业、烟草、生活服务与交通运输等十八大类，共计三十多种手工行业和五十多个商业行业，行业之多为全国城市所仅见。

图 3-4-21 寒山寺

图 3-4-22　苏州桃花坞木板年画《三百六十行》（局部，日本广岛王舍城美术宝物馆藏）

苏州的繁盛商业，除本地有着发达的商品生产作为基础外，也与畅达的水陆交通而形成的商品流通有着极为密切的关系。来自全国各地的商人云集苏州从事经商贸易，致使“山海所产之珍奇，外国所通之货贝，四方往来，千万里之商贾，骈肩辐辏”（《皇朝经世文编》），从而更促进了苏州商业的繁荣。

图 3-4-23 苏州阊门遗址（上）和阊门内沿河街坊（下）

图3-4-24 （清）徐扬《姑苏繁华图》（局部，辽宁博物馆藏）

（五）会通河沿岸城市——临清

临清又名清源，位于鲁西北卫河与运河交汇地，是联结直隶、河南与山东三省的水陆中枢。安作璋先生认为，“便利的交通与优越的地理位置吸引四方货物在此集散，至明代景泰年间已经显示出了‘薄海内外，舟航之所毕由……商贾萃止，骈樯列肆，云蒸雾滃’的繁荣景象。正德以后，临清的商业区由内城扩展到外城，城区达到了‘延袤二十里，跨汶、卫二水’的规模，成为北方地区最大的商业名城。”[①] 城内各种商业店铺之多为其他城市所罕见，据《明实录》及乾隆《临清州志》记载，在嘉万繁盛时，有布店73家、绸缎店32家、杂货店65家、纸店24家、辽东客店13家、典当铺百余家、粮店百余家、瓷器店数十家，此外还有众多的盐店、茶叶店、估衣店、首饰店、绒货店等，至于酒肆饭庄、旅馆客栈更是星罗棋布、遍及全城。

明代，临清的商业营销量最大的一是布绸，二是粮食。布绸来自江南，临

① 安作璋：《中国运河文化史》，山东教育出版社，2001。

清是北方地区最大的棉布转贩市场。南来棉布，“北走齐鲁之郊，仰给京师，达于九边，以清源为转毂”（《布税议》）。隆万时，临清一布行“岁入步百万有奇”。大量的布绸贸易使得临清有“冠带衣履天下”的盛誉。粮食则主要来自本地周围各县及河南、南北直隶地区，全城粮店百余家，保守估计年进销量不下千万石。

作为运河北部地区的商贸经济中心，临清的转贩贸易兴盛发达。史载“临清为南北都会，萃四方货物，埒鬻其中”（万历《东昌府志》）。像江浙的茶叶、苏杭的布绸、无锡、广东的铁锅，源源不断地运抵临清，然后再由此向其他地区转贩。因此临清的市场上，活跃着来自全国各地的商人。其中，“十九皆徽商占籍”，势力最盛，其次为江浙及山陕商人。发达的转贩贸易，使得临清的客馆邸店及搬运业特别兴盛。明代后期有大小店房数百家，以搬运为生的脚夫

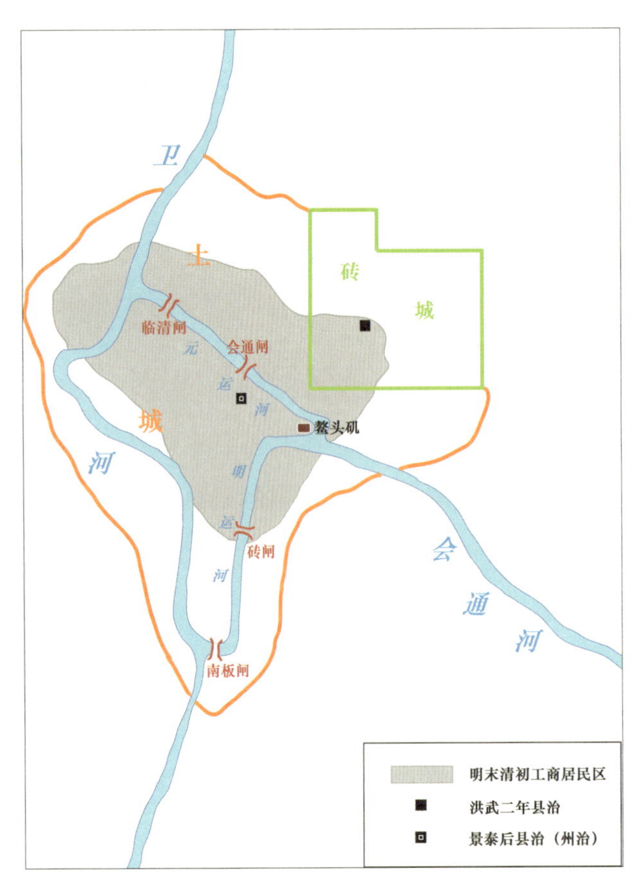

图 3-4-25 明清临清城区示意图

图 3-4-26 鳌头矶（自摄）

图 3-4-27　临清钞关复原图（自摄）

图 3-4-28　临清钞关

就有三四千人。

繁盛的商贸也促进了临清关税额的增长。在万历时期，临清钞关的关税额由原来的四万两，增长到八万两，为全国各大钞关税额之首，故有“临清码头甲天下”之说。对于繁盛的临清商贸，时人称赞道“万货鳞集，列肆如云，酞丽瑰琦，夺目熏心”“诚繁华之地，贸易之所，天下之都会”（乾隆《临清州志》）。

清代以后，晋商势力崛起，取代徽商，执钱庄、丝绸、茶盐、皮货、杂货等各行业之牛耳，成为实力最雄厚的外籍商人集团。对于清代临清商贸经济的繁荣，民国《临清县志》描述道：“每届漕运之时，帆樯如林，百货山积，经数百年之取精用宏，商业遂勃兴而不可遏。当其盛时，北自塔湾，南至头闸，绵亘数十里，市肆栉比，有肩摩毂击之势。”正是由于运河的通航，临清商

图 3-4-29　临清舍利宝塔（自摄）

图 3-4-30　马戛尔尼使团画家笔下的临清舍利宝塔*

★ 引自（英）托马斯·阿罗姆绘，（英）乔治·N. 怀特著，赵省伟编译《西洋镜：一个英国皇家建筑师画笔下的大清帝国》（台海出版社 2017 年版）第 51 页。

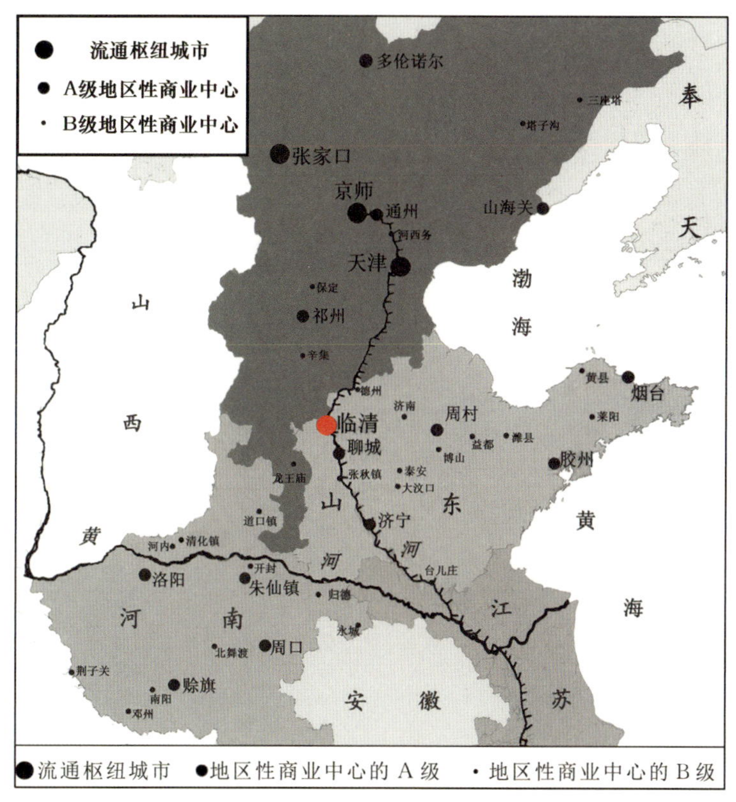

图 3-4-31　清代中叶冀鲁豫三省商业城镇的空间分布与市场层级*

*引自许檀《明清时期华北的商业城镇与市场层级》(《中国社会科学》2016 年第 11 期)第 202 页。

贸经济逐渐兴盛起来。所以咸丰以后，运河阻滞，粮道梗塞，南方漕粮部分改折，部分改行海运，致使临清商业大受影响，昔日的商贸繁华景象已不复再现。

（六）南运河沿岸城市——天津

天津又名直沽，明初设卫，为军事要塞之地。运河开通后，天津凭借连通运河、海河与渤海的优势，发展成为联系京师、关东与山东的枢纽总汇。到正德时，天津已经发展成为繁忙的沿运海港重镇。“粮艘、商船鱼贯而进，殆无虚日”（康熙《天津卫志》），城内店铺林立，货积如山，商贸兴旺。其中，贸易量最大的一是粮食，二是南货。粮食多为南下的麦豆，南货则多为由运河和海运而来的江南杂货。到明末，天津已有“虽为卫，实则即一大都会所莫能过”（康熙《天津卫志》）的美誉。

清代以后，尤其是康熙开放“海禁”以后，天津不仅是北方运河漕运转输中心，而且成为北方最大的海运港口，天津由此成为北方最大的商品集散地。南北运河与海运商船都以天津为商贸经营的中心，天津城市地位日益重要，城市经济也日趋繁荣。这时，在天津的市场上，有来自福建的糖、鱼翅、橘饼、胡椒、鞭杆、粗碗，广东的苏木、洋碗、烟草、茶叶、香料、药材、铁锅、铜锡制品，江浙的丝绸、棉布、毛竹、纸张、绍酒、锡箔，江西的各种瓷器和北方各省的毛皮、药材、粮食、干鲜果品及其他农副产品等。这些市场集中在运河两岸，特别是在三叉河码头及附近的钞关、芥园、湾子、茶店口、院门口、大江桥等地，“帆樯络绎，水手如云”（《津门保甲图说》），有“繁华热闹胜两江，河路码头买卖广”（《津门杂记》）的美誉。

频繁的商品转贩，促进了天津商业的繁盛。在东门外沿河一带于明代形成的商业区，在清代“米船盐艘往来聚焉”，其间“多粮店，盐坨也鳞次其间”，（《津门保甲图说》）较往代更加兴盛。原本比较冷清的北门外沿河一带，到清代中期也

图 3-4-32 《潞河督运图》中的天津钞关和北浮桥码头

图 3-4-33　乾隆末年天津运河边戏台表演的热闹景象★

发展成为一处“商旅辐辏，屋瓦鳞次”（《津门保甲图说》），集针市街、洋货街、锅市街等多种商业街市于一体的专业化商业区，被誉为“津门外第一繁华区也”。

在清代，支持天津城市经济的行业主要是盐业、粮业与航运业。天津地处长芦盐区，为长芦“盐务总汇之地”，大量食盐在此集中运销，是盐商集中之地。据道光中期的统计，此时天津有盐商 372 家，仅每年纳课银即达 40 余万两。雄厚的财力与奢靡的消费也刺激了城市商业经济的繁荣。天津作为转贩市场，流通量最大的商品是粮食，每年通过海运输出的粮食即达千余万石。大量的粮食贩运促成了天津粮业的兴隆。城内粮店林立，库仓充盈，形成了西集、东集、河西与河东四大集中粮业区。

各种商品的流通转贩离不开运输航运，因此航运业在天津的经济中占有重要地位。据《津门保甲图说》记载，在清代中期，天津城内从事航运为生的船户多达 673 户，而在近海一带村庄的船户比例分别占到了 26% 至 40%。天津每年都有大批外

★引自（英）托马斯·阿罗姆绘，（英）乔治·N. 怀特著，赵省伟编译《西洋镜：一个英国皇家建筑师画笔下的大清帝国》（台海出版社 2017 年版）第 45 页。

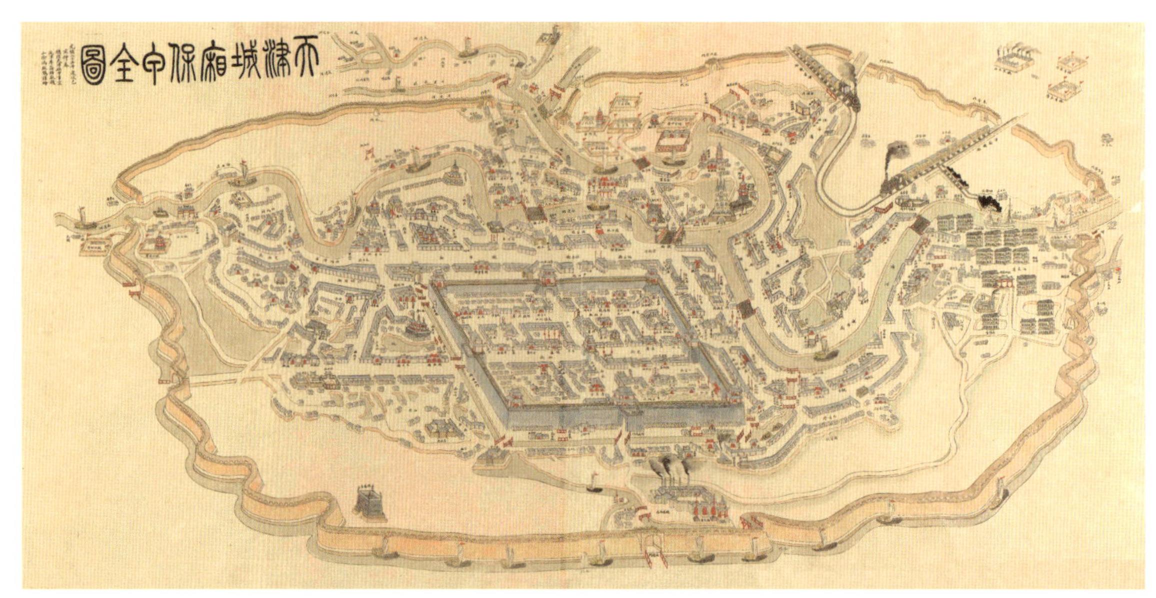

图 3-4-34 清末《天津城厢保甲全图》

图 3-4-35 杨柳青古镇

图 3-4-36　杨柳青石家大院

省商船在此从事航运生意。像闽广的海船往来天津贩盐都习以为常，连樯排比，舵手人等约在一万上下。江浙商人乘沙船赴天津运豆麦者，一年行运四回，船只多达三千五六百号。这种亘古未有的航运盛况，极大地促进了城市经济的发展。

由于天津发展商贸经济优越条件，早在乾嘉年间天津就设有 9 家“洋行”“局栈”一类的商业机构和 17 家票号机构。同时，闽广、江西、山西等地商人也纷纷在天津建立会馆。此时，城内商户星罗棋布，从商人口迅速增长。道光年间，城内商户已达 5245 户，占城内总户数的 53%，并出现了一批腰缠万贯、家资雄厚的富商大贾。像拥有船大数丈、九桅五帆大海船数十艘的天成号韩家，米商正兴德号穆家，以及杨柳青的石家、土城的刘家等巨富，都跻身于天津的“八大家”之列。到鸦片战争前，天津已经完全确立了聚天下之粟致天下之货“蓟北繁华第一城”的商贸经济地位。

图 3-4-37 天津劝业场

图 3-4-38 今日天津三岔口

图 3-4-39　北京故宫

（七）通惠河、北运河沿岸城市——北京（含通州）

对于京杭大运河的终点北京来说，大运河有着特别重要的意义。建造紫禁城的许多建筑材料，都是通过运河运到北京的，用故宫博物院原院长单霁翔的话说："从某种程度上来说，整座北京古城都是从运河上漂来的"[①]。中国传统建筑主要以夯土墙、砖石墙和木结构为主体，因此砖瓦与木料用量极多。紫禁城有大小宫殿 70 多座、房屋 9000 多间，所需土木石材数量之巨，可想而知。南方的木、北方的石，来自五湖四海、精挑细选出来的珍贵建材，经由大运河汇集京师，再由成千上万的工匠用智慧凝聚成了紫禁城。不可想象，如果没有大运河，就地取材建成的紫禁城会是何等模样？

紫禁城宫殿所用的珍贵名木，大多产自西南地区的崇山峻岭之中，经过千辛万苦才能砍伐、运输到山沟，再编成木筏，等待雨季涨水时推入江河，沿流北

① 单霁翔：《大运河漂来紫禁城》，中国大百科全书出版社，2020，第 1 页。

图 3-4-40 通州三教庙藏运河皇木

图 3-4-41 通州燃灯塔

上。这些用于建造紫禁城的名贵木材被称为“皇木”。皇木在沿路有官员值守，从不同的砍伐地点到北京，短则两三年，长则要四五年。著名传教士利玛窦在《利玛窦中国札记》中，曾提到过紫禁城宫殿修筑修缮所需木材的运输方式。运河沿岸几千名纤夫步履艰难地拖着一根根大木扎成的木筏，后面还拖着其他木料，如长蛇一般。有的木筏甚至长达 1 千米。木料来自中国遥远的四川省，运到北京有的需要两三年，每根大木要耗费 3000 两银子。在北京通州至今尚存的砖厂、皇木厂等地名，就是因储存金砖、皇木等建筑材料而得名。通州三教庙还陈列着从运河出土的十余米长的千年皇木。

元代的北京，由于郭守敬修建的引水工程，大都漕运十分兴盛，南方的漕船

图 3-4-42　通州大运河与大光楼（验粮楼）

图3-4-43 积水潭风景（今什刹海）

可以直抵积水潭。当时积水潭水势汪洋、湖面广阔、水质清冽，来自全国的物资商货集散于积水潭码头，使得其东北岸边的烟袋斜街和钟鼓楼一带成为大都城中最为繁华的闹市。除了商贾云集，海子的水色湖光也会聚了四方游人骚客，在岸边的歌台酒榭上吟风弄月。

明清的大部分时间里，大运河无法直抵北京内城，只到通州。通州原为北方军事重镇，自永乐迁都、运河通航之后，遂发展为“上拱京阙，下控天津”“舟车辐辏，冠盖交驰”的商业重镇，被誉为“左辅雄藩，神仓重地，舟车之所集，水陆之要冲，川原奥衍，民物恬熙”。（乾隆《通州志》）由于通惠河浅涩难行，通州成为京杭大运河的漕运终点，每年都有大批南来的漕船携带大量货物抵达通州。因此通州城内商行众多，贸易兴盛。据康熙《通州志》记载，此时通州属于商业贸易型的行业就有煤行、花布行、瓜靛行、钉锅行、鱼行、灰行、果行、香末行、查油行、柴炭行、葱菜行、房行、土碱行、火纸行、杂货行、杂税揽头行、斗斛行、烧酒行、瓜子行、米行、曲行、粗细米行、姜菜行、青茶木耳香蕈行、堆卸油曲店行、鱼蟹秤行等不下二三十种。

由于通州是南来商船的终点，各种货物运抵量大，因此各装卸搬运行业尤为发达。东关大桥历史上曾是运河上著名的水旱码头之一。北关盐滩村几乎家家有船，没船的也给有船人家打工。现在当地有些老人还能喊上几句运河号子。开漕节成为通州特有的节日，即在每年的三月初一，京城春暖花开之时，大运河漕运开始。

（八）浙东运河沿岸城市——宁波

宁波是浙东运河的终点，也是中国大运河唯一的入海口，兼具河港和海港属性，是连接中国大运河与海上丝绸之路的关键节点。宁波城的兴盛与运河的疏通和海上丝绸之路的发展密切相关。宁波在唐代中后期已逐渐兴起，到宋代达到兴盛时期。宋代的宁波叫作明州城，城有港，是为明州港。当时明州港是北宋五个对外贸易港口之一（广州、杭州、明州、泉州、密州板桥镇），是北宋同日本、高丽往来的主要口岸。南宋时期，明州港是当时全国四大港口之一（广州、泉州、明州、杭州），“风帆海舶，夷商越贾，利厚懋化，纷至沓来”（《乾道四明图经》）。外商到明州做贸易的，东有日本，北有高丽，南有阇婆（马来西亚）、占城（越南）、暹罗（泰国）、真腊（柬埔寨）、勃泥（加里曼丹）、三佛齐（苏门答腊），还有大食（阿拉伯）等国。仅以瓷器进行交易的，就有 17 个亚非国家。为了管理对外贸易，北宋政府在明州设置了市舶司，是当时全国三个主要市舶司之一，与广州、杭州的市舶司并称“三司”。

除了航海贸易，浙东运河上的贸易也十分兴盛。根据《嘉泰会稽志》及史料记载统计，萧山西兴堰至明州西渡堰总长约 383 里。南宋状元王十朋在《会稽风俗赋》中描写了这段运河的繁华景象：“堰限江河，津通漕输。航瓯舶闽，浮鄞达吴。浪桨风帆，千艘万舻。大武挽纤，五丁噪呼。榜人奏功，千里须臾。”十分形

图 3-4-44 宁波庆元港永丰库遗址

象和生动。贸易的繁盛造就了城市的辉煌，当时明州城内有主要街巷五六十条，城内人口密集，北宋元丰年间（1078—1085）达 11.5 万多户。城内建立了各种专业性作坊，主要有造酒、纺织、铸冶、造船等手工业和制造军器的“作院”，有竹行、花行、饭行等商业比较集中的商行，以及杂剧、曲艺和杂技等娱乐场所。

元代，浙东运河地位不及南宋，但仍是庆元港（元代明州改称庆元）联系腹地的主要航线。至元十四年（1277）设庆元路市舶提举使，庆元港依然保持着“三司”的地位，是全国三大主要贸易港口（广州、泉州、庆元）之一，也是对日本、朝鲜贸易和文化往来的重要口岸，还有东南亚、西亚甚至地中海、非洲的许多国家和地区都与庆元港有着贸易关系。目前出土的一艘最大的从庆元港起航

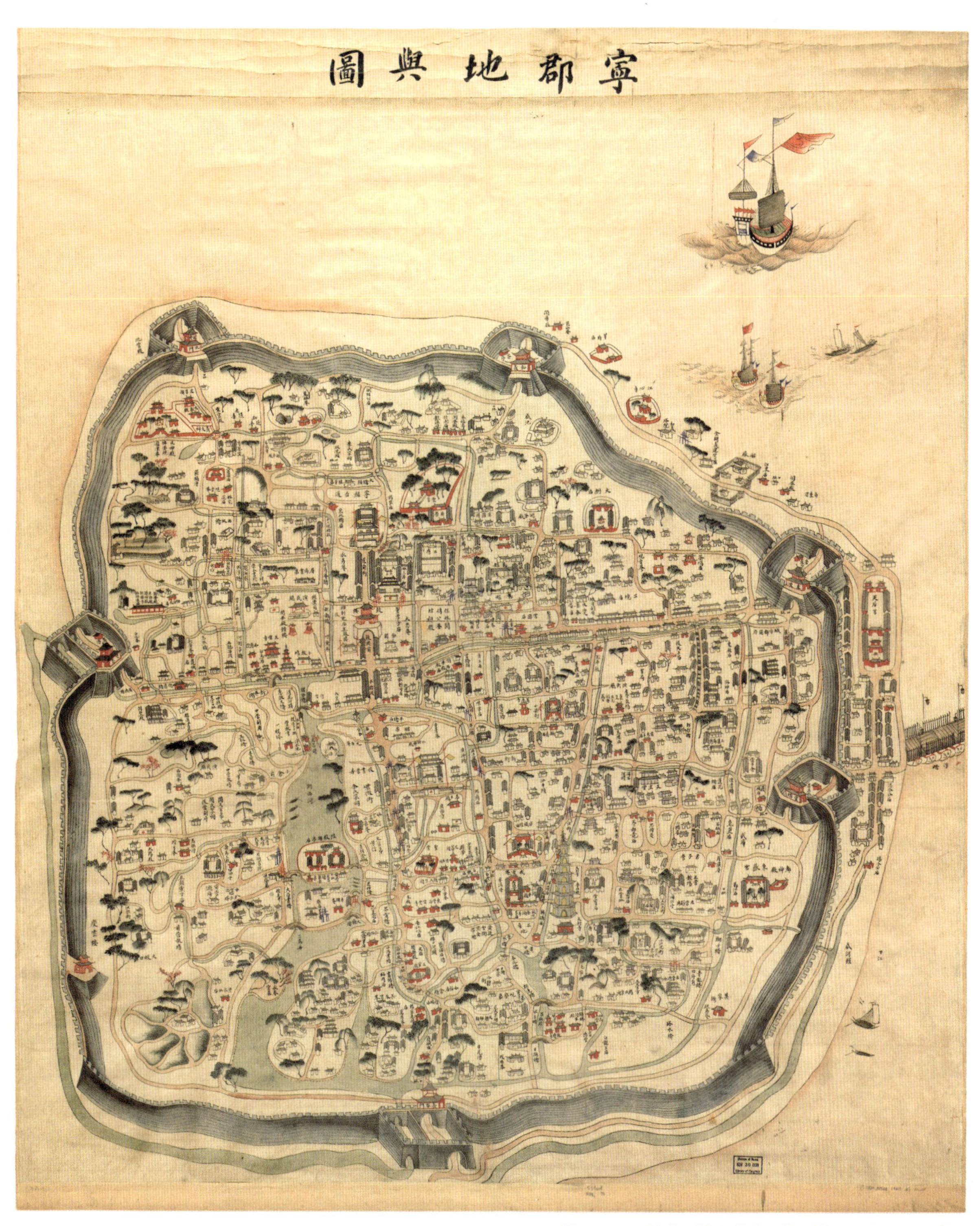

图 3-4-45　清代《宁郡地舆图》（美国国会图书馆藏）

沉没于韩国木浦的贸易船，装运有 2 万多件贸易瓷器、28 吨铜钱，可见庆元港海外贸易活动规模之大。

明初，仍将与日本交往的“贡市”地点设在宁波，置市舶司进行管理，因此中日之间的勘合贸易主要是在宁波港进行的。日本船只进入宁波洋面后，在政府官船的导引下，从普陀山、莲花洋、沈家门、定海进入宁波港，签证允许后，换船从宁波出发，循浙东运河，经余姚、绍兴、萧山，越过钱塘江到杭州，再循江南运河，经嘉兴、苏州、常州等地，横渡长江，由大运河到北京，回程再由大运河到宁波起航渡海归去。在明代海禁期间，中外文化交流仍在频繁进行，据统计，在明代大约 300 多年的时间里前往中国的日本僧人数量众多，仅知名的就有 110 余人。他们都是乘坐特许贸易的船只往返，奔波于宁波—北京间的运河上。清初施行大规模的“迁海”政策，“寸板毋入海，粒米毋越疆”（《东南纪事》），

图 3-4-46 今日宁波三江口

图 3-4-47　甬东天后宫（庆安会馆）

商贸繁盛、万舸汇集的浙东沿海变得一片荒凉。到康熙二十四年（1685）平定台湾后，又在宁波镇海设立浙海关，使得完全中断的海外贸易得以恢复。此时宁波港不仅作为对日贸易的港口，而且与东南亚、欧洲各国也有往来。

明清两代，宁波商业繁华。中国十大商帮之一的"宁波帮"在此诞生，"南走闽粤，北达燕赵，岁得盈余则归寄诸家"（《烟屿楼文集》），足迹遍布全国。宁波活跃的商业氛围，使得该地商业发展长盛不衰。从事同一经济活动的工商业者通常将店铺开在一起，大量商业性会馆也在此时出现，且多设于三江口地区。《四明谈助》记载："凡番舶商舟停泊，俱在来远亭至三江口一带，帆樯矗竖，樯端各立风鸟，青红相间，有时夜然樯灯。每遇闽广船初到或初开，邻舟各鸣钲迎送。番货海错俱聚于此。"三江口一带商铺栉比，百货纷杂，许多闽粤等南方商人和天津等地的北方商人都来此处经商，或定居于此，并于此建会馆、商帮建筑，繁荣了宁波商业。咸丰三年（1853），聚集宁波的舶商在三江口东岸修建庆安会馆，又名"甬东天后宫"，既是祭祀妈祖之处，又是行业聚会的场所。因浙东运河沿线水运交通便利、商业发达、经济繁荣而自然兴起的商业机构，反映了大运河沿线因运河而发展繁荣的贸易和工商业情况，代表了大运河的衍生影响。

第四章

文化交流融合之主轴：大运河与南北中外社会文化的交流融合

中国大运河不只是一条物质流通之河，她还是一条文化交流融合之河，是中国古代社会南北方文化交流融合的主轴。本章以唐诗、宋词、元曲、明清小说，以及科举、宦游和朝贡为例，探讨大运河在中国古代文化交流，乃至中外文化交流中的重要作用。

第一节

诗词之河

（一）诗之河

1984年浙江省新昌县的竺岳兵首先提出了“唐诗之路”的概念，特指从钱塘江出发，沿浙东运河，经绍兴、镜湖，向南溯曹娥江，入剡溪，经新昌，到天台山一带的唐诗富集路线。这一概念的提出，引起了学者们探讨的兴趣，朱睦卿和陈美荣等人认为除了浙东唐诗之路，还有一条“浙西唐诗之路”，李德辉又提出唐代两京驿道及长安至荆南驿道也是两条“唐诗之路”。

那么，什么是“唐诗之路”呢？竺岳兵认为，“所谓‘唐诗之路’，是指对唐诗特色的形成，起了载体作用的、具有代表性的一条道路。”[①] 依据这个定义，显然大运河是一条更宏大、更重要、更有代表性的“唐诗之路”，或者说是一条“唐诗之河”。马婷婷认为“运河区域的城市、建筑、自然风光等承载唐诗之处同样俯仰皆是，一些亭台楼阁更是处处题有唐代文人的即兴之作，如枫桥、天津桥、金山寺等等，诗人们在运河沿线创作的诗歌，是一颗颗色彩斑斓的珠子，大运河则是蜿蜒旖旎的绸带，大运河与其沿线诗歌是精魂相牵、形神合一的。”[②]

---

① 竺岳兵：《剡溪——唐诗之路》，载竺岳兵主编《唐诗之路综论》，中国文史出版社，2003，第3页。

② 马婷婷：《水上“唐诗之路”研究——以隋唐大运河沿线诗歌创作为中心》，延边大学硕士论文，2011年，第5页。

1. 成长在大运河上的诗人

大运河能够成为一条“诗之河”，首先在于她哺育了大量的诗人。《文艺理论学》指出，诗歌等文学的发展与社会经济的繁荣关系密切，经济基础是文学发展的最后决定因素。恩格斯在论及 18 世纪法国和德国的哲学与文学发展的情况时，指出：“不论在法国或是在德国，哲学和那个时代的文学的普遍繁荣一样，都是经济高涨的结果。”[①] 与此类似，唐朝经过一百多年的和平发展后，社会经济空前繁荣，物质基础十分丰厚，这些都成为唐代诗歌发展和繁荣的基础。而大运河沿线，正是唐代社会经济最繁荣的地带，就像杜甫在《忆昔》中回忆的“忆昔开元全盛日，小邑犹藏万家室。稻米流脂粟米白，公私仓廪皆丰实。”仓廪的丰实使得运河沿线的城镇能够培育充足的文化人，也让他们有条件去欣赏、去创作诗歌作品。

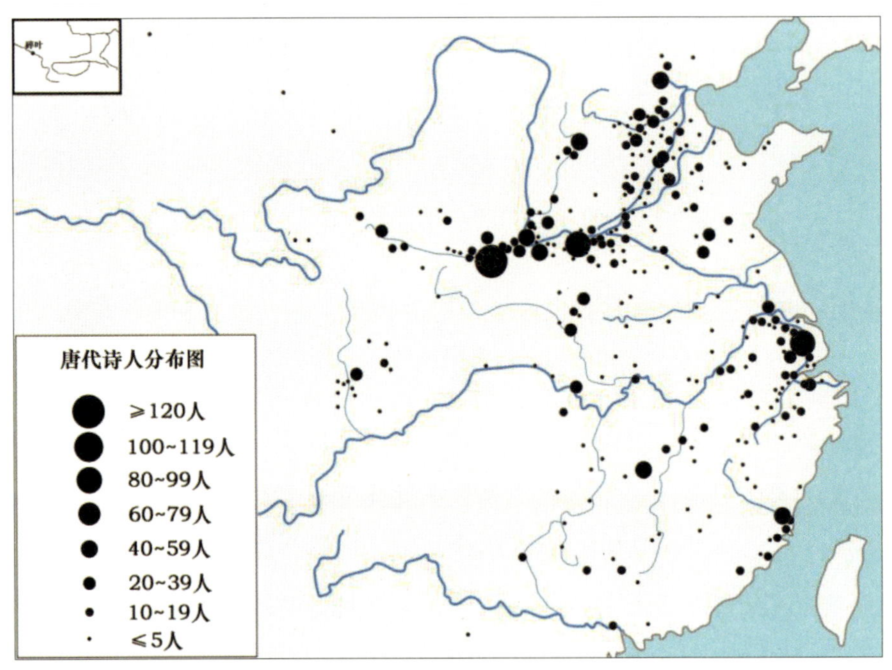

图 4-1-1 唐代诗人分布示意图*

★据陈正祥著《中国文化地理》（生活·读书·新知三联书店 1983 年版）改绘。

①《马克思恩格斯选集》第 4 卷，人民出版社，1972，第 485 页。

由上图可以清晰地看到唐代诗人有三个主要分布区域：首先是长安到洛阳一线，这里是政治中心，也是运河中心；其次是江南运河区域；最后是永济渠沿线。叶持跃也在《论唐五代诗人的地域分布与特征》中指出，唐代诗人主要分布在三个地区。其一，以京兆、河南、河中三府为中心的京洛区。该区域无论诗人数量还是诗人密度都是全国最高的，它的形成，一方面得力于其全国政治中心的地位，另一方面也是秦汉以来长期经济、文化发展的产物。当然，这里还是大运河的中心和漕运目的地。其二，以苏州、润州、湖州、杭州为中心的江南区。该区是仅次于京洛区的诗人分布区，从初唐开始在全国已占重要地位，盛唐以后其全国地位呈节节上升之势，它是全国诗人数量比重极高而内部分布又极均衡的一个地区。而这里是大运河漕运的起点。其三，以太原府、赵州、涿州等为中心的燕赵区。这里是永济渠沿线地区，多慷慨悲歌之士。

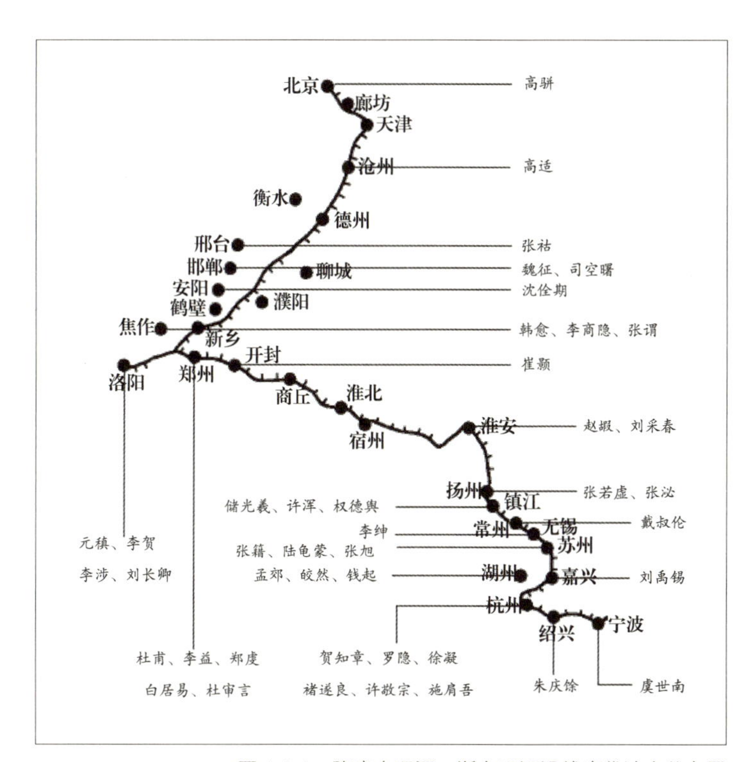

图 4-1-2　隋唐大运河、浙东运河沿线唐代诗人分布图

隋唐大运河沿线诗人不但数量众多，而且质量极高，在通济渠沿线活动的杜甫、白居易、元稹、李贺、李益、刘长卿、崔颢等，在永济渠沿线活动的高适、韩愈、李商隐、张祜、沈佺期等，在邗沟沿线活动的赵嘏、张若虚等，在江南运河沿线活动的孟郊、贺知章、刘禹锡、罗隐、张籍、陆龟蒙等，都是唐诗史上非常重要的人物，可谓巨匠林立、群星璀璨。另外，长安有关中漕渠，是运河漕运的最终目的地，亦可列入运河沿线，诞生在长安的著名诗人有王昌龄、韦应物、杜牧、薛涛、鱼玄机等。

2. 宦游于大运河上的诗人

大运河是唐宋时人出行的首选，大量的诗人在大运河上宦游、旅行。他们或者以舟代步，或者水陆兼程。在水上行舟时，诗人们有足够的条件去欣赏两岸的风光，千里游程使他们对祖国瑰丽的山河有了广泛的认识，他们感物而吟诗，很多脍炙人口的壮丽诗篇应运而生。在这里，我们从每个时代中精选两位代表性诗人，追寻他们在运河上的诗歌之旅。

（1）初唐

王勃

被誉为“初唐四杰”之首的王勃，在短短 27 年的人生中曾三次往返汴河、邗沟、江南运河。麟德二年（665），唐高宗决定于次年封禅泰山，停止了该年的科试，王勃便趁此机会，从长安出发，往游吴越。这年秋天，十六岁的王勃经由大运河，先后游览润州（镇江）、杭州、越州（绍兴）等地，留下了不少诗作。如在润州（镇江）上元县作《白下驿饯唐少府》诗，在越州（绍兴）有《越州秋日宴山亭序》《越州永兴李明府宅送萧三还齐州序》等序文。江南吴越之行对王勃思想产生了显著的影响，据其四年后在绵州（绵阳）所作的《绵州北亭群公宴序》云“昔往东吴，已有梁鸿之志”，可知吴越之秀美山河已经引发其归隐之思。

上元元年（674），二十五岁的王勃因匿杀官奴，事发当诛，幸遇改元大赦，其父王福畤受到牵连被贬为交趾（治今越南河内）县令。次年（675），王勃复旧职，但经此变故，越发认识到仕途之险恶，再加上对父亲的愧疚之情，拒绝了朝廷的征召，决定亲自护送父亲前去交趾。该年六月，王家父子从洛阳乘船，沿着汴河、淮河向东南至淮阴，过汉高祖庙，王勃奉父命作《交趾县令祭汉高祖文》。此后，经由邗沟，过扬州，至长江，转西南行，经江宁（南京），至洪州（南昌），留下千古名篇《滕王阁序》。次年（676）八月，王勃由交趾北归，横渡南海，溺水惊吓而亡，时年二十七岁。

陈子昂

陈子昂是唐诗革新的先驱，被韩愈赞为“国朝盛文章，子昂始高蹈”（《荐士》），被元代诗论家方回赞为“唐诗之祖”（《瀛奎律髓》），是初唐诗歌史上的关键人物。陈子昂是四川射洪人，但其人生功业、诗文成就都与大运河密切

图 4-1-3　（宋）马远《雕台望云图》（《登幽州台歌》诗意）

相关。陈子昂成年后常居东都洛阳，十分关心征伐之事，常为随军参谋。万岁通天元年（696），三十六岁的陈子昂在洛阳任右拾遗，该年夏五月，营州（辽宁朝阳）契丹松漠都督李尽忠等举兵叛乱，秋九月以同州（陕西大荔）刺史建安王武攸宜为右武威卫大将军，充清边道行军大总管，讨伐契丹。陈子昂即为随军参谋，对后勤军粮事宜极为关心，他作《上军国机要事》阐述治兵理念，对于运河漕运有这样的主张："今国家第一要者，在稍宽兵期……即日江南、淮南诸州租船数千艘，已至巩、洛，计有百余万斛，所司便勒往幽州纳充军粮。其船夫多是客户、游手懒业、无赖杂色人，发家来时，唯作入都资料，今已到京，又勒往幽州。幽州去此二千余里，还又二千余里，方寒冰冻，一无资粮，国家更无优恤，但切勒赴限，比闻丁夫，皆甚愁叹。”（《全唐文》）他力劝当政者减轻漕粮运输者的负担，以免陈胜、吴广之盗、杨玄感之乱。

次年（697）三月，大军驻扎渔阳，前军清边道总管王孝杰战死，左羽林将军苏宏晖惧敌逃遁，“契丹乘胜寇幽州，攻陷城邑，剽掠吏民”（《资治通鉴》）。形势危急，“三军震慴”（《陈子昂别传》），武攸宜十分惊骇，怯敌不前。面对这一局面，陈子昂直言进谏，要求武攸宜整顿军纪，并且奋不顾身，愿意率领一万士兵“以为前驱”（《故拾遗陈公建旌德之碑》），出奇制胜。但大总管武攸宜是外戚出身（武则天侄子），不通军事，“以子昂素是书生，谢而不纳”（《全唐文》）。陈子昂屡次进谏，触怒了武攸宜，被降职为军曹，“但兼掌书记而已”（《全唐文》），不能再参与军务。这让陈子昂的心情十分抑郁悲愤，他登上幽州台的蓟北楼，俯仰古今，纵望天地，不禁思绪万千，写下了这首悲壮苍凉的千古绝唱《登幽州台歌》：“前不见古人，后不见来者。念天地之悠悠，独怆然而涕下！”

（2）盛唐

孟浩然

孟浩然是盛唐山水田园诗派的代表人物，他曾三入长安，也曾三游吴越，入京与游吴越成为他人生中最重要的两件大事。但三入长安求功名，却三度失意而返，遂有三游吴越之举，有着穷极山水、派遣仕途的惆怅。正如他在《自洛之越》一诗中所言：“遑遑三十载，书剑两无成。山水寻吴越，风尘厌洛京。扁舟泛湖海，长揖谢公卿。且乐杯中物，谁论世上名。”吴越秀美山水，在舒缓孟浩然心情的同时，也激发了他创造的灵感，使其能够开盛唐田园山水诗派之先声。

开元十二年（724）秋，孟浩然第一次入长安，一年有余未能得天子垂幸，遂出京入蜀，往游广汉。到了第二年（725）春天，由家乡襄阳出发，顺汉水，下长江，开启了第一次吴越之游。秋冬时节，孟浩然被大风阻于长江北岸的扬子津，他焦急而无奈，写下《扬子津望京口》：“北固临京口，夷山近海滨。江风白浪起，愁杀渡头人。”冬天，孟浩然到达润州（镇江），登万岁楼（即润州西南楼，西北楼则是有名的芙蓉楼），并赋《登万岁楼》诗。又次年（726）夏秋，与李白在金陵一带相识，并同游溧阳。随后由太湖，入运河，经杭州，由浙东运河入剡溪，有《耶溪泛舟》《舟中晓望》诸诗，其中《舟中晓望》写道："挂席东南望，青山水国遥。舳舻争利涉，来往接风潮。问我今何去？天台访石桥。坐看霞色晓，疑是赤城标。"

游览剡中山水后，又由浙东运河至越州（宁波），扬帆渡海至温州永嘉访友。开元十五年（727），孟浩然自温州返楚，仍由浙东运河，途中逗留会稽，与友人同游镜湖，有诗《与崔二十一游镜湖，寄包贺二公》："试览镜湖物，中流到底清。不知鲈鱼味，但识鸥鸟情。帆得樵风送，春逢谷雨晴。将探夏禹穴，稍背越王城。府掾有包子，文章推贺生。沧浪醉后唱，因此寄同声。"夏天，取道江南运河，舟行至广陵（扬州），有《广陵别薛八》诗："士有不得志，栖栖吴楚间。广陵相遇罢，彭蠡泛舟还。樯出江中树，波连海上山。风帆明日远，何处更追攀。"遂溯长江而归襄阳，结束第一次吴越之游。不久（738），孟浩然第二次由襄阳前往长安应试，但未能中第，这次他在长安滞留了三年，才返回了襄阳。

开元二十一年（733）夏末，孟浩然第三次入长安，但很快就厌弃了长安城中汲汲于功名的生活，秋天便出长安，至洛阳，开启第二次吴越之游。这次，孟浩然全程都是走的运河，沿途经汴次谯，入淮水至扬子津。[①] 在谯县（亳州）有《适越留别谯县张主簿申屠少府》诗："朝乘汴河流，夕次谯县界。幸值西风吹，得与故人会。君学梅福隐，余从伯鸾迈。别后能相思，浮云在吴会。"在临涣（淮北濉溪）有《临涣裴明府席遇张十一房六》，又有《问舟子》："向夕问舟子，前程复几多？弯头正堪泊，淮里足风波。"九月至杭州，有《与杭州薛司户登樟亭楼作》诗。随后，由浙东运河至会稽，再返回杭州，萧山途中有诗《早发渔浦潭》。冬末，自杭州溯钱塘江西上，经桐庐，入新安江，由彭蠡湖（鄱阳湖）返襄阳。其间，在杭州富阳有《宿建德江》诗："移舟泊烟渚，日暮客愁新。野旷天低树，江清月近人。"

开元二十三年（735），四十七岁的孟浩然三游吴越。他在江夏与李白会于黄

---

① 王辉斌：《孟浩然新论》，武汉大学出版社，2017，第 46 页。

鹤楼，获赠《黄鹤楼送孟浩然之广陵》[1]诗："故人西辞黄鹤楼，烟花三月下扬州。孤帆远影碧空尽，唯见长江天际流。"

孟浩然这次往游吴越，是为了与崔国辅再聚，但当他经由江南运河、浙东运河抵达山阴时，崔国辅已经入京，孟浩然只得独游永嘉。有《宿永嘉江寄江阴崔国辅少府》："我行穷水国，君使入京华。相去日千里，孤帆天一涯。卧闻海潮至，起视江月斜。借问同舟客，何时到永嘉。"随后孟浩然调舟返楚，五年后病逝于襄阳。[2]

李白

李白是唐代伟大的浪漫主义诗人，被后人誉为"诗仙"，与杜甫并称"李杜"，是中国诗歌史上的双子星。李白一生仗剑去国，行程万里，饱览祖国大好河山，其中最为其魂牵梦萦的，仍然是吴越剡溪之游。李白一生先后四次往游吴越，或由长江东下，或由汴河、邗沟南行，借道江南运河、浙东运河，泛舟剡溪、若耶溪，流连于天台、天姥诸山。李白往游吴越的目的是多重的，既有对山水诗鼻祖谢灵运等人隐居地的朝圣之情，也有长安失意后忘情山水排遣悲愤之意，更有通过司马承祯等仙道高隐的"终南捷径"实现报国梦想之愿。

开元十四年（726），二十六岁的李白在金陵（南京）告别刚刚结识的孟浩然等好友，乘船东下广陵（扬州），开始了第一次吴越之游。与孟浩然一样，李白的第一站也是广陵，然后在盛夏时节渡江，经运河去剡中。他的经行路线有《别储邕之剡中》诗可证："借问剡中道，东南指越乡。舟从广陵去，水入会稽长。竹色溪下绿，荷花镜里香。辞君向天姥，拂石卧秋霜。"这次越中之游，给李白留下印象最深刻的是镜湖（鉴湖）、耶溪和越女，他尤其惊叹于越女的白皙美丽，作《越女词（五首）》《浣纱石上女》《采莲曲》《西施》等诗作反复歌颂。如《越女词五首·其五》："镜湖水如月，耶溪女似雪。新妆荡新波，光景两奇绝。"又如《采莲曲》："若耶溪旁采莲女，笑隔荷花共人语。日照新妆水底明，风飘

① 李白《黄鹤楼送孟浩然之广陵》的系年问题，详见王辉斌《孟浩然新论》（武汉大学出版社2017年版）第52、53页。

② 孟浩然行程及诗作系年据王辉斌《孟浩然新论》（武汉大学出版社2017年版）。

香袂空中举。岸上谁家游冶郎，三三五五映垂杨。紫骝嘶入落花去，见此踟蹰空断肠。”

畅游镜湖、剡溪后，李白返回会稽，作《越中览古》。随后经由运河北上，在秋初游览了嘉兴南湖，有诗《渌水曲》：“渌水明秋月，南湖采白苹。荷花娇欲语，愁杀荡舟人。”随后继续由运河北上，途经太湖，返还广陵，有《秋日登扬州西灵塔》诗。这年秋天，李白卧病扬州，有《淮南卧病书怀》，病愈后泛起思乡之情，有《秋夕旅怀》：“凉风度秋海，吹我思乡飞。连山去无际，流水何时归？”又有《静夜思》：“床前明月光，疑是地上霜。举头望明月，低头思故乡。”遂西返安陆，娶妻许氏，隐居寿山。

开元二十六年（738）春，李白自南阳启程，漫游江淮。他首先前往颍阳（在今登封）见元丹丘，有诗《颍阳别元丹丘之淮阳》，然后顺颍河而下淮阳，有《送侯十一》诗。然后东行，经宋城（今睢阳），由汴河、淮河至淮阴，有《淮阴书怀寄王宋城》诗，描绘了汴河上航运繁忙的景象，“沙墩至梁苑，二十五长亭。大舶夹双橹，中流鹅鹳鸣。”复由邗沟下淮南，于安宜（今宝应）有《赠徐安宜》《白田马上闻莺》诗。至扬州作《少年游》：“君不见淮南少年游侠客，白日球猎夜拥掷。呼卢百万终不惜，报仇千里如咫尺。少年游侠好经过，浑身装束皆绮罗。兰蕙相随喧妓女，风光去处满笙歌。”回忆了十二年前在扬州仗剑任侠、交游玩乐、轻财好施的日子，据李白《上安州裴长史书》自陈，他在扬州仅仅一年就散尽了万贯家财，“曩昔东游维扬，不逾一年，散金三十余万，有落魄公子，悉皆济之。”复游扬州之后，李白渡江南下吴中，沿运河游杭州、会稽等地，有《久别离》《见京兆韦参军量移东阳二首》《送鞠十少府》《与从侄杭州刺史良游天竺寺》《送侄良携二妓赴会稽戏有此赠》等诗。最后由溧阳、当涂归安陆，结束第二次吴越之游。

开元二十八年（740），许夫人辞世后，李白举家迁居东鲁任城（今济宁）。李白在东鲁与一刘姓女子结合，但仕途的失败让刘氏对李白很不满。天宝元年（742），四十二岁的李白受诏入京，他扬眉吐气，留下《南陵别儿童入京》“会稽愚妇轻买臣，余亦辞家西入秦。仰天大笑出门去，我辈岂是蓬蒿人。”结果事与愿违，天宝三年（744）李白被赐金还山，不得不离开都城长安。李白不愿回到东鲁家中，便漫游于梁宋之间，他先是在洛阳结识杜甫，在开封又结识了著名边塞诗人高适，三人结伴而行，书写了中国文学史上的千古佳话。三人同游开封吹台、信陵君墓、商丘梁园等地，李白有《梁园吟》："梁王宫阙今安在？枚马先归不相待。舞影歌声散绿池，空馀汴水东流海。沉吟此事泪满衣，黄金买醉未能归。连呼五白行六博，分曹赌酒酣驰晖。歌且谣，意方远，东山高卧时起来，欲济苍生未应晚。"（李白题诗后不久，前宰相宗楚客的孙女宗氏路过梁园，被此诗深深打动，不愿离去，后来梁园主人要将文字抹去，宗氏就出千金买下了这面墙壁，是为"千金买壁"之美谈。李白南游吴越北返后，在朋友们的撮合下与宗氏结婚，终成眷属。）

天宝四年（745），李白在与高适、杜甫同游济南等地后，回到任城之家。不久即有再游吴越之念，秋末启程前赋有《梦游天姥吟留别》："天姥连天向天横，势拔五岳掩赤城。天台四万八千丈，对此欲倒东南倾。我欲因之梦吴越，一夜飞度镜湖月。湖月照我影，送我至剡溪。……世间行乐亦如此，古来万事东流水。别君去时何时还，且放白鹿青崖间，须行即骑访名山。安能摧眉折腰事权贵？使我不得开心颜。"

随后，李白便由泗水南下，途经下邳，有《经下邳圯桥怀张子房》诗。复由邗沟再下扬州，次年（746）春有《题瓜洲新河，饯祖叔舍人贲》诗："齐公凿新河，万古流不绝。丰功利生人，天地同朽灭。两桥对双阁，芳树有行列。爱此如甘棠，谁云敢攀折。吴关倚此固，天险自兹设。海水落斗门，湖平见沙汭。我行送季父，弭棹徒流悦。杨花满江来，疑是龙山雪。惜此林下兴，怆为山阳别。瞻望清路尘，归来空寂灭。"

瓜洲新河，即瓜洲运河，又称伊娄河，是今天扬州市南扬子桥至瓜洲渡口的一段运河，为开元二十六年（738）润州刺史齐澣所开。隋代以前镇江、扬州间长江十分宽阔，唐代时出现积沙，称瓜洲（又名瓜步沙尾）。自京口渡江就需要绕瓜洲而行，迂曲六十里，船只经常为风涛所坏。齐澣此河，纵贯瓜洲南北，长二十五里，此后京口渡船可以由此直驱扬子桥，岁减脚钱数十万，又设立伊娄埭征收课税，故为漕渠津要。李白深知此河之利，遂有此诗追颂齐澣之功德。

李白由伊娄河渡江，至润州（今镇江），有《焦山望松寥山》诗。李白由江

图 4-1-4 杭州德胜坝漕船过坝景象★

南运河继续南下，路经丹阳，有《丁督护歌》："云阳上征去，两岸饶商贾。吴牛喘月时，拖船一何苦。水浊不可饮，壶浆半成土。一唱都护歌，心摧泪如雨。万人凿盘石，无由达江浒。君看石芒砀，掩泪悲千古。"

李白此诗与之前的《题瓜洲新河，饯祖叔舍人贲》形成鲜明反差，一为赞美其利民，一为批判其累民，原因是瓜洲新河"岸庫易开"，丹阳运河却地势高亢，即便征发万人凿石，也难以航行，只能通过盘坝的方式通过，造成了民畜牵挽之苦。由此可见，李白作两诗的出发点是一样的，都是从普通百姓的角度来看开河的利弊，其赤子之心可见一斑。

李白继续由江南运河南下，路经湖州，有迦叶问其何人，作《答湖州迦叶司马问白是何人》："青莲居士谪仙人，酒肆藏名三十春。湖州司马何须问，金粟如来是后身。"

渡钱塘江，转浙东运河，李白再游会稽（今绍兴），有《越中秋怀》《对酒忆贺监二首》等诗。贺监，即贺知章，已于两年前（744）逝世，葬于山阴县（今绍兴）东南九里，李白至此追忆，表达对贺知章的沉痛追思："四明有狂客，风流贺季真。长安一相见，呼我谪仙人。昔好杯中物，翻为松下尘。金龟换酒处，却忆泪沾巾。"

★引自薛家柱主编《杭州运河新貌》（杭州出版社2013年版）第55页。

李白在四明登天台山，望海边霞，泛起归意，遂由运河北还，天宝七年（748）春至苏州，有《苏台览古》诗。暮春时节，在扬州听闻王昌龄贬谪龙标尉（湖南黔阳县）之事，作《闻王昌龄左迁龙标遥有此寄》诗："杨花落尽子规啼，闻道龙标过五溪。我寄愁心与明月，随君直到夜郎西。"此后两年，多居金陵，间游广陵。

天宝十年（751），李白在赠幽州节度使判官何昌浩的诗中表达了前往边塞建功立业的想法。当时安禄山受宠，"以重赏要士，故壮士喜功者，乐于从之"（《杜臆》），李白亦然。新婚不久的妻子宗氏担心他的安危，"旁人不惜妻止之，公无渡河苦渡之。虎可搏，河难凭，公果溺死流海湄？"但暮秋时节，李白由开封启程，渡河北上，有《留别于十一兄逖裴十三游塞垣》诗。李白由永济渠北上，经邺城，至魏州，有《魏郡别苏明府因北游》诗，描绘了安史之乱前永济渠沿线重镇的繁荣景象："魏都接燕赵，美女夸芙蓉。淇水流碧玉，舟车日奔冲。青楼夹两岸，万室喧歌钟。天下称豪贵，游此每相逢。"

至清漳县（今广平县）又有《赠清漳明府侄聿》诗，仍是一番富足景象："举邑树桃李，垂阴亦流芬。河堤绕绿水，桑柘连青云。赵女不冶容，提笼昼成群。缲丝鸣机杼，百里声相闻。"

天宝十一年（752）春游邯郸诸地，十月至幽州，有《出自蓟门北行》诗："挥刃斩楼兰，弯弓射贤王。单于一平荡，种落自奔亡。收功报天子，行歌归咸阳。"但不久就见识到边地战争的残酷真相，有《幽州胡马客歌》《北风行》等诗，情绪逐渐转为怨愤。在目击安禄山跋扈之状后，十分忧虑，"揽涕黄金台，呼天哭昭王。"旋即逃离范阳，由魏州、西河、潼关、洛阳返宋州。

天宝十三年（754），李白游广陵，王屋山人魏万不远数千里来追寻，两人遂同舟入秦淮，上金陵。等到魏万要返回王屋山时，李白把平生所作诗文都交付给他，让他编为诗集。并赠诗《送王屋山人魏万还王屋》，借魏万行踪描述了吴越美景："东浮汴河水，访我三千里。逸兴满吴云，飘飖浙江汜。挥手杭越间，樟亭望潮还。……遥闻会稽美，且度耶溪水。万壑与千岩，峥嵘镜湖里。秀色不可名，清辉满江城。人游月边去，舟在空中行。"

天宝十四年（755）安禄山反。冬，托人往鲁中接儿女，自往宋州接宗氏，南下剡中避难。次年（756）夏至越中，年底永王李璘三次征召，李白几经犹豫，最终决定下山入幕，结果卷入皇室内争之中。最后的几年，永王兵败，李白入狱，流放夜郎，又遇赦而还，十分困窘，上元三年（762）病逝于当涂。

杜甫

唐代伟大的现实主义诗人杜甫出生并成长在通济渠畔，是个地地道道的运河人。杜甫出生在今河南省巩义县站街镇南瑶湾村的笔架山下，这里正处在伊洛河、通济渠出邙山入黄河的出口——洛口。笔架山紧邻伊洛河和通济渠（通济渠是引谷水和洛水紧靠着洛水入黄河的），相距只有二里多，距离隋唐时期著名的大粮仓洛口仓也只有四五里，可谓河漕重地。

杜甫在巩义老家生活的时间很短，在他未记事时母亲便亡故了，此后年幼的杜甫便寄养在洛阳仁风里的二姑家，直至弱冠壮游都生活在这座运河中心城市。洛阳作为隋唐大运河的中心，是大唐全盛时期最繁华的城市，也是安史之乱中被破坏最严重的城市，杜甫亲身经历了这一剧变（《忆昔二首》）："忆昔开元全盛日，小邑犹藏万家室。稻米流脂粟米白，公私仓廪俱丰实。九州道路无豺虎，远行不

图 4-1-5　济宁南池"李杜携游"塑像

劳吉日出。齐纨鲁缟车班班，男耕女桑不相失。宫中圣人奏云门，天下朋友皆胶漆。百馀年间未灾变，叔孙礼乐萧何律。岂闻一绢直万钱，有田种谷今流血。洛阳宫殿烧焚尽，宗庙新除狐兔穴。伤心不忍问耆旧，复恐初从乱离说。"

杜甫在洛阳渡过了童年、青年，到他弱冠之时，开启了长达十四、五年的山河漫游。从开元十九年（731）开始，杜甫首先用了四五年的时间漫游吴越，到开元二十三年（735）返回洛阳。赴长安科举不第后，即漫游齐赵，至二十九年（741）重返洛阳，在偃师建陆浑山庄，结婚耕读。天宝三年（744），三十三岁的杜甫在洛阳遇到被唐玄宗赐金放还的李白，遂相约同游梁宋，又在开封遇到高适，三人结伴同游齐鲁，至天宝四年（745）返回洛阳，不久即长居长安，谋求仕进之路，直至安史之乱发生。

杜甫漫游吴越时期的诗作没有流传下来，但他在日后的追忆中详细回顾了他这四五年的经历。据《送许八拾遗归江宁觐省，甫昔时尝客游此县，于许生处乞瓦棺寺维摩图样，志诸篇末》一诗，"淮阴清夜驿，京口渡江航。春隔鸡人昼，秋期燕子凉。"杜甫的旅行路线是，从洛阳出发，乘船经通济渠（汴河），由泗河至淮阴，再由邗沟至杭州，渡江以达京口，再西行至江宁。

杜甫离开江宁后，由运河前往苏州游览，有《壮游》一诗："东下姑苏台，已具浮海航。到今有遗恨，不得穷扶桑。王谢风流远，阖庐丘墓荒。剑池石壁仄，长洲荷芰香。嵯峨阊门北，清庙映回塘。每趋吴太伯，抚事泪浪浪。"

天宝三年，与李白、高适的梁宋之游，是以汴河为中心的。杜甫在《遣怀》中回忆道当时开封、商丘一带的繁盛景象："昔我游宋中，惟梁孝王都。名今陈留亚，剧则贝魏俱。邑中九万家，高栋照通衢。舟车半天下，主客多欢娱。"

他们出入酒垆，酣登吹台（在开封），还去游玩汉高祖刘邦的发迹地芒砀山（在商丘永城），好不快活，留下了中国诗歌交游史上最让人畅想的篇章："忆与高李辈，论交入酒垆。两公壮藻思，得我色敷腴。气酣登吹台，怀古视平芜。芒砀云一去，雁鹜空相呼。"

除了汴河，他们还游览了御河（永济渠），杜甫在《昔游》一诗中，描绘永济渠转粟的盛景："君王无所惜，驾驭英雄材。幽燕盛用武，供给亦劳哉！吴门转粟帛，泛海陵蓬莱。肉食三十万，猎射起黄埃。"

又有《后出塞·其四》一诗："献凯日继踵，两蕃静无虞。渔阳豪侠地，击鼓吹笙竽。云帆转辽海，粳稻来东吴。越罗与楚练，照耀舆台躯。"

可惜，这些通过大运河源源不断地从江南转输而来的粮草，养肥了安禄山的三十万幽燕雄兵，给大唐带来了空前的灾难。安史之乱后，杜甫弃官入蜀，飘荡于长江之上，病逝湘江耒水。

（3）中唐

白居易、刘禹锡是中唐时期最重要的两个大诗人，而且他们交游密切、友情深厚。大历七年（772），白居易出生于新郑县东郭宅（这里距离通济渠中牟水渍村遗址直线距离为三十四公里），少年移家徐州符离（今宿州市埇桥区符离集），青年漫游吴越苏杭。与白居易同年，刘禹锡出生在嘉兴运河边的嘉禾驿，青年亦游学于吴越之地。两人都成长在运河沿线或者受到运河漕运影响深远的地方，两人成年后的仕途宦游、交往唱和也都离不开运河。

白居易

白居易在新郑渡过了少年时代。建中三年（782），十一岁的白居易沿着汴河前往父亲白季庚的任所，寄家徐州符离。不久，为避藩镇之乱，十二岁的白居易不得不继续沿着运河南下，避难越中。他常漫游苏杭二郡，并受到著名诗人韦应物和房孺复的影响，开始苦节读书，并许下了日后要在苏杭为官的愿望。贞元三年（787），十六岁的白居易就写出传颂千年的《赋得古原草送别》一诗："离离原上草，一岁一枯荣。野火烧不尽，春风吹又生。远芳侵古道，晴翠接荒城。又送王孙去，萋萋满别情。"

贞元七年（791），随父亲在衢州居住两年后，二十岁的白居易重返符离，结束了他在江南避难的时光。此后十数年，白居易多往来于符离（曾在符离守孝三年）、洛阳、长安、襄阳、浮梁间，贞元十六年（800）考上进士的白居易回到符离，有《乱后过流沟寺》诗："九月徐州新战后，悲风杀气满山河。唯有流沟山下寺，门前依旧白云多。"直至贞元二十年（804），三十三岁的白居易全家搬到华州下邽县（今渭南市下邽镇），才安定下来。自寄家符离、避难越中，到定居下邽，这二十多年在运河南北的漫游飘荡充满了艰辛，他阅尽战争离乱之苦，也饱览了壮丽河山、吴越繁华。

在长安任职十年后，白居易被排挤出京，先后贬为江州司马、忠州司马，不久又外放杭州刺史。长庆二年（822）年十月，白居易终于来到他阔别三十余年的少年故地——杭州。为官杭州是他少年的心愿，因此这次外放让他心情很不错，他的诗歌也不再像之前贬谪江州司马时那样满是愁绪。在杭州的岁月，白居易有百余首诗歌传世。他醉心于杭州的山水美景，有《馀杭形胜》诗云："馀杭形胜四方无，州傍青山县枕湖。绕郭荷花三十里，拂城松树一千株。梦儿亭古传名谢，教妓楼新道姓苏。独有使君年太老，风光不称白髭须。"

最让他沉醉的无疑是那一汪湖水——西湖。长庆四年（824）春，白居易把他看到的西湖美景刻画在《春题湖上》一诗里，跨越时间与空间，传递到每个读者的眼前："湖上春来似画图，乱峰围绕水平铺。松排山面千重翠，月点波心一颗

图 4-1-6 西湖锦带桥荷花

图 4-1-7　断桥与白堤

珠。碧毯线头抽早稻，青罗裙带展新蒲。未能抛得杭州去，一半勾留是此湖。”

白居易绝不仅仅只是纵情于山水之中，他没有忘记守土一方、造福一方的职责。就在写成《春题湖上》一诗的这个春天，他主持修建钱塘湖堤（白堤），增加西湖的蓄水量，让它可以灌溉千倾良田。他又疏浚城中的李泌六井，供城市居民饮用。这些工程对杭州、对西湖意义非凡，至今仍然被人赞颂，称他为“西湖第一功臣”。在他离开杭州时所作的《别州民》一诗中，我们能够感到他是很欣慰的：“耆老遮归路，壶浆满别筵。甘棠无一树，那得泪潸然。税重多贫户，农饥足旱田。唯留一湖水，与汝救凶年。”

白堤不但有救济民荒之功效，而且逐渐成为西湖上最为知名的旅游景点。白居易自己就非常喜欢在这里踏春，并留下了著名的《钱塘湖春行》一诗：“孤山寺北贾亭西，水面初平云脚低。几处早莺争暖树，谁家新燕啄春泥。乱花渐欲迷人眼，浅草才能没马蹄。最爱湖东行不足，绿杨阴里白沙堤。”

后来，随着许仙和白娘子故事的流传，白堤和断桥更是让无数人心生向往。

另一个让白居易开心的事，是这两年中他的很多亲朋诗友都在江南任职，比如元稹为越州刺史（驻今绍兴）、崔玄亮为湖州刺史、李谅为苏州刺史，离得很近，能够时常从游唱和。其中，元稹是白居易最好的朋友之一，他们相互唱和，在长庆三年（823）时已经“寄和诗数百篇”，史称元白。元稹和白居易二人经常分享自己的心情，比如仅仅夸耀元稹在越州（绍兴）的州宅，相互和诗就有四首之多。相互之间唱和不断，信使往来杭、越之间，白居易面对这种景象，曾戏谑地写道：“为向两州邮吏道，莫辞来去递诗筒。”（《醉封诗筒寄微之》）

长庆四年（824）五月，白居易除太子左庶子分司东都。元稹送别，有《代杭民答乐天》《代杭人作使君一朝去二首》《代郡斋神答乐天》诸诗，表达了杭州人民对白居易的留恋之情。这次从杭州到洛阳，白居易走的仍然是他最熟悉的运河，路经常州，有《看常州柘，枝赠贾使君》，夜泊淮口，有《自余杭归宿淮口作》，途经埇桥，有《埇桥旧业》，夜泊河阴（古汴河口），仍在思念元稹。回到洛阳不过数月，宝历元年（825）春，白居易又被外放苏州刺史，他很高兴，重又沿运河旧路返回，在经过常州的时候，又赠诗给贾使君：“杭城隔岁转苏台，还拥前时五马回。厌见簿书先眼合，喜逢杯酒暂眉开。”（《赴苏州至常州，答贾舍人》）

白居易在苏州的日子是开心的，他在《吴郡诗石记》中写道“以当时（少年游苏杭时）心言，异日苏杭，苟获一郡，足矣。及今自中书舍人，间领二州，去年脱杭印，今年佩苏印，既醉于彼，又吟于此。”在《登阊门闲望》一诗中描绘苏州的富足景象：“阊门四望郁苍苍，始觉州雄土俗强。十万夫家供课税，五千子弟守封疆。阖闾城碧铺秋草，乌鹊桥红带夕阳。处处楼前飘管吹，家家门外泊舟航。云埋虎寺山藏色，月耀娃宫水放光。曾赏钱唐嫌茂苑，今来未敢苦夸张。”

在苏州不到一年，宝历二年（826）春，白居易又被征为秘书监。他并不想这么快离开苏州，请了长假，拖延到十月初才出发，沿着运河前往洛阳。不久，他在扬子津遇到了另一位好友——大诗人刘禹锡，获赠千古名诗《酬乐天扬州初逢席上见赠》：“巴山楚水凄凉地，二十三年弃置身。怀旧空吟闻笛赋，到乡翻似烂柯人。沉舟侧畔千帆过，病树前头万木春。今日听君歌一曲，暂凭杯酒长精神。”

刘禹锡

刘禹锡也是生长在大运河畔的，他祖籍洛阳，祖父刘锽曾任洛阳主簿，父亲刘绪在安史之乱中举家东迁，曾任浙西盐铁副使，“主务于埇桥”（按，埇桥即符离，刘绪与白居易父亲白季庚同地为官，或相识），后来病逝于扬州，可见刘禹锡家族世代与运河结缘。刘禹锡与白居易同岁，他出生于嘉禾驿，童年时代一直生活在嘉兴运河旁，到十一二岁的时候曾作为童子在吴兴（今湖州吴兴区）跟随诗僧皎然、灵澈学诗。贞元六年（790），十九岁的刘禹锡学有所成，开始由运河北游长安应进士第。贞元八年（792）刘禹锡回符离探视父亲，结识住在符离的白居易，两人成为好友。贞元十二年（796），其父病逝于扬州，刘禹锡自长安沿运河赶赴扬州处理父亲后事，将父亲遗体运回荥阳安葬，丁忧三年。随后，又沿运河回到扬州，入宰相杜佑的幕府，做了两年节度使掌书记。随后宦海浮沉，先后入京为主簿、御史，外贬为朗州司马、连州刺史、夔州刺史、和州刺史，后罢和州刺史，返洛阳，与白居易相遇于扬州，结伴同行。

两人同游扬州、楚州，在扬州，白居易有《梦苏州水阁，寄冯侍御》：“扬州驿里梦苏州，梦到花桥水阁头。觉后不知冯侍御，此中昨夜共谁游。”

在楚州（淮安），白居易有《赠楚州郭使君》：“淮水东南第一州，山围雉堞月当楼。黄金印绶悬腰底，白雪歌诗落笔头。笑看儿童骑竹马，醉携宾客上仙舟。当家美事堆身上，何啻林宗与细侯。”

两人到长安后不数年，白居易以太子宾客分司东都，不久改河南尹，遂长居洛阳。刘禹锡则在大和五年（831）出为苏州刺史，来到了白居易百般思念的地方。次年（832），白居易寄给刘禹锡诗《忆旧游》，有“江南旧游凡几处，就中最忆吴江隈”之句。又有《早春忆苏州寄梦得》：“吴苑四时风景好，就中偏好是春天。霞光曙后殷于火，水色晴来嫩似烟。士女笙歌宜月下，使君金紫称花前。诚知欢乐堪留恋，其奈离乡已四年。”

大和八年（834），刘禹锡在苏州三年任满，迁汝州刺史，在赴汝途中，写下《别苏州二首》《罢郡姑苏北归渡扬子津》等诗篇，其中《罢郡姑苏北归渡扬子津》亦是传世名篇：“几岁悲南国，今朝赋北征。归心渡江勇，病体得秋轻。海阔石门小，城高粉堞明。金山旧游寺，过岸听钟声。故国荒台在，前临震泽波。绮罗随世尽，麋鹿古时多。筑用金鎚力，摧因石鼠窠。昔年雕辇路，唯有采樵歌。”

开成元年（836），刘禹锡也改任太子宾客分司东都，自是，晚年与白居易一起长居洛阳，相互唱和。白居易有《浪淘沙六首·其一》：“随波逐浪到天涯，迁客生还有几家。却到帝乡重富贵，请君莫忘浪淘沙。”

会昌二年（842）七月，刘禹锡卒于洛阳，享年七十一岁。会昌六年（846）八月，白居易亦卒于洛阳，享年七十五岁。

（4）晚唐

杜牧

杜牧是晚唐著名诗人，与李商隐并称“小李杜”。杜牧的爷爷是著名史学家、政治家杜佑。杜佑曾长期任职淮南、江南，唐德宗时被宰相杨炎推荐，前往扬州担任主管运河漕务的江淮水陆转运使，后来升任淮南节度使、淮南节制检校左仆射同平章事兼徐泗节度使等官职，都是驻扎在扬州。贞元十九年（803）早春，杜牧在长安出生的时候，杜佑正好被唐德宗从扬州任上召回长安，担任宰相。在杜牧童年时期，也许常听爷爷讲述扬州的繁华故事，在心底里扎下了向往的种子。

青少年时期的杜牧，一直在长安以南杜陵樊川的杜氏老宅中生活读书，大和二年（828），二十六岁的杜牧先后在洛阳、长安参加科举考试，进士及第，不久即受江西观察使沈传师的招辟，赴洪州（南昌）担任江西团练巡官、试大理评事。大和七年（833），牛僧孺罢相，出任淮南节度使，受其邀请，杜牧始赴扬州担任节度使推官（后转掌书记）。此后直至开成二年（837）受宣歙观察使之邀前往宣州（安徽宣城市）任职，四年间基本都在扬州。虽然杜牧在扬州只有四年时间，但他受扬州影响极深，他那首流传千古的名诗《遣怀》：“落魄江湖载酒行，楚腰纤细掌中轻。十年一觉扬州梦，赢得青楼薄幸名。”常常让人们以为他在扬州渡过了落魄江湖的十年，扬州、青楼也成为他在文学史上的标签。

扬州繁荣，史载：“每重城向夕，倡楼之上，常有绛纱灯万数，辉罗耀烈空中。九里三十步街中，珠翠填咽，邈若仙境。”（《太平广记》）杜牧供职之余，就喜欢流连于烟花之地，“牧常出没驰逐其间，无虚夕”（《太平广记》），给

图 4-1-8　二十四桥

扬州留下了最美的诗篇。如《扬州三首（其一）》：“炀帝雷塘土，迷藏有旧楼。谁家唱水调，明月满扬州。”《赠别二首（其一）》：“娉娉袅袅十三馀，豆蔻梢头二月初。春风十里扬州路，卷上珠帘总不如。”《寄扬州韩绰判官》：“青山隐隐水迢迢，秋尽江南草未凋。二十四桥明月夜，玉人何处教吹箫。”

开成二年（837）离开扬州后，杜牧辗转宣州（宣城）、长安、黄州（黄冈）、池州等地为官。会昌六年（846）八月，任睦州刺史，睦州治所在建德县（今杭州市建德市），杜牧遂乘船沿江东下，转运河，经杭州上任。路经杭州时，杜牧受杭州刺史李子烈之邀，创作了散文《杭州新造南亭子记》，以南朝“梁武帝明智勇武，创为梁国者，舍身为僧奴，至国灭饿死不闻悟”等事为例，表达了对唐武宗会昌灭佛的支持。大中元年（847）唐宣宗一反唐武宗之政，令会昌五年所废寺听僧尼修复，此时身在睦州（建德）的杜牧感慨万千，作《江南春》借梁朝旧事表达忧虑之情：“千里莺啼绿映红，水村山郭酒旗风。南朝四百八十寺，多少楼台烟雨中。”

大中二年（848），杜牧入京为员外郎，但他仍然想念在江南的生活，不久就请求外放为杭州刺史，但没有获得批准。大中四年（850），杜牧三次上书宰相，请求外放为湖州刺史，终于获得批准。但时间不长，第二年（851）秋，又被召回担任考功郎中，次年（852）十一月病逝于长安。

因为经常往来于长安、洛阳和扬州、杭州、湖州等江南城市，杜牧经常途经汴河、邗沟等运河。据学者考证："杜牧一生从扬州至长安、睦州至长安、长安至湖州、湖州至长安，四次途经汴河。"[①]因此，杜牧也在汴河上留下了不少诗篇，如《汴人舟行答张祜》《汴河怀古》《汴河阻冻》等。

除了这些著名的大诗人，还有很多重要诗人与运河结缘。如刘长卿生于洛阳，多次沿着大运河避乱江南，曾五至扬州，五至苏州，并最终长期定居，并客死苏州。韦应物生于长安，他的活动轨迹是以通济渠（汴河）和邗沟为中心的，通济渠上的洛阳、开封、商丘、亳州、盱眙，邗沟上的淮安、宝应、扬州，以及江南运河上的苏州，构成了他的一半人生。晚唐的皮日休同样与运河结缘，曾三至常州、杭州，四至扬州、苏州，并留下了"尽道隋亡为此河，至今千里赖通波；若无水殿龙舟事，共禹论功不较多"的千古名篇。

3. 传唱千年的运河名诗

众多的诗人词客出生、生活、工作、游历在运河两岸，为大运河留下了极为丰富的诗词篇章。据王兆鹏先生牵头主持的"唐宋文学编年地图"统计，唐宋时期（603–1315）有148位诗人34764首诗可以考证确切作诗地址，它们分布在现在的217个地级市。存诗200首以上的地级市有34个，这里面唐宋运河城市有12个，绍兴、开封、杭州、苏州、洛阳、扬州均位列前十，尤其是绍兴、开封、杭州诗篇数量遥遥领先。这些诗篇就如隽永的音乐和画作，将诗人们浓烈的感情渲染进大运河的风土人生中，凝固在时间的长河里永不消逝。

大运河上的诗歌多如繁星漫天，耀眼如银河横贯，可谓唐宋诗词文化的主流和精华。当诗人们在水上行舟时，有足够的条件去欣赏两岸的风光，千里游程使他们对祖国瑰丽的山河有了广泛的认识，他们感物而吟诗，很多脍炙人口的壮丽诗篇应运而生。

如汴河。汴河即隋炀帝所开之通济渠，是唐代中央联系江南的主要通道，汴

① 王西平、张田：《杜牧评传》，陕西人民出版社，1987，第260页。

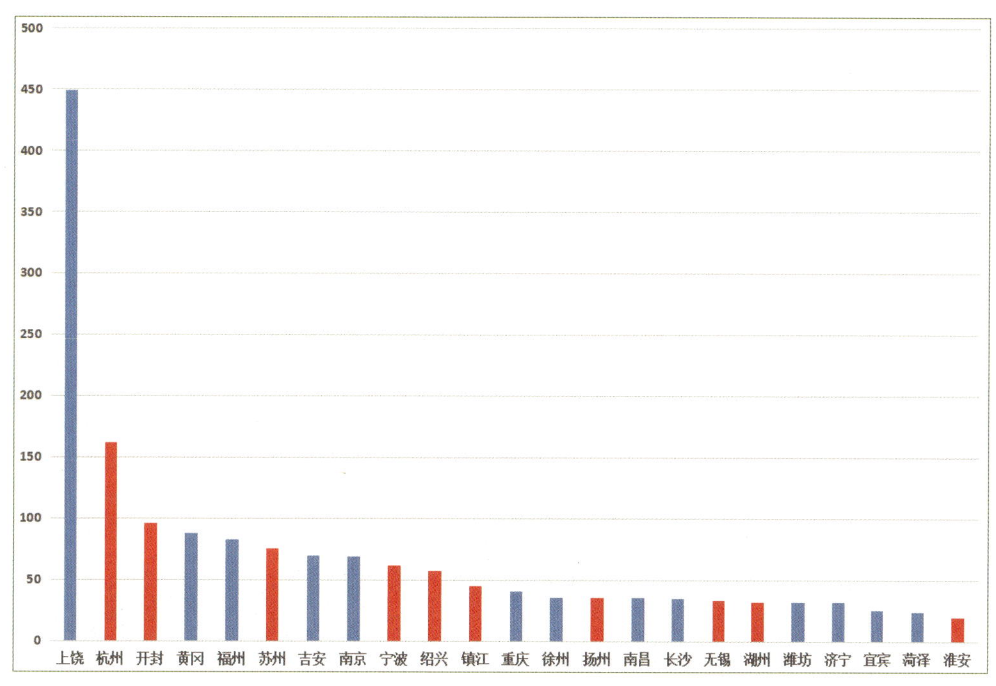

图 4-1-9 唐宋词作数量分布图（红色为唐宋运河城市）*

河上的汴州（开封）被誉为“东方交通之总枢纽”（严耕望语），重要性无可比拟，因此汴河成为唐诗中常出现的吟咏对象之一。

王维《千塔主人》：

逆旅逢佳节，征帆未可前。

窗临汴河水，门渡楚人船。

岑参《送张秘书充刘相公通汴河判官，便赴江外觐省》：

刘公领舟楫，汴水扬波澜。

万里江海通，九州天地宽。

宋之问《初宿淮口》：

孤舟汴河水，去国情无已。

晚泊投楚乡，明月清淮里。

*数据来源：王兆鹏先生牵头主持的“唐宋文学编年地图”。

图 4-1-10 清明上河园汴河上待发的船舶

李益《汴河曲》：

汴水东流无限春，隋家宫阙尽成尘。

行人莫上长堤望，吹起杨花愁杀人。

胡曾《咏史诗·汴水》：

千里长河一旦开，亡隋波浪九天来。

锦帆未落干戈起，惆怅龙舟更不回。

李敬方《汴河直进船》：

汴水通淮利最多，生人为害亦相和。

东南四十三州地，取尽脂膏是此河。

再看邗沟。北起淮安，南至扬州，是江淮之间的旅行要道。邗沟上名城众多，有楚州（淮安）、高邮、宝应、广陵（扬州），尤以扬州地当邗沟、长江之交，江南客货聚集于此，最是有名。唐代名诗中有广陵、扬州者极多，其中亦多传世名篇。

王维《同崔傅答贤弟》：

洛阳才子姑苏客，桂苑殊非故乡陌。

九江枫树几回青，一片扬州五湖白。

皎然《买药歌送杨山人》：

夜惊潮没鸬鹚堰，朝看日出芙蓉楼。

摇荡春风乱帆影，片云无数是扬州。

陈羽《广陵秋夜对月即事》：

霜落寒空月上楼，月中歌唱满扬州。

相看醉舞倡楼月，不觉隋家陵树秋。

图 4-1-11　隋炀帝陵

张祜《纵游淮南》：

十里长街市井连，月明桥上看神仙。

人生只合扬州死，禅智山边好墓田。

徐凝《忆扬州》：

萧娘脸下难胜泪，桃叶眉头易得愁。

天下三分明月夜，二分无赖是扬州。

由扬州的瓜洲渡头渡江，便到了镇江的京口，即所谓“京口瓜洲一水间”（王安石诗），进入了江南运河的水程。江南运河载着江南繁华，串联起润州、常州、无锡、苏州、嘉兴、杭州等东南明珠，可谓是天堂之路。数不清的文人骚客受此吸引，不辞千万里，乘舟而来，泛舟而去，留下令人心醉神迷的篇章。

戴叔伦《京口怀古》：

大江横万里，古渡渺千秋。

浩浩波声险，苍苍天色愁。

三方归汉鼎，一水限吴州。

霸国今何在，清泉长自流。

刘言史《夜泊润州江口》：

秋江欲起白头波，贾客瞻风无渡河。

千船火绝寒宵半，独听钟声觉寺多。

李涉《润州听暮角》：

江城吹角水茫茫，曲引边声怨思长。

惊起暮天沙上雁，海门斜去两三行。

图 4-1-12　镇江芙蓉楼

王昌龄《芙蓉楼送辛渐》二首：

寒雨连天夜入吴，平明送客楚山孤。
洛阳亲友如相问，一片冰心在玉壶。
丹阳城南秋海阴，丹阳城北楚云深。
高楼送客不能醉，寂寂寒江明月心。

南过无锡，便是苏杭，在唐代逐渐发展成为人间天堂，文人墨客流连忘返，传世名篇灿若星辰。

杜荀鹤《送人游吴》：

君到姑苏见，人家尽枕河。
古宫闲地少，水港小桥多。
夜市卖菱藕，春船载绮罗。
遥知未眠月，乡思在渔歌。

李白《口号吴王美人半醉》：

风动荷花水殿香，姑苏台上宴吴王。

西施醉舞娇无力，笑倚东窗白玉床。

白居易《寄题馀杭郡楼兼呈裴使君》：

官历二十政，宦游三十秋。

江山与风月，最忆是杭州。

北郭沙堤尾，西湖石岸头。

绿觞春送客，红烛夜回舟。

不敢言遗爱，空知念旧游。

凭君吟此句，题向望涛楼。

张继《枫桥叶泊》：

月落乌啼霜满天，江枫渔火对愁眠。

姑苏城外寒山寺，夜半钟声到客船。

图 4-1-13　枫桥夜泊

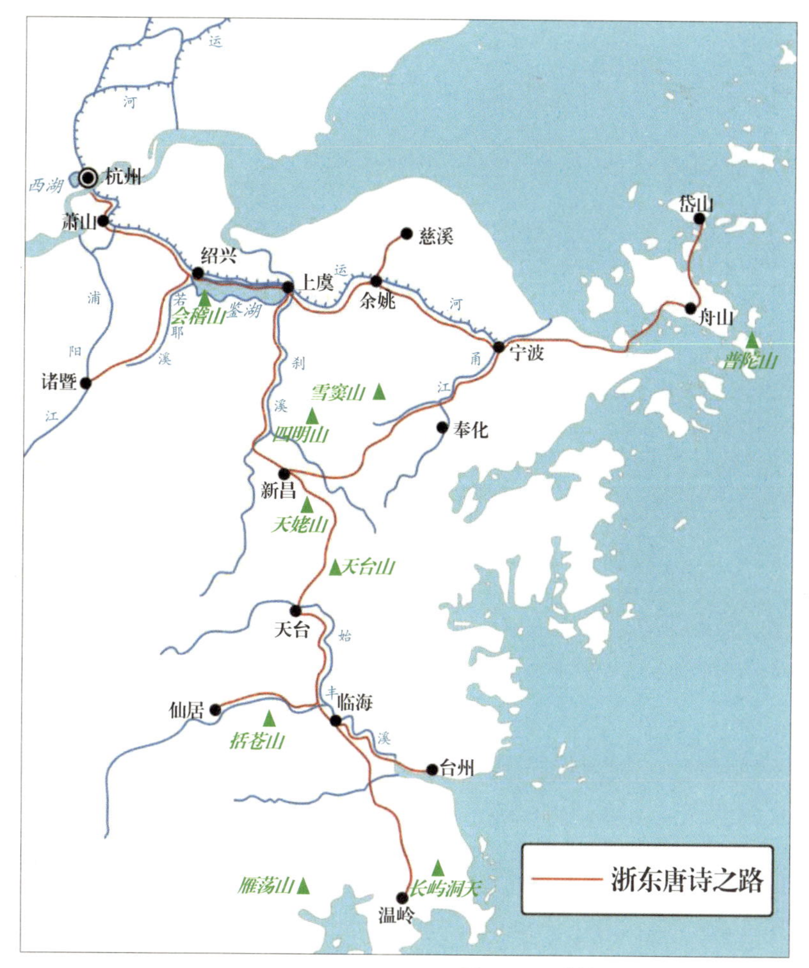

图 4-1-14　浙东“唐诗之路”示意图

自杭州渡钱塘江而南，便进入了浙东运河的水程。从浙东运河，经鉴湖（又名镜湖），转曹娥江，入剡溪，到天台、天姥诸山，便是学界热议的浙东唐诗之路。浙东唐诗之路的兴起，首先得益于东汉时期鉴湖的兴建，会稽地区经济借此得以长足发展，山川美与人文美得到完美统一。其次，南北朝时期北方战火纷飞，会稽成为偏安之所，文人学士会集于此，积累了深厚的文化底蕴，孕育出谢灵运（绍兴人）这样的山水诗鼻祖，吸引着无数诗人骚客前来拜寻。据统计，在《全唐诗》收录的 2200 余位诗人中，有 312 位到过这里；《唐才子传》收录的 278 个才子就有 173 人来过这里。

这些诗人才子由大运河往游浙东，留下了大量的优秀诗篇。他们的游览路线

图 4-1-15　鉴湖（镜湖）美景

大致有三：一是从钱塘江，经西兴运河到鉴湖，到绍兴城至若耶溪；二是沿东鉴湖到曹娥江，经剡溪到天台山；三是沿浙东运河到四明山，再到宁波。所创主体是鉴湖诗，所走之路是浙东运河。

李白《送贺宾客归越》：

镜湖流水漾清波，狂客归舟逸兴多。

山阴道士如相见，应写黄庭换白鹅。

李白《相和歌辞·子夜四时歌四首·夏歌》：

镜湖三百里，菡萏发荷花。

五月西施采，人看隘若邪。

回舟不待月，归去越王家。

元稹《寄乐天》：

莫嗟虚老海壖西，天下风光数会稽。

灵泛桥前百里镜，石帆山崦五云溪。

刘禹锡《月夜忆乐天兼寄微之》：
今宵帝城月，一望雪相似。
遥想洛阳城，清光正如此。
知君当此夕，亦望镜湖水。
展转相忆心，月明千万里。

贺知章《答朝士》：
钑镂银盘盛蛤蜊，镜湖莼菜乱如丝。
乡曲近来佳此味，遮渠不道是吴儿。

卢纶《题兴善寺后池》：
隔窗栖白鹤，似与镜湖邻。
月照何年树，花逢几遍人。

（二）词之河

1. 成长在大运河上的词人

大运河不只是条唐诗之路，她还是条宋词之路。词为诗余，兴起于唐，全盛于宋。词属于音乐文学，必须通过歌唱才能充分为人们欣赏，才能广泛传播，宋代歌妓就是从事词的演唱活动的女艺人。宋代词的兴盛，歌妓的众多，是与城市商品经济的繁荣和市民阶层的兴起密切相关的。词的演唱作为一种通俗文艺，不仅为贵族、士大夫所喜爱，也为广大市民所喜爱。因此，可以说宋词是商品经济的产物，而宋代商品经济最发达的地方，毫无疑问是大运河流经的区域。

由下图可知，北宋词人分布最密集的地方，首先是以杭州、苏州、扬州为中心的江南运河、邗沟和浙东运河区域，其次是以开封、洛阳为中心的汴河区域。如果加上定都杭州的南宋，则浙江地区词人数量便一枝独秀了。

有学者对《全宋词》中有籍贯著录的820位作者的地理分布进行了分析，发现浙江有词人191人、江苏79人、河南71人、安徽37人、山东34人、河北8人、北京1人，大运河流域的词人共计421人，占比为51.34%，其中浙江排名全国第一，占比为23.29%。具体到浙江而言，运河流经的湖州词人最多，为30人，其次是临安（今杭州）29人，绍兴也有24人，充分说明了运河沿线商品经济的发达、市民生活的繁荣。①

运河沿线城市孕育出了许多著名词人，如杭州有赵佶、朱淑真、林逋、沈括、周邦彦、张炎、钱惟演，宁波有吴文英、张孝祥，绍兴有陆游、王沂孙、高观国，苏州有范仲淹、范纯仁、范成大、叶梦得，湖州有张先、周密，无锡有李纲、蒋捷，扬州有秦观，开封有苏舜钦、史达祖，洛阳

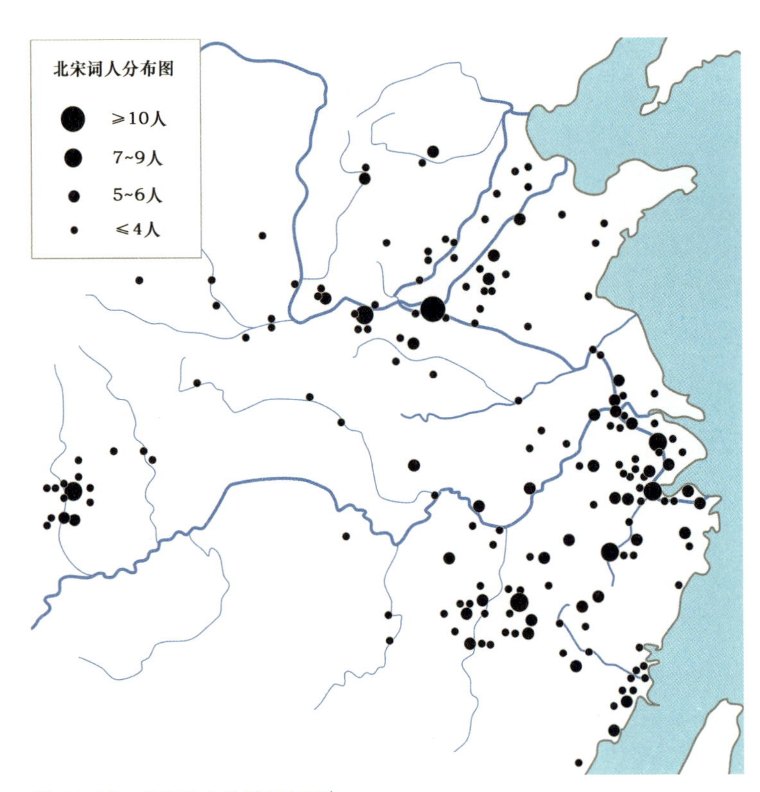

图 4-1-16 北宋词人地域分布图*

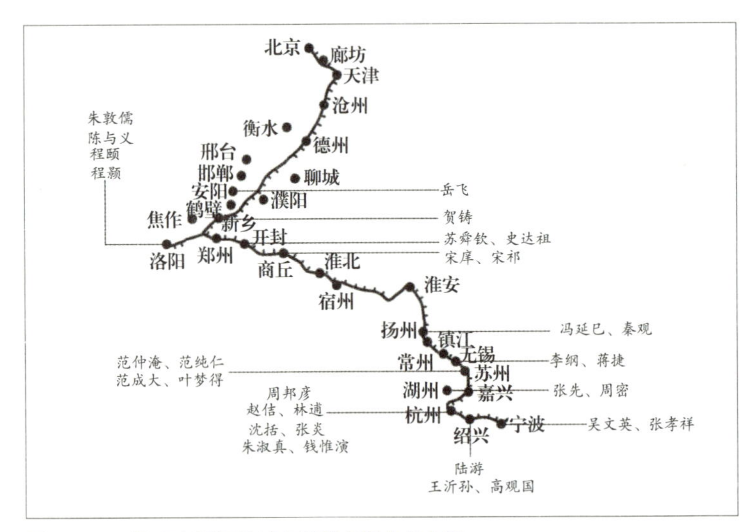

图 4-1-17 隋唐大运河沿线宋代著名词人分布图

①娄欣星：《〈全宋词〉作者的地理分布及其成因》，《台州学院学报》2020年第2期。

★据陈正祥著《中国文化地理》（生活·读书·新知三联书店1983年版）改绘。

有朱敦儒、陈与义、程颐、程颢，商丘有宋庠、宋祁，新乡有贺铸，安阳有岳飞。那些出生在江南地区的北宋词人，总是要通过大运河前往东京开封，在这交通之路上，便开阔了眼界，交流了文化。南宋词人更是主要活跃在以临安为中心的江南运河和浙东运河上。

2. 宦游于大运河上的词人

北宋定都开封，立国以汴河为本；南宋以临安（杭州）为行在，江南运河和浙东运河成为国家的依仗。可以说两宋立国都以运河为根基，两宋的政治、经济、军事活动都依赖于运河，两宋词人的漫游、宦游也不例外。

柳永[①]

柳永是宋词发展演变中的关键人物，作为婉约派的代表，他让宋词的创作突破了唐五代以来小令一统天下的格局，给宋词开拓了更为广阔的道路，使其发展到能够与唐诗相媲美的境地。

柳永的一生与运河关系极为密切。宋太宗雍熙年间，柳永的父亲柳宜在济州任城担任县令。约雍熙四年（987），柳永诞生于任城（今济宁）。淳化元年（990），柳宜前往全州（今桂林）担任通判，便将柳永带回故里崇安（今福建南平）。淳化四年（993）以后，柳宜一直在汴京开封为官，柳永也跟着父亲来到了开封，并在这里度过了自己的青少年时代，因此柳永视开封为故乡。

景德二年（1005），柳永在开封参加科举考试，他自恃才华，以为必登龙头，结果却名落孙山。愤懑之下，作有《鹤冲天·黄金榜上》一词：

> 黄金榜上，偶失龙头望。明代暂遗贤，如何向？未遂风云便，争不恣狂荡。何须论得丧。才子词人，自是白衣卿相。
>
> 烟花巷陌，依约丹青屏障。幸有意中人，堪寻访。且恁偎红翠，风流事、平生畅。青春都一饷。忍把浮名，换了浅斟低唱！

据说，这首词传到宋仁宗那里，引起宋仁宗的不快。仕途路断，柳永心灰意冷，只得自嘲是“奉旨填词柳三变”。

---

① 柳永生卒年及生平事迹俱按薛瑞生《柳永别传——柳永生平事迹证稿》（三秦出版社 2008 年版）。

景德四年（1007），第二次科举未中的柳永满心惆怅，决定仿效盛唐李杜远游东楚吴越，排遣落第的失意心情。开封东门，客船将发，面对前来送行的妻子，他泪眼凝噎，留下这首情深意切的《雨霖铃·寒蝉凄切》：

寒蝉凄切，对长亭晚，骤雨初歇。都门帐饮无绪，留恋处、兰舟催发。执手相看泪眼，竟无语凝噎。念去去、千里烟波，暮霭沉沉楚天阔。

多情自古伤离别。更那堪、冷落清秋节！今宵酒醒何处？杨柳岸、晓风残月。此去经年，应是良辰好景虚设。便纵有千种风情，更与何人说？

柳永先由运河游钱塘，又由钱塘游潇湘，前后离家三载。在外日久，思妻日切，颇有后悔出京远游之感，有《蝶恋花·独倚危楼风细细》一首：

伫倚危楼风细细。望极春愁，黯黯生天际。草色烟光残照里，无言谁会凭阑意。

拟把疏狂图一醉。对酒当歌，强乐还无味。衣带渐宽终不悔，为伊消得人憔悴。

大中祥符三年（1010），柳永回到汴京家中，不久妻子辞世。伤痛之余，屡试不第的柳永遂混迹于开封城中的烟花柳巷，蹉跎二十余年。直至景祐元年（1034），四十八岁的柳永才考中进士。随后他被授为睦州（杭州建德）团练推官，遂第二次由运河前往杭州。当时的睦州知州先后是名臣范仲淹和吕蔚（宰相吕端之子），他们都很看重柳永，纷纷提携，不久柳永便移知余杭，其后又改任泗州判官。有《安公子·长川波潋滟》等词讲述离开余杭，由运河前往泗州的情景：

长川波潋滟。楚乡淮岸迢递，一霎烟汀雨过，芳草青如染。驱驱携书剑。当此好天好景，自觉多愁多病，行役心情厌。

望处旷野沈沈，暮云黯黯。行侵夜色，又是急桨投村店。认去程将近，舟子相呼，遥指渔灯一点。

宝元元年（1038），柳永改任著作郎，授西京（洛阳）陵台令。庆历元年（1041）改太常博士，在汴京听遣。有《破阵乐·露花倒影》等词描绘开封城的繁盛景象。庆历三年（1043），柳永外放江南，到苏州或者杭州一带为官，这是他第三次由运河下江南。不久，柳永又移任益州（成都），他先由运河返回开封安置家眷，然后由陆路向西，经秦关入蜀地。庆历七年（1047）春，柳永移任苏州，他先返回开封，然后第四次由运河下江南。到了苏州，有《永遇乐·天阁英游》赠苏州太守滕宗谅（即范仲淹《岳阳楼记》中之滕子京）。又有《瑞鹧鸪·全吴嘉会古风流》等词吟咏姑苏。

皇祐二年（1050）春，在杭州太守范仲淹的帮助下，柳永移任杭州，有《瑞鹧鸪·吴会风流》赠范仲淹：

吴会风流。人烟好，高下水际山头。瑶台绛阙，依约蓬丘。万井千闾富庶，雄压十三州。触处青蛾画舸，红粉朱楼。

方面委元侯。致讼简时丰，继日欢游。襦温袴暖，已扇民讴。旦暮锋车命驾，重整济川舟。当恁时、沙堤路稳，归去难留。

后来，孙沔接替范仲淹担任杭州太守，柳永又作《望海潮·东南形胜》相赠：

东南形胜，三吴都会，钱塘自古繁华。烟柳画桥，风帘翠幕，参差十万人家。云树绕堤沙，怒涛卷霜雪，天堑无涯。市列珠玑，户盈罗绮，竞豪奢。

重湖叠巘清嘉，有三秋桂子，十里荷花。羌管弄晴，菱歌泛夜，嬉嬉钓叟莲娃。千骑拥高牙，乘醉听箫鼓，吟赏烟霞。异日图将好景，归去凤池夸。

图 4-1-18 西湖集贤亭荷花

此词写尽钱塘繁华、西湖盛景，脍炙人口，影响甚大。据传，完颜亮读到后，欣然慕于“三秋桂子，十里荷花”之景，遂起投鞭渡江之志，在攻至扬州时还写下了《题临安山水》一诗：“万里车书尽混同，江南岂有别疆封？提兵百万西湖上，立马吴山第一峰。”

皇祐五年（1053），柳永在杭州任满，不久由运河返回开封。此后或在开封致仕常住，直至嘉祐三年（1058）左右逝世，享年约七十二岁。不久，他的儿子柳涗中进士，二十多年后任官镇江时，将柳永坟墓改葬于镇江。

苏轼

苏轼是宋代首屈一指的大词人，留下了无数经典作品供世人传唱。苏轼与运河缘分很深，他一生曾先后任职开封、杭州、徐州、湖州、扬州等运河城市。据考证，苏轼曾 10 次路过泗州，[①]10 次路过扬州，[②]15 次路过润州（镇江），[③]8 次路过苏州，[④] 先后往来汴河、邗沟、江南运河等运河各段达 20 次，终老于常州。

表 4 苏轼往来运河时间、事由、所经河段及所作诗词表

序号	时间	事由	河段	词作举例
1	嘉祐元年（1056）	自眉山经洛阳赴汴京	汴河	
2	嘉祐六年（1061）	出汴京赴凤翔任节度判官	汴河	
3	治平二年（1065）	由凤翔经洛阳回汴京	汴河	
4	治平三年（1066）	送苏洵之柩归眉山	汴河 邗沟	
5	熙宁二年（1069）	由眉山经洛阳赴汴京	汴河	
6	熙宁四年（1071）	出汴京担任杭州通判	汴河 淮河 邗沟 江南运河	泗州：《如梦令·题淮山楼》等 楚州：《南歌子·绀绾双蟠髻》等 扬州：《临江仙·尊酒何人怀李白》等 苏州：《减字木兰花·云鬟倾倒》

① 薛瑞生：《东坡词编年笺证》，三秦出版社，1998，第 227—228 页。

② 喻世华：《苏轼扬州词编年辨证》，《中国苏轼研究》2018 年第 2 期。

③ 喻世华：《苏轼途经润州次数及在润州之交游考——兼论〈三苏年谱〉有关记载存在的问题》，《中国苏轼研究》2016 年第 1 期。

④ 同①，第 35 页。

续表

序号	时间	事由	河段	词作举例
7	熙宁六年（1073）	从杭州前往常州、润州赈饥	江南运河	杭州：《江神子·凤凰山下雨初晴》《清平调·陌上花开蝴蝶飞》等
8	熙宁七年（1074）	春，由润州返杭，九月离杭赴密州任	江南运河	润州：《行香子·丹阳寄述古》等 杭州：《虞美人·有美堂赠述古》《减字木兰花·赠小鬟琵琶》等
9	熙宁七年（1074）	秋，离开杭州，赴密州任知州	江南运河 邗沟	湖州：《减字木兰花·维熊佳梦》等 苏州：《阮郎归·苏州席上作》等 润州：《菩萨蛮·润州和元素》等
10	元丰二年（1079）	春，离开徐州，经南都（商丘），赴湖州任知州	汴河 邗沟 江南运河	商丘：《木兰花令·经旬未识东君信》等 扬州：《西江月·平山堂》 湖州：《南歌子·湖州作》等
11	元丰二年（1079）	七月，乌台诗案。受诬遭捕，押入开封御史狱，十二月出狱，充黄州团练副使	江南运河 邗沟 汴河	
12	元丰七年（1084）	改授汝州团练副使，八月至金陵，十二月至泗州	邗沟	扬州：《南歌子·见说东园好》 泗州：《浣溪沙·细雨斜风作晓寒》《水龙吟·古来云海茫茫》等
13	元丰八年（1085）	二月至商丘，获准居住常州，五月至常州	邗沟 江南运河	宿州：《南乡子·宿州上元》 商丘：《满庭芳·归去来兮》等 楚州：《浣溪沙·席上赠楚守田待制小鬟》 扬州：《虞美人·波声拍枕长淮晓》 常州：《菩萨蛮·买田阳羡吾将老》等
14	元丰八年（1085）	六月，改知登州，十月至登州，寻改礼部郎中，十二月回京	江南运河 邗沟	楚州：《水龙吟·楚山修竹如云》
15	元祐四年（1089）	三月知杭州，七月至杭州	汴河 邗沟 江南运河	杭州：《南歌子·八月十八日观湖潮》《点绛唇·我辈情钟》等
16	元祐六年（1091）	二月，召还京师，五月至开封，八月改知颍州	江南运河 邗沟 汴河	杭州：《浣溪沙·阳羡姑苏已买田》等 湖州：《浣溪沙·渔父》 苏州：《西江月·送别》 润州：《临江仙·辛未离杭至润，别张弼秉道》
17	元祐七年（1092）	二月，改知扬州，三月至扬州	邗沟	扬州：《江城子·墨云拖雨过西楼》《青玉案·三年枕上吴中路》等
18	元祐七年（1092）	八月，以兵部尚书召还京师，九月至开封	邗沟 汴河	
19	绍圣元年（1094）	闰四月，由定州贬知英州（广东英德），路经陈留、商丘、泗州、楚州、扬州	汴河 邗沟	
20	建中靖国元年（1101）	由岭南北归，五月至仪征，六月渡江至常州，七月病逝于常州。	江南运河	

苏轼最知名的词篇多数作于知密州（今山东诸城）、贬黄州（今湖北黄冈）时期，但在运河上往来时，也有很多佳作传世。比如熙宁六年（1073）作于杭州的《江神子·湖上与张先同赋时闻弹筝》：

凤凰山下雨初晴，水风清，晚霞明。一朵芙蕖，开过尚盈盈。何处飞来双白鹭？如有意，慕娉婷。

忽闻江上弄哀筝，苦含情，遣谁听。烟敛云收，依约是湘灵。欲待曲终寻问取，人不见，数峰青。

又如熙宁七年（1074）作于杭州的《虞美人·有美堂赠述古》：

湖山信是东南美，一望弥千里。使君能得几回来。便使尊前醉倒、且徘徊。

沙河塘里灯初上，水调谁家唱。夜阑风静欲归时。惟有一江明月、碧琉璃。

这一年，三十九岁的苏轼，在西湖上遇到了十二岁的王朝云，有《减字木兰花·赠小鬟琵琶》相赠：

琵琶绝艺。年纪都来十一二。拨弄么弦。未解将心指下传。

主人瞋小。欲向东风先醉倒。已属君家。且更从容等待他。

元丰七年（1084）深冬，从黄州团练副使任上召回的苏轼与泗州太守刘士彦游南山，作《浣溪沙》：

细雨斜风作晓寒，淡烟疏柳媚晴滩。入淮清洛渐漫漫。

雪沫乳花浮午盏，蓼茸蒿笋试春盘。人间有味是清欢。

元祐六年（1091），在扬州有《临江仙》：

尊酒何人怀李白，草堂遥指江东。珠帘十里卷香风。花开又花谢，离恨几千重。

轻舸渡江连夜到，一时惊笑衰容。语音犹自带吴侬。夜阑对酒处，依旧梦魂中。

又有《江城子》：

墨云拖雨过西楼。水东流，晚烟收。柳外残阳，回照动帘钩。今夜巫山真个好，花未落，酒新篘。

美人微笑转星眸。月花羞，捧金瓯。歌扇萦风，吹散一春愁。试问江南诸伴侣，谁似我，醉扬州。

李清照

李清照是中国文学史上最著名的女词人，是宋词婉约派的大宗师，她的人生也跟运河、跟运河城市关系密切。元丰七年（1084），李清照出生于齐州明水（今济南市章丘区），并在这里度过童年，常出游莲湖、溪亭（在济南城西，苏辙有《题徐正权秀才城西溪亭》诗）。大约十六岁时，前往汴京追随父亲李格非，与“苏门四学士”之一的晁补之成为文学忘年交，开始学诗作词。不久即因《如梦令·常记溪亭日暮》《如梦令·昨夜雨疏风骤》等词，知名于汴京。

常记溪亭日暮，沈醉不知归路。兴尽晚回舟，误入藕花深处。争渡，争渡，惊起一滩鸥鹭。

昨夜雨疏风骤，浓睡不消残酒。试问卷帘人，却道海棠依旧。知否？知否？应是绿肥红瘦。

很快，李清照结识了太学生赵明诚，并陷入热恋中，她在《点绛唇·蹴罢秋千》中生动的描述了青涩又甜蜜的恋情：

蹴罢秋千，起来慵整纤纤手。露浓花瘦，薄汗轻衣透。

见客入来，袜刬金钗溜。和羞走，倚门回首，却把青梅嗅。

建中靖国元年（1101），李清照与赵明诚结婚，同居汴京。但婚后的甜蜜才刚刚开始，政治的变故便不断袭来，次年（1102）父亲李格非被诬为“元祐奸党”，逐出汴京。李清照请求自己的公公、时任尚书右丞的赵挺之救援父亲，未果。崇宁三年（1104），“尚书省勘会党人子弟，不问有官无官，并令在外居住，不得擅到阙下”（《续资治通鉴》），作为李格非的女儿，李清照被迫离开汴京，回归原籍（明水），自是与赵明诚分居两地。独守空闺的李清照满怀愁绪，作《一剪梅·红藕香残玉簟秋》寄赵明诚：

红藕香残玉簟秋，轻解罗裳，独上兰舟。云中谁寄锦书来？雁字回时，月满西楼。

花自飘零水自流，一种相思，两处闲愁。此情无计可消除，才下眉头，却上心头。

此后两年间，随着党争时局的变化，李清照不时往来于汴京与明水之间。大观元年（1107），赵挺之卒，其在汴京的家属亲戚受蔡京之诬入狱，随后获释，赵明诚携全家返回原籍（青州）居家守制。此后直至宣和三年（1121），赵、李二人同居青州，度过了十余年琴瑟和鸣的美好生活。

宣和三年，赵明诚起复，先后任莱州太守、淄州太守，李清照随行。靖康元年（1126），金军破东京，是为“靖康之变”。次年（1127），赵明诚知江宁府兼江东经制副使，李清照由青州逃亡江宁，“至东海，连舻渡淮，又渡江，至建康”（《李清照集校注》），可见行经路线仍是运河。

建炎三年（1129），赵明诚卒于建康。次年（1130）春，李清照辗转于浙东，由浙东运河至明州（宁波），出海至温州，又由海路、运河回越州（绍兴）居住。期间作有《渔家傲·天接云涛连晓雾》：

天接云涛连晓雾，星河欲转千帆舞。彷佛梦魂归帝所。闻天语，殷勤问我归何处？

我报路长嗟日暮，学诗谩有惊人句。九万里风鹏正举。风休住，蓬舟吹取三山去！

绍兴二年（1132），李清照前往杭州居住，被张汝舟骗婚。秋天，与张汝舟离异。绍兴四年（1134）冬，为避金兵，逃亡金华居住。次年（1135），仍回杭州，此后直至绍兴二十六年（1156）左右去世，在杭州居住二十余年。在此期间，有《孤雁儿·藤床纸帐朝眠起》悼念亡夫赵明诚，又有《永遇乐·落日熔金》回忆汴京往事：

落日熔金，暮云合璧，人在何处？染柳烟浓，吹梅笛怨，春意知几许？元宵佳节，融和天气，次第岂无风雨？来相召、香车宝马，谢他酒朋诗侣。

中州盛日，闺门多暇，记得偏重三五。铺翠冠儿，捻金雪柳，簇带争济楚。如今憔悴，风鬟霜鬓，怕见夜间出去。不如向、帘儿底下，听人笑语。

辛弃疾

辛弃疾是南宋著名爱国词人，被认为是“整个宋代词坛词作最多、艺术成就最高的一位词人”[1]，有“词中之龙”之称，与苏轼合称“苏辛”，与李清照并称“济南二安”。辛弃疾在词史上的贡献很大，影响了包括陆游、陈亮、刘过、刘克庄等著名词人，形成了南宋词坛上的著名流派“辛派”。

辛弃疾出生时，山东已经为金所占，他亲眼目睹山河残破、百姓悲苦，在爷爷辛赞的教育下，萌生了深深的报国抗金之志。绍兴三十一年（1161），金主完颜亮大举侵宋，辛弃疾聚众两千，与耿京共图恢复。不久，被耿京派遣，奉表南归，“到楚州，见淮南转运副使杨抗，发赴行在（杭州）”（《三朝北盟会编》），可知这次南下，辛弃疾走的是邗沟和江南运河。

次年（1162），辛弃疾回山东复命，行至楚州（淮安），知张安国已经杀害耿京投降金军，悲痛之余，“赤手领五十骑，缚（张安国）于五万众中，如挟毚兔，束马衔枚，间由关西奏淮，至通昼夜不粒食。壮声英概，懦士为之兴起，圣天子一见三叹息。”（洪迈《文敏公集》卷六《稼轩记》）这是辛弃疾第二次到临安（杭州）。

乾道六年（1170），辛弃疾被从建康通判任上召回临安，迁司农寺主簿，至乾道八年（1172）出知滁州，在临安居住两年，留下了《念奴娇·晚风吹雨》《好事近·日日过西湖》等吟咏西湖美景的词作，以及描绘临安元宵佳节的千古绝唱《青玉案·元夕》：

东风夜放花千树，更吹落，星如雨。宝马雕车香满路。凤箫声动，玉壶光转，一夜鱼龙舞。

蛾儿雪柳黄金缕，笑语盈盈暗香去。众里寻他千百度，蓦然回首，那人却在，灯火阑珊处。

淳熙五年（1178），辛弃疾由大理寺少卿改任湖北转运副使，从临安出发，由运河入长江，曾至扬州，有《满江红·江行和杨济翁韵》《水调歌头·舟次扬州和人韵》等词作。

落日塞尘起，胡骑猎清秋。汉家组练十万，列舰耸层楼。谁道投鞭飞渡，忆昔鸣髇血污，风雨佛狸愁。季子正年少，匹马黑貂裘。

---

[1] 张新科主编《中国古代文学史（中）》，陕西师范大学出版总社，2018，第136页。

今老矣，搔白首，过扬州。倦游欲去江上，手种橘千头。二客东南名胜，万卷诗书事业，尝试与君谋。莫射南山虎，直觅富民侯。

嘉泰三年（1203），主战派韩侂胄主政，为了筹谋北伐，起用了家居铅山多年的辛弃疾为绍兴知府兼浙东安抚使，这时的辛弃疾已经六十四岁了。他在会稽有词《汉宫春·会稽蓬莱阁观雨》等词。

秦望山头，看乱云急雨，倒立江湖。不知云者为雨，雨者云乎？长空万里，被西风、变灭须臾。回首听，月明天籁，人间万窍号呼。

谁向若耶溪上，倩美人西去，麋鹿姑苏。至今故国人望，一舸归欤。岁云暮矣，问何不、鼓瑟吹竽。君不见，王亭谢馆，冷烟寒树啼乌。

岁底，被召回临安。次年（1204）韩侂胄定意北伐，“春正月，辛弃疾入见，陈用兵之利，乞付之元老大臣。侂胄大喜，遂决意开边衅。”（《庆元党禁》）令辛弃疾知镇江府。镇江，是北伐最重要的基地，辛弃疾到镇江以后积极备战，为北

图 4-1-19 京口北固山

伐做准备。有《南乡子·登京口北固亭有怀》《永遇乐·京口北固亭怀古》等词。

《南乡子·登京口北固亭有怀》：

何处望神州？满眼风光北固楼。千古兴亡多少事？悠悠，不尽长江滚滚流。年少万兜鍪，坐断东南战未休。天下英雄谁敌手？曹刘，生子当如孙仲谋。

《永遇乐·京口北固亭怀古》：

千古江山，英雄无觅孙仲谋处。舞榭歌台，风流总被雨打风吹去。斜阳草树，寻常巷陌，人道寄奴曾住。想当年，金戈铁马，气吞万里如虎。

元嘉草草，封狼居胥，赢得仓皇北顾。四十三年，望中犹记，烽火扬州路。可堪回首，佛狸祠下，一片神鸦社鼓。凭谁问：廉颇老矣，尚能饭否？

辛弃疾梦想北伐，可他并不幼稚，他深知金军虚实，对韩侂胄的不成熟的北伐计划执有异议。在《永遇乐》一词中，他用南朝刘宋北伐失败，“元嘉草草，封狼居胥，赢得仓皇北顾”的故事来警告韩侂胄，一定要好好准备，谨慎行事。可惜的是，辛弃疾终究没有得到真正的信任，开禧元年（1205）六月，就在朝廷下诏加强战备的同时，六十六岁的辛弃疾被调知隆兴府（南昌），离开了北伐前线。开禧二年（1206）的北伐如同辛弃疾担心的一样，重蹈了“元嘉草草”的覆辙，这对一生梦想北伐，恢复故国的辛弃疾是个沉重的打击。次年（1207）九月，病逝于铅山，终年六十八岁。

除了这些代表性的大词人，还有很多重要的词人成长在大运河上、宦游于大运河上。如北宋的范仲淹生于苏州吴县，进士及第后出任过苏州知州、开封知府，后来官拜参知政事，发起“庆历新政”，新政受挫后又担任过杭州知州。晏殊十四岁以神童出仕，在汴京三十余年，官至同中书门下平章事兼枢密使，出京为官亦多在运河沿线，曾先后出知宋州，改应天府（商丘），知河南兼西京留守（洛阳）。张先生于湖州，四十一岁于汴京中进士，先后任宿州掾、吴江县令（苏州）、嘉禾判官（嘉兴），七十五岁以尚书都官郎中致仕后，常往来于杭州、吴兴（湖州）之间，交游唱和。秦观生于高邮，青年时代与苏轼同游无锡、吴江、湖州、会稽等运河城市，三十七岁于汴京中进士，官至国史院编修，后来被贬杭州通判。贺铸祖籍浙东运河上的山阴（绍兴），生于御河边的卫州（河南辉县），十七岁离家赴汴京，曾任泗州通判，致仕后卜居苏州，最后卒于常州。

南宋的吴文英是宁波人，他也是一生未第，游幕终身，于苏州、杭州、越州三地居留最久，并以苏州为中心，大约在1260年逝于越州。蒋捷和张炎分别出生在江南运河边的无锡和杭州，他们前半生安乐无忧，后半生却惨遭亡国之痛，一个隐居太湖竹山（无锡），一个漫游吴越，归隐杭州，成为宋词最后的绝唱。

3. 传唱千古的运河名词

词的起源和发展都与都市生活密不可分，它不仅起源于都市，是秦楼楚馆中的流行曲调，它的发展也离不开商业都市提供的市井环境。宋词的两大主题羁旅和情爱都是以都市生活为背景的浅斟低唱，必须通过迎合世俗喜好来实现广泛的流传。因此作为一种都市文化现象，“词在以文学的情趣记录世人情感的同时，也在历史地反映都市的风俗面貌与社会人情”。[①] 唐宋时期，洛阳、开封、杭州、苏州等地运河兴起，为词的创作提供了条件，也成为了词创作的中心。王辉斌在《唐宋词史论稿》中指出：词作为一种新兴的文学样式，“肇始于中唐诗客们的创制，并能‘依曲拍为句’，且出现了如戴叔伦《调笑令》、张志和《渔歌子》、刘禹锡《杨柳词》、白居易《忆江南》《浪淘沙》等一批名作”。[②] 这些词基本上都出现在运河城市。

如白居易《忆江南》，是他晚年在洛阳思念江南而作：

江南好，风景旧曾谙。日出江花红胜火，春来江水绿如蓝。能不忆江南？

江南忆，最忆是杭州。山寺月中寻桂子，郡亭枕上看潮头。何日更重游？

江南忆，其次忆吴宫。吴酒一杯春竹叶，吴娃双舞醉芙蓉。早晚复重逢！

又有《长相思·汴水流》：

汴水流，泗水流，流到瓜洲古渡头。吴山点点愁。

思悠悠，恨悠悠，恨到归时方始休。月明人倚楼。

---

① 李辉：《北宋词中的润州、扬州风情》，《阴山学刊》2016年第2期。

② 王辉斌：《唐宋词史论稿》，武汉大学出版社，2018，第56页。

图 4-1-20　瓜洲古渡

张志和《渔父》作于湖州西塞山：

西塞山前白鹭飞，桃花流水鳜鱼肥。

青箬笠，绿蓑衣，斜风细雨不须归。

到了北宋，随着运河城市商品经济的高度发展，词的发展也进入空前繁荣和纷纭的阶段。大量的词人往来于运河沿线城市，留下了许多脍炙人口的佳作。如三十七岁的晏殊以刑部侍郎知应天府，他在商丘写下了《浣溪沙·一曲新词酒一杯》：

一曲新词酒一杯，去年天气旧亭台。夕阳西下几时回？

无可奈何花落去，似曾相识燕归来。小园香径独徘徊。

在大名，黄庭坚有《菩萨蛮·半烟半雨溪桥畔》：

半烟半雨溪桥畔，渔翁醉着无人唤。疏懒意何长，春风花草香。

江山如有待，此意陶潜解。问我去何之，君行到自知。

在开封，晏殊有《采桑子·时光只解催人老》：

时光只解催人老，不信多情，长恨离亭，泪滴春衫酒易醒。

梧桐昨夜西风急，淡月胧明，好梦频惊，何处高楼雁一声？

秦观作有《江城子·西城杨柳弄春柔》：

西城杨柳弄春柔，动离忧，泪难收。犹记多情、曾为系归舟。碧野朱桥当日事，人不见，水空流。

韶华不为少年留，恨悠悠，几时休？飞絮落花时候、一登楼。便做春江都是泪，流不尽，许多愁。

姜夔的《扬州慢·淮左名都》是吟咏扬州的千古名唱：

淮左名都，竹西佳处，解鞍少驻初程。过春风十里，尽荠麦青青。自胡马窥江去后，废池乔木，犹厌言兵。渐黄昏，清角吹寒，都在空城。

杜郎俊赏，算而今重到须惊。纵豆蔻词工，青楼梦好，难赋深情。二十四桥仍在，波心荡，冷月无声。念桥边红药，年年知为谁生？

在苏州，贺铸有《青玉案·横塘路》：

凌波不过横塘路，但目送、芳尘去。锦瑟年华谁与度？月桥花院，琐窗朱户，只有春知处。

碧云冉冉蘅皋暮，彩笔空题断肠句。试问闲愁知几许？一川烟草，满城风絮，梅子黄时雨。

蒋捷有《虞美人·听雨》：

少年听雨歌楼上，红烛昏罗帐。壮年听雨客舟中，江阔云低、断雁叫西风。

图 4-1-21 （明）戴进《风雨归舟图》局部

而今听雨僧庐下，鬓已星星也。悲欢离合总无情，一任阶前、点滴到天明。

又有《一剪梅·舟过吴江》：

一片春愁待酒浇。江上舟摇，楼上帘招。秋娘渡与泰娘桥，风又飘飘，雨又萧萧。

何日归家洗客袍？银字笙调，心字香烧。流光容易把人抛，红了樱桃，绿了芭蕉。

在嘉兴，张先有《天仙子·水调数声持酒听》：

水调数声持酒听，午醉醒来愁未醒。送春春去几时回？临晚镜，伤流景，往事后期空记省。

沙上并禽池上暝，云破月来花弄影。重重帘幕密遮灯，风不定，人初静，明日落红应满径。

在绍兴，秦观有《满庭芳·山抹微云》：

山抹微云，天粘衰草，画角声断谯门。暂停征棹，聊共引离尊。多少蓬莱旧事，空回首、烟霭纷纷。斜阳外，寒鸦万点，流水绕孤村。

销魂。当此际，香囊暗解，罗带轻分。谩赢得、青楼薄幸名存。此去何时见也？襟袖上、空惹啼痕。伤情处，高城望断，灯火已黄昏。

在绍兴，陆游有《钗头凤·红酥手》：

红酥手，黄縢酒，满城春色宫墙柳。东风恶，欢情薄。一怀愁绪，几年离索。错！错！错！

春如旧，人空瘦，泪痕红浥鲛绡透。桃花落，闲池阁。山盟虽在，锦书难托。莫！莫！莫！

有《卜算子·咏梅》：

驿外断桥边，寂寞开无主。已是黄昏独自愁，更着风和雨。

无意苦争春，一任群芳妒。零落成泥碾作尘，只有香如故。

有《诉衷情·当年万里觅封侯》：

当年万里觅封侯，匹马戍梁州。关河梦断何处？尘暗旧貂裘。

胡未灭，鬓先秋，泪空流。此生谁料，心在天山，身老沧洲。

第二节

艺文之河

（一）元曲之河

曲又名词余，意谓曲是由词发展而来的。曲兴起于宋金开封，并在元代达到艺术顶峰，故常谓之元曲或元杂剧。在元初，有四大元杂剧活动中心，元人钟嗣成《录鬼簿》记载了蒙元时期最重要的56位杂剧家的创作情况，其中有39位集中在以大都、平阳、真定、东平为中心的地区进行戏曲活动，将元杂剧推向了兴

图4-2-1 东平府

盛发达。学术界正是依据这一现象，把大都、平阳、真定、东平称为元杂剧最早流行的四大活动中心。其中大都、东平位于京杭大运河沿线，真定距离京杭大运河不远，并有水路相通，因此可以说元杂剧兴起于运河区域。

蒙元灭金后，开封的剧作家和艺人四散，很多人沿着大运河转移聚集到了大都以及邻近开封的东平。东平在宋元之际处于汉人世侯严实父子统治之下，数十年间相对平稳安定，严实父子兴学重教，形成了知名的“东平府学”，涌现出诸如元好问、商挺、徐世隆、王磐、胡祇遹、徐琰、阎复、李谦、张孔孙、王恽等文学名家，有“元初文学名士半出东平”之美誉。在这些文士熏陶下，出现了诸如高文秀、张时起、张养浩、顾仲卿、张寿卿、徐琰、赵良弼等剧作家。

学界认为，元杂剧的活动情况，以元灭南宋为界，前期活动地点位于运河北端，以大都为中心，以东平为重要地区；后期活跃于运河南端，以杭州为中心。元代统一后，因受到南方繁荣的社会经济生活的吸引，大量北人沿着运河南迁，许多北方杂剧的作家和演员也都随之沿运河向杭州集中，形成了以杭州为中心的更为繁荣的局面。

首先，大批杂剧作家会聚杭州，除王实甫等少数元老外，元曲四大家关汉卿、马致远、白朴、郑光祖都先后沿着运河南下杭州，或宦游，或定居。此外，尚仲贤、戴善甫、张寿卿、侯正卿等大家也南下杭州。杭州本地也涌现出很多杂剧作家，创作出很多作品。

如关汉卿《南吕一枝花·杭州景》：

普天下锦绣乡，环海内风流地。大元朝新附国，亡宋家旧华夷。水秀山奇，一到处堪游戏。这答儿忒富贵，满城中绣幕风帘，一哄地人烟凑集。

【梁州】百十里街衢整齐，万余家楼阁参差，并无半答儿闲田地。松轩竹径，药圃花蹊，茶园稻陌，竹坞梅溪。一陀儿一句诗题，一步儿一扇屏帏，西盐场便似一带琼瑶，吴山色千叠翡翠，兀良，望钱塘江万顷玻璃。更有清溪、绿水，画船儿来往闲游戏。浙江亭紧相对，相对着险岭高峰长怪石，堪羡堪题。

【尾】家家掩映渠流水，楼阁峥嵘出翠微。遥望西湖暮山势，看了这壁，觑了那壁，纵有丹青下不了笔。

如白朴《永遇乐》：

一片西湖，四时烟景，谁暇游遍。红袖津楼，青旗柳市，几处帘争卷。六桥相望，兰桡不断，十里水晶宫殿。夕阳下、笙歌人散，唱彻采菱新怨。

金明老眼，华胥春梦，肠断故都池苑。和靖祠前，苏公堤上，谩把梅花捻。青衫尽耐，濛濛雨湿，更著小蛮针线。觉平生、扁舟归兴，此中不浅。

马致远《双调新水令·题西湖》：

【石竹子】锦绣钱塘富贵家，簪缨画戟官宦衙，百岁能欢几时价，可惜韶华过了他。

【尾】渔村偏喜多鹅鸭，柴门一任绝车马。竹引山泉，鼎试雷芽。但得孤山寻梅处，苫间草厦，有林和靖是邻家，喝口水西湖上快活煞。

其次，大批杂剧名伶也随着杂剧作家南下杭州，如朱帘秀、曹娥秀、顺时秀、天然秀、天锡秀等都到杭州演出。南方杂剧名伶如天赐秀、张心哥、李芝秀等同样声名鹊起。南北众多杂剧演员与杂剧作家会聚杭州，使杭州洋溢着浓郁的艺术气息，推动着杂剧在杭州的发展和鼎盛。

总之，南北大运河开通后，成为南北交通大动脉，成为各种文化交汇融合的重要通道。北方杂剧的南流，主要依靠运河这一水路交通。杂剧在杭州得以盛行，与运河是有很密切的关系的。

（二）明清小说之河

小说是现代文艺中蓬勃发展、势力较大的文艺类型。唐代产生了文言短篇小说，到宋代以后出现了白话话本小说，元代出现大量话本，到明清时期发展到巅峰，出现大量长篇通俗小说。

明清小说的发展繁荣与运河城市密切相关。首先，大量的小说名著诞生在运河城市。追溯古典长篇通俗小说发生的历史，首先要关注“四大名著”《三国演义》《水浒传》《西游记》和《红楼梦》，还有奇书《金瓶梅》。这些名著代表了明清通俗小说的最高成就，开创了中国古典长篇通俗小说的新纪元。这些名著的作者都存在争议，但不管如何，它们都与运河城市关系密切。

《三国演义》的作者一般认为是元末明初的罗贯中，罗贯中的籍贯主要有三种说法：一说是山西太原人，一说是山东东原（东平）人，一说是浙江杭州人。综合学界观点，罗贯中祖籍太原，生长求学在东平，最后定居杭州的观点较为可信。

《水浒传》的作者一般认为是元末明初的施耐庵，施耐庵的籍贯有山东说、浙江说、江苏说等多种说法，其中影响最大的是江苏说，江苏说中又有兴化说、淮安说和苏州说等说法，可谓众说纷纭。据出土文献和学界研究，江苏兴化说最为可信，兴化今属泰州，明清时隶属扬州府高邮州，正在运河沿线。施耐庵可能居住过的淮安、苏州、杭州，及其在《水浒传》中描绘的梁山、汴京、大名府、江南都在运河两岸。

图 4-2-2　水泊梁山

《西游记》的作者一般认为明代嘉万年间的吴承恩，籍贯一般认为是江苏淮安。淮安是历史悠久的运河城市，自吴王夫差开邗沟之后，历时 2000 余年都是大

图 4-2-3 北京香山曹雪芹纪念馆

图 4-2-4 孙温《红楼梦》绘本（部分，旅顺博物馆藏）

运河上的重要节点。明清时期，淮安盛极一时，曾为运河和漕运的最高治理机构河道总督和漕运总督的驻地。淮安的繁华哺育了吴承恩的成长，诞生《西游记》这样的传世名著。

《红楼梦》作者署名曹雪芹，虽然对曹雪芹究竟是谁仍有极大争议，红学界一般认为他是康熙时期江宁织造曹寅的孙子曹霑。据红学家研究称，曹家在康熙雍正年间祖孙三代四人相继担任江宁织造达六七十年之久，长期生活在江南运河流域。康熙皇帝六次南巡，有五次住在江宁织造署内，其中四次由曹家接待。雍正年间曹家因事被罢抄家，迁回北京，雍正皇帝将京城崇文门外蒜市口房十七间半赐予曹家。曹雪芹长大后在北京辗转栖身过很多地方，比如西单石虎胡同的右翼宗学、西便门一带的槐园、白家疃、香山正白旗等。总之，曹雪芹的人生轨迹都在运河城市。

《红楼梦》中有很多生活在运河城市的人物，也有很多以运河城市为背景的叙述，如苏州人林如海、林黛玉、甄士隐、香菱，湖州人贾雨村，林如海在扬州做巡盐御史、林黛玉上京、贾琏护送林黛玉回扬州和苏州处理林如海后事走的都是运河。

《金瓶梅》作者署名兰陵笑笑生。兰陵笑笑生到底是谁？什么地方人士？学界争论不休，有王世贞、李开先、贾三近等三四十个人选。尽管人选极多，但他们中大部分人或出生在运河城市及流域，或有运河城市的生活经历。其实我们从兰陵笑笑生这个署名也能看出其跟运河的关系，兰陵有五：一为今山东临沂兰陵，战国楚国置，隋大业初废；二为江苏常州武进，东晋置，南朝梁废；三为江苏镇江丹阳，南朝梁置，隋开皇废；四为安徽滁州来安，南朝梁置，北齐废；五为山东枣庄峄城，隋大业置，元至元废。以上五处，除时间最短、影响最弱的安徽来安外，全都在运河沿线。其中尤以枣庄峄城和临沂兰陵影响最大，且两地接壤，紧邻运河。除了作者籍贯，《金瓶梅》的内容主要发生在运河沿线的清河县（清河县有河北清河县、江苏清河县、山东东平县清河乡之争，都在运河沿线）、临清州、阳谷县等，都在运河两岸。

图 4-2-5 阳谷狮子楼

在这些经典名著之后，各种类型的小说层出不穷，小说作者或出生或客居在运河城市，或以运河展开故事。以历史演义、英雄传奇、神魔小说为例，如历史演义《隋史遗文》作者袁于令是苏州吴县人，《隋唐演义》作者褚人获、《新列国志》作者冯梦龙均为苏州长洲人，英雄传奇《说岳全传》作者钱采是杭州仁和人，《水浒后传》作者陈忱是吴兴乌程人，神魔小说《西游补》作者董说也是乌

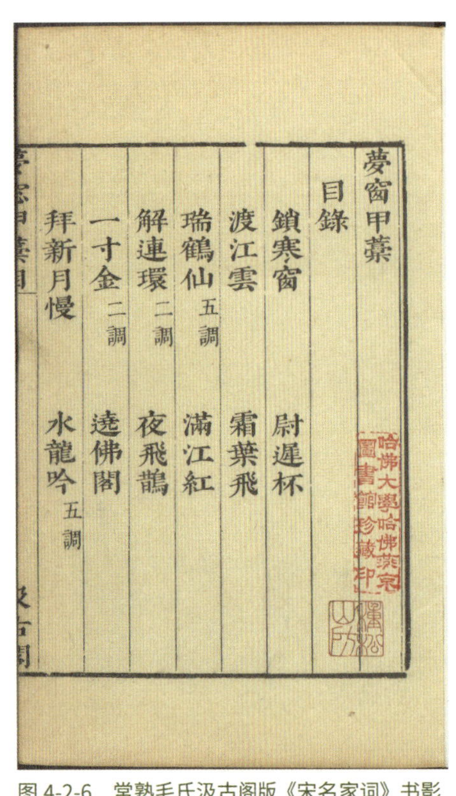
夢窗甲藁

目錄

鎖寒窗　尉遲杯

渡江雲　霜葉飛

瑞鶴仙五調　滿江紅

解連環二調　夜飛鵲

一寸金二調　遶佛閣

拜新月慢　水龍吟五調

图 4-2-6 常熟毛氏汲古阁版《宋名家词》书影

程人，《绿野仙踪》作者李百川曾长期寓居扬州等运河城市，世情小说《野叟曝言》作者夏敬渠是江苏江阴人，等等。足可见运河城市繁华的市井生活、发达的市民社会是明清小说繁荣发展的温床。

运河城市发达的书坊刊刻业极大地推动了小说的发展。小说的传播非常依赖于书坊印刷业，明代中叶以后，在商品经济的刺激下，明清刻书业得到了长足的发展，刻书业与通俗小说的繁荣是相互促进的，书坊在通俗小说的创作和传播中起到了至关重要的作用。杭州是南宋以来的刻书中心，明清时期进一步发展，成为集通俗小说创作、传播于一体的综合性刻书中心。苏州、扬州、常州、湖州等江南运河城市的书坊业紧跟着兴起，成为明万历后至清中叶全国的坊刻中心，编撰和刊刻了大量的通俗小说，是明清通俗小说走向全面繁荣的主要阵地，这些通俗小说通过运河流传到全国各地，对通俗小说的发展贡献巨大。

第三节

科举和宦游之河

（一）科举之河

隋炀帝在开凿南北大运河的同时，创造了另一项影响千年的伟大发明——科举制度。科举制度结束了“上品无寒门，下品无势族”（《晋书》）的世族社会，打开了社会底层向上流动的通道。尤其是进士科，在唐代中叶以后成为最重要的科目，受人重视程度在众科之上，荟集人才的数量也最多。

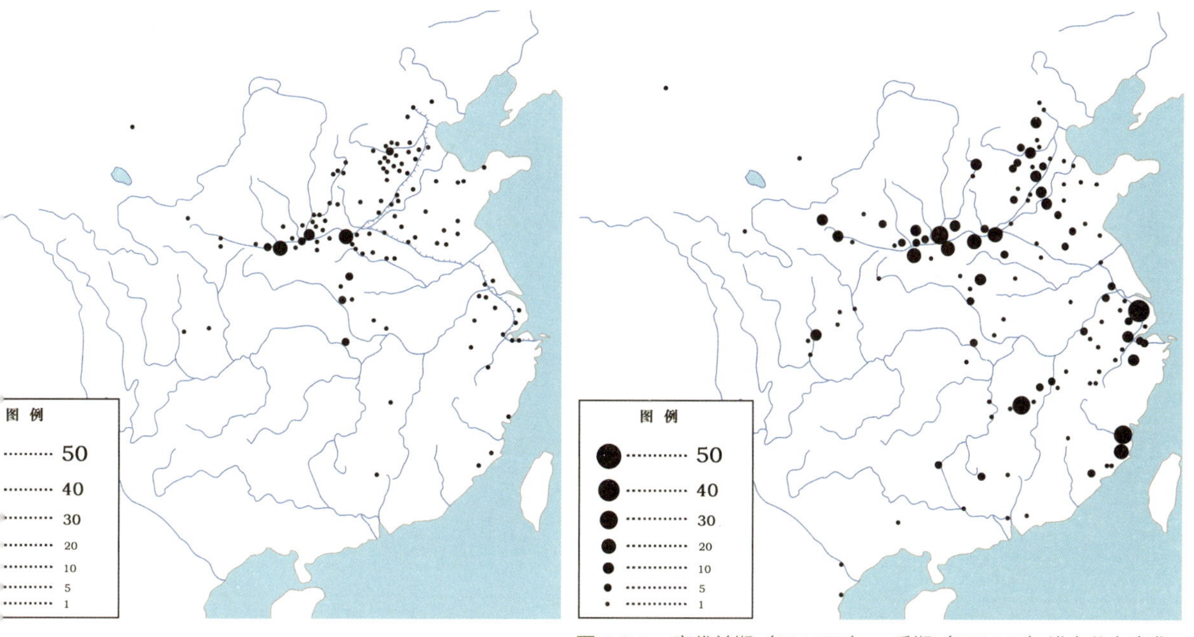

★据陈正祥著《中国文化地理》（生活·读书·新知三联书店 1983 年版）图 7、图 8 改绘。

图 4-3-1　唐代前期（618-755）、后期（755-907）进士分布变化示意图★

唐代前期残留的门阀体制在一定意义上只是关陇贵族和山左贵族之间的争斗，是北方人之间的游戏，但是随着门阀体制在一次次政治纷争和战乱中的式微，大批通过科举之路进身的南方新贵开始登上历史舞台，活跃于唐帝国的政治和文化中心，江南成为帝国新的文化中心。

唐代的举子有两种来源：一是中央和地方各类学馆中通过了学业考试，选拔送到尚书省的生徒；另一种则是州县选拔举荐的乡贡。不管是生徒还是乡贡，最后都要集中到长安或者洛阳参加贡举考试。唐初每年参加贡举的士子不超过一千人，后来逐渐增加，韩愈估计每年前往长安考试的举子，连同他们的仆人，占长安人口的百分之一，当时长安有百万人口，那么举子及其仆人就有接近万人了。这些来自各地的举子，在秋冬之际（最迟在十月）陆续集中于京师，与两都的国子监学生相汇合，形成一支数千人的队伍。他们全都身着麻衣，布满长安城的街巷和里坊，五代词人牛希济描写这一情景“郡国所送，群众千万，孟冬之月，集于京师，麻衣如雪，满于九衢。”（《全唐书》）

图 4-3-2　京师士子看皇榜（仇英《观榜图卷》局部，中国台北故宫博物馆藏）

图 4-3-3　雁塔题名

唐前期，举子主要来自关中、河洛地区以及永济渠沿岸的河北地区，到唐后期，江南崛起，成为能够跟中原、河北抗衡的科举中心。这其中，河北、江南的举子前往长安、洛阳参加考试的出行首选就是运河。《唐摭言》载，州县所选举子“每年十月随物入贡”，也就是说举子们是州县统一安排，随着贡物一起在十月份到京城的，贡物主要由运河水路纲运，举子们自然也是要走运河的。白居易的弟弟白行简在他著名的传奇《李娃传》中虚构了李娃与举子郑生的爱情故事，郑生是常州刺史荥阳公的儿子，他北上赶考就是从运河边的常州出发，通过运河抵达长安，与李娃相识的。

图 4-3-4　越剧《李娃传》剧照

宋代定都开封，考试一

般分为州试、省试、殿试三级，州试取中的考生称为“举子”“贡生”，于冬季集中到京城尚书省礼部进行省试，省试后皇帝要亲自主持殿试。路程遥远的举子赴京省试，在交通不便的宋代并不是一件易事，尤其是北宋的时候，省试的时间一般在正月中旬，虽然有汴河，这时候也都结冰了，无法行船，只能沿河步行。这对于从小寒窗苦读、大多没有出过远门的年轻人来说，既是一次劳顿辛苦之旅，也是体验生活、展示文学才华的好机会。如北宋慕容彦逢《赴省试到阙偶成》诗写道：

去年隋堤一丈雪，雪路苦寒那可行。

行人畏寒兼畏滑，满蹊坚冰如鉴明。

行装人与马成二，身不自惜旁人惊。

崎岖千里到京阙，痛定回思双泪倾。

冬季汴河冰封，行路艰难，更多的举子便结伴而行，提前出发，宋徽宗时徐遹赶考就六人同舟行于汴河上，他写道：

陈李张黄苏与周，更添徐子分相投。

竹林风月连三郡，北宿光芒聚一舟。

作者定知同议论，争臣顿是合谋猷。

胸中各有平津策，此去知谁作状头？

如果有幸中进士，自然是“春风得意马蹄疾，一日看尽长安花”（孟郊《登科后》）了，但中进士的始终是少数，更多的则名落孙山，满怀郁闷之情，或下第还乡，或游玩疏散，或来年再战，种种不一。像两宋之际的名臣许景衡在兄长下第后赠诗言：

江边送我赴瀛洲，风物萧萧又见秋。

百岁能禁几回别，此生已是十年愁。

塞鸿自觉东南远，汴水谁教日夜流。

泪湿西风知有寄，尘沙漠漠漫回头。

元明清定都北京，地处极北之地，南方士子北上赶考千里之遥，更要依赖运河舟行之便。天然痴叟所著小说集《石点头》中描写了永乐年间有一个叫莫可的广西桂林举子，在扬州勾引了一个叫紫英的大户小姐与其私奔，由大运河前往北京赶考的故事，可知即便从遥远的岭南出发，运河也是举子们北上赶考的首选。

弘治年间，松江举子陆平，每次“赴试都下”，其父陆深“必具舟楫，与俱往”。西湖渔隐主人在短篇小说集《欢喜冤家》中描述正德年间绍兴山阴秀才王国卿前往杭州参加乡试的见闻：“一路上南来北往，咿咿哑哑，俱是船只。说不尽途中新景，道不尽满路花香。”

嘉靖四十一年（1562），晚明文豪归有光沿京杭大运河北上参加会试，路过临清的时候，四方士子所乘之舟聚集于此者达300至400艘，舟行至沧州兴济县的时候，因为运河结冰拥堵，聚集在这里的船只“几及千艘”，因此发出了“半天下之士在此矣”的感慨。万历时，浙江平湖人赵维寰告诫会试考生说：“从水若附官船、货船诚迟，如近日浪船则迟极不过四五十日耳，回南当更疾。计自家中发棹吴门，四日即可抵京口。……虽潞河水浅沙涨，而浪船无不可渡，大约自

图4-3-5 清末江南贡院考棚★

★引自叶兆言等编选《老照片·南京旧影》（南京出版社2012年版）第152页。

图 4-3-6 清末北京贡院★

图 4-3-7 清末北京贡院考棚★★

★引自沈弘编译《遗失在西方的中国史〈伦敦新闻画报〉记录的晚清 1842—1873 下》（北京时代华文书局 2014 年版）第 572 页。

★★引自李兵、林介宇《科举旧影录》（湖南大学出版社 2011 年版）第 79 页。

临清抵湾，虽千里而遥，断不出十日外。”（《肇域志》）

会试很难一帆风顺、一举中第，更多的往往是挫折与磨难，是一遍遍地北上考试、下第回乡，再北上考试。比如明代大书法家、吴中四才子之一祝允明，8次参加会试皆不中，往返运河达16回。吴中四才子中成就最高的文徵明在科举上更加失意，一生参加9次乡试都惨遭落榜。晚明散文大家、被誉为“明文第一”的归有光也是8次会试不中，直到60岁时第9次参加会试才中了三甲进士，一生往返运河多达20余次。

综上可知，南直、浙江、江西、广东、广西等地区大多数北上乡试或会试的考生都是沿着京杭大运河北上的，这些举子是当时最有文化，也是最有朝气的国家储备人才，他们沿着运河往返的科举之路极大地促进了南北文化的交流，这开阔了他们的眼界，磨砺出许多了解民间疾苦的股肱之士、文化大家。

（二）宦游之河

科举高中之后，成绩优异者会入职翰林院，成为京官，大部分进士都会被外放地方为官，漫漫仕途之中，更是时有升迁改派。在京官外出办事，或地方官员调动时，他们往往会选择运河作为主要出行方式，并留下了很多诗篇和日记。南宋陆游的《入蜀记》是古代日记中的名篇，其中就有他在江南运河航行的记录。楼钥的《北行日记》记录了他出使金国时的见闻，涉及江南运河、淮扬运河和汴河。

入明以后，文人学者记言记行风气大盛，日记数量蔚为大观，运河旅行日记也大量出现。现存最早的明代运河旅行日记为杨士奇的《北京纪行录》和《南归纪行》。《北京纪行录》记述他永乐十二年（1414）因卷入皇位之争奉诏自南京赶赴北京，下锦衣卫狱后很快被释放，又于北京启程回南京担任原职的经历；《南归纪行》则记述了他在正统四年（1439）奉旨回乡省亲，沿运河转长江，到江西泰和省亲后，由长江、运河返回北京的经历。弘治十七年（1504）李东阳奉旨前往山东曲阜祭祀孔子，也是由运河航行往返的，他写成《纪行杂志》将前后经历记录在案。正德十一年（1516）严嵩受诏还朝，从江西分宜北上，由赣江、桐江

图 4-3-8　京杭运河过坝图★

至杭州，而后沿运河抵达京城，他将沿途见闻记为《北上志》；两年后，严嵩担任册封宗藩副使前往广西靖江（桂林），先由运河到杭州，再沿桐江南下，这次经历他又写成了《西使志》。

明清时期往返运河南北的官宦留下的诗篇更是不胜枚举。如成化弘治时徽州休宁人、礼部尚书程敏政多次往返运河，仅在山东运河段就留诗40余首：

《乘月夜发二鼓至甲马营》：

晓色苍苍下武城，解舟还趁月中行。
河流曲写之玄字，渔唱清传欸乃声。
随处倚篷吟不尽，迩来欹枕梦难成。
灯前未暇呼津吏，问是何年甲马营。

《德州道中》：

出逢漕舟来，入逢漕舟去。
联樯密于指，我舫无着处。
沿流或相妨，百诟亦难御。

★引自（英）托马斯·阿罗姆绘，（英）乔治·N. 怀特著，赵省伟编译《西洋镜：一个英国皇家建筑师画笔下的大清帝国》（台海出版社 2017 年版）第63页。

有如暴客至，中夜失所据。

又如操江师，击榜散还聚。

摧篙与折缆，往往系愁虑。

《留别临清诸宗戚之客寓者》：

北去南来第几番，每劳贤辈候清源。

登舟一见非生客，把酒相看即故园。

寒水渐消城外闸，短亭遥枕路旁原。

王程未发闻津鼓，坐拂溪藤写赠言。

《过分水庙戏成棹歌六章 其一》：

济河潺潺向北流，济河瀌瀌向南流。

官船私舶都过此，南来北去几时休。

图 4-3-9　民国时期南旺运河老照片★

★引自山东南运湖河疏浚事宜筹办处编《山东南运湖河水利报告录要》（载《中国水利史典　运河卷二》中国水利水电出版社 2015 年版）第 688 页。

又如明末清初学者彭孙贻，往来山东运河，留下诗歌 90 余首。

《戴家湾晚行》：

戴家湾口日初曛，万点寒鸦暮入云。

水落天寒归去晚，何人月下独思君？

《灖凌谣》：

泇河雪花大于手，十日冻断董家口。

夜来月寒霜包中，能到毛儿窝畔否？

朝看晶柱若连山，水急轰崩如击缶。

舟子惊呼避党凌，傍舷增板蘸流水。

挂帆山压不得进，龟手篙师徒拊膺。

《狄家楼》：

万曲弯环绕卫河，狄家楼下片帆过。

汶阳南北分流水，只送行船北去多。

《舟过张秋城》：

张秋斜日晚氤氲，一片孤城雨岸分。

水激浪花飞不住，高帆千里入青云。

风帆天际水争流，一叶南飞汶上舟。

城外云山城里树，不知何处过张秋。

再如诗坛“清初六家”之一、杭州海宁人查慎行，往来山东运河，留诗 60 余首；乾隆时高州知州、浙江丽水人顾宗泰，往来山东运河，留诗 80 余首；乾隆时漕运总督、江西宜春人杨锡绂，往来山东运河，留诗达 200 余首；嘉道时满洲名臣、刑部侍郎、驻藏大臣斌良，往来山东运河，留诗也近 200 首。

第四节

对外交流之河

自汉唐以来，中国与海外诸夷之间形成了稳定的朝贡关系。海外诸国前来中国朝贡的路线被称为“贡道”。宋代以前，朝廷对贡道并无明确规定，各国贡使凭历代相沿的习惯和经验，根据地理之远近、交通之便利与否，选择登陆或进入的地点。明代以后，朝廷对各国贡使的登陆口岸和入关地点做了明确的规定，入关后前往京城的路线也越来越严格。大运河作为沟通南北的主要干线，也是各国贡使前往京都的必经之路，承担了贡使进贡和中外文化交流的重要职责，因此大运河也是一条“朝贡之河”，一条“中外文化交流之河”。

（一）东洋诸国

1. 日本

在隋唐时期，中日之间的交流最初是通过北路，即在山东半岛登州、莱州登陆，前往长安。到公元676年，唐朝与新罗关系恶化，北路不再安全，日本遣唐使便开辟了一条由值嘉岛出发，横渡中国海，在明州（宁波）等地登陆，然后循浙东运河到杭州，再循江南运河到扬州，再由大运河至汴州（开封）、西安的航线，是为南路、南岛路。这条路线成为日本遣唐使全盛时期的主要路线，遣唐使“一直横越东海，到长江下游的扬州、楚州、明州等地靠岸。回来时再沿此路线逆行。走这条路线，航行时间要比北路大大缩短”。[1]

宋元时期，海上丝绸之路十分繁盛，运河沿线的明州、杭州等港口设有市舶司，是当时全国三大港口之二。中日之间的交流通过明州、杭州与大运河进行，密切又繁荣。宋代中日交流最有名的例子是日本高僧成寻前往中国参拜天台山、五台山之行，他将途中的所见所闻记为《参天台五台山记》，被认为是了解北宋全盛时期社会的重要文献。

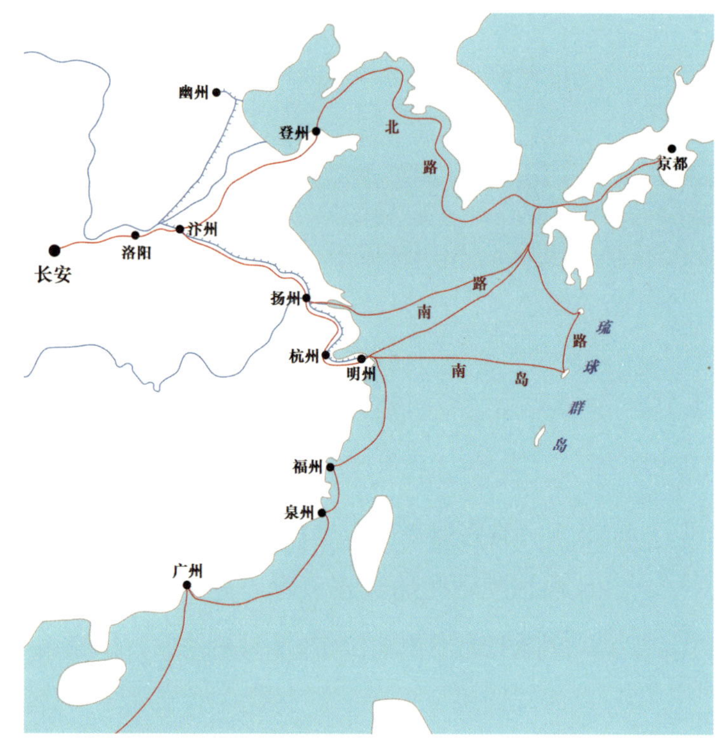

图 4-4-1 唐宋宁波与海上丝绸之路示意图

成寻是乘坐宋朝商人曾聚之船偷渡入宋的，他在宋神宗熙宁五年（1072）3月15日自肥前国松浦郡壁岛出发，10天后即抵达苏州大七山，随后通过运河于4月到达杭州，前往天台山参谒。其后，成寻于8月开始沿大运河赴汴京开封，10月得宋神宗的召见，11月赴五台山巡礼，12月返回汴京。次年3月，在皇宫祈雨成功，他被宋神宗赐予紫衣和“善慧大师”称号，5月仍沿大运河至宁波，6月送弟子们携带文献典籍和宋朝国书回日本，自己则留在了中国。可见成寻在中国的行程主要是沿着大运河展开的。

明代虽然长期实行海禁政策，但又及时制定了“贡舶”制度，允许海外一些国家以“朝贡”的名义航海来到中国，在朝廷的监督下进行有限制的贸易活动，这种贸易一般被称为朝贡贸易或勘合贸易。明代对各国朝贡的路线，特别是进出地点有明确的规定，日本贡使就必须由宁波登陆。而且随着时间的推移，对这些贡道的限制也越来越严格。

---

① 李寅生：《论唐代文化对日本文化的影响》，巴蜀书社，2001，第86页。

据日本史书《允澎入唐记》《策彦入唐记》《驿程录》等记载，日本贡船航抵宁波后，贡使的进京路线是：从宁波的四明驿乘船溯甬江，由浙东运河经余姚、绍兴、萧山等地，渡钱塘江至杭州，然后由京杭运河经嘉兴、苏州、常州抵镇江，横渡长江，再入运河，经扬州、淮安、徐州、济宁、天津，至通州登陆前往北京。而在往返途中，还要溯长江到达南京。据此可知，明代日本贡使的进京路线几乎全程都在浙东运河和京杭运河上。

2. 朝鲜

中朝之间的交流展开得很早，早在南北朝时期朝中朝贡关系就已经制度化了。唐朝的时候，朝鲜贡使常经过“营州入安东道”或“登州海行入高丽渤海道”（《旧唐书》），再由永济渠、黄河、关中漕渠至京师长安朝贡。宋代中叶以前，高丽贡使主要在登州登岸，后来改由明州出入。1999 年在宁波市海曙区月

图 4-4-2　宁波高丽使馆遗址

湖街道月湖东岸宝奎巷一带发掘的高丽使馆遗址，便是这种活动的遗迹。

明代明成祖朱棣迁都北京之后，朝鲜贡道固定下来，《明会典》记载为“由鸭绿江，历辽阳、广宁，入山海关，达京师”，期间主要利用了北运河。到了明末，随着后金势力的崛起，朝鲜经辽东入华的线路受阻，不得不改为海路，“自海至登州，直达京师”（《明史》）。这些由海路入华的朝鲜使臣，沿山东腹地自东向西穿行，经济南、齐河、禹城等地，转由京杭大运河北上。

仅在天启的六年间，朝鲜贡使往来山东运河就留下了至少九种《朝天录》，对运河沿线的驿站、运河、庙宇、宗教、古迹以及市贸村景等都有描述，既可补地方志史料之缺，也是运河区域参与明代中朝交流的见证和缩影。

（二）南洋、西洋诸国

南洋诸国朝贡路线多由广东、广西和福建入境，如安南由广西入境，渤泥、吕宋则由福建入境，更多则由广东入境，如占城、暹罗、爪哇、真腊、三佛齐、苏门答腊、满剌加（马六甲）等。这些贡使在广东入境登岸后，贡使和贡物被护送至广州，候旨进京，他们由怀远驿出发，乘船至佛山，溯北江而上，翻越大庾岭梅关古道，沿赣江而下入长江，再到扬州转京杭大运河至北京。

表 5　明朝主要朝贡国始贡时间、贡道一览表

国名	始贡时间	贡道
朝鲜	洪武二年（1369）	由辽阳、广宁入山海关
安南	洪武二年（1369）	由广西凭祥州
占城	洪武二年（1369）	由广东
暹罗	洪武四年（1371）	由广东
日本	洪武七年（1374）	由浙江宁波府
爪哇	洪武五年（1372）	由广东
真腊	洪武四年（1371）	由广东
三佛齐	洪武四年（1371）	由广东
渤泥	洪武四年（1371）	由福建
苏门答腊	永乐三年（1405）	由广东

续表

满剌加	永乐三年（1405）	由广东
吕宋	洪武五年（1372）	由福建
撒马尔罕	洪武二十年（1387）	由甘肃嘉峪关
鲁迷	嘉靖三年（1524）	由甘肃嘉峪关
哈烈	永乐七年（1409）	由甘肃嘉峪关

资料来源：《明会典》。

安南贡使原本由镇南关进入广西凭祥州，入珠江，溯漓江而上，经灵渠，沿湘江而下湖南，经湖北汉江，由河南、直隶前往北京的，这条朝贡路线过长江后多为陆路，行进不便，颠簸劳苦，远不如从长江顺流而下，沿京杭大运河北上平稳舒适。因此康熙五十七年（1718）、雍正二年（1724）安南贡使屡次上奏恳请改走运河，并获得雍正皇帝的准许。此后，安南派出的使团大都是过镇南关，经凭祥州陆行至宁明州，登船沿左江、郁江水系至梧州，溯桂江至桂林，再沿漓江、灵渠、湘江、洞庭湖至长江，顺流直下扬州，再由大运河经山东、直隶到北京。在《越南汉文燕行文献集成》中后黎朝使臣留下的燕行文献，如陶公正《北使诗集》、阮公基《使程日录》、丁儒完《默翁使集》等15部作品记载的路线都是如此。

明清时期西洋诸国的使者也多通过大运河往来。比如清顺治年间，荷兰来华

图 4-4-3 《明宪宗元宵行乐图》中进献瑞兽的朝贡使节

使团一行16人到中国访问，使团成员约翰·尼霍夫根据来华经历撰写了一部游记《荷使初访中国记》。游记记载，他们一行人从广州上岸后，便一路北上，经由北江、赣江、长江抵达扬州后，开始沿运河北上，途经高邮、宝应、淮安、宿迁、济宁、南旺、张秋、聊城、临清、武城、故城、德州、东光、沧州、青县、静海、天津、河西务、通州等众多运河城镇，在张家湾下船后，由陆路到达北京。约翰·尼霍夫关于运河的书写从扬州开始，对两岸的民俗风情、社会发展记载甚为详细。

又如乾隆五十八年（1793）英国的马戛尔尼使团，该使团前往北京时走的是海路，返回的时候则是由京杭大运河前往广州出海。马戛尔尼的使团除了大批水手、炮手、生活服务人员、机械维护人员外，还有很多科学家、博物学家、画家、制图员，等等，他们后来留下了包括《英使谒见乾隆纪实》《我看乾隆盛世》

图4-4-4 扬州渡口*

*引自（英）托马斯·阿罗姆绘，（英）乔治·N.怀特著，赵省伟编译《西洋镜：一个英国皇家建筑师画笔下的大清帝国》（台海出版社2017年版）第91页。

图 4-4-5 黄运交汇图★

图 4-4-6 拖网捕鱼和鸬鹚捕鱼★★

★引自（英）托马斯·阿罗姆绘，（英）乔治·N. 怀特著，赵省伟编译《西洋镜：一个英国皇家建筑师画笔下的大清帝国》（台海出版社 2017 年版）第 65 页。

★★引自（英）托马斯·阿罗姆绘，（英）乔治·N. 怀特著，赵省伟编译《西洋镜：一个英国皇家建筑师画笔下的大清帝国》（台海出版社 2017 年版）第 71 页。

在内的 20 余种著作，对西方认识当时的中国发挥了重要作用。使团的船队在京杭大运河上航行了 38 天，运河给他们留下了极为深刻的印象，使团画师亚历山大绘制的图画中就有很多描绘运河景象的，如渔民生活、汛堡活动、纤夫拉纤、运河工程等。

图 4-4-7 大运河镇江段纤夫拉纤场景★

★引自卞修跃主编《西方的中国影像（1793—1949）威廉·亚历山大、托马斯·阿洛姆卷》（黄山书社 2015 年版）第 136 页。

第五章

稳定的代价：生态与财政的巨大成本

第一节

收起迈向海洋的脚步

因为元代山东运河没有从整体线路上进行宏观规划，汶河堽城坝引水和洸河导水能力不足，济宁任城分水口过于偏南，往北送水能力严重不足，导致山东运河在元代效用不高，元代南粮北运只得以海运为主。

元朝招降了两个大海盗朱清和张瑄，设立海运万户府，朱清、张瑄任万户，共同负责漕粮海运事宜。从至元二十年（1283）漕运4.5万余石，到二十三年（1286）增加到58万石，到二十七年（1290）突破百万石大关，北运漕粮达159万石，直到大德七年（1303），朱清、张瑄二人执掌海运长达20年，为元朝立下了汗马功劳，甚至可以说在一定程度上掌控着元朝命脉，功高震主。大德七年，江南僧人石祖进状告朱清、张瑄十件不法事件，元成宗借此机会判处朱清、张瑄死刑。处死朱清、张瑄后，元廷令罗璧掌管海运，并进一步提升海运量，到至大二年（1309），增加到246万石，延祐以后“岁运三百六十万石”（《读史方舆纪要》）。京师大都“内外官府大小吏士，至于细民，无不仰给于此”（《大学衍义补》）。

海运航行十分凶险，历来被视为畏途。元人赵世延、揭傒斯编成的《皇朝经世大典》保留了元代至元二十年到天历二年（1329）47年间历年的海运起运数、实至数和事故失粮数。通过计算事故失米比例，可以发现失米在10%以上的有3年，占总年数的6.38%；失米5%至10%的有6年，占总年数的12.77%；失米在5%以内者有38年，占总年数的80.85%。

从时间分布上来看，漕粮损失比较较大的是在最初的9年（1283—1291），

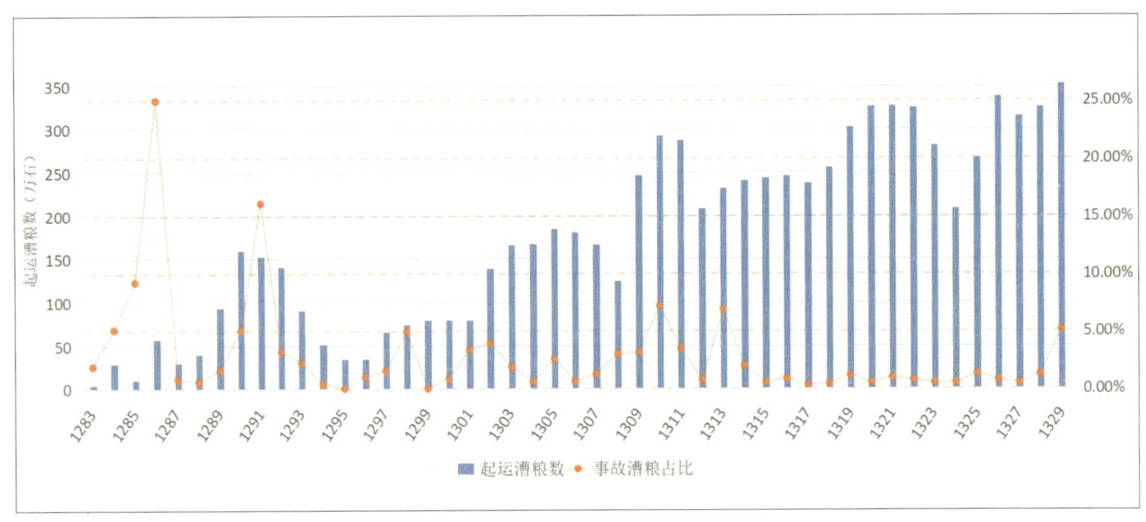

图 5-1-1　元代历年海运漕粮量及损失漕粮比例图

此后 20 年间（1292—1313）除 1310 年和 1313 年外损失都在 5% 以下，1314 年至 1329 年这 16 年间除了 1329 年外损失都在 2% 以内，这说明随着海运的长期进行，损失在不断地下降。这与元代海运新航路的开辟和造船技术的提升是相对应的，元代海运最初的航线是走近岸浅海，路远又多浅滩，甚是险恶，至元二十九年（1292）和三十年（1293）朱清、殷明略相继开辟新航道，直放黑水大洋，利用黑潮暖流帮助航行，使得海运时间大为缩短，损失也明显减轻。延佑元年（1314）以后，造船技术提升，最初“船大者不过千石，小者三百石”“是时船小，人多恐惧”，而“延祐以来，各造海船，大者八九千，小者两千余石”（《行水金鉴》），明显降低了海运的损失。

宋正海等著《中国古代海洋学史》指出，1291 年以前朱清、张瑄开辟的第一条海运路线位于离岸不远的黄水洋，浅沙甚多，不能用下侧如刃、可以破浪而行的大海舶，只得造平底海船（沙船）。而且这条航线很长路程都是逆水行舟，速度很慢，较为危险。1292 年开辟的第二条海运路线，较早进入黑水洋，避开了近海的浅滩暗沙，比原来安全得多，也略避开了黄海沿岸流的逆水，利用了黑水洋中的黄海暖流，在夏季还利用了偏南季风，航行时间大为缩短。1293 年开辟的第三条航线，在此基础上进一步脱离近海暗沙浅滩的束缚，更大程

★数据来源：中国航海协会《中国航海史·古代航海史》（人民交通出版社 1988 年版）第 248—250 页。

度上避开了黄海沿岸流，更充分地利用了黄海暖流和夏季偏南风，所以这条航线航行更安全、航速更大，时间大大缩短。通过对三条线路的对比分析和效果看，不难看出元代海运路线的不断改变是有充分科学道理的，说明元代对海洋洋流的认识和利用达到了相当的水平。（详见 133 页元代海运路线示意图）

元代海运积累的经验和技术，直接促成了明初郑和下西洋的伟大成就。明初实行严厉的海禁政策，民间航海活动遭到严重打压，但仍有官方的大规模海运活动。官方的大规模海运，如果能够长期地维持下去，像元代一样不断增加经验、改进航海和造船技术，是很有可能把海禁的损失控制在可以接受的范围之内的，甚至能够在一定程度上改善明朝闭关自守的倾向，更好地应对即将到来的大航海时代。

不过这一切在永乐十三年（1415）结束了，在工部尚书宋礼重开了会通河后，大规模漕运重新开始，这一年平江伯陈瑄开辟了淮安的清江浦运河，漕运大通，海运遂止。虽然在此之后郑和仍有三次下西洋之举（永乐十四年、永乐十九年、宣德五年），但郑和下西洋完全是彰显大国威风的政治性远航，不但没有追逐商业利润的动力，而且成本巨大，劳民伤财，无法长期维持。在此又会让人想起废止海运的遗憾。

第二节

河淮困境：避黄夺淮、逼淮敌黄

明初宋礼开创的会通河局面，十分依赖于黄河。宋礼通过贾鲁河等工程，引黄河分两路东流：一路东北流至梁山县安山、张秋一带，汇为安山湖，连接运河；一路东南流至任城县耐牢坡、鱼台县塌场口等处，汇为马常泊和刁阳湖，连接运河，为会通河南北两端提供充足的水源。再加上汶河、泗河水源的补给，故能大获成功，“运道以定”“漕道大通，遂议罢海运”（《明史》）。永乐十三年（1415）罢弃海运后，运河漕运量马上达到巅峰状态，永乐十三年 646 万石、十五年（1417）508 万石、十六年（1418）464 万石，宣德三年（1428）548 万石、五年（1430）545 万石、六年（1431）548 万石、七年（1432）674 万石、八年（1433）553 万石、九年（1434）521 万石，可见明前期漕运之盛。

但是黄河难以驯服，明前期漕运盛况之下隐伏着严重危机。首先是耐牢坡（塌场口）黄河的改道湮塞。宣德、正统间耐牢坡黄河屡次北决，灌鱼台、金乡、嘉祥等县，耐牢坡黄河逐渐淤塞。更严重的安山黄河，经常决口冲断张秋运河。正统十三年（1448），河决河南八柳树口，漫流山东曹州、濮州，抵东昌，坏沙湾运河堤，此后黄河主流日趋张秋。景泰和弘治年间，黄河决口都会冲断张秋运河，携带运河水入海，导致漕运中断。大量黄河水由张秋东流入海，导致南流至徐州夺泗河的黄河水量减少，“不专向徐、吕，徐、吕益胶浅”（《明史》）。会通河南北两段都受到黄河泛滥的严重影响，分河北流之害显而易见。

为此，弘治六年（1493）刘大夏采用“北筑南疏”之策，在黄河北岸兴筑堤防，在黄河南岸开挖减河疏泄洪水。他修筑长达 360 里的太行堤，堵塞黄陵冈

图 5-2-1　民国黄河洪水

及荆隆等口门七处，截断了黄河北流河道。顾炎武说从此“河始全趋归德、徐、淮以入海，而涓滴不及于会通，张秋遂无河患”（《天下郡国利病书》）。“北筑南疏”之策解决了张秋运河危机，但给淮北地区带来了水患，甚至威胁到了明祖陵的安全。在此形势下，万历时潘季驯等人提出“两岸筑堤，束水攻沙”的策略，即兴筑黄河南岸堤防，收缩黄河河道宽度，增加黄河洪水流速，冲刷更多的泥沙入海。“两岸筑堤”的实行，一度消除了黄河洪水对明祖陵的威胁，但也使得黄河全河之水都在清口与淮河相会，黄河水势大涨，淮河不能敌，于是有黄河倒灌淤塞淮河、运河的危险。为了解决这个难题，潘季驯又提出了“蓄清敌黄”的策略。

“蓄清敌黄”中的清，指的是淮河，蓄清敌黄即通过修筑高家堰（高加堰）大坝，将淮河水积蓄起来，增加其水位压强，使其高过黄河，从而能够推动黄河入海。万历六年（1578），潘季驯修建高家堰大坝，长 70 里，高 4 米。大坝建成后，坝西的诸多小湖汇而为一，形成了浩瀚的洪泽湖。在洪泽湖的助力下，淮河势力大增，成功地推动了大部分黄河泥沙入海，确保了漕运的畅通。

图 5-2-2　洪泽湖高家堰

但黄河泥沙并不能全部入海，剩余泥沙仍在慢慢淤高，这就迫使高家堰大堤要不断地加高，才能让淮河在这场斗争中占据优势。高家堰的不断加高，意味着洪泽湖水位的不断抬升，也意味着洪泽湖面积的不断扩大。洪泽湖淹没了大量的土地，泛涨的湖水，再次威胁到泗州城和明祖陵的安全，引起朝野震动，潘季驯也因此罢官。

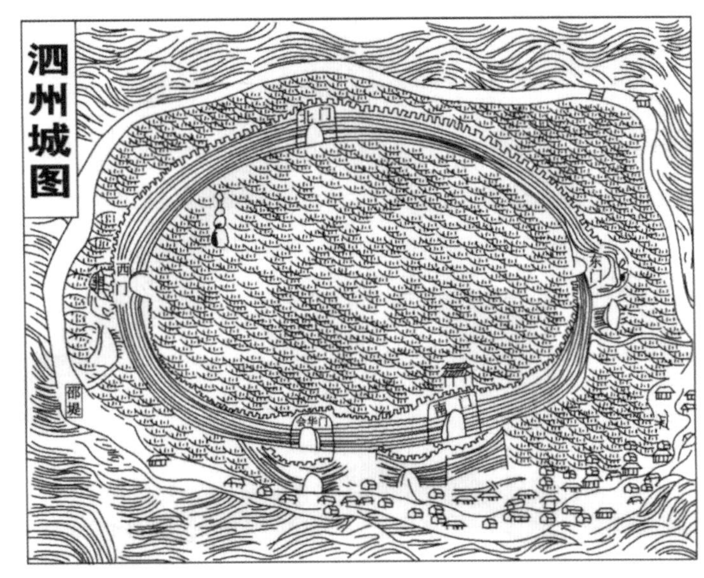

图 5-2-3　泗州城之沉（据康熙二十七年《泗州志》）

清代靳辅继承潘季驯“蓄清敌黄”的思想，继续加筑高家堰，对明祖陵和泗州城的威胁更大。但清廷并不关心明祖陵的安危，康熙十八年（1679），靳辅高家堰工程完工，完工后的高家

图 5-2-4　泗州城考古遗迹★

堰长达 120 里，高达 7 米，比明代高家堰规模增加了近一倍。高家堰完工的次年（1680），泗州城和明祖陵就被洪泽湖淹没了。

靳辅高家堰大堤的修筑，使得康雍乾 100 多年间“淮强黄弱”，大量黄河泥沙被淮水推进黄海。泥沙入海后，受海潮壅阻而淤积，开始了苏北高速造陆的进程。早在潘季驯时代黄河入海口已经出现沙塞的问题，当时海口尚在云梯关附近，康熙四十年（1701）时海口已经在云梯关东 200 里开外，乾隆五十一年（1786），海口距离云梯关已经有 300 余里之遥。这三百里黄河泥沙不是人力能够疏浚的，海口泥沙壅阻，黄河入海不畅，水流减缓，泥沙沉淀不断向上游扩展，到嘉庆时清口已经出现黄淮相平、甚至黄高于淮的现象。道光以后清口黄高于淮已经是常态。（详见 69 页黄河入海口与苏北海岸线变迁示意图）

1. 淮河被迫南下入江

江淮之间原本地势南高北低，邗沟河水由南向北流，黄河夺淮以后泥沙淤高淮河下游和运河

★引自水文化丛书编委会编《江苏水文化丛书 水利瑰宝》（河海大学出版社 2018 年版）第 145 页。

北段，使江淮之间的流向发生逆转，变为自北向南流。明万历五年（1577），河决崔镇，清口淤垫，淮河不能东出，全淮南徙，高家堰大坏，淮、扬、高邮、宝应间皆为巨浸，一部分淮河水经高邮、宝应等湖入长江，是为淮河首次入长江。

图 5-2-5　导淮入江与导淮归海示意图★

潘季驯修筑高家堰大堤“蓄清敌黄”之后，洪泽湖水位大涨，由于受到黄河的壅阻，汛季洪泽湖水仍不能畅流出湖，部分湖水只能通过高家堰大堤上的滚水坝泄入运西诸湖。为了扩大运西诸湖的疏泄能力，万历二十三年（1595）疏浚了高邮湖和邵伯湖之间的茆塘港，又开金湾河使淮水经芒稻河入长江，这是人工疏通淮河水入长江的开始。在明代自洪泽湖高家堰东泄的淮河水大部分在高邮以北穿过运堤闸口以后，经苏北里下河地区入海，进入长江的只是小部分。

入清以后，河床淤积导致里运河北段大堤两侧临背差越来越大，若继续让运西湖水向东入黄河，势必破坏运河南北畅通。为此康熙三十八年（1699）将原里运河北段运堤上的闸口均予堵闭，并规定归海坝仅在大水时才开放，在六闸以下建归江十坝，使归江河道扩大至五条。这样，就使汛期时分泄入运西诸湖的淮水由入海为主变为入江为主。此外，从17世纪末靳辅治河起实行分淮济运，使部分淮河水在枯季直接由运河入长江。咸丰元年（1851）洪泽湖高家堰大堤西南端的蒋坝附近决口，没有堵闭，此后淮河水全部由三河口经宝应湖、高邮湖、邵伯湖入长江。

★据徐炳顺著《导淮入江史略》（广陵书社2017年版）改绘。

2.“蓄清敌黄”失败，被迫“灌塘济运”

嘉庆道光时，常常黄强淮弱，黄河高于淮河，淮河无法推动黄河东出，黄河容易倒灌淮河、运河和洪泽湖。道光四年（1824）洪泽湖大堤漫决坍塌 70 余里，水势旁泄南趋，湖中存水无几。两年后（1826），不得已试行“倒塘灌运”之法，又称“灌塘济运”。于临清堰以南建拦清土堰，将御黄坝外的钳口坝改成草闸，再于闸外两边建直堰，中筑拦堰，曰“临黄堰”。在临清堰和临黄堰之间形成一个可以容纳千艘船只的塘河，然后用水车抽取淮河清水入塘，当塘中清水高于塘外黄水一尺以上，再启闸放船入黄河。“灌塘济运”的实施宣告了“蓄清敌黄”方略的失败。

次年（1827），改岸水位开临黄堰闸，引黄水入塘。黄水高于清水时，南来之船自临清堰口门入塘，堵闭临清堰，开临黄堰出船北上；北来船只反之而行。灌塘济运原理与现代船闸相同，以内塘为闸室，以临时坝为闸门，一次灌放约需 8 至 10 日。此后的 30 年内，灌塘济运法几乎年年使用，咸丰五年（1855）河决铜瓦厢北徙入渤海，黄河夺淮 700 多年的历史宣告结束，里运河可直通中运河，已无渡黄问题，塘河遂废，清口衰败。

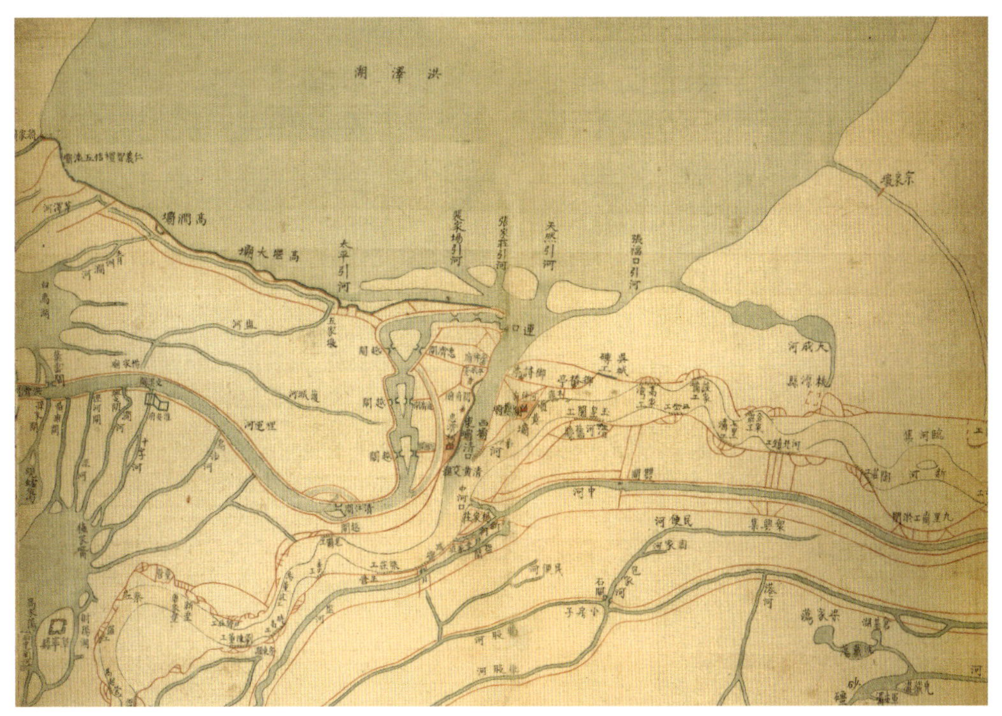

图 5-2-6　清代舆图中的清口枢纽（《黄运湖河全图》局部）

3. 黄淮水灾

图 5-2-7　丘濬塑像

明清时期，上至皇帝首辅，下至普通官员，都对治河与保运的关系，以及治河以保运的难度有着清醒的认识。弘治时著名思想家丘濬指出："前代只是治河，今则兼治淮矣。前代只是欲除其害，今则兼资其用矣。况今河流所经之处，根本之所在、财赋之所出、声名文物之所会，所谓'中国之脊'者也，有非偏方僻邑所可比，乌可置之度外，而不预有以讲究其利害哉？"（《大学衍义补》）

正德时漕运总督邵宝说："今北有临清，中有济宁，南有徐州，皆转漕要路，而汴省在西南，又为宗藩所在，左盼右顾，前瞻后望，动则掣肘，使水有知，尚不能使之必随吾意，况水无情物也，其能逶迤曲折以济吾之事哉？"（《容春堂集》）

万历时都水司郎中巡视河道谢肇淛说："今之治水者，既惧伤田庐，又恐坏城郭；既恐妨运道，又恐惊陵寝；既恐延日月，又欲省金钱……幸而苟且成功，足矣，欲保百年无事，安可得乎？"（《五杂俎》）

康雍时河臣傅泽洪总结明代治河："河决而南则逼祖陵，抑而北则妨运道，引而东河、淮交注，又虑有清口、海口之壅，顺之则水直泄而漕竭，逆而堤之则此塞彼决而漫散为祸。盖二百四十余年，智臣谋士彼善于此者则有之，未有能使横流奠安，永为百世之画者也。"（《行水金鉴》）

他们甚至对将来可能发生的后果做了严厉的预警，万历首辅叶向高说："盖其始也，以河而害漕，继则以漕而害河，终则河与漕俱穷而天下受其困矣。"（《苍霞草》）大科学家徐光启也指出："会通成而河乃不入于卫，必入于淮，不复得

图 5-2-8　徐光启塑像

有中道[1]也，则（韩）仲晖之为也，故曰漕能使河坏也。”（《明经世文编》）

大运河的畅通，是以淮北、苏北、豫东、鲁西等地生态的衰败为代价的。乾隆时山东运河道陈法描述“黄淮合流”“束水攻沙”“治河保运”造成的大范围水灾：

若遇黄淮交涨，风起浪涌，高堰在在危险，其地势高运河一丈有奇，一有溃裂，则害不可胜言。即三滚水坝、天然坝减下之水，入高宝湖则淹近湖之田，入下河则泰州、兴（化）、盐（城）卑下之区难免淹没，此下河之受害也。

河南之水建瓴而下，洪湖之水倒漾而上，宿（州）、灵（璧）、虹（县）、五（河）、泗（州）、盱（眙）各州县，一雨便成泽国，水沉地亩，不下数千百顷，蠲赈无虚岁，动糜帑金数百十万。地亩之荒芜，人民之流离，井里之萧条，风俗之颓败，触目伤心。

其临（淮）、凤（阳）、怀（远）、寿（州）及颍州各邑去洪湖稍远，然淮水停蓄节节顶阻，甲子三月，五六寸之微雨而淮水已骤长五尺，及勘河至寿州，而城外皆水，泛滥于两涯之间，麦田皆被淹没。阜阳具报，淮水涨入平地十余里，深至一丈五六尺不等，发社仓以赈贫民。伏秋汛则泛滥愈远，盖沿河之地无岁不灾，此上游之受害也。

其旁近之处，如清河、桃源、宿迁、睢宁，湖之浸没又其常也。不特此也，河南之陈州、归德，与颍州、太和、宿（州）、亳（州）接壤，其

---

① 中道，即东路，指黄河由山东滨州、东营一带入渤海的流路。

> 水皆由淝、沙、睢、颍以入淮。今下游之水反倒漾而上，而河南之水亦阻而不得下，故归德、陈州各州邑亦动辄告灾，地亩亦多板荒。
>
> 山左济宁以西，曹（县）、单（县）以东，各州邑之水皆无所泄，南阳、昭阳尽为沮洳之区。至若西风鼓浪，行舟漂涌，冲石堤而立碎，虽有救桩，岂能恰遇其处，此皆黄夺淮之为害也。盖数百年于此，而于今为尤烈，何世之习而不察也？可怪也！[①]

马俊亚指出："到了明清以后，以保漕保运为主旨的治水对淮北整个大区的危害就更大了。在不适宜造水库的平原上，筑成了洪泽湖、微山湖等数十个巨泊，这些湖泊的功能大多被严格限制为服务运道，而不是服务农业生产。包括淮河、泗水、沂水等数十条重要河流，有的被截去一半，有的被胡乱拼接，有的干脆堙塞无踪。原来的沃壤竟成了每年吞噬成千上万平民生命的恶土。农业生态的衰变更是无以复加。"[②]因此马俊亚称淮北地区是"被牺牲的局部"，实际上，"被牺牲的局部"并不仅仅只是淮北地区。

4. 里下河之灾

里下河地区位于今江苏省的淮安、扬州、盐城、南通、泰州等地。历史上，江淮之间的运河曾被称为里运河，简称"里河"，而位于范公堤东侧与范公堤平行的串场河则被称为"下河"，介于里河与下河之间，北起黄淮故道，南至通扬运河的地区，遂被称为"里下河地区"。该地区面积超过 1.3 万平方公里，是有名的洼地，海拔多为 2 至 2.5 米，最低者不到 1.5 米，而四周海拔则一般在 3 至 5 米之间。四周高、中间低的地形使里下河地区成了名副其实的"洪水走廊"。

由于清口黄河泥沙淤积严重，洪泽湖水不能东出，遂转而南下，由仁义礼智信五坝出高邮宝应湖。高邮宝应湖无法容纳大量洪水，就不得不开放归海坝，泄洪水入运河以东的里下河地区，造成地势低洼的里下河地区的严重水患。清代运

---

①（清）陈法：《河干问答》，载戴文年主编《西南稀见丛书文献第二十四卷》，兰州大学出版社，2003，第 39—42 页。

②马俊亚：《被牺牲的局部：淮北社会生态、变迁研究 1680—1949》，北京大学出版社，2011，第 289 页。

图 5-2-9　里下河地区示意图

河因淮河洪水、黄河倒灌的影响，经常决堤成灾，里下河地区深受其害。清朝政府为了保证运河的安全通航，首先要保护里运河堤防，为了使它不受黄河倒灌和洪泽湖、高邮宝应湖下泄的洪水威胁，就不惜牺牲里下河地区。

自清初归海坝建成之后，里下河地区的灾难愈加深重。嘉庆、道光年间，在1796年到1850年的55年中，就有28年开归海坝，合计95次。每次开启归海坝，都会给里下河地区人民带来沉重的灾害，当地便是洪水横流的汪洋一片。有许多记载描述了当时的悲惨情况，如《冬生草堂诗录·避水词》中写道："一夜飞符开五坝，朝来屋上已牵船。田舍漂沉已可哀，中流往往见残骸。"

频繁的洪灾严重影响了里下河地区的生态环境，新中国成立前这里成为洪、涝、旱、碱、淤、潮、卤、渍等八害俱全的重灾区。

第三节

国之漏卮：国家财政的沉重负担

虽然黄淮合流后的治河保运是如此艰难，后果如此严重，但作为当时全国唯一的南北主干道，明清朝廷在漕运尚能勉强维持的情况下不愿承担改河的风险，惮于更创，地方上也担心倘若将治河与漕运解绑，会导致轻视河患，不再像之前那样大力治河，此外还有一些受益于运河经济的地方利益团体的反对，结果就如傅泽洪评价明人时所言，明清两朝五百余年间，“智臣谋士彼善于此者则有之，

图 5-3-1 （清）徐扬《乾隆南巡图·阅视黄淮河工》局部

未有能使横流奠安，永为百世之画者也”。(《行水金鉴》)

仅仅勉强维持这个局面，就要花费了朝廷巨额的财政收入，成为朝廷的沉重负担。仅以《清史稿·食货志》所举之例即可见一斑：

河工，自康熙中即趋重南河。十六年大修之工，用银二百五十万两，原估六百万两，迨萧家渡之工，用银一百二十万两。自乾隆十八年，以南河高邮、邵伯、车逻坝之决，拨银二百万两。四十四年，仪封决河之塞，拨银五百六十万两。四十七年，兰阳决河之塞，自例需工料外，加价至九百四十五万三千两。……大率兴一次大工，多者千余万，少亦数百万。嘉庆中，如衡工加价至七百三十万两。十年至十五年，南河年例岁修抢修及另案专案各工，共用银四千有九十九万两，而马家港大工不与。二十年，睢工之成，加价至三百余万两。道光中，东河、南河于年例岁修外，另案工程，东河率拨一百五十余万两，南河率拨二百七十余万两。逾十年，则四千余万。六年，拨南河王营开坝及堰、盱大堤银，合为五百一十七万两。二十一年，东河祥工拨银五百五十万两。二十二年，南

河扬工拨六百万两。二十三年，东河年工拨五百十八万两，后又有加。

如此，嘉道时每年河工经费可达五百万两之巨，占全年岁入的六分之一，这还没有计算另案请帑的数据。所以河费早已成为嘉道时期国家财政的沉重负担，正如魏源所说：“河工者，国帑之大漏卮也”（《魏源全集》）。

图 5-3-2 清代启蒙思想家魏源塑像（魏源较早提出改河北流，以解决黄淮弊病，减轻国家财政压力的主张）

而且这些钱也绝非都用在了河防上，不知有多少被河防官僚贪墨。嘉庆二十五年（1820）十月庚寅，军机大臣等奏《会议条陈河务积弊四条》认为：“支用河银，道厅均有克扣，丁胥经手，复层层剥削，兼之验收、报销、供帐，浮费百出，帑金实用在工者，不过十之六七。”（《清宣宗实录》）野史笔记中的记载则更加惊心动魄，《金壶七墨》载：“南河岁修银四百五十万，而决口漫溢不与焉。浙人王权斋熟于外工，谓采买竹木薪石麻铁之属，与夫在工人役，一切公用，费帑金十之三二，可以保安澜，十用四三，足以书上考矣。其余三百万，除各厅浮销之外，则供给院道，应酬戚友，馈送京员过客，降至丞、簿、千、把总，胥吏、兵丁，凡有职事于河工者皆取给焉。岁修积弊，各有传授，筑堤则削

图 5-3-3 清晏园（河道总督府后花园）

浜增顶，挑河则垫崖贴腮，买料则虚堆假垛，即大吏临工查验，奉行公事，势不能亲发其藏。当局者张皇补苴，沿为积习，上下欺蔽，瘠公肥私，而河工不败不止矣。”

《春冰室野乘》也说：“南河岁修经费，每年五六百万金，然实用之工程者，不及十分之一。其余以供文武官弁之挥霍，大小衙门之酬应，过客游士之余润。凡饮食衣服车马玩好之类，莫不斗奇竞巧，务极奢侈。”

《大清见闻录》浓墨重彩地描绘了河道官员日常生活的奢侈：“即以宴席言之，一豆腐也，而有二十余种；一猪肉也，而有五十余种，豆腐须于数月前购集物料，挑选工人，统计价值，非数百金不办也。尝食豚脯，众客无不叹赏，但觉其精美而已。一客，偶起如厕，忽见数十死豚，枕藉于地。问其故，则向所食之豚脯一碗即此数十豚之背肉也。……萃数十豚，仅供一席之宴。……客骤睹之不免太息。宰夫熟视而笑曰：何处来此穷措大，眼光如豆！我到才数月，手挟数千豚，弃之如蝼蚁，岂惜此区区者乎！又有鹅掌者，……每一席所需不下数百十鹅。有驼峰者，……每一席所需不下三四驼。……此不过略举一二，其他珍怪之品，莫不称是。食品既繁，虽历三昼夜之长，而一席之宴不能毕。故河工宴客，往往酒阑人倦，各自引去，从未有终席者。此仅举宴席以为例。而其余若衣服，若车马，若玩好，豪侈之风，莫不称是。各厅署内，自元旦至除夕，无日不演剧，自黎明至夜分。虽观剧无人，而演者日若也。每署幕友数十百人，游客或穷困无聊，乞得上官一名片，以投厅汛各署。各署无不延请，有为宾主数年，迄未识面者。幕友终岁无事，主人夏馈冰金，冬馈炭金，佳节馈节敬，每逾旬月，必馈宴席，幕友有为棋博摴蒲之戏者，得赴账房领费，皆有常例。每到防汛紧急时，有一人得派赴工次三日五日者，则争羡以为荣，主人必有酬劳，一二百金不等。其久驻工次与在署执事之幕友，沾润尤肥，非主人所亲厚者不能得也。新点翰林，有携朝贵一纸书谒河帅者，河帅为之登高而呼，万金可立致。举人拔贡，有携京员一纸书谒库道者，千金可立致。"

因为河道官员的豪奢，南河总督驻地清江浦呈现出异样的奢华景象："清江上下十数里街市之繁，食货之富，五方辐辏，肩摩毂击甚盛也。曲廊高厦，食客盈门，细縠丰毛，山腴海馔，扬扬然意气自得也。青楼绮阁之中，鬟云朝飞，眉月夜朗，悲管清瑟，华烛通宵，一日之内，不知其几十百家也。梨园丽质，贡于后堂，

图5-3-4 今日清江浦

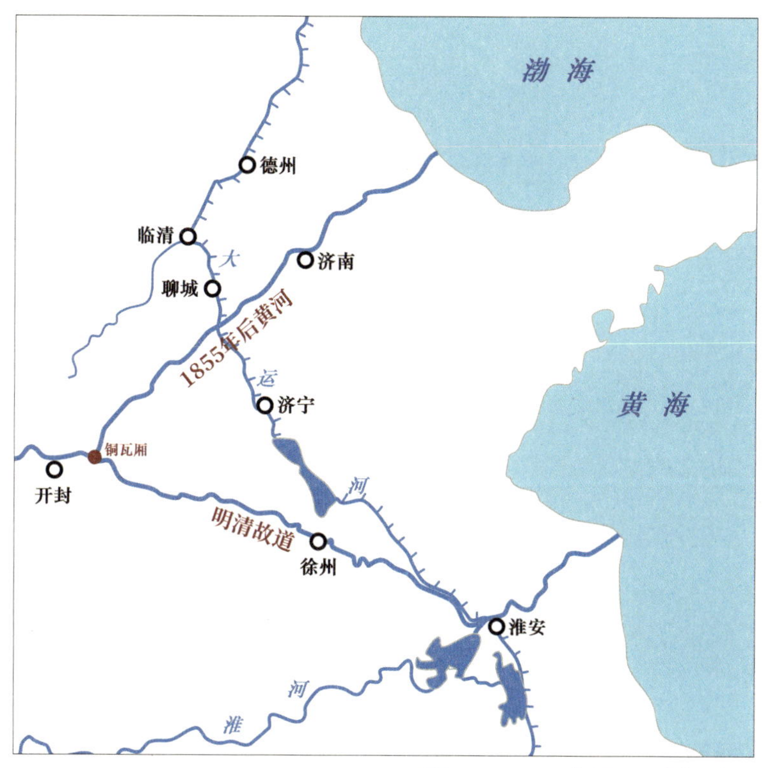

图 5-3-5　1855 年铜瓦厢改道示意图

琳宫缁流，抗颜为上客，长袖利屣，疯沓如云，不自觉其错杂而不伦也。然而脂膏流于街衢，珍异集于胡越，未曾有挥金于室，开矿于山者。茭楗华身，而河流饱腹，自上至下，此物此志也。”（《大清见闻录》）

咸丰五年（1855）黄河改道北徙，冲断运河，夺大清河入海，运河断流，漕运不继。后来，李鸿章在给湖南巡抚王文韶的信中说：“承平无事时，河弊、漕弊，陈陈相因，一漏卮、一蠹薮也。天忽令黄河北徙，使数百年积弊扫而空之，此乃国家之福。”（《李鸿章全集》）

第四节

走进近代：运河的衰落与海运、铁路近代化

运河漕运从国之命脉，变成漏鲜蠹薮，是有其独特的历史背景的——晚清时期面对的数千年未有之大变局。在此之前，运河几乎是沟通南北的唯一主动脉，在此之后，有了许多新兴的交通运输方式可以取代它了，运河的优势不再，弊端却彻底显现了出来。对于河漕事务靡费的巨额资金，以李鸿章为首的洋务派感到痛心疾首，想要利用这些资金开创大事业。李鸿章在给王文韶的信中，有着殷殷的期待："不知从前办河漕时，并无洋务，今洋务繁兴，急而且巨，何不移办河、办漕之财力、精力，以逐渐经营（洋务），为中华延数百年之命脉耶？"

为此，李鸿章创办轮船招商局，承办漕粮海运事务以促成轮船招商局的发展壮大。他说："至承运各省漕粮，为商局命脉所系，现在局船揽载商货，为洋船挤跌，动辄亏赔，非多运漕粮，以羡余补不足，万难持久。"正是依靠着海运漕粮利润的支撑，招商局才得以渡过难关，成长壮大。李鸿章的雄心自然不止于解决漕粮运输问题，他在给山西按察使张树声的信中说："兹欲倡办华

图 5-4-1 李鸿章与招商局

图 5-4-2 轮船招商总局

商轮船，为目前海运尚小，为中国数千百年国体、商情、财源、兵势开拓地步”，可见其构思之宏伟。他在奏章中说：“国家治安之道尤以海防为重，当今沿海数千里洋船骈集，为千古以来创局，已不能闭关自治，正不妨借海道转输之便逐渐推广，以括商路而实军储。”[①] 后来洋务派便主要利用招商局等的盈利，筹集经费，相继成立了福建水师、北洋水师和南洋水师。（以上引文皆出自《李鸿章全集》）

但是帝国主义列强的一次次侵犯，击碎了洋务派的海军兴国梦，甚至漕粮的海运也受到严重的威胁，让清朝在对外战争中处于劣势。第一次鸦片战争时，英军的战略就是占领镇江和扬州，截断运河漕运，逼迫清廷投降；第二次鸦片战争时，英法联军除在海上阻截漕船外，还直接占领漕船必经的白河口、北运河口等地，战争尾期西方报纸评论道，“今日粮河已塞，北京米粮全靠海运，是以此次仍攻天津，方能截海运之米粮。……现在踞天津胜于复踞南京多矣。”[②] 中法战

①（清）李鸿章：《李鸿章全集》第 5 册《奏议五》，第 403 页。

② 太平天国历史博物馆编《吴煦档案选编》第 5 辑，江苏人民出版社，1984，第 347 页。

图 5-4-3 轮船漕粮海运

争时，法国也有拦截中国海运漕粮的海盗袭击方案。[①] 中日甲午战争更是把洋务派艰辛创办起来的水师击溃，此后的漕粮海运就只能毫无防御力地航行在列强军舰的炮口下。

海防软弱无力，海运就要承担极大的风险，这迫使有识之士将希望寄托在铁路运输上，促成了中国铁路事业的早期发展。早在光绪三年（1877）拆除吴淞铁路时，维新思想家王韬就十分痛心，主张“这段铁路与其拆送台湾，毋宁移建于京通之间，尚可有便于商旅漕运”。[②] 光绪四年（1878）薛福成在《创开中国铁路议》中写道：“漕粮改行海运，而国与民两便，然议者犹欲规复河运，以防海道之不测，与其掷重资以复河运，不如招商股以开铁路，铁路既成，譬如人之一身血脉贯通，则百病尽去。”[③] 薛福成提出了中国最早的铁路规划，其中便有从北京

① 黄振南、峤粟：《略论中法战争期间法国的大米禁运政策》，《广西社会科学》1987 年第 3 期。

② 陈三井：《从斌椿到孙中山：论晚清国人铁路观的演变》，载陈三井著《四分溪畔论史》，北京：九州出版社，2013 年，第 10 页。

③（清）薛福成著，丁凤麟、王欣之编《薛福成选集》，上海：上海人民出版社，1987 年，第 108 页。

“以达于清江浦”的漕运铁路。光绪五年（1879）马建忠作《借债以开铁路说》，也认为“中国初创铁道，由京以达淮城，往来通衢，创兴之后，利可倍蓰。”[①]光绪六年（1880）刘铭传、李鸿章相继上疏请求修建漕运铁路，李鸿章说：“铁路若成，譬如人之一身血脉贯通，即一旦海疆有事，百万漕粮无虞梗阻。”（《李鸿章全集》）

中法战争爆发后，海疆凶险，又引发一场持续的筑铁路代漕运的讨论，包括醇亲王奕譞、湖南提督周盛传、前奏派出使美日秘三国随员候补知府徐承祖、军机大臣左宗棠、维新派思想家郑观应、康有为、谭嗣同、左庶子徐会沣、湖南巡抚王文韶、江苏布政使黄彭年、江西巡抚德馨等人也大力支持漕运铁路的建设。但由于漕运铁路距海较近，既有增强海防的作用，也存在容易被列强控制而“资敌”的潜在风险，这让清廷犹豫不决。就在双方争论不休之时，张之洞提出了一个折中的方案，即缓建漕运铁路，改修卢汉铁路（卢沟桥到汉口），这样深处腹地既能减少海上来的危险，又能直接连通两湖等产粮地，满足京师米粮供应。这一方案立刻获得了慈禧太后的欢心和赞同，是以漕运铁路这一晚清时提出最早、呼声最高的铁路迟迟没有开工，但清末修成的津浦铁路身上仍有着它浓浓的影子。

总之，元明清定都北京，远离江南经济重心，决定了中国必须有一条南北向的交通大动脉，而大运河责无旁贷地承担起了这个重担，并在南北方物资、文化的交流中发挥了极为重要的作用，成为帝国的生命线。但对大运河截弯取直这种做法，违背了中国东部平原地区西高东低的自然地势，对沿线水系和河湖演变产生了深远影响。尤其是为了保运保漕，迫使黄河南流夺淮入海，黄淮运在苏北交汇，形成了一个巨大的河湖体系，极大地考验着明清政府的治理能力，其影响所及甚为远，包括苏北、皖北、豫东、鲁西、鲁南在内的广大地区生态和社会都受到了巨大影响。清代中叶以后，黄河入海口延长出数百里之遥，泥沙层层淤堵，黄水入海难度不断增加，最终淮河和洪泽湖清水无法冲刷黄河泥沙入海，“蓄清敌黄，束水攻沙”策略最终宣告失败，虽然清政府每年投入巨额经费修治，黄河南流局面仍然难以再维系下去。咸丰五年（1855）黄河铜瓦厢决口北徙，冲断运

① （清）马建忠著，张岂之、刘厚祜校点：《适可斋记言》，北京：中华书局，1960年，第23页。

图 5-4-4　清末北京前门煤市街的铁路

图 5-4-5　津浦铁路济南泺口大桥

河，漕粮全行海运。同治中兴以后，洋务派以此为契机，通过创办轮船招商局，承担漕粮海运事务，移办河、办漕的巨额经费以发展洋务，开展自强运动，后来由于海上列强的威胁，又以京城漕粮需求为契机，大力推动南北铁路的建设，艰难地进行着中国现代化的转型。

第六章

运河的新生

第一节

运河航运的恢复

（一）清末民国时期

咸丰五年（1855）黄河改道北徙，运河断流，因为太平军、捻军战乱正兴，清政府无力恢复运河。同治年间，平定起义军后，清政府恢复河运，以“灌塘济运”的方式勉强维持10余万石的漕运量。光绪二十八年（1902），清政府裁撤河东河道总督衙门，河道官制体系不复存在，此后进入“河务无专官”时代。由于无人管理，清末民国年间淮河以北运河废弃严重。1931年，山东运河工程局局长孔令瑢描述道：“他省运河，尚能随时疏浚，维持航行。独鲁境运河，任其淤塞，久缺治理，于是水系紊乱，闸坝毁坏。旱则河身干涸，舟楫不通，涝则横决漫溢，田庐淹没，既无航运之利，复酿鲁西剧烈水患。每岁浸水良田，为数甚巨，连带受害之区，不下数万余顷。农产损失，约达千万元，其他关于工商业之损失，更属不可胜计。”[①]

民国时期，战乱频繁，中央政府虽多有规划，但始终无力对运河进行整体修治，只有地方政府的局部小规模修整。在江苏省，1914年在张謇导淮运动的带领下，江苏省成立筹浚江北运河工程局，1927年改组为江北运河工程局，掌管江北运河的疏浚，堤坝、防汛工程修建维护，归江归海各坝管理维护，沂河、沭河尾闾的修守防汛等事务。该局多次浚深运河、修筑河堤，抗战前又相继修建了邵

① 孔令瑢：《运河工程计划》，《山东省建设月刊》1931年第1卷第3期，第33页。

伯、高邮、淮阴、刘老涧等现代化复式船闸。1914 年设立的江南水利局（1929 年撤销）和 1936 年设立江南水利工程处，负责了江南运河河道整理、涵闸堤塘的管理维护。

在山东省，1914 年于济宁设立南运湖河疏浚事宜筹办处，兼办山东全省水利事务。1924 年改组为运河工程局，迁往济南办公。1930 年成立山东运河工程局，主管山东南北运河及其支流、湖泊的修整事务。该局先后负责了南四湖西洙水河、万福河、泗河、蔡河、山东北运河等河流的疏浚工程，厢修南阳、昭阳湖埝，以及重修戴村坝工程。1935 年成立黄运联运工程处，负责统筹办理黄河与北运河联运工程，随后开展了位山吸水站、沉沙区引水、陶城铺活动桥、周店月河

图 6-1-1 戴村坝仍存有 1933 年重修碑（自摄）

涵洞、周公河穿运涵洞等工程，因抗战爆发而终止。

在河北省，1918 年在天津成立顺直水利委员会，1928 年改组为华北水利委员会，负责整治直隶河道。先后实施了天津市三岔河口、南运河西大湾子等处截弯取直，改建南运河马厂减河上口的九宣闸，修建天津新开河闸及引水河等工程。

1933 年，为了整治京杭大运河，导淮委员会、华北水利委员会、黄河水利委员会、太湖流域水利委员会、河北省建设厅、山东省建设厅、江苏省建设厅、浙江省建设厅，在南京联合召开了第一次整治京杭运河讨论会，就如何发展南北水

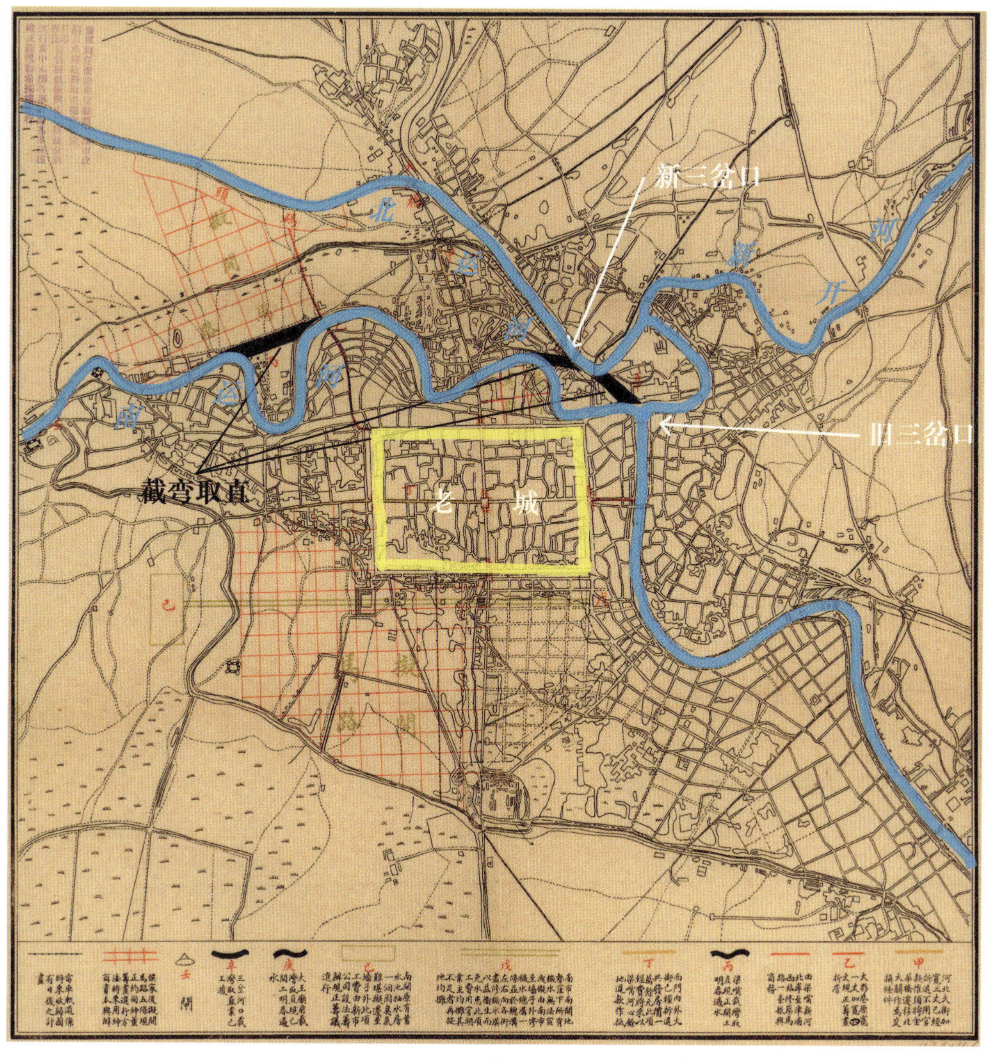

图 6-1-2　1920 年天津地图载明的三岔口截弯取直工程

图 6-1-3 九宣闸（郑民德摄）

运，复兴四省农村经济，展开了讨论。1935 年，根据导淮水利委员会、华北水利委员会等单位召开的运河整理讨论会结果，由著名水利专家汪胡桢执笔的《整理运河工程计划》正式出版。这个工程计划是首次用现代新式工程技术全面治理大运河的开始，包括北运河改道、南运河裁弯取直等项目，但因全面抗战开始而未能实施。

（二）中华人民共和国时期

中华人民共和国成立以后，十分重视大运河的治理、建设和开发，大运河迎来了新生。20 世纪 50 年代初，在对淮河流域进行综合治理规划时，对京杭大运河，尤其是江苏省苏北运河进行了恢复性整治，如兴建沟通运河与淮河的高良涧和淮安船闸，培修淮安以南的运河大堤，兴建三河闸和淮安、皂河水利枢纽等。

1955 年 3 月，为编制京杭大运河航运发展规划，交通部和治淮委员会共同成立航运组，在地方航运、水利部门协助下，历时 3 个月，对北起黄河、南至苏州共长 863 公里的运河航道进行查勘。其后，提出《运河（黄河南岸至苏州）航运查勘报告》。此外，在海河、淮河、长江流域综合利用规划的航运规划中，都有对相关运河河段的规划建设方案，这些查勘报告和规划方案为运河治理工程做了必要的前期准备工作。

1958 年，开始对京杭大运河进行全面整治。该年 2 月 18 日，交通部成立大运河建设工程局，浙江、江苏、山东、河北分别建立指挥部。4 月，国务院批准了由交通部提出的整治京杭运河工程计划，提出“统一规划，综合利用，分期建设，保证重点，依靠地方，依靠群众”的治运方针。5 月，交通部联合河北省、山东省、江苏省、浙江省组成了京杭运河建设委员会，统一领导京杭大运河的整治工作。各省分别成立运河工程指挥部，按照徐州至扬州为二级航道，其余河段为三级航道的建设标准进行设计施工。

由于 1958 年后进入了较为困难和动荡的时期，无法完全按照原定计划开展整治工作，只能压缩基本建设战线，分期建设，保证重点，削两头保中段，着重整治苏北、山东一带的运河。在扬州至徐州长 400 多公里的苏北运河上，建设了解台、刘山、宿迁、泗阳、淮阴、淮安、邵伯、施桥等七座船闸，使苏北运河达到了 2000 吨级的通航能力。在长 180 多公里的徐州至济宁段（东线），先后两次对南四湖区运河航道进行疏浚，建成可通航 2000 吨级的微山船闸。在济宁以北、黄河以南，自济宁至梁山新开挖了长 75 公里的梁济运河，可通航 100 吨级船舶，兼具排泄东平湖滞蓄黄河洪水、

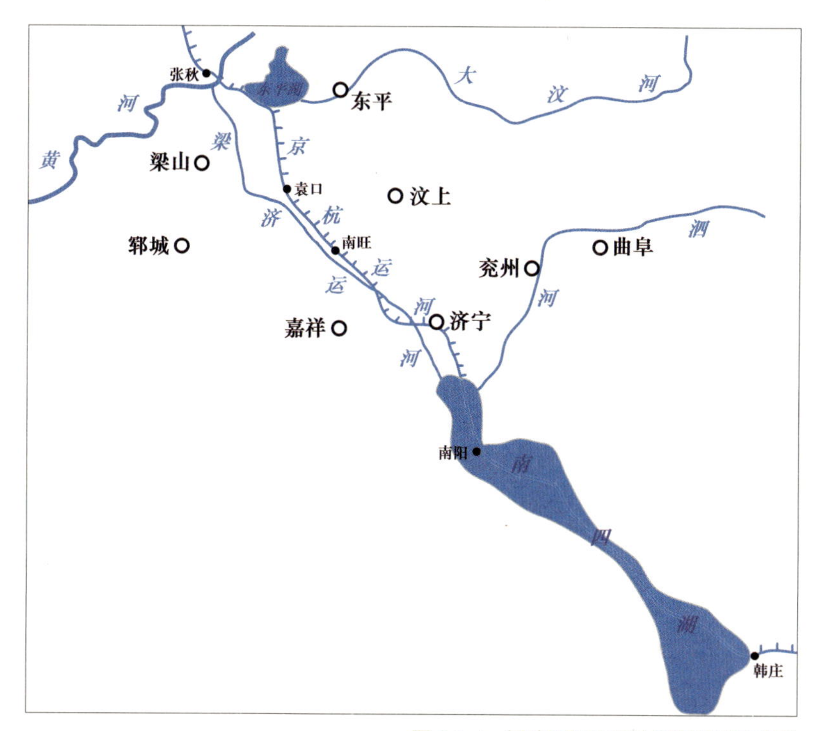

图 6-1-4　梁济运河与京杭运河关系示意图

引黄河水灌溉和接济南四湖水量等多重功能。在黄河以北，开挖了南起位山、北至临清的位临运河，以代替旧运河。在临清以北至天津的卫运河上，先后修建了杨柳青、四女寺两座通航1000吨级船舶的船闸，以及独流、北陈屯、安陵、祝官屯四座通航100吨级船舶的船闸，卫河全线具有了通航100吨级船舶的能力。

第二个五年计划时期，对京杭运河的大规模整治取得了显著的成效，但此后受到政治经济局势的影响，京杭运河整治工作陷入停顿状态。1959年开挖的位临运河，在1963年就淤废，1970年改为位山引黄灌区三干渠，只保留了引黄河水发展两岸农田灌溉的能力。1959年至1967年三次开挖的梁济运河，由于整治工程标准高、费用大，人力物力不足，实际建设中未能达到六级标准，济宁至梁山未能实现正常通航，到70年代只能季节性通行百吨级驳船。至于济宁到临清间的京杭运河（又称古运河、小运河），则完全淤废断航。卫运河也由于上游修建水库，引走水源，沿河农业灌溉用水量大，航道内水量枯缺，导致航运衰退，至1967年全线断航。

十一届三中全会以后，在党的基本路线指引下，以经济建设为中心，京杭大运河在国民经济发展过程中发挥出越来越大的作用。党和各级政府也更加重视京杭大运河的开发利用，航道建设进入全面发展阶段。1978年，交通部水运规划设计院提出了《京杭运河规划建设暂行标准》，获得交通部批准颁发。1981年3月，万里副总理视察京杭运河，做了关于充分利用水运，继续整治和利用京杭运河，分流北煤南运，减轻津浦铁路压力的指示，为大规模续建京杭运河工程发出了战斗号令。1982年3月国务院批准、国家计委下达对交通部报送的《京杭运河（济宁至杭州）续建工程计划任务书》的批复，要根据国家财力、物力的可能，结合运输需要，分段、分期安排续建工程，“六五”期间优先集中力量按二级航道标准建设徐州至扬州段，济宁至二级坝以及二级坝至大王庙（东线）、二级坝至蔺家坝（西线）先做设计储备，镇江至杭州段根据地方财力的可能，国家补助，分期建设，逐步达到标准。

紧接着，1982年到1988年国家交通部门投资6.23亿元（不含地方和水利等部分投资），开展了京杭大运河徐州至扬州段续建工程，对苏北运河进行了大规模整治。该工程是新中国成立后我国内河航运建设工程中规模最大、速度最快、

图 6-1-5　徐州运河上的船队

完工后航运效益、综合利用效益和社会效益均十分显著的一项工程。完工后运河上船闸新增通过能力单向年 2100 万吨，新增煤港的年装船能力 1000 万吨，航道尺度增大，通航条件改善，为运河船舶增大吨级大型化、现代化和降低运输成本创造了条件，形成了航行条件优越的人工黄金水道，为完成北煤南运任务、建设沿运河经济走廊开辟了广阔大道。同时，为苏北地区的防洪、灌溉、排涝、工矿电厂供水和城镇人民生活用水提供了有力保障，对苏北及腹地附近地区的经济发展做出了重大贡献，为后来兴建南水北调东线提供了良好的向北输水河道和扬水梯级，加快了南水北调东线工程的实现。

在完成京杭运河徐扬段续建工程后，运河续建工程继续向北延伸。在苏北、鲁南地区，交通部、水利部和江苏省、山东省统筹安排沂河、沭河、泗河洪水东调南下出路，解决韩庄运河的“卡脖子”航道，国家计委于 1988 年 12 月批准了韩庄运河航道工程建设。该工程自 1989 年 12 月动工，1995 年竣工，疏浚了台儿庄

图 6-1-6　等待过闸的船队

到大王庙的 19 公里河道，修建了通航能力 2000 吨级的台儿庄船闸，使韩庄运河具有了通航 1000 吨级船舶的三级航道标准。1995 年 1 月，交通部、山东省人民政府批准了运河台儿庄至济宁段续建工程总体设计报告，2003 年 8 月通过验收，航道等级提升为三级，通过能力提高到 2600 多万吨，年煤炭运输量可达 2000 万吨，水泥、石膏、砂石、粮、棉运输量达 520 万吨以上。2003 年 8 月，山东省水利厅还通过了《京杭运河续建工程（东平湖至济宁段）预可行性研究报告》，将按照近期三级、远期二级的标准建设总里程 98.4 公里的京杭运河济宁至东平湖段。到 2011 年，京杭运河泰安段开展了复航工程，工程完工后船舶可自泰安东平湖直达浙江杭州、宁波。

90 年代以来，在山东运河恢复建设的同时，江浙运河，尤其是江南运河也在密集地改造提升。1992 年到 1997 年对江南运河进行了大规模整治，自镇江谏壁口至苏浙交界的鸭子坝的 208.2 公里河道全部达到四级航道标准。1999 年，京杭运河浙江段改造工程，全线达到四级航道标准。2003 年到 2007 年开展了杭甬运河改造工程，全线按照四级航道标准建设，杭甬运河的改造建设将京杭大运河的干线航道东延出海，使杭州和宁波两港的内河航道畅通相连，浙东航道网、浙北航道网

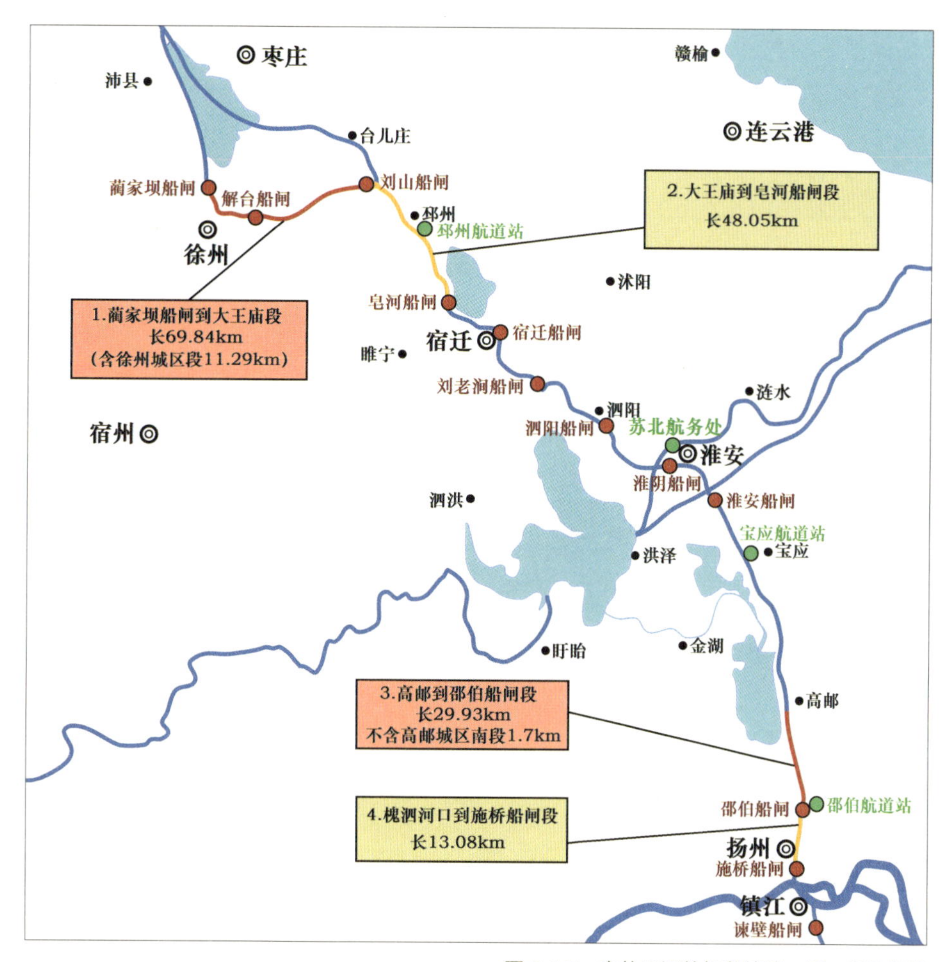

图 6-1-7　京杭运河徐扬段续建二期工程示意图

和全国水运主干网全面沟通。2004 年到 2005 年，京杭运河扬州段、常州段改造工程相继破土动工，航道等级由原来的三级提升为二级。2006 年到 2014 年，开展了京杭运河徐扬段续建二期工程，徐州到扬州运河全线达到了二级航道标准，2000 吨级船舶畅行无阻。2008 年到 2011 年，开展了苏南运河无锡段四改三工程，无锡段运河在苏南运河中率先达到三级航道标准。2011 年和 2016 年，京杭运河苏州段、杭州段也先后开展了三级航道整治工程。

至此，京杭大运河已经全线达到三级及以上航道标准，其中徐州到扬州段达到了二级航道标准，通航能力大幅提升、通航里程不断增加，成为名副其实的黄金水道。2020 年，京杭大运河江苏段货运量达 5.3 亿吨，相当于 8 条京沪高速公路、

2 条莱茵河货运量，是世界最繁忙的内河航道之一。京杭大运河已经担负起长三角地区大宗物资中转集散及北煤南运的战略任务，在长三角地区经济社会发展中具有十分突出的地位和作用，是国家南北水运的大动脉。目前来看，京杭大运河可航行河段主要在山东济宁以南，山东济宁以北尤其是黄河以北则暂无航运功能，对于黄河以北运河的复航目前仍在讨论规划阶段。

第二节

大运河文化遗产

（一）世界文化遗产

1. 申遗历程

2004年，国家文物局局长单霁翔在进行南水北调东线工程文物保护调研时，发现工程可行性研究报告中没有对大运河和沿线文物古迹给予应有的重视，为此他与樊锦诗、安家瑶等7位政协委员在全国政协第十届第二次会议上提交了《关于大运河文化遗产保护亟待加强的提案》，“亟需重新确定大运河作为人类文化遗产的历史特质与重要地位”[①]。2005年12月，罗哲文、郑孝燮、朱炳仁联名向京杭运河沿岸18个城市的市长发出《关于加快京杭大运河遗产保护和“申遗”工作的信》，呼吁加快京杭大运河申报物质文化和非物质文化两大遗产的工作进程。

在2006年全国两会上，全国政协文史委副主任刘枫领衔58名全国政协委员起草了《大运河申遗提案》。5月，全国政协组织京杭大运河保护与申遗考察活动，对京杭大运河沿线进行调查研究。同月，京杭大运河保护与申遗研讨会在杭州召开，会议通过《京杭大运河保护与申遗杭州宣言》。6月，京杭大运河被列入第六批全国重点文物保护单位。12月，国家文物局公布了重设的《中国世界文化遗产预备名单》，将原先榜上无名的京杭大运河列在首位。

2007年6月，国家文物局在北京举行大运河保护与申遗工作协调会，将京杭

① 单霁翔：《大运河遗产保护》，天津大学出版社，2013，第19页。

大运河“扩容”为“中国大运河”进行申遗，涉及城市从18个增加到24个，扬州和无锡、济宁郑重表态愿意做牵头城市。9月，国家文物局正式宣布，扬州成为中国大运河申遗牵头城市，大运河申遗联合办公室在扬州揭牌，大运河申遗工作正式启动。

大运河申遗工作启动后，于2007年9月26日在扬州设立大运河联合申报世界文化遗产办公室，于2008年3月成立大运河保护与申遗城市联盟，明确了大运河申遗工作方案，各项工作正式启动。2009年4月，国务院牵头大运河申遗工作，成立了由8个省（直辖市）、13个部委联合组成的省部级会商小组，建立了省部会商机制。2009年，运河沿线各城市先后颁布了市级保护规划，并在此基础上编制了省级保护规划。经过数年的调研摸查，在2011年4月12日扬州召开的第四次大运河保护和申遗工作会议上，公布了大运河申报世界文化遗产的预备名单。

2012年8月14日，文化部颁布《大运河遗产保护管理办法》。9月26日，在“2012中国·扬州世界运河名城博览会暨世界运河大会”上，大运河保护与申遗城市联盟的35个城市代表共同签署了《大运河遗产保护联合协定》。12月20日，国家文物局颁布《中国大运河遗产保护与管理总体规划》。至此，大运河遗产保护完成了“国家—省—地市”三级保护规划体系、专项法规和标准规范的构建，建成了“国家—遗产地”两级监测预警系统，为实施了一大批大运河重要河段和节点的保护、整治、展示工程，从根本上改变了大运河遗产的保护管理状况打下了坚实的保证。

在这几年的准备工作中，大运河沿岸各级政府和部门都不断加强保护力度，投入大量人力、物力和财力，对一些河段进行环境整治和文物抢救、修缮，取得了良好的效果。如天津市依据该市南运河河道沿岸的场地特征，进行了河道整治和景观美化；北京市通过大运河通州段整治工程，扩挖了河道，疏浚了淤泥，部分恢复了古运河风貌；杭州市政府制定了《京杭运河（杭州段）综合整治与保护开发工程规划》，明确中远期发展目标，通过清淤与截污、引水与排水、净化与绿化相结合，疏浚河道，美化环境，改善运河水质。

在进行了充足的准备后，2013年大运河申遗进入冲刺阶段。1月，国家文物局向世界遗产中心上报了《中国大运河申遗文本》。7月，完成了大运河遗产监测预警平台和档案系统建设。9月，接受了世界遗产委员会两位专家的现场考察。2014年6月22日，在卡塔尔首都多哈召开的第38届世界遗产大会上，中国大运河获准列入《世界遗产名录》，成为中国第46个世界遗产项目。

2. 中国大运河遗产构成和价值

作为世界文化遗产的中国大运河包含三个河段：隋唐大运河、京杭大运河和浙东运河，总长度3200公里，是世界上长度最长、开凿历史最悠久的人工运河。中国大运河世界文化遗产共计85个遗产要素，包括典型河道段落27段（总长度1011公里）、重要遗产点58处（包含运河水工遗址、运河附属遗存、运河相关遗产等）。这些遗产根据地理分布情况，分别位于31个遗产区内，每处遗产区均包括了十大河段中最具典型性和代表性的遗产，具有线路关键、技术特点突出和历史意义重大等特征。

表6　中国大运河世界文化遗产要素——典型河道段落

	运河名称	典型河道段落	流经省市
01	通济渠	通济渠郑州段	河南省郑州市
02		通济渠商丘南关段	河南省商丘市
03		通济渠商丘夏邑段	河南省商丘市
04		通济渠柳孜段	安徽省淮北市
05		通济渠泗县段	安徽省宿州市
06	卫河	卫河（永济渠）滑县浚县段	河南省安阳市 河南省鹤壁市
07	淮扬运河	淮扬运河淮安段	江苏省淮安市
08		淮扬运河扬州段	江苏省扬州市
09	江南运河	江南运河常州城区段	江苏省常州市
10		江南运河无锡城区段	江苏省无锡市
11		江南运河苏州段	江苏省宿州市
12		江南运河嘉兴—杭州段	浙江省嘉兴市 浙江省杭州市
13		江南运河南浔段（頔塘故道）	浙江省湖州市
14	浙东运河	浙东运河杭州萧山—绍兴段	浙江省杭州市 浙江省绍兴市
15		浙东运河上虞—余姚段	浙江省绍兴市 浙江省宁波市
16		浙东运河宁波段	浙江省宁波市

续表

17	通惠河	通惠河北京旧城段（玉河故道）	北京市
18		通惠河通州段	北京市
19	北、南运河	北、南运河天津三岔口段	天津市
20		南运河沧州—衡水—德州段	河北省沧州市 河北省衡水市 山东省德州市
21	会通河	会通河临清段	山东省聊城市
22		会通河阳谷段	山东省聊城市
23		会通河南旺枢纽段	山东省济宁市
24		小汶河	山东省泰安市 山东省济宁市
25		会通河微山段	山东省济宁市
26	中河	中河台儿庄段（台儿庄月河）	山东省枣庄市
27		中河宿迁段	江苏省宿迁市

表7 中国大运河世界文化遗产要素——遗产点

序号	遗产点	遗产类型	坐落河段	坐落城市
1	含嘉仓160号仓窖遗址	漕仓遗址	通济渠	河南省洛阳市
2	回洛仓遗址	漕仓遗址	通济渠	河南省洛阳市
3	柳孜运河桥梁遗址	水工设施遗址	通济渠	安徽省淮北市
4	黎阳仓遗址	漕仓遗址	卫河	河南省鹤壁市
5	清口枢纽	河道、水工设施、相关古建筑群遗址	淮扬运河	江苏省淮安市
6	双金闸	水工设施	淮扬运河	江苏省淮安市
7	清江大闸	水工设施	淮扬运河	江苏省淮安市
8	洪泽湖大堤	水工设施	淮河	江苏省淮安市
9	总督漕运公署遗址	管理设施遗址	淮扬运河	江苏省淮安市
10	刘堡减水闸	水工设施遗址	淮扬运河	江苏省扬州市
11	盂城驿	配套设施	淮扬运河	江苏省扬州市
12	邵伯古堤	水工设施	淮扬运河	江苏省扬州市
13	邵伯码头	水工设施	淮扬运河	江苏省扬州市
14	瘦西湖	湖泊	淮扬运河	江苏省扬州市
15	天宁寺行宫	相关古建筑群	淮扬运河	江苏省扬州市
16	个园	相关古建筑群	淮扬运河	江苏省扬州市
17	汪鲁门宅	相关古建筑群	淮扬运河	江苏省扬州市

续表

18	盐宗庙	相关古建筑群	淮扬运河	江苏省扬州市
19	卢绍绪宅	相关古建筑群	淮扬运河	江苏省扬州市
20	清名桥历史文化街区	历史文化街区	江南运河	江苏省无锡市
21	盘门	水工设施	江南运河	江苏省苏州市
22	宝带桥	水工设施	江南运河	江苏省苏州市
23	山塘河历史文化街区（含虎丘云岩寺塔）	历史文化街区	江南运河	江苏省苏州市
24	平江历史文化街区（含全晋会馆）	历史文化街区	江南运河	江苏省苏州市
25	吴江古纤道	水工设施	江南运河	江苏省苏州市
26	南浔镇历史文化街区	历史文化街区	江南运河	浙江省湖州市
27	长安闸	水工设施遗址	江南运河	浙江省嘉兴市
28	广济桥	水工设施	江南运河	浙江省嘉兴市
29	杭州凤山水城门遗址	水工设施	江南运河	浙江省杭州市
30	杭州富义仓	漕仓遗址	江南运河	浙江省杭州市
31	杭州桥西历史文化街区	历史文化街区	江南运河	浙江省杭州市
32	长虹桥	水工设施	江南运河	浙江省杭州市
33	拱宸桥	水工设施	江南运河	浙江省杭州市
34	西兴过塘行码头	水工设施	浙东运河	浙江省杭州市
35	八字桥	水工设施	浙东运河	浙江省绍兴市
36	八字桥历史文化街区	历史文化街区	浙东运河	浙江省绍兴市
37	古纤道	水工设施	浙东运河	浙江省绍兴市
38	宁波庆安会馆	管理设施	浙东运河	浙江省宁波市
39	澄清上闸	水工设施	通惠河	北京市
40	澄清中闸	水工设施	通惠河	北京市
41	什刹海	湖泊	通惠河	北京市
42	连镇谢家坝	水工设施	南运河	河北省沧州市
43	华家口夯土险工	水工设施	南运河	河北省衡水市
44	临清运河钞关	管理设施	会通河	山东省聊城市
45	阿城下闸	水工设施	会通河	山东省聊城市
46	阿城上闸	水工设施	会通河	山东省聊城市
47	荆门下闸	水工设施	会通河	山东省聊城市
48	荆门上闸	水工设施	会通河	山东省聊城市
49	戴村坝	水工设施	大汶河	山东省泰安市

续表

50	十里闸	水工设施	会通河	山东省济宁市
51	邢通斗门遗址	水工设施遗址	会通河	山东省济宁市
52	徐建口斗门遗址	水工设施遗址	会通河	山东省济宁市
53	运河砖砌河堤	水工设施遗址	会通河	山东省济宁市
54	柳林闸	水工设施	会通河	山东省济宁市
55	南旺分水龙王庙遗址	相关古建筑群遗址	会通河	山东省济宁市
56	寺前铺闸	水工设施	会通河	山东省济宁市
57	利建闸	水工设施	会通河	山东省济宁市
58	龙王庙行宫	管理设施	中河	江苏省宿迁市

2013年，国家文物局制定的《申报世界遗产文本》，总结了这些遗产点段的普遍价值，指出它们符合四条世界文化遗产列入标准：

中国大运河是人类历史上超大规模水利水运工程的杰作，创造性地将零散分布的、不同历史时期的区间运河连通为一条统一建设、维护、管理的人工河流，其为解决高差问题、水源问题而形成的重要工程实践是开创性的技术实例，是世界水利水运工程史上的伟大创造。中国大运河以其世所罕见的时间与空间尺度，证明了人类的智慧、决心与勇气，是在农业文明技术体系之下难以想象的人类非凡创造力的杰出例证。

中国大运河见证了中国历史上已消逝的一个特殊的制度体系和文化传统——漕运的形成、发展、衰落的过程以及由此产生的深远影响。漕运是中国大运河修建和维护的动因，中国大运河是漕运的载体。中国大运河线路的改变明显地受到政治因素的牵动与影响，见证了随着中国政治中心和经济中心改变而带来的不同的漕运要求。由于漕运的需求，深刻影响了都城与沿线工商业城市的形成与发展，围绕漕运而产生的商业贸易，促进了中国大运河沿线地区的兴起、发展与繁荣，也在中国大运河相关遗产中得到呈现。

中国大运河是世界上延续使用时间最久、空间跨度最大的运河，被《国家运河古迹名录》列入，作为世界上“具有重大科技价值的运河”，是世界运河工程史上的里程碑。中国大运河所在区域的自然地理状况异常复杂，开凿和工程建设中产生了众多的因地制宜、因势利导的具有代表性的工程实践，并联结为一个技术整体，以其多样性、复杂性和系统性，体现了具有东方文明特点的工程技术体系。它展现了农业文明时期人工运河发展的悠久历史阶段和巨大的影响力，代表了工业革命前土木工程的杰出成就。

中国大运河是中国自古以来的大一统思想与观念的印证，并作为庞大农业帝国的生命线，对国家大一统局面的形成和巩固起到了重要的作用。中国大运河通过对沿线风俗传统、生活方式的塑造，与运河沿线广大地区的人民产生了深刻的情感关联，成为沿线人们共同认可的“母亲河”。①

基于这些特质，《申报世界遗产文本》精简地总结了中国大运河的突出价值：

中国大运河是世界上唯一一个为确保粮食运输（漕运）安全，以达到稳定政权、维持帝国统一的目的，由国家投资开凿和管理的巨大工程体系。它是解决中国南北社会和自然资源不平衡的重要措施，以世所罕见的时间与空间尺度，展现了农业文明时期人工运河发展的悠久历史阶段，代表了工业革命前水利水运的杰出成就。它实现了在广大国土范围内南北资源和物产的大跨度调配，沟通了国家的政治中心与经济中心，促进了不同地域间的经济、文化交流，在国家统一、政权稳定、经济繁荣、文化交流和科技发展等方面发挥了不可替代的作用。中国大运河由于其广阔的时空跨度、巨大的成就、深远的影响而成为文明的摇篮，对中国乃至世界历史都产生了巨大和深远的影响。②

（二）非物质文化遗产

时至今日，大运河已经不再是国民经济的主动脉，她的很多遗存也渐渐淹没在喧嚣的闹市和荒僻的田野里，亟待国家的保护和民众的关怀。但大运河的另一种无形的遗产，则仍然生机勃勃，蕴含着无穷的潜力和未来。它深深根植在中国传统文化的肌理里，是大运河促成的中原文化、齐鲁文化、吴越文化、燕赵文化乃至中外文化的交流和碰撞的果实，在很大程度上塑造了民众的传统社会生活方

① 李存修：《大运河文化巡礼》，群言出版社，2017，第 390—391 页。

② 同上，第 390 页。

式，我们称之“大运河非物质文化遗产”。

有学者指出，非物质文化遗产是人类重要的精神结晶，是一个民族的重要标志，承载着一个民族或群体的文化密码，是深层次的、最能代表区域文化本质属性的文化现象。大运河两岸劳动人民在长期生产生活实践中创造出了丰富多彩的非物质文化遗产，包括传统技艺、戏曲、音乐、舞蹈、民俗、信仰、礼仪、节庆等，在悠久的历史中沉淀成为中华民族最具代表性的传统生活方式。

据中国非物质文化遗产网“国家级非物质文化遗产代表性项目名录”，大运河沿线城市目前已经申报的国家级非遗项目有616项。包括民间文学44项，传统音乐58项，传统舞蹈41项，传统戏剧76项，曲艺47项，传统体育、游艺与杂技62项，传统美术80项，传统技艺123项，传统医药33项，民俗52项，涵盖了从经济生产到生活娱乐、精神追求的方方面面。

表8 中国大运河沿线城市各类国家级非物质文化遗产代表性项目数量表

	民间文学	传统音乐	传统舞蹈	传统戏剧	曲艺	传统体育、游艺与杂技	传统美术	传统技艺	传统医药	民俗	总计
北京市	8	4	9	5	7	12	18	41	9	7	120
天津市	1	5	1	4	7	8	3	8	8	2	47
廊坊市		9			2	5	2			2	20
沧州市	1	1	3	3	2	7		2		1	20
衡水市						2	3	2			7
邢台市		1	1	5	1	4	1	2		1	16
邯郸市			1	11	2	2	3	5		3	27
雄安新区		2				1					3
德州市								2			2
聊城市		2	1			3	4	1	1		12
泰安市	1	2	3	1	1	1		1	1	2	13
济宁市	4	2	2	1	1		2	3	1	1	17
枣庄市	1		1								2
濮阳市				6		1	1				8
安阳市			1	5			1				7

续表

鹤壁市				1			1			2	4
新乡市		1		1			1		1	1	5
焦作市	2	1	4	2		3		1	1		14
洛阳市	2				1		1	2	1	2	9
郑州市		1	1			2		1		1	6
开封市	1	2	1	1		1	3				9
商丘市	1		1	1						1	4
淮北市				1							1
宿州市		2		5	1	1					9
徐州市		1	1	2		1	4			1	10
宿迁市			1	1		1		1			4
淮安市		3	1	3							7
扬州市		3		2	3		4	7	1		20
镇江市	2	3		1				2			8
常州市	1	2	2	1		1	5	1		1	14
无锡市	2	1		1			4	2	1	1	12
苏州市	2	3		2	1		8	9	1	5	31
嘉兴市		2	1	1	1	2	2	2		4	15
湖州市	1		2	1	1			5		1	11
杭州市	5	3	2	1	7	2	3	15	5	6	49
绍兴市	5	1		4	5	2	1	3	1	3	25
宁波市	4	1	1	3	4		5	5	1	4	28
总计	44	58	41	76	47	62	80	123	33	52	616

其中一些非物质文化遗产早已成为中国传统文化的优秀代表。传世国粹有京剧、中医、武术、围棋等，知名地方剧种有徽剧、昆曲、越剧、评剧、豫剧等，脍炙人口的民间文学有梁祝传说、白蛇传说、董永传说、西施传说等，高雅音乐有江南丝竹、古琴艺术、琵琶艺术、古筝艺术等，喜闻乐见的有锣鼓艺术、唢呐艺术、秧歌、龙舞、高跷、杂技、相声等，宗教信仰仪式则有祭祖、祭孔、佛教音乐、道教音乐、关公信仰、泰山石敢当习俗、妈祖祭典等，民众生产技艺则有陶瓷、丝绸、棉纺、印染、印刷、冶铸、锻制、酿造等，日常生活则有节日、年画、庙会、社火，等等。这些非物质文化遗产有的诞生于运河沿岸，有的经由运河传播扩散，融入全体中国人的生命中。

图 6-2-1 杨柳青木版年画

图 6-2-2 昆曲表演

第三节

大运河文化保护传承利用

2017 年 1 月，中共中央办公厅、国务院办公厅印发了《关于实施中华优秀传统文化传承发展工程的意见》，第一次以中央文件形式专题阐述中华优秀传统文化传承发展工作，提出规划建设一批国家文化公园，成为中华文化重要标识。2 月，习近平总书记在北京通州区调研时指出，保护大运河是运河沿线所有地区的共同责任。6 月，习近平总书记做出重要指示，大运河是祖先留给我们的宝贵遗产，是流动的文化，要统筹保护好、传承好、利用好。同月，中共中央办公厅、国务院办公厅印发了《国家“十三五”时期文化发展改革规划纲要》，明确提出要依托长城、大运河等重大历史文化遗产，规划建设一批国家文化公园，形成中华文化重要标识。2019 年 2 月，中共中央办公厅、国务院办公厅印发了《大运河文化保护传承利用规划纲要》（以下简称《规划纲要》），指出遵照习近平总书记重要指示批示精神，打造大运河文化带，深入挖掘大运河丰富的历史文化资源，保护好、传承好、利用好大运河这一祖先留给我们的宝贵遗产，是新时代党中央、国务院作出的一项重大决策部署。此后，大运河文化带建设和大运河国家文化公园工程拉开了序幕。

（一）大运河文化带

《规划纲要》提出，要按照“河为线，城为珠，线串珠，珠带面”的思路，构建一条主轴（以京杭大运河和浙东运河为骨干，含河北雄安新区白洋淀与大运河连通部分）带动整体发展、五大片区（京杭大运河黄河以北片区含雄安新区、京杭大运河黄河以南片区、浙东运河片区、隋唐大运河北片区、隋唐大运河南片区）重塑大运河实体、六大高地（京津文化高地、燕赵文化高地、齐鲁文化高地、中原文化高地、淮扬文化高地、吴越文化高地）凸显文化引领、多点联动形成发展合力的空间格局框架。

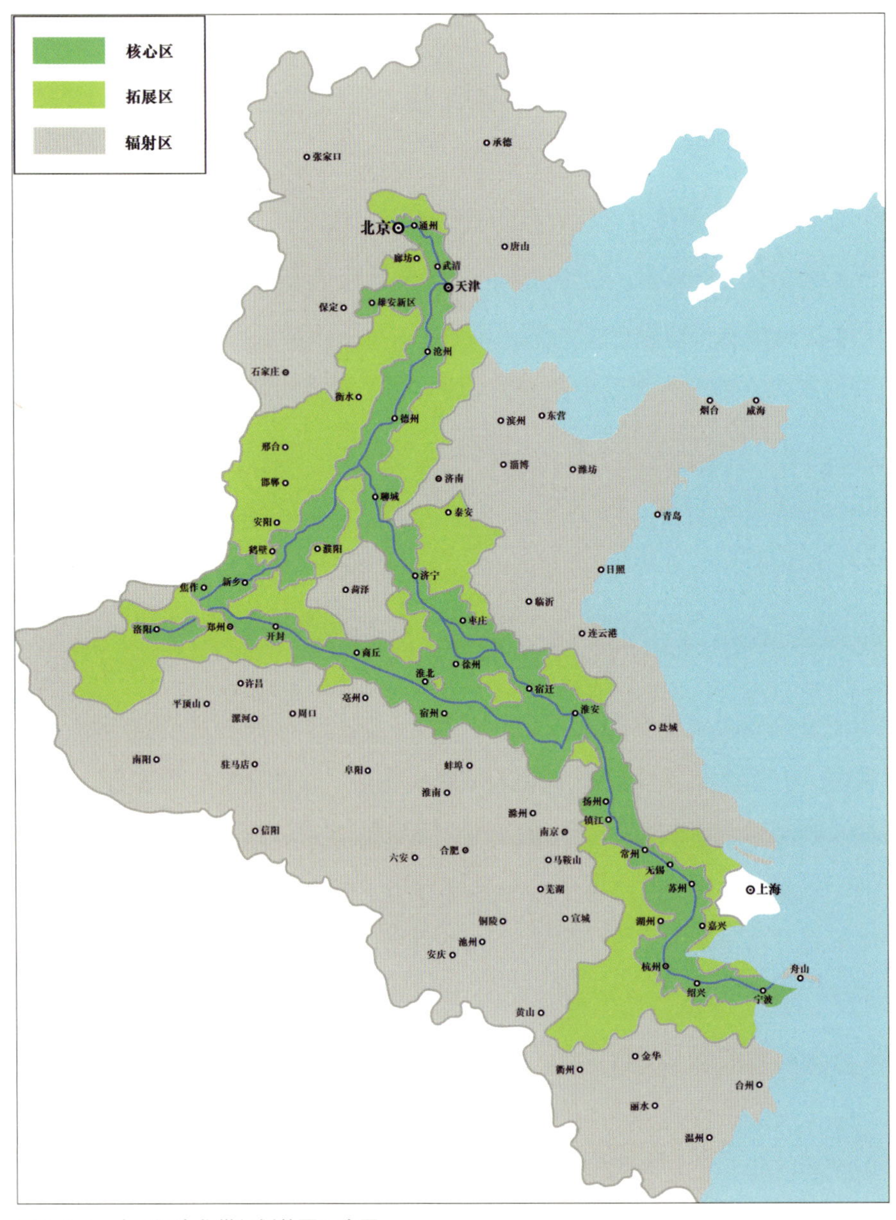

图 6-3-1 大运河文化带规划范围示意图

根据大运河文化影响力，以大运河现有和历史上最近使用的主河道为基础，统筹考虑遗产资源分布，合理划分大运河文化带的核心区、拓展区和辐射区。核心区主要是指大运河主河道流经的县级行政区域，是孕育形成大运河文化的主要空间，也是大运河文化带的关键区域。拓展区主要是指大运河主河道流经的地级市，是大运河文化向外逐步拓展与沿线地域文化融合的交汇地带，也是大运河文化带的重点区域。辐射区主要是指大运河主河道流经的省级行政区域，是大运河文化进一步向外传播辐射的联动区域，也是支撑和保障大运河文化带的省域空间。

图 6-3-2　通州大运河森林公园

《规划纲要》从强化文化遗产保护传承、推进河道水系治理管护、加强生态环境保护修复、推动文化和旅游融合发展、促进城乡区域统筹协调、创新保护传承利用机制等六个方面着手，分六个章节阐述各方面重点工作、重点任务和重要措施，并提出文化遗产保护展示、河道水系资源条件改善、绿色生态廊道建设、文化旅游融合提升四项工程，以及精品线路和统一品牌、运河文化高地繁荣兴盛两项行动。

《规划纲要》提出，2018年至2025年，大运河文化遗产实现全面保护，主要河段基本实现有水，绿色生态廊道基本建成，文化旅游形成统一品牌。2026年至2035年，大运河文化遗产实现科学保护、活态传承、合理利用，主河道全线有水，生态环境根本改善，文化旅游品牌影响力显著提升。展望2050年，一条包容开放、俯仰古今、贯通南北的大运河将以全新姿态展示在世人面前。各类文化遗产焕发新的生机与活力，河湖安澜有序，环境优美宜居，“千年运河”文化旅游品牌享誉中外。大运河宣传中国形象、展示中华文明、彰显文化自信亮丽名片的作用更加突出，成为中华民族伟大复兴中的一幅辉煌画卷。

《规划纲要》出台后不久，各地市纷纷制定公布了自己的实施规划。2019年12月，北京市公布《北京市大运河文化保护传承利用实施规划》和《北京市大运河文化保护传承利用五年行动计划（2018年—2022年）》。2020年1月，河南省公布《河南省大运河文化保护传承利用实施规划》，河北省委办公厅、省政府办公厅印发《河北省大运河文化保护传承利用实施规划》。3月，山东省人民政府发布了《山东省大运河文化保护传承利用实施规划》。4月，浙江省发展改革委、省自然资源厅、省文化和旅游厅、省委宣传部等单位联合发布《浙江省大运河文化保护传承利用实施规划》，要将大运河浙江段打造成国际影响最广泛、遗产保护最有效、功能价值最突出、生态环境最优越的“中国大运河华彩段”。5月，天津市出台《天津市大运河文化保护传承利用实施规划》。6月，江苏省公布《江苏省大运河文化保护传承利用实施规划》。这些规划的出台，为大运河文化保护传承利用的具体开展提供了坚实的依据。

（二）大运河国家文化公园

2020年上半年，各地市运河大运河文化保护传承利用的实施规划密集出台后，大运河文化保护传承工程紧锣密鼓地展开了，这其中最具标志性的重大工程便是大运河国家文化公园建设。

自2019年12月，中共中央办公厅、国务院办公厅印发《长城、大运河、长征国家文化公园建设方案》后，运河沿线各省市经过长期调查研究，于2021年8

月，由国家文化公园建设领导小组印发了《大运河国家文化公园建设保护规划》（下称《规划》）。《规划》提出，到2025年，大运河国家文化公园范围内文化遗产梳理、甄别全部完成，各类文化遗产资源保护实现全覆盖，分级分类展示体系更加完善，文化和旅游与相关产业深度融合，标志性项目取得突出综合效益，“千年运河”统一品牌基本形成，大运河国家文化公园成为向世界传播中华优秀传统文化的重要标志。

在地方上，大运河国家文化公园建设已经在积极探索中。大运河江苏段是大运河国家文化公园的重点建设区，江苏在大运河文化带建设中的重要任务之一就是打造大运河国家文化公园建设的“江苏样板”。早在2019年9月，江苏省便组建由院士领衔的专家咨询组，会同30名国际设计大师举办大运河国家文化公园国际设计工作坊，组织编制了全国首个省级国家文化公园建设保护规划《江苏省大运河国家文化公园建设保护规划》，根据大运河文物和文化资源的整体布局、禀赋差异以及周边人居环境、自然条件、配套设施等情况，结合国土空间规划，在

图6-3-3　盱眙明祖陵

图 6-3-4 东林书院

图 6-3-5 甪直古镇

综合评价的基础上，形成点、线、面互相连接的大运河国家文化公园总体格局，重点建设管控保护、主题展示、文旅融合、传统利用四类主题功能区。

管控保护区　由文物保护单位保护范围、世界文化遗产区及新发现发掘文物遗存临时保护区组成，对文物本体及环境实行严格保护和管控，对濒危文物实施封闭管理，建设保护第一、传承优先的样板区。目前纳入管控保护区的包含 7 个世界文化遗产区（涉及 28 个遗产要素）、56 处文物保护单位（其中全国重点文物保护单位 43 处，江苏省文物保护单位 13 处）。

主题展示区　由一系列主题明确、内涵清晰、边界明确、功能完善的公共文化空间组成，包括核心展示园、集中展示带、特色展示点三种形态。承担展现大运河江苏段文化价值、促进文化传承、推广教育传播、提升服务体验等功能，是做好保护传承利用协同推进的样板区。目前纳入主题展示区的有 22 个核心展示园（如淮安清口枢纽核心展示园、扬州三湾核心展示园、苏州山塘核心展示园等）、26 个集中展示带（如蔺家坝—北洞山汉墓—荆山桥集中展示带、高家堰集中展示带、清名桥—南禅寺运河展示带等）和 154 个特色展示点（如明祖陵、瓜洲古渡

图 6-3-6　山塘街

风景区、东林书院、苏州织造署旧址、角直古镇等）。

江苏省通过国家文化公园建设不断发掘大运河沿线文化和旅游融合发展的新亮点，将大运河的诗意与秀美融入运河城市形象，推动城乡统筹发展。各城市纷纷实施了一批文旅融合项目，在提升文化旅游景区品质的基础上，打造精品文旅线路，推出大运河文旅品牌，通过在核心城市建设大型博物馆、举办国际会议会展、体育赛事等文化活动，提升区域性文化交流，辐射带动运河节点城镇发展。

在大运河国家文化公园苏州七里山塘集中展示带，苏式生煎包、糖粥、奥灶面……数不清的苏式小吃面点，让游客的味蕾过足瘾。无论是在特色餐饮名店用餐时，还是乘坐画舫游览苏州运河时，游客都可以欣赏到用吴侬软语娓娓唱来的苏州评弹，再来一曲苏州话版的《茉莉花》，别有韵致的绵软腔调会让游人酥醉在苏州特有的词话中难以忘怀。在国家文化公园无锡清明桥—南禅寺运河展示带，桥廊两岸颇具江南水乡风格的小吃店铺林立，游客可乘坐游船在运河上泛舟，感

图 6-3-7 中国·天津妈祖文化旅游节

图 6-3-8　天津古文化街

受“运河绝版地——江南水弄堂”的古韵闲情。“南长街，运河水，惹人醉；清明桥头，桨声惊梦月影陪”，夜晚的南长街光影流连，更是让人沉醉。据《江苏大运河旅游消费白皮书》显示，2018 年赴江苏参观游览大运河的游客达 81823.7 万人次，其中，入境游客突破 400 万人次，游客在江苏大运河消费为 1327.3 亿元，人均花费 1323 元每天，这条南来复北往、千里赖通波的“黄金水道”也流淌着实实在在的真金白银。

在江苏省经验的基础上，2021 年 8 月，国家文化公园建设工作领导小组印发《大运河国家文化公园建设保护规划》。随后其他省市纷纷跟进，10 月 9 日在 2021 北京（国际）运河文化节开幕式上，公布了《北京市大运河国家文化公园建设保护规划》。2022 年 1 月，《大运河国家文化公园（浙江段）建设保护规划》正式印发实施。

在天津，积极推进杨柳青大运河国家文化公园建设，公园规划占地面积 2800 余亩，分为历史名镇、元宝岛、文化学镇等三个板块，总投资 52 亿元。与

图 6-3-9 隋唐洛阳城国家遗址公园·应天门

图 6-3-10 隋唐洛阳城国家遗址公园·天堂

此同时，将大运河题材作为创作重点，加大组织化工作力度，加强创作规划，推出了一批主题突出、题材丰富、特色鲜明的大运河题材文艺作品，包括长篇小说《烟火》、话剧《运河 1935》以及电视纪录片《赶大营》等。在文化旅游方面，天津市还将组织推出“运河记忆”非遗宣传展示、中国·天津妈祖文化旅游节、杨柳青民俗文化旅游节等文化活动，推出“运河印象游”精品旅游线路，沿途串起古文化街、杨柳青古镇等有代表性的文化旅游资源，将大运河沿线打造成缤纷旅游带，广泛吸引群众参与，利用多种形式宣传扩大大运河文化影响。

在洛阳，以隋唐洛阳城国家历史文化公园建设为主要抓手，在保护中发展，在发展中保护，积极探索运河遗址保护和城市发展的新思路、新途径。在确保遗址本体绝对安全的前提和基础上，灵活选择原址露明、地面标识、地表模拟、原址复原或保护棚等多种措施，先后实施了天堂名堂、应天门、“两坊一街”等一系列保护展示利用项目，实现了历史遗址的保护、传承和利用完美融合。

在济宁，依托“运河之都”历史文化资源，创作了大型现代戏《微山湖》、

图 6-3-11　济宁太白楼

图 6-3-12 台儿庄古城

大型山东梆子新编历史剧《运河老店》《河都老店》、大型运河民俗风情剧《我家就在岸上住》、舞剧《忠义水浒》等经典舞台作品；推出了《微山湖上端鼓声》等小型精品剧目；推出了《白英治水》《运河女人》等优秀剧本。策划了“运河记忆”主题街区，计划整合竹竿巷百姓人家、玉堂酱园三百年老字号、潘家大楼民国风貌、太白楼吟诗对白、南阳千年古镇、微山湖运河故道、运河古镇等资源，建设“运河记忆”主题街区，打造运河遗产廊道，再现可行、可望、可游、可居的运河盛景。

在台儿庄，以大运河国家文化公园建设为契机，以“鲁风运河、京杭明珠”为主题，把保护传承利用大运河承载的优秀传统文化作为出发点和立足点。重点实施国家运河湿地公园生态提升、涛沟河湿地高端休闲度假区、台儿庄古城和古运河综合开发、大运河旅游休闲度假带、大运河红色基因文化传承区、乡村振兴齐鲁运河样板区、大运河游船船闸和游船码头、大运河文旅小镇大运河红色基因文化传承带、运河旅游景观大道、大运河游船船闸和游船码头、京台高速台儿庄大运河服务区、京台高速公路至新台高速公路台儿庄连接线及配套基础设施等项目，力争用 3 年至 5 年时间，将京杭大运河台儿庄段打造成为生态的运河、红色的运河、活着的运河、开放的运河。

结语

运河在中国历史发展中起到了怎样的作用？运河文化在中华传统文化的形成和发展中起到了怎样的作用？运河文化的本质是什么？通过回顾中国大运河的生命历程，我们能够对这些跟中华民族历史文化紧密相关的问题形成一个比较清晰的解答。在此，笔者试做一不成熟的总结。

我们知道，人类生活在自然生态系统中，随着人类生产活动的发展，它的生态系统能量和物质的输入、输出与流通转换方式都发生了根本的变化，形成了不同于其他生态系统的全新的——人类生态系统。人类生态系统以人为中心，通过社会化的生产与消费，实现系统与环境的能量与物质的交流，以及它们内部的流动转换。在古代中国这个人类生态系统中，大运河无疑是承担了其中至关重要的物质循环、能量流动和信息传递功能。

（一）经济支撑

运河作为河流的一种，天性是流动，大量的物质和能量便可以借由运河从经济重心流向政治中心。经济重心基本上都形成于河湖密布的大江大河的中下游地区，这些地方便捷的水路交通极大地降低了货物的运输成本，在与其他地区的商业竞争中占据了极大的优势，从而在商业贸易中获得高额利润，不断推动他们生产的扩大和财富的增加。举一个定窑的例子，定窑瓷器产于今河北保定，品质精美，经由大运河可以很便捷地运往河南、安徽、江苏等地销售，而且由于大运河运输成本低，定瓷在这些地方占有很大的市场，获得很高的利润，从而促进保定定瓷的扩大再生产。但在汴河衰败以后的金元时期，河南地区就很难见到定瓷了，这很大程度上是因为失去了便捷的运河水运，高额的陆运成本极大的推升了定瓷的价格，导致定瓷在与河南当地瓷器的竞争中败下阵来，丧失了大量市场，造成了定窑的衰落。

运河的出现给商品经济的发展带来了质的提升。在自然的水文环境下，水系顺从地势的变化，各自平行独流入海，很少会产生交集，这样的水运仍然只是线性的、小范围的、严重依赖陆路转运的。运河开凿后，就把这些自然河流串联了起来，形成了一个网络，极大地增加了水运的覆盖范围，将更多的地方拉入商品贸易中，使这些地方成为其原料产地和商品销售地。这又促进了生产的分工，从而形成富有活力的商业文明，这些地方便成长为整个帝国的基本经济区，源源不断地为帝国提供物质和能量，支撑帝国的正常运转。

（二）政治凝聚

首先，帝国版图的发展奠定。古代中国的第一次统一战争兴起于春秋战国之际，成功于秦灭六国、北伐匈奴、南征百越之后，为古代中国奠定了一个核心的疆域。在这个过程中，吴王夫差开凿百尺渎、古江南河、邗沟、菏水，越王勾践开山阴故水道，魏国开凿鸿沟，使得钱塘江、长江、淮河、黄河水系连通无间，在战国统一战争中发挥了举足轻重的作用。到了秦朝开灵渠，又进一步连通了长江和珠江水系，实际上形成了一个南北万里的水网，从珠江畔的广州到渤海湾的天津地区，都能够通过水路直达。在源源不断粮草的支持下，秦军终于征服百越，在历史上第一次正式将岭南纳入了中央行政管辖之下，而且此后再也没有让它长期分离。

其次，版图的扩大对于中华文明的延续具有极为重要的意义。中国传统社会以小农经济为主体，凡是能够改造并适应小农经济的地方都能够长期稳定下来，不能适应小农经济的地方往往打下来之后也无法长期控制，这就决定了古代中国开拓的主要方向是南方。与此同时，整个古代时期，中国面临的最大威胁始终来自北方边境。每当游牧民族南下，华北、中原沦陷之后，都有大量人口通过运河等途径迁徙到南方，改造南方的农业生境，促进南方的开发，保留文化的传承。

即便在少数民族掌握政权之时，南方深厚的文化积累都能够反过来对北方的政权进行融合、汉化，保证中华文化的存而不灭。

最后，在大一统时代，随着时间的推移，中央政府往往逐渐臃肿，禁卫军不断增加，帝都人口不断聚集，形成人口超百万的超大都市，这就对都城的物质和能量供应提出了极大挑战。在大规模人口的压力下，京畿地区生态逐渐恶化，产出难以应付需求，就越来越依赖于运河输送的漕粮。漕粮来自赋税，征收赋税漕粮便是地方政府最重要的职能。为了有效地征收赋税漕粮，中央政府不断发展和完善户籍制度和土地制度，实现了对地方土地和民众的有效管控，进而维持庞大帝国的稳定。隋唐以后，中央政府又通过科举制度，吸引全国各地，尤其是江南地区的政治精英，经由大运河到京考试、选官、外派，进一步巩固国家的凝聚力。

（三）文化开放

大运河上流动的不仅仅是物质和能量，还有人员和信息。作为南北交通的唯一水上动脉，大运河上人来人往，求学的士子、赶考的举子、出仕的官宦、远行的旅客、长途贸易的商贩，都在这里“流动”。他们见识了异乡的风情，也给异乡带来了别样的风情，这是文化的交流、碰撞和融合。大运河沿线有六大文化高地，分别是京津文化、燕赵文化、齐鲁文化、中原文化、淮扬文化、吴越文化，这些文化各具特色，又交流融汇。除此之外，黄河带来了西部关中文化，长江带来了南方赣粤、湖湘、云贵川等地的文化，碰撞融合形成中华文化的主根系。

从经济和文化上来讲，宁波、洛阳或者北京并不是大运河流动的尽头，在这些地方，她又连接上了陆上丝绸之路、海上丝绸之路抑或万里茶路，转而成为对外开放和中外经济文化交流的桥头堡。大量的商人、僧侣和使节在穿越万里汪洋或千里瀚漠后，经由大运河进入中国内地，带来异域的商品、文化和科技，让世界认识中国，也推动中国认识世界。

现在，断了半截的大运河早已不再是国家经济的主动脉，但她在思想文化、生活习俗等方面留给我们的厚重遗产仍然熠熠生辉，有着极为珍贵的价值和蓬勃的生机。现在正是最好的保护传承利用大运河优秀文化的时候，中共中央办公厅、国务院办公厅印发的《大运河文化保护传承利用规划纲要》为我们指明了方向：

> 大运河历史凝练的文化是指大运河数千年历史中在推动南北融合、东西交汇、中外交流过程中逐渐凝练、升华形成的文化精髓和价值观念，体现中华民族精神特质，其载体是大运河沿线乃至全体中国人所具有的伦理道德、理想信念、情感性格等，包括中华民族和中国人民追求国家统一、民族团结的执着信念，勤劳勇敢、自强不息的民族精神，开放包容、兼收并蓄的文化态度，天人合一、和谐共生的思想智慧等，是大运河沿线人们在千年历史中不断去芜存菁、激浊扬清形成的价值判断体系，是涵养社会主义核心价值观的源泉。
>
> 展望 2050 年，一条包容开放、俯仰古今、贯通南北的大运河以全新姿态展示在世人面前。各类文化遗产焕发新的生机与活力，河湖安澜有序，环境优美宜居，“千年运河”文化旅游品牌享誉中外。大运河宣传中国形象、展示中华文明、彰显文化自信亮丽名片的作用更加突出，成为中华民族伟大复兴中的一幅辉煌画卷。

后记

这是我的第一本小书。2020 年的仲秋时节，我接到了世界图书出版公司编辑孙蓉的约稿，他们想要做一个图文结合、雅俗共赏的运河小册子。一开始我还是犹豫的，因为当时刚刚拿到国家社科后期资助项目，加上之前的山东省社科和教育部社科，我的闲余时间很是匮乏。但很快我就接受了这项任务，并将其作为未来一两年内的优先工作。这主要是孙老师的选题旨趣吸引了我，因为我尚未见到一本能够让自己满意的，以图文结合的形式深入浅出地讲述大运河的生命历程及其在中国历史文化中作用和地位的科普读物。而且世图公司和孙蓉编辑给我极大的自由度，当时我正在撰写南开大学王利华教授国家社科重大项目成果《中国生态环境史》（北方卷）中有关运河的部分章节，有很多想法，但限于体例无法展开，便把这些想法拟成提纲发给孙蓉编辑，并欣喜地获得了支持，这让我感觉遇到知己，顿时踌躇满志。

这个提纲可以说是对我十余年来运河史学习和研究的一个小结。我并非历史科班出身，本科是农学，直到 2010 年读研究生时才转入历史，在聊城大学跟随李泉教授做运河史的学习，2013 年又拜入南开大学王利华教授门下研习环境史，依然是以运河为主题的，至今已有十一二年的时间。虽然没有取得什么成就，却有不少有别于以往研究的思考，并一直在努力把这些思考转变成论文，在学界发出自己的声音。在这本小书里，我汇总了自己已经发表和尚未发表的思考，作为自己这一阶段学习思考的总结，也让它能够具有自己较为鲜明的特色。

第一个特色，是用环境史的眼光来看待大运河的生命历程。环境史是探讨人类与自然环境之间的相互关系及其互动演变过程的学科。作为中国古代人类利用和改造自然环境的重大工程，大运河能够成为环境史研究的典型案例。大运河首先是自然的，本书认为只有把它放回它所处的自然水文环境的演化中，才能更好地理解它的生命历程。比如运河的诞生，是为了弥补自然水系的不便或不足之处，运河的发展也是人类对自然水文恶化的积极或无奈的应对，因此本书首先从自然水文的发展演变来着手。基于这一探讨，本书提出，在华北地区水资源丰富的上古和中古前期，并不需要开凿大量的运河，只需要一些小型的运河连接自然水系，就能满足统治者的需要了；但到了中古后期和近古时期，随着气候的干冷和黄河泛滥的加剧，华北平原水文情况不断恶化，统治者不得不越来越致力于运河的建设，依赖于运河的功用。简言之，自然水文的变化，让运河不得不从水运网的辅助者，成长为水运网的主干。

环境史的思路还有助于我们更形象地描绘大运河的功用。王利华教授指出，环境史研究尤应注意四个方面：生命支持系统的历史，生命护卫系统的历史，生态认知系统的历史，生态—社会组织的历史。本书对大运河历史功用的作用也大体上按此展开。第二章即从封建帝国的生命支持和生命护卫角度分析大运河与国家的关系，如果将整个帝国比喻为一个生命体，那么帝都就是大脑，经济重心是心脏，大运河便是供输养分、传递信息的主动脉。帝国的防卫受到大运河漕运的支持，而且这一支持随着边患的东北移愈加显著。第三章和第四章则从经济流通、文化审美角度，讨论大运河与社会的关系，这是大运河浸润到社会民众的日常生活中的部分，是能够隽永流传的精神文化。第五章更是直接探讨大运河的环境问题，着重阐述大运河对区域水文带来的负面影响，以及为治理和维护这一水文后果给朝廷财政带来的沉重负担。目前在一些专题研究中已经对此有了较为深刻的讨论，但在通俗性的全面介绍大运河的作品中仍很少见，本书不虚美，也不隐恶，以便读者能够更全面地认识大运河的真实影响。

第二个特色，是示意图、照片和其他图片的广泛使用。随着国家的重视，运河研究形成热潮，以图像为主要表现形式的专著也陆续出现，如谷建华《图说大运河：古运回望》、王国平总主编《京杭大运河图说》、李东平《中国大运河全景图》、天津市地方志编修委员会办公室《天津运河文化图集》等。但这些专著或者偏于艺术性质的手绘、国画、摄影作品，或者只是大运河上某一城市的历史、社会风情的再现，并没有完整地展现大运河生命历程及其与国家、社会关系的图说作品。翻阅大部分运河专著，绝大部分插图都来自于姚汉源《京杭运河史》等少数著作中绘制的示意图，这些示意图虽然准确、权威，但限于其绘制时代，只有点线的勾勒，不能更形象具体的反映出所绘地区的山川地势、地貌特征。笔者这本小书致力于突破这一局面。

为此笔者尝试自学多种地图绘图软件的使用方法，最终依据难易程度、绘图效果决定以Global Mapper为主要绘图软件，绘制以数字高程模型（DEM）为基础资料的高程着色图。本书所绘示意图使用的高程数据为 ASTGTM2 DEM 数据，这是由日本 METI 和美国 NASA 联合研制并免费发布，空间分辨率为 90m、30m 两种。大部分湖泊、城市和河流数据采自复旦大学中国历史地理信息系统项目中的 CHGIS v6_1820 Layers GBK Encoding，小部分数据则通过卫星地图和实地考察获取，参照 CHGIS 数据并加以修正。用此方法绘制的示意图有 70 余幅，基本上能够将大运河生命历程的演化，尤其是与周边区域地势地貌、山川河湖的关系做一个清晰的展现，有力地支持演变动因等问题的分析。

本书还精选了大量的实景照片。在历年的田野考察中，笔者积累了一定数量的照片，但限于拍摄设备、拍摄技术，往往在美观上存在不足。为此，笔者在正版数字图库网站上购买可用于书籍的普通授权照片 100 余张。这些照片都有较高的质量，能够将大运河的美传递给广大的读者。除此之外，本书还广泛使用不同类型的图片，如示意图（改绘）、清末民国老照片以及古代绘画作品等，达到图文并茂的效果。由于笔者是边学习边绘制，经历了不断试错重制的过程，不但导致了交稿时间的推迟，而且受限于技术和精力，错讹遗漏之处在所难免，还望广大读者朋友谅解并指教，以便日后修改完善。

需要提醒读者的是，本书的某些观点出自笔者个人的思考，属于创新之处，但尚未获得学界同行的广泛认可。比如关于京杭大运河的制高点——南旺水脊，作为会通河的分水枢纽，是京杭大运河全线贯通的关键。以往的观点一致认为，南旺一直是一个制高点，元代开凿会通河时没有选择南旺作为分水口导致了工程的失败，明代重开会通河时选择了南旺，最终成就了大运河的繁盛。但笔者检索文献、实地考察后对此提出质疑，认为南旺并不是自古以来就是水脊，它原本处于地势相对低洼的南旺湖中，是宋礼引汶水到南旺济运后，汶水带来的泥沙在此日积月累（尤其是挑河堆积）而形成的高地。也就是说，并不是因为它是水脊才选择它做分水口，而是因为选择它做分水口它才成长为水脊。至于明后期以降的文献普遍记载的南旺水脊说，可以借用姚汉源先生的话："现存记载明代运河史实的文献多半是明后期或清代著作，误认明后期情况为前期事实的很不少。"（王琼著，姚汉源点校《漕河图志》，点校前言第1页。）限于体例，笔者在书中主要以形象的高程图、示意图、照片加以讲述，没有详细地援引史料进行论证，相关论证结果可参见《明代运河"水脊"的形成及意义》（《历史地理研究》2022年第3期待刊）。

感谢世界图书出版西安有限公司的总编辑薛春民和编辑孙蓉，从项目策划、题目选择、提纲确定、进度督促，到图片版权咨询、文字核实校对、封面排版设计，都倾注了大量的智慧和心血。感谢我的妻子王蕾女士一直以来对我的鼓励和支持，2021年10月怀孕后，她仍给我极大的耐心和充裕的时间，让我最终能够顺利完成撰稿、绘图和校对。最后，谨以此书献给我们刚刚降生的女儿小卿云，祝她健康快乐成长。

高元杰

2022年8月30日于聊城

山东省社科规划项目党史专项

“山东传承中华优秀运河文化体系构建研究”（19CDSJ05）

教育部人文社科研究青年项目

“明清黄运地区河漕赋役与社会变迁研究”（20YJC770006）

山东省社科规划项目党史专项
“山东传承中华优秀运河文化体系构建研究”（19CDSJ05）

教育部人文社科研究青年项目
“明清黄运地区河漕赋役与社会变迁研究”（20YJC770006）